吴式颖　李明德

丛书总主编

外国教育通史

第六卷

16—17

世纪的教育

（上）

杨汉麟　周　采

本卷主编

GENERAL HISTORY OF
FOREIGN EDUCATION

北京师范大学出版集团
BEIJING NORMAL UNIVERSITY PUBLISHING GROUP

北京师范大学出版社

图书在版编目（CIP）数据

外国教育通史：全二十一卷：套装/吴式颖，李明德总主编. -- 北京：北京师范大学出版社，2025.1.
ISBN 978-7-303-30486-8

Ⅰ．G519

中国国家版本馆 CIP 数据核字第 20251WL437

WAIGUO JIAOYU TONGSHI：QUAN ERSHIYI JUAN：TAOZHUANG

出版发行：北京师范大学出版社 https://www.bnupg.com
　　　　　北京市西城区新街口外大街 12-3 号
　　　　　邮政编码：100088

印　　刷：北京盛通印刷股份有限公司
经　　销：全国新华书店
开　　本：787mm×1092mm　1/16
印　　张：684
字　　数：9000 千字
版　　次：2025 年 1 月第 1 版
印　　次：2025 年 1 月第 1 次印刷
定　　价：4988.00 元（全二十一卷）

策划编辑：陈红艳　鲍红玉　　　　　　责任编辑：刘　溪
美术编辑：焦　丽　　　　　　　　　　装帧设计：焦　丽
责任校对：郑淑莉　　　　　　　　　　责任印制：马　洁

编委会

总主编

吴式颖　李明德

副总主编

王保星　郭法奇　朱旭东　单中惠　史静寰　张斌贤

编　委

（按姓氏笔画顺序排列）

王　立	王　晨	王者鹤	王保星	史静寰	乐先莲
朱旭东	刘淑华	许建美	孙　进	孙　益	李子江
李立国	李先军	李明德	李福春	杨　捷	杨孔炽
杨汉麟	吴式颖	吴明海	何振海	张　宛	张　弢
张斌贤	陈如平	陈露茜	易红郡	岳　龙	周　采
郑　崧	单中惠	赵卫平	姜星海	姜晓燕	洪　明
姚运标	贺国庆	徐小洲	高迎爽	郭　芳	郭　健
郭志明	郭法奇	傅　林	褚宏启		

目　录 | Contents

导　言

本卷及下一卷(第七卷)为上下卷，集中探讨16—17世纪欧洲、北美和世界其他部分国家(或地区)的教育理论及教育实践(制度)的发展。本卷主要探讨16—17世纪各主要教派的教育理论及教育活动、英国教育实践和教育思潮的发展概况及著名教育家(夸美纽斯、洛克、培根等)的教育思想。下一卷(第七卷)则主要探讨法国、德国、俄国、荷兰(尼德兰)、北欧、北美、日本、印度等的教育发展概况，以及理性主义教育思潮和早期空想社会主义教育。

一

继文艺复兴之后，欧洲资产阶级反封建的斗争以宗教改革的形式出现。宗教改革是发生在16世纪的一次大规模的社会政治运动。恩格斯曾指出，宗教改革是近代欧洲资产阶级与封建主义的第一次决战。[①] 这一决战历经整个16世纪，直到17世纪仍余波未消。这次斗争的矛头直指欧洲的封建堡垒及精神支柱——天主教会。然而这种斗争仍以宗教的形式出现，革新的一方并非要求取消宗教，而是主张改良宗教；并非废止教会，而是主张建立新的教会。他们所主张的宗教被称为"新教"(Protestantism)[②]，以区别于"旧教"(Catholi-

---

[①]　参见《马克思恩格斯文集》第4卷，310页，北京，人民出版社，2009。

[②]　按字面意义，或被翻译为"抗议宗""抗罗宗"。进入中国后被通译为"基督教新教"或"基督教"，并与"天主教"区别开来。

cism)——天主教。信仰新教的人被称为新教徒,以区别于旧教徒即天主教徒。宗教改革的实质只是以一种符合资产阶级要求的宗教去代替原有的服务于封建地主阶级的宗教。16 世纪的宗教改革运动中产生了三大新教教派,即以路德(M. Luther, 1483—1546)为代表的路德教派、以加尔文(J. Calvin, 1509—1564)为代表的加尔文教派,以及英国国教会。属于天主教营垒的重要教派(教育团体)则以耶稣会派为代表,企图通过教育和培养人才来收复天主教会的原有地盘。在宗教改革运动的冲击下,为了对抗宗教改革势力,天主教会内部也进行了一些改革,史称"反宗教改革"。在此背景下,新教、旧教各派为宣传本教派的教义、争夺信徒,都非常重视教育,它们无论在教育理论还是在教育实践方面都有所建树。当然,新教各派对教育发展的贡献是更大的。宗教改革推动了现代民族国家的成长与独立,并将中世纪的国家从属于教会的情况颠倒过来,使教会从属于国家,教育权开始由教会转入国家手中。近代欧洲的国家教育制度是在宗教改革时期奠定根基的。宗教改革时期,平民的小学教育受到较多重视,出现义务教育的萌芽,还出现了教育调查、学校视导、教师鉴定、师资培养、班级授课制的萌芽。但无论是新教还是旧教,它们都接受了古典文化,要求将宗教信仰与人文学科结合。人文学科在所有不同教派的中学都占据主导地位。在此意义上,宗教改革是文艺复兴的直接继续。本卷将对新教各派及耶稣会派的教育理论及教育实践进行详细探讨。

二

17 世纪是西欧社会资本主义迅速发展的时期。在文艺复兴之后,率先进入近代社会的西欧国家的经济、政治和文化在 17 世纪得到了很大的发展。当时在欧洲盛行的重商主义极大地推动了西欧国家工商业特别是海外贸易的发展,不仅为资本主义经济的发展扫除了障碍,而且也为思想的解放和科学的发展提供了一定的条件。

与此同时，17世纪是西欧社会自然科学勃兴的时期。意大利天文学家哥白尼的《天体运行论》是使自然科学从神学中解放出来的"独立宣言"。新的科学发明、新的科学研究方法及新的科学研究社团的出现，无疑推动了自然科学的发展。

17世纪自然科学的发展必然会推动哲学和社会科学的发展。哲学上的经验主义和理性主义的争论无疑是17世纪思想领域的中心课题。自然现象的规律和秩序的发现推动着人们去探索社会现象的规律，促进了社会科学的发展。当然，17世纪自然科学和社会科学的发展并不敌视宗教和神学，与之相反，当时自然科学和社会科学的先驱们实际上都笃信宗教。然而，对现世生活的追求逐步代替了对来世生活的向往，中世纪基督教教会的绝对权威永远也不能恢复了。

正是在这样的社会历史背景下，新的教育思想在17世纪西欧社会中得到了发展。那些教育家、哲学家、思想家、自然科学家、经济学家及关心教育的社会人士从各个方面对教育问题进行了思考和探讨。

英国出现了弗朗西斯·培根（Francis Bacon，1561—1626）的教育思想、教育革新思潮，以及洛克（J. Locke，1632—1704）的教育思想。英国哲学家弗朗西斯·培根提倡自然科学，主张"知识就是力量"，提出实验的归纳法，制订科学教育理想的方案，从而在知识论和方法论上为改革经院主义教育和近代科学教育的兴起作出了很大的努力。培根教育思想的出现，无疑为近代教育的发展开辟了一个新的境界。

英国教育革新思潮以诗人和政治家弥尔顿（J. Milton，1608—1674）、政治哲学家霍布斯（T. Hobbes，1588—1679）、经济学家配第（W. Petty，1623—1687）和思想家贝勒斯（J. Bellers，1654—1725）为主要代表人物。他们从不同的角度对教育问题提出了自己的看法。例如，弥尔顿要求创办"学园"这一新型学校,并对学园的教育内容和方法提出了新的见解;霍布斯提出了有特色的公民教育理论及一体化的,从小至老,从摇篮至大学,在家庭、社会讲坛和大学中进行,目标始终如一的教育方案;配第提出教育应该与科技和手工劳动相结合,探讨了理想的教育模式,并主张由国家办学;贝勒斯阐述了劳动教育的思想,建议创办劳动学院。应该说,17世纪英国的教育革新思潮反映了英国近代教育发展的趋势。

英国哲学家和教育思想家洛克在继承前人的绅士文化和教育思想的基础上,系统地阐述了绅士教育理论。尽管洛克反对学校教育而极力主张家庭教育,但是他的教育思想在教育的作用,以及教育内容和方法等方面都有许多新的见解,不仅反映了17世纪的时代精神,而且更影响了18世纪的教育思想尤其是启蒙教育思想。他的教育代表作《教育漫话》一书也充分体现了近代社会的一种新的教育精神。

法国出现了理性主义教育思潮。这一教育思潮是以法国哲学家和数学家笛卡儿(R. Descartes,1596—1650)以及教育家弗朗索瓦·费奈隆(François Fénelon,1651—1715)为主要代表人物的。在处于理性主义时代的法国,理性主义教育思潮强调理性的培养和思维的发展,主张理性至上的伦理原则,反对一切传统观念,从而对17—18世纪法国教育的发展产生了影响。

意大利和德国出现了早期空想社会主义教育思想。意大利思想家和早期空想社会主义者康帕内拉(T. Campanella,1568—1639)的《太阳城》(The City of the Sun)以及德国教育思想家和早期空想社会主义者安德里亚(J. V. Andreae)的《基督城》(Christianopolis)是17世纪早期空想社会主义教育思想的代表作。它们为人们描绘了理想社会的教育蓝图,并阐述了理想社会的教育理论,显然具有超越时代的特征。

捷克出现了夸美纽斯(J. A. Comenius,1592—1670)的教育思想。特别需要指出的是,捷克教育家夸美纽斯的教育思想在17世纪的教育思想中占有极其重要的地位。从 17 世纪社会对教育的要求出发，在长期的教育实践活动和总结前人教育经验的基础上，他全面阐述了新生一代的教育理论和实际，对泛智论、教育的主导原则、学制系统、教学理论、学校管理等问题进行了前所未有的深入的思考和研究。例如：他第一次提出了一个完整的学制系统；他第一次系统探讨和阐述了教学原则；他第一次提出并从理论上论证了班级授课制。夸美纽斯的主要代表作《大教学论》一书是他的教育思想的系统阐述，不仅在 17 世纪已具有超前性的特征，而且为以后人类社会教育科学的发展奠定了初步的理论基础。无论从哪个方面来看，在 17 世纪的教育思想中，夸美纽斯的教育思想是光彩夺目的，也是对后世影响极大的一种教育思想。因此，一位名叫斯皮尔曼(C. C. Spielman)的西方学者这样指出："倘若各时代的关于教育学的著作全丢失了，只要留得《大教学论》在，后代人便仍可以把它作个基础，重新建立教育的科学。"①

三

在本卷及第七卷，除了教育思想外，我们还以欧洲、美洲、亚洲几个有影响的国家或地区为代表，探讨 16—17 世纪教育实践的发展。

本卷花费较多篇幅介绍较早进入资本主义时代，同时也是近代影响较大的国家——英国的教育。在较长时期中，由于受"教育与国家无关"这一旧观念的影响，英国政府对教育(特别是平民初等教育)放任自流，仅有教会及慈善团体参与。英国 1534 年的宗教改革使英国教育开始朝着民族化、国家化的近代化进程迈进。在 16—17 世纪，基于建立统一的国教宗教信仰、巩固封建王权及促进社会发展的需要，政府开始加强对教育的监控。教会及议会都颁布了不少教育法案，推动平民教育的发展。慈善学校、平民小学、贫民习艺

① [捷克]夸美纽斯:《大教学论》，傅任敢译，扉页，北京，人民教育出版社，1957。

所和工厂学校都得到一定程度的发展。属于中等教育的文法学校和公学在此时期也获得了更大的发展机遇。课程亦进行了变革。值得注意的是,英国蜚声世界的公学在其早期尚带有较强的公益性及平民性,直到后来,才成为富人的禁脔。在中等教育中,较为出众的是兼具文科和实用学科的新型学校——学园(Academy)。它是应英国近代科技发展的需要和抵制国教会对其他教派打压的需要而诞生的新型学校,对于培养资产阶级需要的新型人才发挥了重要作用,也为后来各国文实学校的创办提供了范例。一向被忽略的女子教育也得到一定的发展。以牛津大学、剑桥大学为代表的英国高等教育在此时期也得到较大发展。16—17世纪英国大学的教学内容仍以古典文科与神学为主,后来英国大学逐渐成为欧洲科学研究的中心。自然科学的发展,特别是培根的唯物主义哲学和牛顿的物理学、数学成就对大学教学内容的变革产生了一定的推动作用。英国教育的发展清晰展示了近代教育的发展趋势,人们可以从中得到诸多启示并总结教育发展的规律。

17世纪的北美,随着欧洲移民的到来,也出现了欧洲传统的和革新的教育思想及教育实践。这一时期的教育,既有教育思想方面的探索,也有教育实践活动的革新。其代表人物是宾夕法尼亚的威廉·佩恩(William Penn)和巴德。此外,北美的教育思想也表现在当时的教育法规和民众兴办教育的行动上。就北美教育思想的总体情况来说,欧洲革新的教育思想更受广大民众的欢迎。在教育实践方面,当时的欧洲移民仿照母国的模式纷纷创办学校,以传播各自的宗教信仰。但由于各地的特殊性,其教育活动也有明显的差异。历史表明,美国教育正是在外引内联、不断探索的基础上,逐步形成了具有美国特色的教育思想及教育制度。

与17世纪西欧社会的情况不同,17世纪的日本正处于封建制度走向成熟和繁荣的时期。这一时期出现的日本朱子学派的教育思想、日本阳明学派的教育思想以及日本古学派的教育思想等都产生了相当大的影响。尽管其中阳明学派和古学派的代表人物也提出了一些新的教育观念，如开始注重以人或儿童为主体，也开始关注教育的社会功能和实际效用，但总体来说，这些教育思想与 17 世纪日本教育的实际并不完全相符，并受到幕藩体制和官方意识形态的约束。在 17 世纪中后期，日本在闭关锁国、政局安定、民族文化逐步发展的社会环境下，学校教育也多样化地发展起来，并初步形成了独具日本特征的教育组织形态。就其性质而言，17 世纪的日本教育基本上还是封建主义的。

在第七卷我们还将探讨总结法国、德国、意大利、荷兰、俄国、北欧诸国、印度等的教育发展。这些都是历史上有影响的国家或地区，且各具特色，与上述国家或地区共同书写了世界教育史的多彩篇章。在有关各章，包括第七卷的结语中，我们作了总结。限于篇幅，此处不再赘述。

在本卷及第七卷中我们采用了已故的任钟印先生(1926—2012)的若干遗稿。我们都是任先生的弟子。先生恩泽，山高水长。在此谨致深切怀念。

本卷各章之间内容有少许重复。但考虑到各章内容的相对完整性及独立性，本卷主编在统稿时未作过多删节。我们认为这样处理对读者阅读此书(特别是单独阅读有关章节或专题)将有所裨益。

第一章

宗教改革与 17 世纪的西欧社会

宗教改革是一场文化变革运动，这场运动在政治、经济、教育诸领域引起了巨大的连锁反应，在客观上改变了西欧社会的基本面貌，使 17 世纪的西欧率先走出中世纪，进入近代社会，对整个人类历史的发展起了推动作用。

第一节　宗教改革与社会变迁

一、宗教改革

15—16 世纪，欧洲出现了继世俗的人文主义运动之后的宗教改革运动。这不是一个纯粹的宗教事件，而是具有深刻的社会经济、政治的原因，是随着经济的变化必然发生的改变现存封建关系的反封建运动和民族运动的表现，是新兴资产阶级反对封建制度的资产阶级革命运动。正如恩格斯所说："宗教改革——路德的和加尔文的宗教改革——这是包括农民战争这一危急事件在内的第一号资产阶级革命。"[①]宗教改革运动之所以把矛头首先指向封建制度

---

① 《马克思恩格斯全集》第 21 卷，459 页，北京，人民出版社，1965。

的强有力的支柱——罗马天主教会，原因有三：一是因为教会"给封建制度绕上一圈神圣的灵光"，"要在每个国家内从各个方面成功地进攻世俗的封建制度，就必须先摧毁它的这个神圣的中心组织"①；二是作为欧洲最大的封建领主，罗马天主教会在全欧洲拥有数目惊人的财产，并因贪得无厌而导致天主教内部变得更加腐败；三是科学的反叛②。在此之前，科学是教会的"奴婢"，科学从不被允许跨越宗教信仰所圈定的界限，即宗教把"理性的范围限制在它的几条信经或教义的专横界限之中"③，而随着科学的发展，人们必定加强对个人自主的要求而反对教会的权威。

在思想领域，文艺复兴为宗教改革做了充分准备。马丁·路德（Martin Luther，1483—1546）曾说过："宗教改革的鸡蛋是由伊拉斯谟生下来的。"④这句话形象地说明宗教改革和文艺复兴之间存在的必然联系。宗教改革是文艺复兴时期开始形成的怀疑、批判和推崇理性的精神在宗教领域中的扩展和运用。⑤ 在宗教改革运动酝酿过程中，不少人文主义者为这次运动提供了思想武器。文艺复兴确定的"以人为本"的理念强调人的尊严、人的高贵、人的伟大，颂扬人的价值；人文主义者主张人权，反对神权，批判中世纪教会的蒙昧和封建等级制度，极大地促进了人的思想解放与观念更新。人文主义者对古典文化的发掘、研究和探索，使人们可以通过古典文献看到早期基督教和基督教会的本来面目，为取消中世纪教会、恢复教会的原始质朴状态提供了经典的理论依据。因此可以说，人文主义为路德宗教改革奠定了思想基础，没有人文主义就没有声势浩大、影响深远的宗教改革运动。但宗教改革运动兴起

① 《马克思恩格斯全集》第22卷，347页，北京，人民出版社，1965。

② 参见丁建弘：《德国通史》，47页，上海，上海社会科学院出版社，2012。

③ ［英］沃尔夫：《十六、十七世纪科学、技术和哲学史》，周昌忠等译，7页，北京，商务印书馆，1985。

④ 转引自曹孚、滕大春、吴式颖等编：《外国古代教育史》，177页，北京，人民教育出版社，1981。

⑤ 参见张斌贤、褚洪启等：《西方教育思想史》，284页，成都，四川教育出版社，1994。

之后，人文主义者却几乎毫无例外地反对宗教改革。究其原因，主要在于：宗教改革运动的参与者包括城市资产阶级、底层贵族和一部分诸侯，以及广大的农民和城市手工业者，而人文主义者大多轻视以至鄙视人民群众；随着宗教改革运动的不断深入，有些国家爆发了声势浩大的农民战争，战争不仅冲击了天主教会，也触犯了资产阶级的利益。伊拉斯谟(D. Erasmus, 1466—1536)"生下的是母鸡蛋，但给马丁·路德孵出来的却是好斗的公鸡"[1]。

在政治领域，天主教会在西欧庞大的政治体系开始逐渐解体。自进入中世纪，天主教会的权力达到了无以复加的地步，不仅是精神领域的统治中心，而且逐渐把西欧联合为一个庞大的政治体系，成为巨大的政治中心，其势力渗透到社会生活的每一个角落。天主教会鼓吹天主教会高于世俗政权，对欧洲各国的内政恣意干涉，对各国内部的统一和资本主义的发展百般阻挠。随着天主教会权势的增加，天主教会逐渐成为欧洲最大的封建领主和最残酷的经济剥削者。罗马的教会统治阶层生活奢侈腐化，各级神职人员贪污受贿，敲诈勒索，卖官鬻爵，整个天主教会成为庞大腐朽的官僚机构。然而，随着英国、法国、西班牙等国相继摆脱罗马教皇的控制，天主教会在西欧的政治体系开始解体，罗马教廷的权势严重削弱，教会收入锐减。天主教会于是不择手段地对农民进行敲骨吸髓的盘剥，人民群众忍无可忍。天主教会还通过发行出卖信众的"赎罪券"大肆搜刮财富，这也成为宗教改革爆发的导火索。1517年，马丁·路德当众贴出《关于赎罪券效能的辩论》(*Disputatio pro declaratione virtutis indulgentiarum*，或译《九十五条论纲》)，引发了宗教改革运动。"路德放出的闪电引起了燎原烈火"[2]，瑞士、英国先后响应，宗教改革运动在西欧全面展开。

---

① 转引自曹孚、滕大春、吴式颖等编：《外国古代教育史》，177页，北京，人民教育出版社，1981。

② 《马克思恩格斯文集》第2卷，240页，北京，人民出版社，2009。

宗教改革的领袖人物马丁·路德针对中世纪后期罗马教会在救赎问题上强调善功得救的自由意志论及其所导致的实践恶果，研读《圣经》中的《诗篇》《罗马人书》，逐渐从中"重新发现"了"信仰得救"的思想，提出了"因信称义"理论，将神性与人性融为一体，使人类精神获得自由。他把上帝和《圣经》作为信仰的最高准则，否认教会在宗教生活中具有绝对权威，认为人人可以阅读《圣经》并直接聆听上帝的福音，不必假手于教会，不必由神父作中介；加尔文（J. Calvin，1509—1564）亦信奉"因信称义"思想，进一步提出"预定论"，将宗教生活与世俗生活融为一体，使日常工作具有了神圣性。他认为上帝在创世之初就把所有人分为永生的"选民"和永罚的"弃民"，并指出上帝选民的标志，即拥有严谨的生活和虔诚的宗教信仰、崇尚理性和科学。

可见，宗教改革的主要成就既表现在朴素实在的现实生活中，也表现在虔诚的宗教信仰和平凡的工作中，从而改变了宗教生活与世俗生活的对立关系，"在思想上开创了一种自由精神，在政治上促进了民族国家的崛起，在经济上推动了资本主义的发展"①。

二、西欧的社会变迁

17 世纪是西欧资本主义迅速发展的时期，英国的发展对西欧的影响尤大，且更具有典型意义。英国在 15 世纪末即开始了"圈地运动"，到 16—17 世纪，"圈地运动"猛烈发展。"圈地运动"使农民与土地分离，为工业资本主义提供了廉价劳动力，也促进了农村中的资本主义经营方式的发展以及新的科学技术在生产中的应用。16 世纪时，英国的呢绒业已发展成工场手工业，规模大的手工工场已有了数千名工人。行会中也出现资本主义因素。工场手工业的发展又推动了外贸和金融业的发展。另外，在玫瑰战争中，英国旧的封建贵族为争夺王位而相互残杀，终于同归于尽。这些被消灭殆尽的旧贵族的后裔

---

① 邓晓芒、赵林：《西方哲学史》，122 页，北京，高等教育出版社，2005。

已经是在另一种条件下成长的新的一代，他们的习惯和倾向已具有更多资产阶级的色彩。

1534 年，亨利八世(Henry Ⅷ, 1491—1547)趁宗教改革之机，宣布脱离罗马教廷而自立为英国国教会的首脑。稍后，英国国教会又通过法案，封闭了 700 多所天主教寺院，并将从寺院没收的大量土地分赠或出售给新的暴发户，使一些资产阶级暴发户成了土地所有者。于是，以资本主义方式经营土地的旧贵族的后代和获得大量土地的资产阶级暴发户形成新贵族集团，他们身上体现了资产阶级利益和贵族利益的结合。这种情况决定了英国资产阶级革命的不彻底性，它的结果就是 1688 年资产阶级和贵族达成的妥协。

英国的专制制度虽然在 16 世纪即已得到发展，但是和法国的专制制度比较起来，英国的专制制度是脆弱的。法国已建立了从中央到地方的官僚系统，中央政府有权任免地方官员，英国的中央政府则无权任免地方官员；法国的中央政府有权直接调动各省的军队以镇压叛乱，英国的中央政府没有一支可供随时调遣的常备军，一旦有事，须临时招募军队；英国从 13 世纪下半期即已建成国会，14 世纪国会形成两院，国会对国王的权力有掣肘作用，而法国的三级会议早已停开，国王独揽大权；英国国王没有固定的财政收入，平时国王及宫廷的费用靠国王领地的地租及骑士的捐献维持，一旦国家有事，须召集国会，经国会同意才能向臣民征收临时税捐。

17 世纪初，英国经济发展水平不及法国，但英国的资产阶级革命却先于法国发生并取得成功，这不是偶然的。英国旧贵族势力被消灭、农村中资本主义的发展和新贵族集团的形成、英国专制制度的脆弱性、16 世纪 60 年代以后新教加尔文教派在英国的发展都是重要原因。在英国资产阶级革命的过程中，英国的新教加尔文教派——清教徒中的长老会和独立派先后成为左右局势的社会势力，而在加尔文的祖国法国，仍处于支配地位的天主教会是专制制度的支柱。

英国资产阶级革命开始于1640年，结束于1688年。中间经过了复辟与反复辟的较量。革命的胜利推动了民主政治的发展，为资本主义经济的发展清除了障碍。新的政治、经济条件为思想的解放、科学的发展提供了土壤，成为促进新教育思潮出现的动因。

宗教改革中的各教派都力图加强宗教，特别是本教派教义的影响力。马克思(K. Marx，1818—1883)对马丁·路德的以下一段评论对其他新教教派也是适用的：

> 路德战胜了虔信造成的奴役制，是因为他用信念造成的奴役制代替了它。他破除了对权威的信仰，是因为他恢复了信仰的权威。他把僧侣变成了世俗人，是因为他把世俗人变成了僧侣。他把人从外在的宗教笃诚解放出来，是因为他把宗教笃诚变成了人的内在世界。他把肉体从锁链中解放出来，是因为他给人的心灵套上了锁链。①

宗教改革以后基督教内部各教派之间的激烈斗争，特别是天主教之间的斗争给社会带来了严重破坏。历史的教训促使人们认识到宗教宽容的价值。在理论上表达这种情绪和愿望的是洛克(J. Locke，1632—1704)的著作《论宗教宽容》(*A Letter Concerning Toleration*)。洛克在自己的书中详细论述了下列观点。

(1)宗教信仰自由。信仰是个人的私事，任何人无权干涉、强迫，国家和教会都无权强迫。"谁都不能使自己的信仰屈从于他人的指令……真正的宗教的全部生命和动力，只在于内在的心灵里的确信，没有这种确信，信仰就不成其为信仰。"②

---

① 《马克思恩格斯文集》第1卷，12页，北京，人民出版社，2009。
② [英]洛克：《论宗教宽容》，吴云贵译，6页，北京，商务印书馆，1982。

（2）各宗教、各教派之间的宽容。不得以强力干涉、强迫不同信仰者改宗，"任何教会无权管辖其他教会"①。

（3）政教分离。国家无权干涉个人信仰，无权干涉教会在法律允许范围以内的活动。"凡属在国家里合法的东西，官长便不能在教会中加以禁止。凡属许可臣民日常使用的东西他都不能、也不应禁止任何教派的人们将其用于宗教目的。"②

（4）政治上的宽容。凡是公正、温和的政府必然是稳定的、安全的，压迫才会激起反抗。国家不得以宗教为理由改变或侵犯公民的权利。"每个人应当享有同其他人同样的权利。"③

洛克认为，对那些在宗教问题上持有异议的人实行宽容，这与耶稣基督的福音和人类的理智是一致的。洛克的宗教观在 17 世纪的进步宗教观中具有代表性、典型性。这种宗教观表明，和 16 世纪宗教改革时期相比，17 世纪的宗教观已具有长足的进步，社会离中世纪的阴影更远了，这是整个社会的经济、政治、文化思想发展的必然结果，它又反过来影响新教育观的倾向。

第二节　宗教改革与 17 世纪教育的关系

一、宗教改革对教育的影响

在宗教改革的长期斗争中，各派都以教育领域作为重要阵地，争夺教育权，开办学校，改善教育环境，重视教育的作用，以便宣传本派教义，争取众多信徒，扩大自身影响，巩固势力范围。其最大的结果是"在西欧相当大的

① ［英］洛克：《论宗教宽容》，吴云贵译，13 页，北京，商务印书馆，1982。
② ［英］洛克：《论宗教宽容》，吴云贵译，29 页，北京，商务印书馆，1982。
③ ［英］洛克：《论宗教宽容》，吴云贵译，45 页，北京，商务印书馆，1982。

区域内为社会各阶层创立了一系列的学校，实现了教育的权力由教会到国家的转移"①，教育进入了一个对未来世界影响重大的新阶段。然而，17 世纪西欧学校教育的总体特征是其宗教性和保守主义、古典主义。

17 世纪德国初等学校的开办权虽已由教会转到国家手里，但学校仍被置于教会的监督之下。法律规定由教区牧师监督学校。城市学校和农村学校(尤其是农村学校)的主要关注点是宗教教育，背诵路德的教义问答是学校的主要功课。教派之间壁垒森严，天主教的学校不接受新教家庭的儿童，新教学校不接受天主教家庭的儿童。根据 1763 年的法令，宗教教育在小学课程中仍居于统治地位，神学为每天的必修课。

英国在 1534 年宗教改革以后，初等学校都属于英国国教会、各教派和宗教团体。为普及初等教育，英国成立了一些团体，如基督教知识促进会(1699)、福音知识普及协会(1701)和贫民宗教知识普及协会(1750)等。从这些初等教育团体的名称，我们便可知它们鲜明的宗教性。

法国也先后颁布了许多关于发展初等教育、实施义务教育的法令，但在实际上，初等学校仍然掌握在教会手里。天主教和新教争相开办学校，以扩大自己的影响，争夺群众。各教派学校关注的重点仍然是宗教教育。基督教学校兄弟会是有广泛影响的宗教和教育团体。

17 世纪西欧中等学校的显著特征是保守主义、古典主义。在德国的文科中学里，主要学科是希腊文、拉丁文和文学。英国公学的古典主义尤为明显。学校的主要课程是希腊文文法、拉丁文文法、阅读希腊文和拉丁文的古典名著、将英文译成希腊文和拉丁文、用希腊文和拉丁文作诗、阅读希腊文的福音书。法国的中等学校掌握在耶稣会和圣乐会等宗教团体的手里。

学校中的古典主义是文艺复兴运动留下的消极后果。文艺复兴时期重视

①　[英]博伊德、金：《西方教育史》，任宝祥、吴元训主译，182 页，北京，人民教育出版社，1985。

古希腊、古罗马文化,目的在于吸取古希腊、古罗马文化中积极的、健康活泼的因素,为在新的历史条件下形成新的世界观、人生观服务,以冲击经院哲学和教会的腐败。17 世纪的古典主义已丧失了文艺复兴时期的积极因素,对古希腊、古罗马文化的热衷蜕变成为毫无意义的单纯的好古癖。学校教育脱离时代,脱离实际,脱离生活的需要。生活已大步前进,而"16 世纪那种只讲授拉丁语和宗教课程,没有或很少有本族语和其他现代学科的文法学校,都保持其原状,实际上没有什么改变"①。这种落后的学校教育理所当然地受到批评。当时就有人指出:

> 我们大多数学校的共同错误就在于学校仅仅为那些打算将来从事所谓学者专业的人做准备,因此不加区别地要求所有的青年都完全通晓拉丁语。相反地,那些在普通的市民生活中,在技巧和职业中,在法庭和战争中……所不可缺少,至少是有用的东西,却大部分被忽视了。②

正是由于学校的这种缺陷,当时有钱人家宁愿请家庭教师,也不愿把自己的儿子送进学校。洛克因此主张家庭教育而排斥学校教育。

另外,"由于世俗精神的发展,改革后的教会对学校有失去控制的趋势;又因国家和私人捐赠的经费补助不足,改革时期保留下来的教育基金已不能应付开支;学校设备差,教员薪水低,教育质量下降了"③。北欧和西欧大部分地区出现了教育事业停滞不前的现象,教育改革势在必行。

---

① [英]博伊德、金:《西方教育史》,任宝祥、吴元训主译,237 页,北京,人民教育出版社,1985。
② [美]克伯雷选编:《西方教育经典文献》上卷,任钟印译,429 页,北京,人民教育出版社,2016。
③ [英]博伊德、金:《西方教育史》,任宝祥、吴元训主译,237 页,北京,人民教育出版社,1985。

二、17 世纪西欧的教育改革

前进着的社会和滞后的学校教育之间的矛盾日益尖锐，一股教育改革的思潮出现于 17 世纪的西欧，这是历史的必然。17 世纪的教育改革思潮和文艺复兴时期的新教育思想有很大不同。文艺复兴运动局限于一小批贵族出身的知识分子的小圈子里，脱离广大群众；他们的新见解大都停留在纸面上，没有具体的实施方案。人文主义者对古代的热衷妨碍了他们面向现在、面向实际，他们之中有人对自然知识有兴趣，但实际研究自然的成绩有限。17 世纪的教育改革思潮涉及广大群众的教育问题，普及教育成为时代的呼声。17 世纪的新教育家把他们的新见解制订成一个个具体的实施方案，并着手进行有计划的实验。17 世纪在自然科学各个领域取得的成就是前所未有的。自然科学的成就对教育的理论和实践都形成巨大冲击力。17 世纪的教育改革思潮和宗教改革时期新教的教育观也有很大不同。宗教改革推进了教育普及，提高了各民族语言在教育中的地位，完善了学校制度和学校内部管理。但是，新教领袖们有太多宗教偏见和宗派偏见，他们对人的悲观看法和他们对教育的重视是矛盾的，学校中过多的宗教教育既不利于发展人们的独立思考，也不利于教育面向生活、面向实际。17 世纪的教育改革思潮在很大程度上是以宗教改革以后的学校教育现状为背景的。

掀起并推进 17 世纪西欧教育改革思潮的不仅有职业教育家和热心教育的社会人士，而且有哲学家、自然科学家、经济学家和诗人。其中著名的代表人物是英国的培根（F. Bacon，1561—1626）①、哈特利布（S. Hartlib，约1599—1670）、弥尔顿（J. Milton，1608—1674）、配第（W. Petty，1623—1687）、贝勒斯（J. Bellers，1654—1725）、洛克，法国的笛卡儿（R. Descartes，1596—1650），德国的莱布尼茨（G. W. Leibniz，1646—1716）、拉特克（W.

---

① 指弗朗西斯·培根（Francis Bacon）。下文的"培根"如不标注名字，均指此人，与中世纪的罗吉尔·根培相区别。

Ratke，1571—1635)、安德里亚(J. V. Andreae，1586—1654)，意大利的康帕内拉(T. Campanella，1568—1639)，捷克的夸美纽斯(J. A. Comenius，1592—1670)。夸美纽斯的教育理论对 17 世纪教育改革思潮作了整合。

教育改革以教育观的更新为先导。新教育思潮的首要任务是破除宗教改革时期新教领袖们所散布的对人的悲观认识。

文艺复兴时期，人文主义者热情歌颂人性，崇尚人性的美好，以反对原罪论。宗教改革时期的新教领袖们则以悲观的宿命论的观点排斥文艺复兴时期乐观主义的人生观、人性论。在这方面，加尔文比路德更为突出。加尔文回到奥古斯丁(希波的奥古斯丁，Augustine of Hippo，354—430)①和保罗的立场，认为上帝的意旨主宰宇宙。因为亚当犯罪，人天生就是罪人。人在出生以前，上帝就根据自己的理由预定了哪些人可以得救并成为上帝的选民，其余人的灵魂已经受到诅咒，只能被罚下地狱，永受折磨。上帝所预定的这种命运是不可改变的，个人的任何努力都改变不了预定的命运。加尔文也提倡基督徒要行为节制，过虔诚的道德高尚的生活，但这不是因为这种生活本身可以使人得救，这种生活只能证明谁是上帝预定的选民。加尔文写道：

> 按照《圣经》明确的教义，我们宣称上帝根据一个永恒的和不可改变的意旨，一劳永逸地决定哪些人该得救，哪些人该下地狱……对在神的选拔中，我们认为神的感召是选拔的一个例证，释罪是神的选拔的另一个表现方式，直等到他们到达天国，这就完成了神的选拔。②

宿命论贬低了人生的意义，挫伤人向上努力的积极性，也否认了教育在

---

① 下文的"奥古斯丁"如无注明，均指"希波的奥古斯丁"。

② 转引自[美]爱德华·麦克诺尔·伯恩斯、菲利普·李·拉尔夫：《世界文明史》第二卷，罗经国等译，180 页，北京，商务印书馆，1987。

人的成长中的重大作用。17 世纪新教育思潮的倡导者们抛弃了加尔文的宿命论，他们以全新的观点重新讨论人性问题，讨论人的可塑性问题，实际上也就是讨论教育的可能性问题。有 4 种观点可以代表 17 世纪的新见解。

（1）白板说或暗室说。洛克认为人的心灵中没有天赋观念，人的心灵像一块白板或一张白纸，等待经验在它上面书写；或者像一间暗室，等待光线给它带来视力。按照这种观点，教育能提供经验和光线。

（2）大理石说。莱布尼茨也和笛卡儿一样，承认天赋观念，认为根本没有什么东西从外部通过肉体感觉到达我们的心灵。他认为，人的灵魂不是一张白纸，而是一块大理石，它所固有的纹路决定着它最终的雕刻形式，雕刻家不能改变纹路，只能适应它。虽然莱布尼茨唯心主义的天赋观念说和洛克的唯物主义经验论是对立的，但人心如大理石的观点并未否定教育的作用，它否定的只是教育万能论。

（3）魔镜说。培根坚持感觉经验是知识的源泉，一切科学知识必须从观察开始。可是，观察不一定可靠，因为人的心灵"像一面魔镜"，这面魔镜往往给出虚假的反映而不是正确的反映，这是 4 种缠住人的心灵的成见或"假象"所致。"族类假象"是种族的成见或偏见；"洞穴假象"是个人以管窥天的一孔之见；"市场假象"是语言应用上的望文生义、不求甚解；"剧场假象"是拘泥于某种特殊的哲学或思想体系所带来的偏见。这 4 种假象都妨碍对事物的正确反映。只有从没有假象，即不带偏见的观察开始，将经验主义和理性主义结合起来，将仔细的观察和正确的推理结合起来，我们才能获得正确的知识。所以，纠正"魔镜"的缺陷在于正确的方法。

（4）种子说。夸美纽斯认为，学问、德行和虔信的种子自然地存在于人的身上，所以教育是可能的。要使种子发芽、苗壮成长，成为现实的学问、德行和虔信，则有赖于教育，所以教育是必要的。夸美纽斯除肯定亚里士多德（Aristotle，前 384—前 322）认为的人心如白板，肯定人心如蜡块外，还引证了《圣经》上人心如土的说法。土接受各种各样的种子，只要园丁不缺乏信心和勤劳，同一处园地能够种蔬菜，能够种花木，也能种各种香草。夸美纽斯所说的园丁就是教师。

上述 4 种理论之间有细微的差别，它们的共同特点是论证了人的发展的无限可能性，肯定了教育在人的形成中的巨大作用，从而驱散了加尔文所恢复的对人的悲观宿命论的阴云。洛克和夸美纽斯在论证教育的巨大作用和人的可塑性方面尤为突出。这种新观点在 17 世纪有着巨大的解放作用，它把人从神的奴役中解放出来，提高了人的地位和自信，增强了人的使命感。这是 17 世纪西欧众多的明智之士从各个不同的角度关注教育问题的思想基础。

16—17 世纪自然科学的勃兴对教育理论和教育实践的推动是多方面的。

自然科学发现了宇宙内部存在的客观规律和秩序，自然科学家认识到宇宙的存在就是和谐、井然有序的。在自然科学家的启示下，教育家们着手探索存在于教育工作中的客观规律和秩序，以便使教育工作走向更加自觉化、更加理性化、更加科学化，夸美纽斯所付出的努力促进了教育科学的发展。

自然科学的成就推动着课程内容的更新和改造。宗教神学的神秘主义和古典主义再也不能在学校中居于排斥一切的独占地位了。莱布尼茨的观点代表了自然科学家和哲学家的期望。莱布尼茨批评旧学校中强调抽象思维和纯粹文字上的学识，他认为对青年的教育应注重客观现实，主张适当讲授数学、物理学、生物学、地理学和历史学等。他还竭力主张用本民族语言代替拉丁语作为教学用语言，以利于知识的传播和冲击与陈腐思想相结合的死的语言。弥尔顿、夸美纽斯、洛克、配第、贝勒斯等人所制订的学科计划都赋予自然科学以特别重要的地位。教育与实际生活的联系得到加强。

自然科学的发展冲击了旧的学制，催生了新型的学校，如弥尔顿的学园，夸美纽斯的泛智学校，配第和贝勒斯的机械学校、劳动学校，以及 18 世纪初出现的实科中学等。弥尔顿的学园计划对后来中等学校的发展有长远影响。

自然科学的发展推动了教学方法的改革。直观教学、观察、实验、实习成为新教学法的重要内容。独立思考受到重视。

由于伦理学的进步，世俗道德从宗教道德中分离出来成为一个独立的部分，这是一个重大进步。夸美纽斯的教育改革计划将道德教育与宗教教育并列有着重大意义。在宗教改革时期，这是难以想象的。

17 世纪西欧的新教育思潮的推动者无一例外都是基督教徒。当时一切自然科学和社会科学的新发现，一切社会改革和教育改革方案的提出，都是由基督教徒作出的。在刚刚走出中世纪的时候，这种情况是不可避免的。如果我们责备当时的进步教育思想家没有最终抛弃上帝，这就是脱离当时历史实际的苛求。但是，毋庸讳言，在 17 世纪的新教育思想中，宗教的色彩已暗淡下去，即使身为教会领袖人物的夸美纽斯也已经抛弃宗教的狂热和想入非非，成为头脑冷静、清醒的现实主义者。17 世纪的新教育思潮，在人与神的关系上，提高了人的地位和价值，削弱了神的无边的权能；在信仰与生活的关系上，现实生活、现实幸福成为时代的主流，信仰不过是基于传统；在读《圣经》和认识自然的关系上，人们号召用更多的精力去阅读大自然这本奥秘无穷、美妙无限的天书；在今世和来生的关系上，人们认为为来生作准备的最好方式就是过好今世的生活，追求今生的幸福，改善今世的人生；在古与今的关系上，知古是为了厚今。例如，弥尔顿主张读古代自然科学的著作，目的是为现实服务。

相对于西欧中世纪的教育而言，17 世纪的新教育思潮是对传统的突破，是弃旧图新、改弦更张。相对于以后教育理论的发展而言，17 世纪的思想家们做好了奠基工作。他们所奠定的基础是如此的坚固，以致后来一切的西方教育理论都是在这个基础上发展起来的。

第三节 自然科学的发展及哲学与社会科学的特点

一、自然科学的发展

恩格斯认为，西欧自然科学的发展是从 15 世纪下半期开始的。但是各门科学的发展并非齐头并进，而是依顺序发展的。带头的是天文学，紧接着是物理学，化学要到 18 世纪才发展起来，生物学的发展则是 19 世纪的成就。

自然科学发表自己的独立宣言而从神学中解放出来的标志是哥白尼(N. Copernicus)于 1543 年出版的《天体运行论》(*De Revolutionibus Orbium Coelestium*)。在这本书中，哥白尼有力地论证了日心说，推翻了统治西欧 1000 多年的托勒密(C. Ptolemaeus)的"地心说"——这是基督教会所信奉的理论。

哥白尼在看到自己著作的几小时后便去世了。他的理论最终被科学界接受，要归功于伽利略(G. Galilei)、开普勒(J. Kepler)、笛卡儿和牛顿(I. Newton)。

伽利略于 1632 年发表《关于托勒密和哥白尼两大世界体系的对话》(*Dialogo Sopra I Due Massimi Sistemi Del Mondo Tolemaico*, *E. Copernicano*)。他不仅是哥白尼理论的热心阐释者、宣传者，而且他本人在天文学、物理学上都有重要发现，并制作了新的天文望远镜。开普勒证明行星是沿椭圆形轨道绕太阳旋转的，从而推翻了托勒密天文学的基础，对牛顿发现万有引力定律有极大价值。他们对前人的哲学和自然科学理论作了更高层次的整合。

当自然科学的先驱者们冲破传统和权威的重重阻力，勇敢探索新知识、新真理的时候，西欧的大学仍然在教会的控制之下，哲学依然是神学的婢女。自然科学的先驱者们不得不脱离大学，从而也使大学脱离了自然科学发展的时代潮流，被抛在时代的后面。为了推动自然科学的发展，人们不得不求助于新的组织机构。这种情况促使各种科学社团产生。

最先成立的科学社团是 1657 年成立于佛罗伦萨的西芒托学院。这是一所科学研究机构，它的发起人是伽利略的门徒维维安尼（V. Viviani）和托里策利（E. Torricelli）。一些解剖学家、胚胎学家、物理学家在这里进行了科学实验。1667 年学院在关闭时发表了实验文集，报告了实验中的新发现。英国皇家学会成立于 1662 年。它是由培根的追随者们组建的一个非正式社团发展而成的。其成员在天文学、物理学、化学、解剖学、医学、生物学等方面进行了大量实验研究，它的研究报告对海运业、矿业、酿酒业、精炼业、羊毛制造业的发展都有一定价值。法兰西科学院成立于 1666 年，它得到国王的支持和资助。法兰西科学院的研究分成数学（包括力学和天文学）和物理学（包括化学、植物学、解剖学和生理学）两部分。柏林科学院成立于 1700 年。它的建成应归功于莱布尼茨的积极策划。值得注意的是，莱布尼茨认为柏林科学院的研究领域除科学和技术外，还应包括历史、档案、商业、艺术、教育等，它是一所文、理、工兼备的综合性的科学院。圣彼得堡科学院成立于 1724年。科学社团有力地推进了自然科学研究的发展。

17 世纪自然科学的发展并不敌视宗教和神学，相反，当时自然科学的先驱者们实际上都笃信宗教，都是基督教的忠实的信徒。开普勒的天文学发现源于宗教动机。他从寻找上帝之路出发，结果发现了行星的路径。笛卡儿有神秘主义倾向。霍布斯（T. Hobbes，1588—1679）是唯物主义者，但并不反对宗教，相信上帝是宇宙的第一因，但他坚信"人不可能认识上帝"。波义耳（R. Boyle，1627—1691）试图寻找在自然过程背后的上帝的地位和作用，他认为自然的美和有秩序的和谐证明有一个至高无上的、强大的、明智的和完美的创造者存在。牛顿相信世界是上帝创造的一部绝妙的机器，上帝是运动的第一因。

尽管自然科学家并不敌视宗教神学，但基督教会（包括天主教和新教）却敌视自然科学，敌视一切违反《圣经》的科学真理。"塞尔维特（M. Servetus）正要发现血液循环过程的时候，加尔文便烧死了他。"①布鲁诺(G. Bruno)接受了哥白尼的"日心说"，并承认自然界就是上帝，认为上帝不在世界事物之外，而是在世界事物之中，宇宙有其内在的规律和秩序，上帝也要服从自然界本身的规律。布鲁诺因为否定了上帝的超自然性而于1600年被罗马教廷活活烧死在火刑柱上。西芒托学院的成员也受到教会的残酷迫害，有的被处死。伽利略的《关于托勒密和哥白尼两大世界体系的对话》发表于1632年，次年他被宗教法庭传唤至罗马，遭到监禁、刑讯逼供及审判。伽利略在监禁期内，每星期都要背诵《圣经·旧约》的《诗篇》中的7首忏悔诗，并被迫公开放弃自己的信仰：

> 我跪在尊敬的西班牙宗教法庭庭长面前。我抚摸《福音书》保证，我相信并将始终相信教会所承认的和教导的东西都是真理。我奉神圣的宗教法庭之令，不再相信也不传授地球运动而太阳静止的虚妄理论，因为这违反《圣经》……我发誓放弃并诅咒已被指控的谬见和邪说、一切其他谬见和任何违背教会教导的见解。②

据说，伽利略在被迫宣布放弃日心说之后，还在喃喃自语："可是，地球是在运动！"由此可见，前述洛克的见解有多么深刻，他说："真正的宗教的全部生命和动力，只在于内在的心灵里的确信，没有这种确信，信仰就不成其为信仰。"③一切信仰都是如此。

监禁和火刑不可能阻止真理的发展。1822年，罗马教廷的红衣主教团宣布允许天主教国家讲授哥白尼的理论。1980年，罗马教皇宣布重新审理伽利

---

① 《马克思恩格斯文集》第9卷，410页，北京，人民出版社，2009。
② 转引自[英]沃尔夫：《十六、十七世纪科学、技术和哲学史》，周昌忠等译，44页，北京，商务印书馆，1985。
③ [英]洛克：《论宗教宽容》，吴云贵译，6页，北京，商务印书馆，1982。

略案。1992 年，教皇约翰·保罗二世（Pope John Paul Ⅱ）宣布为伽利略平反昭雪，并宣布 300 多年前对伽利略的审判是没有根据的。1996 年，罗马教区主教终于承认，将近 400 年前烧死布鲁诺是一种过错。

随着自然科学的发展，人们研究自然的兴趣空前高涨，向往于在一切领域探索自然的秘密。培根的所罗门宫、安德里亚的《基督城》、夸美纽斯的泛智研究、弥尔顿的学园、配第的促进各种学问的计划，乃至康帕内拉的《太阳城》，几乎涉及自然科学的所有部门。这种科学思潮是教育理论中对陈旧的学科内容进行根本改造的催化剂，推动学校教育向着贴近实际、贴近生活的方向发展，有力地冲击着学校中的宗教神学、古典主义及其他烦琐空疏、脱离实际的倾向。自然科学注重观察、实验、经验、独立思考，否定传统和权威，推动了教学法的改革。

二、哲学和社会科学的特点

自然科学的发展，自然科学所发现的宇宙自身的规律和秩序，推动了哲学思维和社会科学的进展，经验论与唯理论的争论是 17 世纪西欧哲学的特色。这两种理论各从不同的侧面深化了哲学思维，提高了人类的认识水平，都对哲学发展作出了重大贡献。17 世纪西欧的经验论哲学往往以唯物主义的形式出现。近代英国唯物主义的真正始祖是弗朗西斯·培根。培根认为，感觉是可靠的，是全部知识的源泉，全部科学都以经验为基础，但必须用理性的方法整理感官所得的材料，理性方法的主要形式是归纳、分析、比较、观察、实验。培根大力提倡归纳法，认为它是正确知识的不可缺少的基础。他认为，过去的真理追求者都是在黑暗中蹒跚而行的，受先入之见和经院哲学的奴役，归纳法才是能够打开真理奥秘之门的具有魔力的钥匙。培根反对传统、权威和演绎法逻辑。霍布斯系统化了培根的唯物主义，洛克则在《人类理解论》中对知识来源于感觉经验的理论作了深入的论证。唯理论哲学的倡导者是笛卡儿,和培根等经验论者一样,笛卡儿坚持拒绝经院哲学,拒绝权威和传统,拒绝用别人的头脑进行思考。但是和经验论者不同,笛卡儿认为心灵不是物质的形式,而是上帝深植在人体中的完全独立的实体。他相信有"天赋观念",这是与感官经验无关(或不可能通过感官认识)的不证自明的真理,是心灵先天固有的。可靠的认识真理的方法是从一些不证自明的真理和公理出发,用如同数学方法的纯粹推理的方法,通过推理,推演出完美的、普遍的知识系统,即从简单的观念开始,通过演绎,推导出比较复杂的观念。笛卡儿的"天赋观念"说受到洛克的有力驳斥。

自然神论是 17 世纪在西欧流行的哲学观。这种观点认为上帝是与自然同一的,上帝也必须服从自然界的原理和秩序,而不是超然于自然之上的。自然神论是架空上帝、摆脱宗教的一种方便途径。恩格斯认为,自然神论是唯物主义的形式之一,而不可知论是羞羞答答的唯物主义。

自然规律的发现推动人们去寻找社会现象背后的规律。经济学、政治学、社会学开始形成。经济学力图找寻经济活动领域的规律和秩序。16—17 世纪许多重要的经济学论文、著作是英国人写的。当时经济学所讨论的问题为奖励出口、争夺人才(智力)、降低成本、分工、关税、人口等。这些在今天仍然是重要话题。配第在政治上是一个小人,但他将经济问题的研究从流通领域深入生产领域,从而使经济学成为一门科学,受到马克思的高度称赞。马克思称配第是政治经济学的创始人。由于配第的《政治算术》等研究成果,他在一定程度上也是统计学的创始人。洛克在经济学上的贡献是论证劳动在价值创造中的作用。

在近代欧洲广泛流传的"社会契约论"盛行于 17 世纪的英国,具有各种不同倾向的人赋予"社会契约论"以不同的意义,利用这个理论为自己的政治信念辩护。在英国资产阶级革命过程中,拥护君主立宪的独立派以"社会契约论"辩护私有财产的神圣性。弥尔顿认为,私有财产是订立契约的结果,因此，契约必须得到遵守，不允许随便改变财产关系，每个人应满足于享有根据法律的规定而属于他的东西，不得以暴力取得别人的财产，平等派的普选原则会威胁私有财产，所以独立派反对平等派。

独立派中的共和主义者、诗人、政治家弥尔顿赋予"社会契约论"以民贵君轻的内容，为人民的最高权力辩护。弥尔顿认为，在自然状态中，一切人生来自由；由于人不善于以理智支配卑劣的情欲，于是脱离自然状态而被迫建立政府，以保护社会的安宁。人民与国王和公职人员订立契约，人民把政权委托给国王和公职人员，国王和公职人员则必须保卫人民。国王和公职人员的权力来自人民，但人民保留了最高权力；如果国王夺去人民的最高权力，就等于破坏了人民的天赋权力。因此，国王低于人民，如果国王滥用人民给予的权力，人民就有权审判、废除乃至处死国王。

霍布斯以"社会契约论"为专制制度辩护。霍布斯认为，在国家出现以前的自然状态中，一切物品为一切人所共有。但在自然状态中，为了争夺物品，产生了一切人反对一切人的战争。为了确保和平和制止战争，于是人们订立契约，建立国家。在建立国家时，人民已同意放弃一切权力并把它交给国家。所以，国家的权力是至高无上的，国家可以干涉个人自由。因此，君主专制制度是最好的制度。

洛克也以"社会契约论"为私有财产制辩护。他认为，在自然状态中，人人享有充分的自由平等权利；上帝将自然界的万物给予人类，但人们只有靠自己的劳动才能从自然界得到东西并使其为己所用，私有财产即劳动果实。但人类在自然状态中没有保障，自由、平等和私有财产的权利会受到侵犯，所以人民才相互订约成立国家。国家应保护人民的权利，首先是保护私有财产权。君主立宪制是最好的制度。

由此可见，在 17 世纪的英国，专制制度的拥护者、共和主义者和君主立宪派这 3 种不同政治倾向的人都援引"社会契约论"为自己辩护。到 18 世纪，卢梭(J. J. Rousseau，1712—1778)赋予了"社会契约论"以革命的内容。

在 17 世纪的西欧，空想社会主义思想得到进一步发展。继托马斯·莫尔(Thomas More，1478—1535)的《乌托邦》(*Utopia*)之后，康帕内拉在《太阳城》中描写了一个理想的社会。安德里亚的《基督城》被称为空想社会主义的第三颗明珠。

17 世纪的西欧在伦理学方面取得重要成就。哲学家们探讨了善恶问题、以理性控制情欲的问题、道德标准的变异性问题，以及宗教道德和世俗道德的关系问题。

霍布斯和斯宾诺莎(B. Spinoza)都将善恶问题与个人的快乐与痛苦问题联系起来。霍布斯认为："每个人都根据他自己而把引起快乐、他认为是快乐的东西称为善，而把引起他不快的东西称为恶；因此，不仅每个人素质彼此不同，而且在善恶的区别上也彼此不同。"[①]按照霍布斯的这种善恶标准因人而异的观点，客观的、公认的、共同的道德标准便不复存在。每个人都按自己的善恶标准行事，势必取消一切善恶标准，取消一切道德，从而使霍布斯所说的人类在自然状态中一切人反对一切人的战争永无休止地进行下去，霍布斯所赞赏的专制制度也将失去存在的条件。斯宾诺莎认为，人性的真谛是竭力追求更完满的生存。凡是促进自我保护和更完满生存的东西，人们都应当追求，因而称之为"善"；凡有相反倾向的东西，人们都应当回避，因而称之为"恶"。霍布斯和斯宾诺莎的伦理学虽然在理论上失之偏颇，但在当时的历史条件下，在反对宗教道德、提高人的价值和追求世俗幸福的权利等方面仍有积极意义。

17 世纪的思想家们强调，伦理和道德的本质是每个人以理性控制自己的情欲。自由的人就是能以理性管束自己的人，受自己的情欲奴役的人是不自

① ［英］沃尔夫：《十六、十七世纪科学、技术和哲学史》，周昌忠等译，633 页，北京，商务印书馆，1985。

由的。斯宾诺莎认为："我把人在支配和克制感情上的软弱无力称为奴役。因为一个人为感情所控制，他便不能主宰自己，而受命运主宰。而在命运的支配之下，他往往被迫去趋附邪恶，尽管他明知善良何在。"①斯宾诺莎认为，人是有主宰自己的力量的，即善根是人生来所具有的，人有力量使自己不受自己的情绪或情欲的奴役。这种力量来自知识、来自理性。当人的心灵在获得恰当的知识从而取得完全的主动的时候，他就成了自己的主人，达到了自由。斯宾诺莎说："当一个人按照理性的指导生活时，他的行动便完全摆脱了他自己本性的规律。"②摆脱本性的规律，就是摆脱欲望的奴役。洛克也把以理性指导欲望看作道德的本质。

斯宾诺莎和洛克的伦理学中关于以理性指导欲望的观点，是古今中外一切伦理学的中心论题，也是一切宗教的核心。苏格拉底、柏拉图所说的自制、战胜自己，亚里士多德所说的以理性指导动物灵魂，孔子所说的克己，王阳明所说的破心中贼，基督教的禁欲，佛教的降服其心，都是为了教人以理性领导欲望，把人从动物提升到人的高度。古今道德教育中的失败，就在于忽视或偏离了这个中心。

至于具体的道德标准或道德信条，洛克论证了它们因时因地而有所变易，并无永恒不变的为一切人所共有的准则。

17 世纪的伦理学说使伦理学与神学分离，使世俗道德与宗教道德分离，这是一个极大的进步。

---

① ［英］沃尔夫：《十六、十七世纪科学、技术和哲学史》，周昌忠等译，641 页，北京，商务印书馆，1985。

② ［英］沃尔夫：《十六、十七世纪科学、技术和哲学史》，周昌忠等译，641 页，北京，商务印书馆，1985。

第二章

路德与路德教派的教育

路德教派，亦称路德派、路德教、路德宗、信义宗，为基督教新教主要派别之一。产生于16世纪的德国，以欧洲宗教改革领袖马丁·路德的神学思想为信仰基础。16世纪初，马丁·路德首先倡议宗教改革，认为《圣经》是高于教会的最高权威，确立了因信称义的新教原则。由此诞生的路德教派（包括路德学派），不仅颠覆了天主教的诸多教育和制度，其所提出的一系列关于教育问题的思想原则对欧美近代教育的发展进程产生了其他许多教育家不能比拟的广泛而深刻的影响。

路德教派与宗教改革运动所产生的另两大新教教派——加尔文教派、英国国教会（或称圣公会、安立甘宗）相并立，合称为新教三大教派。路德教派对后两者有重要影响，主要传播于德国、北欧、英国等地。该教派在路德影响下，重视兴办教育，以教育为扩大新教势力、传播新教教育之工具，既致力于中学和高等教育，也致力于初等教育。其中一些慈善机构对发展初等教育卓有贡献。

第一节　新教改革家路德的生平及著述

德国 16 世纪宗教改革家马丁·路德的教育思想与他的新教理论和他的以新教教育促新教改革的直接动机是密不可分的。他虽然是一位著名的宗教改革家，并非严格意义上的专职教育家，但是他关于教育的许多真知灼见，特别是普及教育的思想和对德国语言教育的贡献，均影响了加尔文教派推动建立学校教育体系和开始普及义务教育，其影响则远远超出了他那个时代，以其贡献而论，无愧为"世界性的伟大教育家"①。

马丁·路德于 1483 年 11 月 10 日出生于萨克森选侯国（今德国萨克森自由州）的艾斯勒本（Eisleben）的一个祖辈务农的家庭。其母出身于望族家庭。其父因是家中长子，按习俗长大后须离开父母家自谋生路，他先是务农，不久弃农经矿，后又搬到路德的母亲的娘家曼斯菲尔，得一公职，逐渐成为拥有一定资产的矿主。路德从小受到严格的家庭管束，被要求敬神从父，按照父亲的期望刻苦造就自己，跻身上流社会。

路德 7 岁进拉丁学校读书，受尽了体罚之苦。14 岁获得机会进马格德堡"平民生活兄弟会"②办的学校读书。该校新的办学思想和对宗教的虔诚给他留下了深刻印象。一年后他又转到艾森纳（Eisenach）读书，幸运地遇上一位优秀的文法教师，被善加栽培，加上自身聪明好学，能言善辩，从而在文法、演讲、作诗赋词各个方面都成绩卓著。17 岁入埃尔福特大学学习，很快精通辩证法，将西塞罗（Marcus Tullius Cicero，前 106—前 43）等作家的著名典籍当作生活的训示和写照，广泛阅读，喜欢思考事物的始末根由。1502 年，获学

---

① 张斌贤：《马丁·路德》，见赵祥麟主编：《外国教育家评传》第一卷，287 页，上海，上海教育出版社，2003。

② 平民生活兄弟会（Brethnen of the Common Life）是一个宗教团体，创办于 1381 年。原为天主教的一个修会组织。会员共同生活，注重读《圣经》和默想。后被天主教当局视为革新派而遭禁。

士学位。1503年，遵父愿学习法律专业，1505年获硕士学位。

就在路德的法律专业前程似锦时，他却在内心驱使下违背父命，于1505年7月17日突然遁入奥古斯丁修道院做了一名乞僧（修士），从此开始了他的宗教生涯。此举不仅决定了他全部思想的发展方向，也决定了其教育学说的根本性质。经过两年多的侍奉上帝的亲身体验后，路德于1508年被推荐到维滕贝格大学（University of Wettenberg）主讲《圣经》，以其深刻而虔诚的思想、清晰的思路、丰富的词汇和充满智慧的比喻赢得了听众的喜爱，给年轻的维滕贝格大学带来了声誉。1512年，路德又获神学博士学位，并且被任命为维滕贝格大学神学教授。这段时期是他神学研究的辉煌时期。在其新教思想体系中起核心作用的"因信称义"学说，主要是他在此时期结合清苦的乞僧体验深入进行神学研究，在不断地用心传道和用脑演讲的过程中酝酿而成的。

把马丁·路德推向宗教改革舞台的直接导火索，是1517年10月31日他为了揭露教皇谎称兜售赎罪券就是替罪民救赎的劣行而在他居住的维滕贝格教堂——诸圣堂大门上贴出《九十五条论纲》（Ninety-five Theses）[①]。该惊天之举被认为是新教的宗教改革运动的肇始。该论纲引起强烈反响。各阶层民众觉得该论纲道出了他们不满罗马教廷和教会统治的心声；但同时该论纲也招来一系列的攻击。用路德的话来说就是："教会控诉我，罗马教廷传唤我，整个天主教会群起攻击我一个人。"[②]这就迫使路德对一系列的攻击进行回击。他以《圣经》的权威对抗罗马教廷的权威，领导了一场对人类历史发生了深远影响的宗教改革运动。随后，产生了1519年的莱比锡辩论、1520年在维滕贝格教堂门口烧毁教皇的禁止诏令。更重要的是，他在1521年被罗马教廷定为"异端"，被逐出天主教教门，与罗马教皇彻底决裂后，于同年写下了宗教改

---

① 原名为《关于赎罪券效能的辩论》。

② ［德］马丁·路德：《路德拉丁文集第一册·1545年威丁堡版序文》，见［德］柯特·艾伦编：《九十五条及有关改教文献考》，王建屏、郑秀清译，19页，香港，道声出版社，1989。

革的三大论著《致德意志民族基督教贵族书》《教会被囚于巴比伦》和《基督徒的自由》，成为指导宗教改革的思想武器。

在 1517 年至 1522 年期间，马丁·路德的大量著作几乎是作为时代的先驱代表了人民的心声。1517 年他关于《没有代表权就不纳税》的演讲，使他成为全国性的人物。路德的著述和著名演讲，除《九十五条论纲》《致德意志民族基督教贵族书》《教会被囚于巴比伦》和《基督徒的自由》以外，《奉劝全体基督教徒怜悯修女》《教士没有妻子是多么危险》《国家为何穷困》《基督受难和反基督者》《论世俗政权：对世俗政权服从的限度》等文章，立即被印成小册子并迅速传播到全国和整个欧洲，受到广大民众的热烈欢迎。那时路德的演讲或著作几乎吸引了当时所有新的传播工具。据记载，大约 10 年之内，12 个城市的 30 架印刷机一有了他的演讲稿之后，就立即加班加点将其印刷出来，导致洛阳纸贵。①

路德的新教理论在各阶层人民中产生的强烈反响，也为其招来了教皇与世俗君主的联手迫害。然而，在整个民族的坚强后盾的支持下，路德置生命安危于度外，应召出席了 1521 年 4 月的沃姆斯帝国会议，不畏强暴，捍卫和阐述了他的新教主张，得到除世俗君主等保守势力以外的 5000 多名听众的欢呼爱戴。这是他作为一位宗教改革领袖形象的高光时刻。

沃姆斯帝国会议后，路德隐居在萨克森选侯国的瓦特堡，致力于将《圣经》直接从希伯来文和希腊文翻译为德文。整部《圣经》的翻译工作虽然一直持续到 1534 年才完成，而 1522 年 9 月德文版的《新约全书》却立即为人们所争相购买，5000 册书被一抢而空，12 月，此书不得不印刷第二版。由于路德新教改革的关键就是以"个人通过直接研读《圣经》与上帝交流"来取代"教会作为人与神之间交流的唯一中介"，这就内在地决定了新教改革和新教教育改革

① 参见[美]爱利克森：《青年路德》，康绿岛译，235 页，台北，远流出版事业股份有限公司，1989。

必须一体两面地同步进行。因而,《圣经》的翻译不仅是路德传播新教思想的伟大工程,是对神学和哲学研究的重大贡献,也是路德对德国新教教育作出的杰出贡献。

随着宗教改革的深入,原来由教会控制的教育系统也随着教会势力的倒台而百废待兴,路德针对这种状况,非常重视新教教育的重建工作。他于1524 年公开发表了教育论文《给市长和市政官们的信》,提出宗教与世俗的二重教育目的论、国家办学和普及义务教育等主张;于 1528—1529 年编著了《大教义问答集》《小教义问答集》;于 1530 年发表《论送子女入学的责任》,进一步阐述了强迫义务教育的主张,并且组织路德教派的教会颁布了一系列新教教育学校条例。

马丁·路德的新教与天主教的根本分歧只在于罪民该如何赎罪,而不在于人是否生而有罪。因而,路德作为一位忠实的基督教徒,在本质上与现实社会的统治阶层并非格格不入,而是有千丝万缕的联系。因而,当 1524—1525 年的德国农民战争爆发,以及由宗教改革运动带来的动乱和激进的再洗礼派的广泛传播,斗争的焦点由反对罗马教皇和争取民族独立转移到反对国内世俗封建政权时,路德就站到了民众的对立面。他的一些文章,如《劝基督徒勿从事叛乱书》(1522)、《反对杀人越货的农民》(1525)等,很清楚地表明了他对农民起义的不支持,因而遭到马克思的批判。

马丁·路德晚年仍然从事传教、著述及组织新教教会的工作,直至 1546年 2 月 18 日凌晨于艾斯勒本谢世。他一生留下大量著作。从他生前开始,《路德全集》的出版工作就在陆续进行。其中 1883—1948 年由魏玛系统出版的《路德全集》达 83 册之多,涉及政治、经济、家庭、婚姻以及教育等诸多问题。

在路德去世后 9 年,即 1555 年,路德亲自创立的路德新教在"教随君定"①的原则下，德国北部及中部的许多诸侯接受了路德新教。

第二节　路德教育思想的理论基础——新教理论

路德关于宗教的研究精深玄妙，著作等身，后世与之相关的研究专家和研究成果数不胜数。笔者拟顺着这样一个思路探讨：路德领导的宗教改革在当时虽然轰轰烈烈，但随后长期的宗教战争，以及教会的内部分裂和持续的相互猜疑与憎恨，似乎使在宗教改革中发端的进步倾向荡然无存；为什么我们仍说它是一场伟大的对人类历史发生了深远影响的宗教改革运动？路德提出的普及义务教育思想确实远远超出了他所处的那个时代，在当时推行的现实基础亦极为有限，而后人为何却说路德的教育贡献对欧美教育的近代化进程产生了许多职业教育家所不能够比拟的持久而深刻的影响？路德作为一个宗教改革家为什么要提倡以新教教育促进新教改革？要理解这些问题，我们首先必须追根究底，了解其宗教改革理论的核心内容。这也构成了路德教育思想的理论基础。

一、"因信称义"思想及由来

基督教信仰的核心是"原罪说"和"救赎说"。根据基督教义，"原罪"是指人类始祖亚当和夏娃在伊甸园因违背上帝命令，偷吃禁果所犯下的罪行，并传给后世子孙。它是人类一切罪恶和灾祸的根源。人类只有信仰上帝、跟随基督才能得救，死后进入天堂，获得永生。灵魂得救的人在上帝面前被称为

---

① 1555 年，德国有关各方签订《奥格斯堡和约》。该和约结束了天主教和新教各诸侯之间的战争，制定了"教随君定"的原则，承认各诸侯有权自由选定其自身及其臣民信仰天主教或路德教派的新教。

"义人"。在获救的途径上，罗马天主教会宣扬"因行称义"，宗教改革家马丁·路德则主张"因信称义"。"因行称义"是指，只有教皇和主教等神职人员才能和上帝直接沟通，普通教徒则无法做到这一点。他们只有依靠以教皇为首的教阶制度和复杂的圣礼（圣洗礼和圣餐礼），参加教会组织的各种宗教活动，只有依靠教会，听信教会的各种宣传，积累善功，才能得救；一个人得救与否实际上由教会（包括主教、教皇）说了算，而不掌握在自己手里。

"因信称义"（Justification by Faith）从字面上讲即信徒由于个人对上帝的虔诚信仰及上帝的恩典而直接成为义人。信徒可凭借信仰直接与上帝交流，而不需要以教皇为首的教阶制度（包括主教、神父）作为中介或积累教会宣传的善功。它被路德视为《圣经》的本来"真义"，是其新教理论的核心、对抗罗马天主教的思想武器，也是我们理解其教育理论的关键概念。要理解这一核心概念，我们有必要先了解路德是如何形成这一概念的。

关于路德如何形成其新教的"真义"——"因信称义"说，不少文献都提到路德1510年在罗马旅行中经历的"塔中启示"，即当他虔诚地跪着爬上罗马著名的圣阶（Scala Santa）①时，头脑中突然闪过一个念头：正直的人应该靠信而生。其实，这个启示并非突然从天而降。正如路德所描述的："我的神学不是一蹴而成的，我曾伴随着困扰不断地更深一层地去寻找它。"② 确实，路德是在长期的内心挣扎中，经历了痛苦的冲突和精神危机，通过对《圣经》的深入研究才获得这一对抗罗马天主教的思想武器的。

德国畏天敬神的传统和浓郁的道德宗教氛围促使路德违抗父命而决定侍奉上帝。虽然作为一名乞僧生活平淡，虔诚忏悔，潜心修道，彻夜思考，但

---

① 马丁·路德在传记中说，据说每爬圣阶一步，就可以救出炼狱里的一个灵魂。路德开始是很虔诚地跪爬一级祷告一次，但是当他爬到最上面一层时，心里只有一个疑问："谁知道这事是真是假？"

② [美]爱利克森：《青年路德》，康绿岛译，第299页，台北，远流出版事业股份有限公司，1989。

是这种艰苦的修行体验却给路德带来有关解脱问题的更大困扰。路德的好友，当时著名的希腊语专家梅兰克顿（P. Melanchthon，1497—1560）曾经这样描述："每当路德深入思考有关上帝的震怒或上帝惩罚人的特殊例子，一股莫大的恐惧便向他袭来，使他几乎陷入瘫痪或崩溃的状态。"①这种内心冲突危机产生的根本原因是路德本人对上帝的无比虔敬和当时教皇的奢华仪式、无谓的神学纠纷乃至亵渎上帝的行为之间的巨大反差。特别是路德在 1510 年的罗马之行中目睹了当时罗马教廷的腐败；而那些奢华仪式、苛刻戒律、兜售赎罪券之类的亵渎上帝的行为，又被美化为"善功""自律"；教廷还鼓吹"善功"与"自律"具有"在上帝面前称义"的神奇功效 ，买了赎罪券灵魂就可以升天，不这样做就会受到"上帝的正义"及"上帝的震怒"的惩罚。

面对罗马教廷长期以来借"上帝的审判"来恐吓和奴役人们的罪行，路德痛斥道：

> 我们这些可怜的罪人，已经因原罪而永远沉沦，又在十诫下被各种灾难所压伤，这还不够，现在神是否更要用福音使我们的痛苦加倍，用它的公义和怒气威吓我们？我的良心因此愤怒而不安。②

他在苦苦的内心挣扎中就是想找到一种精神武器，揭露出这一切都是"魔鬼的谎言"，这一切只是慑于教会的威名和长期的习惯而形成的教会特权，而并非出于神的本意。

我们应该注意到，路德的这些内心冲突的产生，与文艺复兴以来反封建教会的人文主义精神的兴起是分不开的。正是强调个性解放、思想自由的人

---

① ［德］马丁·路德：《路德拉丁文集第一册·1545 年威丁堡版序文》，见［德］柯特·艾伦编：《九十五条及有关改教文献考》，王建屏、郑秀清译，32 页，香港，道声出版社，1989。

② ［德］柯特·艾伦编：《九十五条及有关改教文献考》，王建屏、郑秀清译，23 页，香港，道声出版社，1989。

文主义时代思想脉搏的冲击，引起了路德对罗马教廷的强烈不满；路德领导
的整个宗教改革过程其实也是以那个时代的人文主义思想趋势为其后盾的。
然而，正如宗教改革不等于文艺复兴一样，路德也不是一个人文主义者。他
所成长的德国有浓郁的道德宗教氛围和畏天敬神的传统，他在埃尔福特大学
读书时也受到一些著名的反教会学家思想的影响①，以及他自己对基督的虔诚
和对神学的长期精深研究，这些都决定了他以批判罗马教廷、剥去它身上那
层神圣的外衣为己任。无独有偶，路德也和他那个时代的人文主义者和反教
会学家们一样，直接到古代的思想智慧中去寻找思想武器，力图通过对原始
基督教教义的研究，通过对希腊文、希伯来文《圣经》的研读，还基督教以本
来面目。

路德在维滕贝格大学系统地研究了《圣经》中的《诗篇》《罗马人书》，逐渐
从中"重新发现"了"信仰得救"的思想，在内心的挣扎中重新找到了基督的
爱。他说，他第一次读到拉丁文版《诗篇》中的那句"上帝藉着它的正义拯救
我"(in iustitia tua libera me)，就感到十分恐惧，连"上帝的正义""上帝的审
判""上帝的工作"这些句子都让他痛恨，因为，他当时只知道"iustitia dei"的
意思是严酷的审判，因为要经历严酷的审判才能够被拯救，那人类似乎是永
远不会得救了！后来通过研究希腊文、希伯来文《圣经》，才知道 iustitia dei 的
意思是"他藉着基督的正义这样礼物带给我们正义"，才真正品尝了《诗篇》的
温暖。②路德还讲道，他曾读到《罗马人书》第一章第十七节的最后一句话：
"因为福音显示上帝使人跟他和好之路；这道路是起于信而止于信。正如《圣
经》所说的：'藉着信而跟上帝和好的人一定得到真生命'。"这时候，他整个

---

① 参见孔祥民：《德国宗教改革与农民战争》，120页，北京，北京师范大学出版社，1992。
② 参见[美]爱利克森：《青年路德》，康绿岛译，240页，台北，远流出版事业股份有限公司，1989。

人感到好似天堂为他开了门一般地被陶醉了。①

路德从《圣经》典籍中发掘出"因信称义"的"真义",他的这一发现的意义是重大的。梅兰克顿曾这样评价道:"许多虔诚智慧人士一致认为,路德对教义所赋予的新义有如漫漫长夜里升起的一道曙光。"②确实,路德从古代典籍中挖掘出的基督教"真义",让人们认识到,得救的关键在于对基督"内在的信仰",而不是外在的"善功"与"戒律"。这就意味着,《圣经》中那些一度被罗马教廷披上神圣外衣用来束缚人们精神以至于一度让路德感到恐惧的句子——"上帝的正义""上帝的审判""上帝的工作"等,现在都凭着"因信称义"的"真义"变成一片光明和温暖:上帝的正义、智慧和工作不是被处处用来惩罚人类的,而是被用于恩泽人类的,神的工作就是神在人身上做工,神的能力是使人刚强,神的智慧是使人成为有智慧的人,神的公义是指神以公义为衣将其穿在众生的身上使之称义,这是义人得生的凭据,是神所赐的礼物,因信而得。总之,他认为基督教徒在上帝面前人人平等,每个教徒完全可以通过阅读《圣经》,通过自己对《圣经》的认识,虔诚地信仰上帝,直接和上帝对话,这样就能得救。教徒获得了和上帝直接沟通交流的权利,用不着教会和神职人员作为中介,摆脱了对天主教会的依赖。路德的"因信称义"主张体现了人文主义强调的主观性、个人权利的思想。

路德的"因信称义"思想成为16世纪新教改革和新教教育改革的根本精神支柱,也是后世的世俗革命中不是为部分人的尊严而是为所有的人的自由而斗争的思想基础。海涅(H. Heine,1797—1856)对此有过如下评价:

自从路德说出以下的命题"认为人必须用《圣经》本身或用理性的根据

---

① 参见[美]爱利克森:《青年路德》,康绿岛译,239页,台北,远流出版事业股份有限公司,1989。

② [德]柯特·艾伦编:《九十五条及有关改教文献考》,王建屏、郑秀清译,34页,香港:道声出版社,1989。

来反驳他的教义"之后，人类的理性才被授予解释《圣经》的权利，而且它，这理性，在一切宗教的论争中才被认为是最高的裁判者。这样一来，德国产生了精神的自由或有如人们所说的思想自由。思想变成了一种权利，而理性的权能变得合法化了。①

二、宗教-政治思想体系

16世纪，以罗马教廷为首的教会势力在封建社会的政治行政、法律税收、文化教育等一切领域都处于垄断地位。各界人士对这种统治长期不满，路德的"因信称义"说揭去了罗马教廷神圣的宗教外衣，故而深得人心。教会不甘心他们所垄断的政治行政、法律税收和文化教育系统随着宗教外衣的剥脱而纷纷崩溃，因而调动了整个制度中的势力来反对新教。所以，路德领导的宗教批判在当时起到了牵一发而动全身(整个社会)的作用。从路德1517年在维滕贝格教堂门口贴出《九十五条论纲》开始，民众的拥戴和天主教会的攻击就把路德由一位神学研究者变成一位宗教改革运动的领袖，迫使他不得不结合社会的政治和教育等问题来形成他的宗教思想体系。他的《九十五条论纲》和宗教改革三大名著《基督徒的自由》《教会被囚于巴比伦》《致德意志民族基督教贵族书》，比较集中地体现了他的宗教思想体系。

《九十五条论纲》亦称《关于赎罪券效能的辩论》，主要是愤怒地谴责教皇一再兜售赎罪券以聚敛钱财、搜刮民脂民膏的行径；指出赎罪券不能够赦免罪恶，教皇以此来体现赎罪权力是一种亵渎神明、危害民众的勾当。

《九十五条论纲》仅仅表示路德准备公开辩论赎罪券的功效问题，并没有打算对教会宣战，甚至都没有彻底否定赎罪券，而只是反对它的滥用。然而，它却一石激起千层浪，在饱受教会压迫的各阶层民众中激起了强烈反响。在信息尚不发达、思想传播主要靠印刷品的年代，此事在两个多星期后传遍全

---

① 赵祥麟主编：《外国教育家评传》第一卷，438页，上海，上海教育出版社，2003。

德国，在一个月内传遍整个欧洲，客观上引发了一场令路德本人后来也感到害怕的运动，并且直接引起了赎罪券销售量的明显下降，动摇了罗马教廷赖以维持统治的意识形态体系，招来了神学界用以激烈攻击路德的《106 条论纲》。路德于 1518 年发表《论赎罪与恩赐》予以反驳，捍卫《九十五条论纲》的思想。

然而，这时候路德关于"因信称义"的宗教平等思想还处于酝酿过程中，尚未打算公然推翻教皇的权威。直到 1519 年路德接受挑战和罗马教会驰名欧洲的神学家约翰·艾克(John Eck)进行莱比锡辩论时，路德才提出以"《圣经》权威至上"对抗"教皇权威至上"的论点。艾克逼问他是否否认教皇来源于上帝，抬出宗教会议的审判来迫使路德让步。路德此时正处于对教皇权力的牢固信念走向破灭的思想斗争中，他借着"因信称义"启示的精神支柱，断然指出教皇和宗教会议并非永无谬误，教皇不是上帝的代表，教会没有教皇也可以存在。从而第一次公开否定了教皇的权力和教会的最高权威，提倡了《圣经》的权威和个人研读《圣经》的权利，走上了与教皇彻底决裂的道路。①

随后，路德积极地解释和论证他在莱比锡辩论中提出的观点。经历了 3 年的论证，受到被逐出天主教教门的惩罚后，路德更坚定了与教皇决裂的决心，同时也逐渐形成了他的新教改革思想体系。这一思想体系，以及一些基本的教育思想，在 1520 年发表的三大论著《基督徒的自由》《教会被囚于巴比伦》和《致德意志民族基督教贵族书》中，得到了充分的论述。

《基督徒的自由》于 1520 年 10 月发表，阐述了路德内心深处所信仰的基督徒生活的总纲，指出敬畏上帝和信赖上帝的人用不着敬畏教士或教会，这是构成路德宗教改革学说的基础。文中正式提出了"因信称义"的宗教平等思想，主张《圣经》是上帝的启示，是人们信仰的最高权威和准绳，人们只要依

---

① 参见[德]沃尔夫冈·兰德格拉夫:《马丁·路德》，周正安译，99~122 页，北京，新华出版社，1988。

据《圣经》而产生对基督的信仰，就可以成为义人，成为上帝所承认的高尚的人。而且，人人都可以阅读、思考和理解《圣经》，由此产生信仰。在信仰面前，曾经被认为是人类救赎中不可缺少的教皇、教会、教律都失去了存在的价值。路德认为信仰是属于精神性的，不屈从于任何外来的干涉和奴役；基督徒所做的一切都必须出于他的信仰，宗教礼仪只是信仰的标志，它本身不是目的；如果仪式不是有助于而是妨碍心灵的成长，就应该被废除。①

《教会被囚于巴比伦》于1520年9月至10月发表。主要是运用《基督徒的自由》提出的原则改造教会，提倡一种服务者的宗教和廉洁教会，批判中世纪罗马天主教的圣礼制度成了束缚基督徒的锁链和囚禁教会的巴比伦。这些思想成为宗教改革的组织纲领。

路德在《教会被囚于巴比伦》中要求废除繁杂的礼仪、烦琐的程序、豪华的陈设和次要的节目。他认为，圣礼是基督借有形之物赐无形之恩，对于天主教规定的7种礼仪，人们只要保留来源于《圣经》圣礼中的3种——洗礼、圣餐和忏悔就足够了。他指出，圣餐并非献祭和善功，而是以信仰领受上帝的恩典。路德认为主持圣礼也非教士特权，人人都可以成为僧侣，强调还俗人以圣杯，一切基督信徒平等。他还尖锐地指出，罗马教会在基督徒的婚姻问题上做出了大量直接违背《圣经》的坏事，对基督徒婚姻的横加干涉是对人性的随意凌辱，世间的任何法律都不能够禁止一定血缘外的婚姻。②

《致德意志民族基督教贵族书》于1520年8月发表。该文把各阶层人士对罗马教廷的全体愤怒集中起来了，号召德意志民族摆脱罗马教廷的暴政，矛头直指长期统治着欧洲各民族的政治行政、法律税收和文化教育的教皇垄断

---

① 参见：[英]托马斯·马丁·林赛：《宗教改革史》上册，孔祥民等译，210~217页，北京，商务印书馆，1992；[德]沃尔夫冈·兰德格拉夫：《马丁·路德》，周正安译，99~122页，北京，新华出版社，1988。

② 参见：[英]托马斯·马丁·林赛：《宗教改革史》上册，孔祥民等译，210~217页，北京，商务印书馆，1992；[德]沃尔夫冈·兰德格拉夫：《马丁·路德》，周正安译，99~122页，北京，新华出版社，1988。

特权，成为宗教革命的政治纲领。

《致德意志民族基督教贵族书》指出，应该推翻罗马教皇抗拒改革，把基督教引向毁灭的三堵墙：一是把宗教权力凌驾于世俗权利之上；二是声称只有教皇有权解释《圣经》，三是只有教皇才有召集宗教会议的权力。罗马教廷就是隐蔽在这三堵墙的后面胡作非为而受不到任何惩罚。路德呼吁必须推翻这三堵墙。为此，首先，必须推翻超国家的教会神权，代之于民族的世俗权威；推翻罗马教廷由教皇、主教、教士和僧侣组成的"宗教等级"，代之于由信奉基督的全体教徒组成真正的"宗教等级"；建立一个由世俗政府统治的、独立于罗马的国家，鼓励世俗君主领导宗教革命。其次，《圣经》对所有虔诚的基督徒都是敞开的，它能够为一切虚心寻求启迪的真正信徒所理解，并非只有教皇才有解释《圣经》的权利。最后，人们单凭《圣经》所说的就可以针对教皇所犯的过错召开宗教会议，每一个基督徒都有权为宗教会议的召开竭尽全力。路德在文中还提倡一种新的劳动道德，提倡一份劳动一份报酬，还提出有关教育改革的建议。

路德关于宗教改革的三大论著，在指导总纲上、政治上、组织上建构了新教思想体系，这些观点和他所提出的天职观念①、政教分离、君权独立的观点，进一步把路德的宗教思想变成了现实的政治，为德国和欧洲各国人民世俗政权的建立、新社会的建立提供了纲领，也同时为新教教育的发展提供了总纲。

很显然，路德的宗教思想体系是以"因信称义"的精神支柱为根基的，其中也直接强调了要从根本上改造教育事业，加强古典语言的学习，因为培养

---

① "天职观念"认为，凡凭信仰所从事的各种职业和日常工作都是善功，应该把完成职业责任和世俗义务作为道德行为所能及的最高境界。

人人具有直接阅读《圣经》的能力是实现新教理想的关键。①

第三节　路德的教育思想及影响

马丁·路德的教育思想，比较集中地体现在他的《给市长和市政官们的信》和《论送子女入学的责任》这两篇专门阐述教育问题的论文中，同时也散见于他有关宗教、政治、社会、经济、家庭、婚姻等问题的论述中。他提出的有关宗教与世俗的二重教育目的论、国家办学和普及义务教育主张，对促使欧洲教育走出中世纪，在世俗化和国家化的变革过程中走向近代化，起到了思想先驱的重要作用；他翻译的德语本《圣经》和编著的《大教义问答集》《小教义问答集》，对德国语言教育和近现代德语所产生的深远积极影响，是大多数人无法望其项背的。

一、宗教与世俗的二重教育目的论

中世纪时期教育的一个重要特点就是教育权统归罗马天主教会所有，国家无法掌握教育权，而路德教派在宗教改革中提出的一个重要主张就是把教会置于国家权力之下来兴办教育。路德认为教育的首要目的是宗教性的，在于使人虔信上帝，使人灵魂得救，办学校不仅有益于教会，也有益于国家。力图将宗教与世俗的需要结合起来，并通过公权力(国家)来实施教育权。

路德以"因信称义"说为核心的宗教思想体系，内在地把新教改革的基础托付于人人都有研读《圣经》的权利，人人都可以直接与上帝交流，人人都可

① 参见：[英]托马斯·马丁·林赛：《宗教改革史》上册，孔祥民等译，210~217页，北京，商务印书馆，1992；[德]沃尔夫冈·兰德格拉夫：《马丁·路德》，周正安译，99~122页，北京，新华出版社，1988。

以凭着虔诚的信仰获得救赎；而人们内心真诚的信念又是在独立地阅读、理解和解释《圣经》的基础上产生的。那么，新教改革的成功就依赖于人人都具有独立阅读、理解和解释《圣经》的能力，这就决定了路德所提倡的新教教育的使命，就是要废除长期以来罗马天主教会所垄断的、仅仅以培养充当神与人之间交流的唯一中介的特权神职人员为目的的教育制度，建立一种新的教育体系，使之能够培养出大量的对基督心存虔诚信仰的具有独立阅读、理解和解释《圣经》能力的信徒。同时，宗教改革涉及建立一个由世俗政府统治的、独立于罗马教皇的民族国家的政治变革，还需要培养世俗政治的统治者和世俗事务所需要的各行各业人才。

在《给市长和市政官们的信》中，路德明确提出了宗教化和世俗化的二重教育目的论，既强调教育必须服务于推广新教教义，培养真正的基督徒，使人们虔诚信仰基督从而使灵魂得救，又重视教育对世俗政权、社会和个人的作用，要求教育必须为文职政府的利益而培养有才干、有本领的统治者，为维持社会的正常秩序的管理培养有才能、有教养的男人和女人。①可贵的是，路德不仅仅是强调教育为推进新教服务，而且是适应了当时民族国家兴起的时代需要。他提出，即使没有灵魂、没有天堂、没有地狱，而只有文职政府，也需要有良好的学校和有学问的人。②因为，城市和世俗国家的"最大幸福、安全和权力乃在于有才能、有学问、聪明、正直和有文化的公民，他们能维护、保全并利用各种财富与优势"③。

显然，与文艺复兴以来的以人性对抗神性、借理性的挺立确立人的尊严与价值、追求个性解放、思想自由的人文主义时代精神潮流相比较，路德提

---

① 参见［德］马丁·路德：《给市长和市政官们的信》，见华东师范大学教育系、杭州大学教育系编：《西方古代教育论著选》，180~193 页，北京，人民教育出版社，1985。

② 参见华东师范大学教育系、杭州大学教育系编：《西方古代教育论著选》，193 页，北京，人民教育出版社，1985。

③ 华东师范大学教育系、杭州大学教育系编：《西方古代教育论著选》，185 页，北京，人民教育出版社，1985。

出的宗教化和世俗化的二重教育目的观带有对中世纪神学势力的很大妥协性。他作为一位基督教徒掀起革命，只是想通过宗教批判来革新宗教，通过还原始基督以本来面目，借着对《圣经》信仰的权威对抗罗马教廷的权威，帮助人们挣脱外在宗教的束缚，代之于内在信仰的宗教，最终显然是倡导人在精神上对宗教的虔诚信仰。

无可置疑，路德倡导的新教革命在一定程度上将文艺复兴以来的人文主义精神扩展到宗教领域，也冲破人文主义教育者把自身囿于培养个性自由发展的少数精英分子的局限，主张把教育权利扩展到普天下基督教信徒和世俗的统治者及普通公民。借助欧洲普遍信仰基督教的文化传统、依靠新教传播的革命力量把新教教育范围大大扩大了。而且，相对于人文主义教育后期向形式主义滑坡的倾向而言，相对于加尔文教派主要局限于为教会培养牧师的主张而言，路德以传播新教教义为目的而提倡大众语言和民族语言教育，主张培养有才能、有学问、聪明、正直且有文化的公民，客观上对普及教育产生了十分积极的作用。

二、普及强迫教育思想

路德基于宗教平等的思想提出每个人的教育权利平等，为促进新教教义的传播而倡导普及的大众教育，为实现宗教化和世俗化的二重教育目的而要求国家兴办教育。他有关普及强迫教育思想的主张，比较集中地体现在《给市长和市政官们的信》和《论送子女入学的责任》这两篇教育文献中。

《给市长和市政官们的信》是路德于1524年发表的。在此文中，他明确提出国家兴办教育和普及教育的思想。他呼吁必须给男女儿童适当的教育和抚养，必须想方设法、不辞辛劳、不吝花费地教育年轻人，把对年轻人的教育看成是市长们和市政官员们不可推卸的责任和家长应尽的义务。他强调这是关系到国家繁荣昌盛、城市安全与幸福、个人利益和尊荣的大事业；这种普及的教育必须由国家负责开办，包括任命教师、提供经费；为了把年轻人培养成有才干、有学问、聪明、正直和有教养的公民，要把最聪明的学生培养成最有才华的教师，给年轻人提供良好的学校、不受干扰的课堂和优秀的图书馆。①

路德在 1530 年发表的《论送子女入学的责任》一文中，有史以来第一次提出了普及强迫义务教育的主张，主要从以下 5 个方面加以阐述。

（1）认为世俗政府是神创的完美机构，对保证人类的共同生活和幸福必不可少。而世俗政府建立与维持的基石，不是暴力政治和武力，而是健全的法律。人们只有通过人类智慧建立法律，通过学习知识才能够理解法律，从而认识世俗政府的明智。

（2）教会的宗教事务和世俗的国家事务都很重要。忠实正直的法官、司法大臣与优秀的修道士、僧侣都是上帝欣赏的神圣职业，政府机构甚至比教会更需要智慧的引导。

（3）教育能够帮助人发展最重要的大脑、最灵活的舌头和最有用的语言。有必要通过教育把最聪明的儿童培养成为教会和政府机构所需要的人才，包括讲道者、法学家、牧师、文书、医生、教师等。

（4）国家、教会和家庭都要承担对儿童实施强迫义务教育的责任。国家要像战时迫使臣民履行军事任务那样强迫父母送子女上学，教会也应在经费上对贫苦民众子女的教育提供帮助。国家与教会要让所有该上学的孩子都能够上学，让所有普通的孩子都可能通过接受良好的教育而成为精神与世俗世界的统治者；家长也应认识到让子女接受教育的益处，有责任、有义务送子女上学。

（5）教师是最有用、最伟大和最美好的职业，世间最高的美德是教育年轻

---

① 参见［德］马丁·路德：《给市长和市政官们的信》，见华东师范大学教育系、杭州大学教育系编：《西方古代教育论著选》，185~193 页，北京，人民教育出版社，1985。

一代，为了实施强迫义务教育，应该培养大量的优秀教师并尊重教师。①

路德的强迫义务教育思想在当时借助于宗教改革运动的巨大影响而广泛传播，使路德成为近代西方国民教育和普及义务教育运动的理论先驱。当然，当时普及义务教育的社会条件远未成熟，路德的强迫义务教育主张收到的即时效果微乎其微。据史料记载，路德在 1528 年 10 月曾经到萨克森了解民众的宗教信仰情况，结果发现普通老百姓根本不懂基督教教义，许多牧师也不善于甚至根本不会讲道。因而，路德于 1528—1529 年编写了《大教义问答集》《小教义问答集》，还配有《〈圣经〉注释》。《大教义问答集》适合中学生及同等程度的人学习，《小教义问答集》适合小学生及同等程度的人学习。"教义问答集"简明扼要，通俗易懂，被分发到所有教区，牧师受命向全体教徒宣读，令儿童记诵，并要求做父亲的将每周询问孩子"教义问答集"中的问题当作自己的责任。可见，路德普及教育思想在当时充其量是不遗余力地普及新教教义，尚且难以达到满意的效果。至于普及强迫教育、国家兴办教育等思想则远远地超前于他所处的那个时代，在当时很难得到落实，倒是对后世的教育世俗化和国家化的发展历程有所预见并给人们以启迪。

尽管如此，路德及其追随者还是为新教教育的重建付出了许多努力，这比较集中地反映在路德对德语教育的贡献和路德及路德教派在建立新教教育体系方面取得的成效上。加尔文教派也吸取了他的相关主张并努力付诸实践。

三、路德对德语教育的贡献

怎样使所有的信徒都有能力独立地阅读、理解和解释《圣经》，这是新教教育面临的最基本的任务。在漫长的中世纪，拉丁语是垄断了知识文化的特权神职人员和统治者的唯一通用语言，广大民众并没有基本的阅读能力。文

---

① 参见[德]马丁·路德:《论送子女入学的责任》，张弛译，见任钟印主编:《世界教育名著通览》，158~163 页，武汉，湖北教育出版社，1994。

艺复兴的原则之一就是要确定人自己在大地上的位置，要能够用母语说出自己最值得说的话，从而大大促进了各国方言及各民族语言的发展。随着各民族母语的广泛应用和丰富，进一步发展、完善民族语言及语言教育是新时代所面临的重要任务。

16 世纪初，罗马教廷仍然靠拉丁语占有的绝对地位和神职人员对拉丁语的垄断来维护天主教会是人与神之间唯一交流中介的特权地位。所以，要推翻教会是人与神之间唯一交流中介的特权地位，首先要改变拉丁语版的《圣经》一统天下的状况，用各民族语言来翻译《圣经》。早在 14 世纪，英国宗教改革家威克里夫（J. Wycliffe，约 1330—1384）就曾尝试将《圣经》译为英语。威克里夫、胡司（J. Hus，约 1369—1415）、茨温利（H. Zwingli，1484—1531）等宗教改革名家都和路德一样，把信徒直接研究阅读《圣经》看作宗教生活的根基。

路德不同于上述宗教改革家之处，就是从他自己长期痛苦的内心挣扎而获得"因信称义"启示的体验中，认识到直接阅读希腊文或希伯来文的《圣经》对正确了解基督的本质是多么重要。但是，要求普通民众掌握远离日常生活的希腊文或希伯来文是不现实的。而现实中已有的一些不完整的德语版《圣经》又是从拉丁语版本的《圣经》翻译过来的。有鉴于此，1521 年，路德利用为躲避教皇逮捕而避居萨克森选侯国的瓦德堡的时间，开始将《圣经》直接从希腊文翻译为德文。

路德凭借他卓越的语言天赋，本着让普通人能够方便地阅读、思考和理解基督教刚产生时那几世纪的淳朴基督教并且帮助人们了解基督的本质的动机，在当时著名的希腊语专家梅兰克顿的帮助下，先翻译《新约全书》。在翻译过程中，路德力求文笔平实而精细、形象而自然、通俗而准确；既要求不识字的妇孺、村夫野老都可以凭借聆听他人诵读而获益，又注意到依据萨克森的官方语言，讲究规范化，为此有时甚至费时数星期来推敲一个合适的用词。①为了适合学校儿童特别是初学儿童的学习，路德在译本中还安排了许多容易被儿童直观理解的插图。《新约全书》的翻译获得了巨大的成功。它于1522 年 9 月出版，被称为"九月圣经"，甫面世即被民众抢购一空。路德的整个《圣经》翻译工作历时 13 年，至 1534 年才最后完成。路德翻译的德文版《圣经》出版后广为流传，仅仅在 1522—1546 的二十余年间，德文版《圣经》及其摘录本就印刷和翻印了 400 多次。

路德翻译的德文版《圣经》不仅很快取得了巨大成功，而且"该译文事实上固定了德国语文的特质"，"决定了现代德语的标准，树立了德国语文史上最为显著的里程碑"。② 尼采(F. W. Nietzsche，1844—1900)曾对此评价说：

> 日耳曼散文的杰作就是日耳曼伟大的传教士的杰作：《圣经》是日耳曼文中最伟大的书。与路德的《圣经》相比较，其它的书都是"文学"，也就是一些不在日耳曼生长、也不像《圣经》一样长在日耳曼人心中的东西。③

日耳曼语言学的祖师格林姆(J. Grimm)则把路德的语言比作整个民族生活灵感的来源。他说："由于路德德文奇迹般的纯度和深远的影响，它可说是德语的核心与基础，任何滋养这语言、复兴这语言、使它能创造诗歌的东西，

---

① 参见[美] E.P.Cubberley：《西洋教育史》，杨亮功译，341 页，台北，协志工业丛书出版股份有限公司，1965。
② 参见[美] E.P.Cubberley：《西洋教育史》，杨亮功译，224～225 页，台北，协志工业丛书出版股份有限公司，1965。
③ 转引自[美]爱利克森：《青年路德》，康绿岛译，276 页，台北，远流出版事业股份有限公司，1989。

都是来自路德的功劳。"①

　　可见，路德在德国语言教育方面的贡献是巨大的，影响是深远的。而且显然不同于当时人文主义教育家在古典语言学习上过于注重形式、脱离现实生活的倾向，这一点是其更进步之处。同时，这也表明新教教育过于注重培养虔诚信仰的宗教目的，在语言教育中也重视语言本身对传播新教的工具价值，而不像人文主义者那样，注重古典语言和古典文学学习的美学陶冶及人性涵养的内在价值。

　　值得注意的是，路德偏爱人民大众活生生的语言教育的进步特点在欧洲的学校教育体系中并没有得到长久稳定的发展，人文主义学者压倒一切地注重古典语言形式主义的学习，一直延续到19世纪。路德对现代德国语言的奠基性影响，在相当程度上要归功于印刷术的广泛应用。他以此为媒介传播新教思想，激发人们的阅读兴趣和启迪人们的智慧，通过新教的传播，其翻译的德语在人们中间不断地传诵、交流并且被活生生地应用于生活潮流中，从而影响现代德语的特质。

四、建立新教教育体系

(一)旧教会教育衰落的原因

　　著名的人文主义教育家伊拉斯谟曾抱怨说，凡是路德的教义风行的地方，学校教育就遭到忽视。有两点理由可以解释这种责备。

　　其一，新教教义盛行的地方就是天主教教会崩溃的地方，自然随之就会出现天主教教会所把持的学校的衰落。其二，在新教教义盛行的地方，人们学习古典语言只是为了传播新教，培养虔诚的宗教信仰，仅仅重视语言本身的工具价值，而削弱了人文主义者所器重的古典语言的学习对美学陶冶和人

---

　　① [美]爱利克森：《青年路德》，康绿岛译，277 页，台北，远流出版事业股份有限公司，1989。

性涵养的内在价值。

第二点理由属于仁者见仁、智者见智的学术之争。至于第一点理由，则反映了破旧立新的变革时期旧教会学校遇到的严峻挑战。新教教徒的宗教批判对天主教会的冲击，使整个教会学校体系随教会的倒台而消解。说"学校教育遭到忽视"尚且属于客气的批评。然而，我们绝对不可以因此而把新教教育与人文主义教育看成是对立的；因为对天主教教会垄断教育的痛恨及重新建立新的教育体系的愿望是两者的共同特点，也是路德关注的教育问题。

在《给市长和市政官们的信》中，路德强烈谴责被教堂和寺院所控制的教育正在腐败堕落成地狱；学校被僧侣等诡辩者的拙劣作品所充塞；儿童被其中的语格与时态所折磨，被使得信仰蒙受羞辱的经文所欺骗，忍受着鞭打与痛苦，被驱使着总是在学习和背诵，却始终一无所获，学不到任何有用的东西。"他们花费二十年、四十年的学习时间，连一点拉丁文和德文都不懂"①，甚至年轻人的道德也遭到败坏。"我宁愿我们的青年无知和愚笨，也不愿让这样的大学和修道院成为他们唯一受教育的场所。我的热切祈祷和希望就是把撒旦的这些学校毁灭掉。"②

(二)新教教育体系

路德呼吁要摧毁这些魔鬼学校，主要是为了把它们改造成真正的基督教学校。由于感到重建新教学校教育体系的任务刻不容缓，他在《给市长和市政官们的信》和其他的有关论述中，就新的真正的基督教学校教育体系，在教育制度、应学科目和教师的培养等方面提出了自己的观点。

路德认为，教育体制应该包括家庭教育、初等教育、拉丁学校、大学 4 个阶段，每个阶段应该有适合且有价值的学习内容。

---

① 参见[德]马丁·路德：《给市长和市政官们的信》，见华东师范大学教育系、杭州大学教育系编：《西方古代教育论著选》，181 页，北京，人民教育出版社，1985。

② [德]马丁·路德：《给市长和市政官们的信》，见华东师范大学教育系、杭州大学教育系编：《西方古代教育论著选》，181 页，北京，人民教育出版社，1985。

路德非常重视家庭教育，认为家庭教育是学校教育的基础，是教育的基本力量。路德指出，随着天主教学校纷纷衰落，教士等人失去了以往的特权地位；不少家长望子成龙，但培养孩子成为教士的梦想变为泡影，因而他们就陷入一种误区，认为孩子不需要接受什么教育了。因此，他提醒家长，即使没有灵魂、没有天堂、没有地狱，而只有文职政府，社会也需要有良好的学校和有学问的人，父母对儿童的良好宗教和道德训练是建立良好政府和社会福利的前提。他要求做父亲的把每周询问孩子"教义问答集"中的问题当作自己的责任，把宗教教育作为最主要的家庭教育内容。

此外，路德在家庭教育上的另一个重要贡献，就是把良好道德的培养不完全等同于宗教信仰的问题，而是注意使家庭道德教育和世俗国家的利益结合起来。就这样，路德把新教训练与家庭生活中的教育相结合，把培养优秀的家庭成员和建设开明的政府相联系，这种意识后来在德国已经沉淀为受路德影响而产生的重要的传统之一。

路德关于初等教育的论述也很精辟。他要求父母等儿童到了一定的年龄，而自身没有能力或没有充分的时间进行教育时，就必须送子女到国家开办的初等学校去接受教育。儿童主要学习宗教知识，基本教材是《圣经》，后来才有了通俗读本"教义问答集"。为了阅读《圣经》，儿童首先就要学习各种语言，包括希腊语、拉丁语、现代本民族语等；路德认为各种语言和自由艺术的学习对于理解《圣经》和维持文职政府都有好处。

历史的学习也同等重要。路德认为，学习历史可以帮助理解道德和人性，了解国家、城市和君主的经历，便于以各种成败得失为借鉴，从中获得智慧和判断力，懂得如何分辨是非和趋吉避凶。[1]而且历史教育应该在家庭里同时进行，伟大的历史学家和历史著作都是最好的历史老师。

路德非常重视音乐的作用，这和他本人所具有的优秀音乐天赋、对音乐

---

[1]　V.H.H.Green, *Luther and the Reformation*, London, Batsford, 1964. p.649.

的热爱有密切关系。他把音乐看成是仅次于神学的礼物,是神赋予的美丽而神圣的礼物而不是人的礼物。它会使人们远离罪恶,带给民众欢乐,让一个人抛开所有的愤怒、不快、骄傲及邪恶。路德认为在学校中应该给音乐教育以极端重要的地位,让学生学习音乐、唱歌、跳舞、器乐等,通过这些艺术训练来造就优秀、聪慧的年轻人。[1]他极端重视音乐的宗教教育价值,写了大量的赞美诗供儿童诵唱,并于 1524 年出版了第一部德文赞美诗集,作为初等学校的音乐教材。有学者对此作过评价:"在西方教育史上,自柏拉图以来,没有一个教育家像马丁·路德那样把一种崇高的教育价值归结到音乐。"[2]正是由于路德的倡导,德国形成了深厚的音乐教育氛围和传统。

此外,数学、体育和手工艺的学习也为路德所关注。鉴于当时学校教育还没有自然科学学习的压力,路德并不赞成一直把儿童关在学校读经文,主张儿童每天只需要在学校学习 1~2 小时,其他时间应该在家里学习些商业知识、手艺,做家务劳动,或做其他喜爱的工作。

拉丁学校相当于中等教育机构,主要从初等学校中选拔有培养前途、有才华的学生继续深造,把他们培养成教师和教士。大学主要从拉丁学校中选拔优秀毕业生,使他们更深入地学习在拉丁学校中已经涉猎的语言、修辞学、文法、历史、数学、自然科学、音乐和体操等课程。

路德非常重视在拉丁学校和大学建立完备的图书馆,要求图书馆里的藏书包括由拉丁文、希腊文、希伯来文、德文或其他文字书写的《圣经》,最好有由古老的希腊文、希伯来文写的注释;要有供培养语文能力和文法学习用的著名诗人与演说家的著作——不管是用什么语言写成的、作家的宗教信仰如何;要有涉及一切技艺和科学的书;要有讨论法律和医学的书籍,还要有历史书籍。从路德给图书馆开的书单来看,在他的中学、大学的课程体系中,

---

① V.H.H.Green, *Luther and the Reformation*, London, Batsford, 1964. p.980.

② 赵祥麟主编:《外国教育家评传》第一卷, 312 页, 上海, 上海教育出版社, 2003。

《圣经》占有绝对地位，其意自明；语言是理解《圣经》的基础工具性课程；音乐因为有利于培养对基督的虔诚而具有崇高的教育价值；历史、法律、医学和自然科学等对实现世俗的教育目的而言必不可少。显然，路德的有关主张吸纳了西方悠久的博雅教育传统，比同时代的人文主义教育课程更多了些自然科学的内容。

路德在建构新教教育体系时，已注意到教师在维持整个教育体系有效运作中的重要作用。他说：

> 世界任何国家，包括非基督教国家，如果要振兴，必须有教师。①
>
> 如果我不是教士，那么，世界上没有其他职业能比教师更使我乐于从事。我们一定不能够考虑世俗如何评价和酬劳它，而应该考虑上帝如何看待它。②
>
> 教育是世界上最高尚的工作。去训练别人的孩子，这是很少为人父母者自己所欲负的责任。③

他认为一个兢兢业业教育和训练儿童的教师的付出是任何东西都无法报偿的。可见，他就像历史上许多著名教育家一样，无比赞美教师的工作，肯定其价值，也同样对当时教师受到低微的待遇表示同情和不满。

值得肯定的是，路德深刻认识到培养优秀的教师专业人才非常重要，强调需要选拔最聪慧、最贤良、最能干的青年来进行专门的培养，使之成为知识广博、具有音乐才能、态度温和、教法恰到好处的优秀教师。其有意义之

---

① 孔祥民：《德国宗教改革与农民战争》，203 页，北京，北京师范大学出版社，1992。
② 转引自赵祥麟主编：《外国教育家评传》第一卷，315 页，上海，上海教育出版社，2003。
③ [美]R. 乌利希编：《西洋三千年教育文献精华》，徐宗林译，184 页，台北，台湾幼狮文化事业公司，1982。

处在于他预见到独立的职业教师的必要性。①这一主张在那个时代是非常超前的。因为在那时，初级学校的教师一般都是由牧师兼任的，特别是在16—17世纪时，懂本民族语言的教师数量远远不能够满足学生学习本民族语言的需求，学校往往就让教堂的杂役担任本民族语言教师。②殊为可惜的是，路德关于教师培养的进步主张并没有当即产生效果，后世真正的师范教育不是起源于新教教育实践，而是起源于耶稣会的教育机构。③

路德并没有留下什么系统的教育专著。尽管如此，他有关学制、教育内容和教师问题的阐述却深刻精辟。他的许多主张都直接或间接地通过路德教派的信徒们在创办新教学校的教育实践中得以推行，对后世影响很大。

五、路德教育思想的矛盾性

路德是一个大无畏的斗士，也是激烈冲突的矛盾时代中的一个具有矛盾性格的人。

如果说，路德面对"罪民怎样才能够获救"的问题而产生内心冲突危机的根本原因是路德本人对上帝的无比虔敬和当时教皇的奢华仪式、无谓的神学纠纷乃至亵渎上帝的行为之间的巨大反差，那么，他的教育思想中的前后不一致的矛盾则是他在人与神之间、人间与天堂、教皇教会与世俗统治、世俗统治者和世俗被统治者之间充当协调角色的必然结果。在其思想发展轨迹中，德国农民起义的爆发是他逐渐走上与自己某些进步思想的对立面的直接原因。在教育方面，尽管他在理论上把教育的宗教目的和教育的世俗目的相提并论，但面对现实中宗教的和世俗的教育目的之间的冲突，以及统治者的教育需要

---

① 参见赵祥麟主编：《外国教育家评传》第一卷，315页，上海，上海教育出版社，2003。

② 参见[美] E.P.Cubberley：《西洋教育史》，杨亮功译，342~343页，台北，协志工业丛书出版股份有限公司，1965。

③ 赵祥麟主编：《外国教育家评传》第一卷，315页，上海，上海教育出版社，2003。

和被统治者的教育需要之间的冲突，他的教育观点也出现过前后不一致的矛盾，这主要反映在以下几个方面。

（1）路德的教育观点经历了从提倡德语教学到不赞成德语教学的变化。作为理解《圣经》的基础的语言工具，德语的教学在不同的时期随着路德思想的矛盾变化而强调不同的侧面。路德早期强调直接阅读《圣经》的价值。鉴于不可能每个人都有能力阅读希腊文或希伯来文的《圣经》，路德用德语翻译了《圣经》并取得了巨大成功，所以他很重视学校教给儿童德语，主张运用本民族语言来学习拉丁文、希腊文和希伯来文。但是，后来他却日趋反对儿童在家里和在学校学习和运用德语，并且在路德教派办的新教学校中用校规的形式将这一主张确定下来。[1]

（2）在宗教教育内容上，路德的思想也有前后不一致的表现。他之所以于1528—1529 年发表《大教义问答集》《小教义问答集》，一部分原因是普通老百姓根本不懂基督教教义，许多牧师也不善于或根本不会讲道，他们需要一种更通俗的教材。但是，仅仅因为这个，路德未必会放弃他一贯坚持的强调直接阅读《圣经》的价值。促使他违背早先的原则，允许通过"教义问答集"的中介来学习《圣经》的根本原因是当时令他感到害怕的高涨的德国农民运动。他认为农民已误入歧途，让《圣经》在民众中自由传播是一件危险之事，因而，他需要编写一部包括全部基督教教义的"教义问答"来作为俗人的真正《圣经》，以便消弭新教徒内部的思想分歧。[2]

（3）就当时的大学教育而言，路德对大学中人文主义者崇尚理性的倾向也有偏颇激烈的批评。当时文艺复兴运动以来的崇尚人的理性的倾向蔚然成风，亚里士多德的物理学和形而上学被引入大学，理性和信仰在大学都占有一席

---

① 赵祥麟主编：《外国教育家评传》第一卷，345 页，上海，上海教育出版社，2003。

② 参见[英]托马斯·马丁·林赛：《宗教改革史》上册，孔祥民等译，348~354 页，北京，商务印书馆，1992。

之地。路德在早期也强调人的理性，在刚到维滕贝格大学任教时还主讲亚里士多德的物理学，也凭着自己对《圣经》本身的解释，用理性的根据来反驳教皇的教义，认为人类的理性在一切宗教的论争中应该被认为是最高的裁判者。他在探讨"信仰得救"的思想启示过程中，也是依靠了自己理性的推理和思考。但后来他却认为理性与信仰不相容，攻击亚里士多德的学说，将理性看作是信仰的最大敌人。他为此也就攻击崇尚理性者占据主流的大学教育，斥责大学是撒旦的学校，是凶手的魔窟。①

对于路德在信仰与理性问题上的思想矛盾，马克思尖锐地揭示出其思想矛盾的实质：

> 路德战胜了虔信造成的奴役制，是因为他用信念造成的奴役制代替了它。他破除了对权威的信仰，是因为他恢复了信仰的权威。他把僧侣变成了世俗人，是因为他把世俗人变成了僧侣。他把人从外在的宗教笃诚解放出来，是因为他把宗教笃诚变成了人的内在世界。他把肉体从锁链中解放出来，是因为他给人的心灵套上了锁链。②

路德思想的矛盾性，一方面表现了他作为一位宗教改革家对激进的社会政治变革的害怕与抵触，另一方面也反映了新教思想与人文主义之间千丝万缕的微妙关系，归根结底是封建中世纪向近代资本主义过渡时期的各种复杂矛盾关系的变化在路德思想中的反映。尽管如此，路德教育思想中的许多超前的进步因素的影响是持久而深刻的。

---

① 参见[德]马丁·路德：《给市长和市政官们的信》，见华东师范大学教育系、杭州大学教育系编：《西方古代教育论著选》，181 页，北京，人民教育出版社，1985。

② 《马克思恩格斯文集》第 1 卷，12 页，北京，人民出版社，2009。

六、路德在教育上的影响

路德作为16世纪的宗教改革家和教育思想家，在教育上的深远影响可以被概括为3个方面。

(1)提出了普及义务教育思想，并且通过路德教派及加尔文教派的努力，直接或间接地促成了教育的历史性转化——由中世纪的垄断性教育向近现代的普及性教育的转化。

(2)促进了教育由宗教化向世俗化的转变。虽然直到19世纪，教育管辖权才由教会转到政府，但现在欧洲乃至世界许多国家学制的很多重要特征，在路德、路德教派及加尔文教派的政教合办的学校中已初见端倪。

(3)打破了中世纪拉丁语一统天下的僵局，促进了欧洲民族语言教育的发展。对德语教育的发展更是居功甚伟。

当然，作为从中世纪到近现代社会的过渡链条上的一位思想家，他的思想体系也必然带有协调新旧社会的妥协性和革命的不彻底性。只有站在历史发展的长河中，我们才能够透过这种矛盾性和妥协性，把握其本质上适合历史发展趋势的进步因素及其对现代教育发展的启示。这一启示透过杜威的基督教福音观的核心，更能体现其影响的绵长深远。杜威认为，"上帝的精神已进入历史"，上帝"自身在人类之中并借助于人类运作，以实现人类最大的善"。这种宗教思想是杜威哲学思想中关于社会重建和个人自由所蕴含的理想和价值观念之源，某种与自我和宇宙保持一致的深刻而持久的和谐感滋养着他对统一性的追求。①这种宗教思想显然吸收了路德对抗罗马教皇专制而提出的"因信称义"的宗教平等思想。

总体上说，路德的思想进步性虽然在当时难以为人们普遍理解，但其门徒中也不乏部分人能够理解(或部分地理解)，并且将路德的教育理想、教育

---

① 参见［美］斯蒂文·洛克菲勒：《杜威：宗教信仰与民主人本主义》，赵秀福译，164、552页，北京，北京大学出版社，2010。

组织、教育内容和方法付诸新教教育改革实践。在路德学派中，对新教教育实践影响最大的当推路德的好友、新教改革的杰出组织者梅兰克顿，其次是布肯哈根(J. Bugenhagen)、斯图谟(J. Sturm)等人。他们都在教育史上留下了浓墨重彩的一笔。

第四节　梅兰克顿、斯图谟的教育活动及文科中学的发展

一、梅兰克顿的生平与教育实践

梅兰克顿(P. Melanchthon，1497—1560)是宗教改革时期著名的希腊语专家、人文主义学者、基督教新教神学家和新教人文主义教育家。他是路德教派新教学校改革的天才组织者，被尊称为"日耳曼导师"。他于1527年撰写的萨克森学校计划对德国中等教育的发展影响深远。

梅兰克顿于1497年出生在布雷滕(Bretten)的一个书香贵族家庭，是著名人文主义学者、古代语言专家罗伊希林(J. Reuchlin)的侄孙，从小天资聪慧。罗伊希林对这位侄孙十分喜爱，悉心教授他自己平生所学，使之受到"博闻多识，一以贯之"的教育。梅兰克顿从小把希腊文、拉丁文和希伯来文的《圣经》及其注释读得精熟透彻，对于数学、历史、法律和医学也无不寻根问底地探究学习。梅兰克顿先后在海德堡大学和图宾根大学读书，虽然还只是个学生，却已经是一位功底深厚的学者了。

1518年，萨克森的一个学术机构要求罗伊希林推荐一位青年学者到维滕贝格大学教授希腊文，他竭力推荐梅兰克顿。在推荐信上，他把少年梅兰克顿视为与荷兰的伊拉斯谟齐名的人文主义学者，写道："梅兰克顿甚当其选，如他会来就任，就会为大学增加无上荣光。"[1]梅兰克顿遂以一位优秀的希腊

---

① ［美］格莱夫斯：《中世教育史》，吴康译，233页，台北，台湾商务印书馆，1965。

语专家的身份任职维滕贝格大学。当梅兰克顿到大学时，他当场就用希腊文发表了轰动全校的就职演讲，听者无不为之感动，尤其是所有神学班的学生都大呼要学希腊文。①

当时，路德已经在维滕贝格大学主讲神学。梅兰克顿受路德影响开始研究神学。路德也受梅兰克顿的影响开始研究希腊文、希伯来文的《圣经》，两人交往甚密。由于路德的存在及其在维滕贝格大学主讲的神学和古典文学，维滕贝格大学成为新教研究中心。梅兰克顿是少数几个了解路德在形成其"因信称义"思想过程中所经历的痛苦思想挣扎的人之一，是较早深刻领悟"因信称义"思想重大意义的人之一，也是较深刻地理解到路德的新教教育理念的进步之处的人之一。而且，他先于路德批驳变体论，为《圣经》权威进行辩护，和路德一起确立"因信称义"的神学原则。他花了40多年的时间制订新教的神学基础，于1530年草拟《奥格斯堡信纲》，阐述了信义宗信仰的原则，是新教内部派别"信义宗"的奠基人之一。②

梅兰克顿在大学曾深入研究神学、修辞学、唯名论和希腊文、拉丁文、希伯来文的古典作品，著拉丁、希腊文典，讲授《圣经》、神学著作史及其他古典名著，还涉猎修辞学、辩证法、伦理学、历史、物理学等各种科目；又曾组织刊刻各种经典；时常有社会名流与高层人士来向他请教，为其他多数教授所望尘莫及。梅兰克顿渊博的学识、为人称颂的教学和天才的组织方法深得学生的爱戴，他和学生感情深厚，关系融洽。他的多数学生后来在全国各地成为得力的教师或教士，在实行和传播梅兰克顿的教育主张的过程中非常努力。这些都使得梅兰克顿在路德教派新教学校改革中起了极其重要的作用。

---

① [美]格莱夫斯：《中世教育史》，吴康译，233页，台北，台湾商务印书馆，1965。
② 参见教育大辞典编纂委员会编：《教育大辞典》第十一卷，107页，上海，上海教育出版社，1991。

1521—1522 年，梅兰克顿协助路德把希腊文《圣经》翻译成德语。他出色的希腊文造诣给了路德很大帮助。后来在路德对全部《圣经》长达 13 年的翻译工作中，梅兰克顿都一如既往地给予他支持和帮助。梅兰克顿也亲自为各级学生编写了文笔优美的文法教科书，有些教科书直到 18 世纪还在使用。

梅兰克顿不失为宗教改革时期较早、较杰出的新教改革家。他在 1525 年就为艾斯勒本和纽伦堡的第一批新教高等学校起草章程和安排课程，后来陆续改组了海德堡大学等几所大学，并在马尔堡、科尼斯堡、耶拿创建了新教大学；还应各地教友们的来信要求，就 56 个城市有关开设和管理学校的问题回信作答。1527 年，梅兰克顿被任命为萨克森学校视学。他应萨克森选侯的邀请，领导一个三人小组巡视萨克森的教育，就教育的需要作出报告。这份报告被称为"历史上第一份学校调查报告的视察书"①。1528 年，梅兰克顿再次应萨克森选侯"坚定的约翰"(Johann the Steadfast，1468—1532)邀请，前往萨克森负责改革原有学校的工作。做了实地考察后，他在艾斯勒本和纽伦堡的学校章程的基础上拟定了著名的《萨克森学校计划》(The Plan of Latin Grammar School in Sachsen)。此后，他在不同时期为德国中部和南部的许多城市和小诸侯国拟订了学校条例。这些条例经过他的学生的传播推广，成为许多学校办学的蓝本。到 1560 年他逝世时，他创立的学校体制几乎已经在德国各城市蔚然成风了。② 有人指出："从梅兰克顿的教育计划和主张中可以看到，他所接受的主要是马丁·路德后期的教育思想，但与马丁·路德不同的是，他的思想的人文主义色彩更加浓郁。"③

---

① 参见[美] E.P.Cubberley:《西洋教育史》，杨亮功译，343 页，台北，协志工业丛书出版股份有限公司，1965。

② 参见[英]博伊德、金:《西方教育史》，任宝祥、吴元训主译，190 页，北京，人民教育出版社，1985。

③ 赵祥麟主编:《外国教育家评传》第一卷，316 页，上海，上海教育出版社，2003。

二、萨克森学校计划

梅兰克顿认为教育的目的是造就文化上的虔诚。① 这说明他是一个虔诚的新教徒。然而，他又深信古典文学对"培养文化上的虔诚"的非凡价值，并按照他所认定的能够培养文化上的虔诚的标准对古典文学加以选择，试图把一切能够直接或间接地启迪思想的东西纳入学校课程，想方设法使学生所学习的内容能够培养文化上的虔诚。这种把人文主义的智慧与新教精神相结合的教育理想，体现在他所倡导的侧重于培养高层次人才和教育领袖的教育活动中。他所拟定的著名的《萨克森学校计划》，主要适应大学预科性质的中等教育和高等教育人才培养需求，后来该计划促进了风行欧洲的文科中学的大发展。

《萨克森学校计划》要求萨克森每一市镇及乡村一律建立市立拉丁学校。其办学宗旨可以用梅兰克顿在 1526 年纽伦堡中学的开学典礼上的一段话来概括：

> 除经过以历代实践为基础的教育而正确训练的心智健全的人以外，是不能够正确地理解宗教信仰和道德义务之真理的。故此，教育你们城市青年的共同任务责无旁贷地落在了父母身上，因而也落到了社会的身上。首先，务必让孩子们受到宗教教育，但这意味着良好的文化教养是必备的先决条件……拉丁学校是为教授基础拉丁语而建立的，并将进行调整，以为预定进入高级学校的学生做好准备训练。②

---

① 参见[英]博伊德、金：《西方教育史》，任宝祥、吴元训主译，192 页，北京，人民教育出版社，1985。
② 转引自[英]博伊德、金：《西方教育史》，任宝祥、吴元训主译，193 页，北京，人民教育出版社，1985。

　　这些办学宗旨更具体地体现在《萨克森学校计划》所规定的教育阶段和每一个阶段的课程内容中。按照《萨克森学校计划》，每一所学校应包含 3 个等级的教育，每一个阶段的课程内容又包含如下内容。

　　(1)在第一等级中，教师应教授本民族语言和拉丁文的初步读写以及拉丁文法。学习的主要目标是熟练背诵拉丁文、掌握拉丁文的基础。课本是梅兰克顿编写的拉丁文小学读本，内容有字母、路德信经、圣主祈祷文与教会仪式的祈祷文及赞美诗等，还兼学音乐。

　　(2)在第二等级中，教师应以拉丁文为讲授语言，拉丁文法是这个阶段的主要学习目标，应使学生彻底熟通。主要学习内容是文字源流、章句法、声韵学。学生还应阅读拉丁作家的著作，选读的名著有《伊索寓言》以及《伊拉斯谟会话集》，以便给语法规则提供实例并扩大词汇量。再继续接受宗教教育，重视阅读《圣经》、路德信经、圣主祈祷文、十诫、诵圣诗等。

　　(3)在第三等级中，学生应阅读更为高深的拉丁文著作，包括李维(Titus Livius)和撒路斯提乌斯(Gaius Sallustius Crispus)所写的历史、维吉尔(Publius Vergilius Maro)和奥维德(Publius Ovidius Naso)的诗、《荷马史诗》、西塞罗的雄辩术和伦理学著作。文法学习注重声韵学部分并研读名学、修辞学与辩证术，要求用拉丁文作文，会话全用拉丁文。[①]

　　显然，《萨克森学校计划》不注重本民族语言、数学、科学和历史，就连路德在早期强调的希腊文和希伯来文也被放弃了。梅兰克顿在 1525 年的《艾斯勒本计划》中，尚且允许掌握熟练拉丁语的有能力的学生学习希腊文和希伯来文，也允许他们学习数学和人文学科。但 1528 年的《萨克森学校计划》因为面向的是中小学生，所以限制更多。梅兰克顿说："教师只须注意教授儿童拉丁语，而不要教授德语、希腊语和希伯来语。以前有人这样做，徒然加重了

---

　　① Cf.W. H. Woodward, *Studies in the Education During the Age of the Renaissance*, 1400—1600, University of California Libraries, 1906, pp.216-220.

学生的负担，分散了注意，有害无益。"①

从减轻学生语言学习负担的角度来说，梅兰克顿的主张无可非议；因为自文艺复兴后，学校既丢不下中世纪唯一通用的拉丁文，又要学文艺复兴以后人们崇尚的希腊文和希伯来文，再加上母语学习的迫切需要，学生确实不堪语言学习的重负。然而，从选择哪一种语言进行学习的角度说，与梅兰克顿杰出的学术造诣形成鲜明对照的是梅兰克顿对民众教育需要的冷漠及对现实生活迫切需要的母语学习的忽视。他的态度在某种意义上脱离了新教改革所坚持的基本原则——人的全部生活必须以经验为基础，坚持民众教育和学习掌握本民族语言乃是以个人信仰为基础的宗教信仰的必不可少的条件。从《萨克森学校计划》中可见，一方面，梅兰克顿非常注重宗教教育目的，甚至在对古典文学的价值取向上都存在重伦理轻美学的倾向；另一方面，他又和人文主义教育家一样，比较注重拉丁语文法的教学，几乎在每个阶段都要求学生学习文法。与伊拉斯谟相比，梅兰克顿更加重视学习韵律学和语法。不过，我们也应看到的是，尽管重视拉丁语，梅兰克顿却不像有些人文主义学者那样只重视形式而忽视内容。在他的计划中，学生不是为学习语法而学习语法，语法与文学的学习是有区分的。他说，只有牢固掌握拉丁语法，学生才能学会会话、分析语句和以拉丁语写作。此外，他要求拉丁学校不要忽视学习公认的作家的作品。可见，梅兰克顿力图集中新教的理想和人文主义的精神于教育领域，但有所偏向于人文主义教育。后来受他影响而致力于文科中学事业发展的新教教育家，则有明显的向更狭隘的形式主义发展的倾向。

三、斯图谟及文科中学的发展

梅兰克顿奠定的德国文科中学的雏形，后来逐渐成为德国学校体制中最

---

① [英]博伊德、金：《西方教育史》，任宝祥、吴元训主译，191 页，北京，人民教育出版社，1985。

主要的典范。在文科中学的创建和发展过程中,最著名、影响最大并且被传播到全欧洲的是斯图谟于1538年在斯特拉斯堡创办的古典文科中学。

(一)斯图谟生平

斯图谟(J. Sturm,1507—1589)是欧洲宗教改革时期德国新教派教育家,也是马丁·路德的追随者。他生于莱茵省,幼年曾到贵族家庭受教育。后就读于列日学校("平民生活兄弟会"创办)。1524年进入鲁汶大学(University of Louvain)学习,毕业后留校任教。后赴法国发展,曾在巴黎大学任古典文和辩证法教授(1530—1536)。主张学校要在巩固信仰、丰富知识、鼓励辩论方面发挥作用。31岁时(1538年),斯图谟受聘前往斯特拉斯堡,将此地原有的3所拉丁学校改组为既重视拉丁语也重视希腊语的古典文科中学(Gymnasium),或称斯图谟文科中学(Sturm Gymnasium),按照列日学校的模式进行管理。此后,斯图谟担任该校校长达40年之久。他结合文科中学的教育实践,撰有不少相关论著。

(二)斯图谟的文科中学办学思想及实践

由于斯图谟在一生的大部分时间都致力于文科中学的办理、管理,他在此方面形成(或总结出)了一系列思想及经验。

(1)办学宗旨、目的。斯图谟曾明确提出,其办学宗旨和理想是:

> 那聪明而且动人的忠敬,应为我们研究学习的唯一的目的;但仅仅忠敬还不够,还应学习科学文明和辩证艺术,知识和文辞的典雅雄辩也应该为我们学习。所以,学校和教师都要为达到此目的而精勤努力。①

他指出,教育要完成最终的目的,必须培养学生具备三重品质,即忠敬(通译虔诚,piety)、知识(knowledge)和雄辩(eloquence)。忠敬(虔诚)指笃信

① [美]格莱夫斯:《中世教育史》,吴康译,237页,台北,台湾商务印书馆,1965。

宗教。这是其教育的最根本、直接的目的。以知识和雄辩为基础，方能达到虔诚的信仰。在他看来，知识就是娴熟地掌握拉丁语和希腊语，雄辩是指能自由地运用古典拉丁语表达自己的思想。他还概括了当时许多人正在实践的经验，先后发表《创办学校的最佳方法》（1537 年斯特拉斯堡文科中学创立时面世的课程教学计划）、《写给各级教师的经典信》、《本校普通实验的报告册》①这 3 份重要文件，提出他的学制安排、课程编制和教法，并且在斯特拉斯堡文科中学应用 30 年之久，直接影响到萨克森、符腾堡乃至更大范围内的学校的学制和课程。

（2）学制。斯图谟要求根据学生能力将其分成几个班级，采用分级教学制度。学生 6~7 岁入学，15~16 岁结束小学、中学的学习。学校组织根据学生的能力共分 10 级，每个班级按固定的课程和教科书进行教学，每年举行隆重的升学仪式。每班分成若干个 10 人小组，由年长的学生任班长进行管理，奖励成绩优秀、学习勤奋的学生。学生至 10 级毕业，优秀者可以进一步攻读 5 年的大学课程。

（3）课程。斯图谟围绕教育的目的来制定课程。他认为，忠敬一事多由师生问答和信经训练而成；知识多由精通掌握拉丁文和希腊文而获得；雄辩多由拉丁文的训练而获得；所以应培养学生自如运用拉丁文的说话能力、演讲能力，要求学生写作生动、文笔清丽，使说话和写作成为有效的交际媒介。前 4 年中，学生主要学习拉丁文典，培养读、说、听、写的能力。儿童开始读路德的《教义问答摘要》，读 3 年德文，读 3 年以上拉丁文；第 4 年至第 5 年读《主日训语》，第 5 年读《耶利米书》、保罗书信。历史、数学和自然科学都推延到 5 年级后的高级课程中才开始讲授，甚至课程安排中都没有给教授算术的基础安排时间。其中，数学要到高年级课程的最后一年才开始讲授。

---

① ［美］格莱夫斯：《中世教育史》，吴康译，239 页，台北，台湾商务印书馆，1965。

学生的本民族语言在学校中被一律禁止，西塞罗主义又占了统治地位。①

综上所述，斯图谟的课程远不如梅兰克顿的课程宽广，明显地向北方人文主义固有的形式主义倾向退化。他所办学校神学和新经院主义气息浓厚，对自然科学不够重视，甚至连基本的算术知识都不讲授，这不能不说是败笔。然而，斯图谟文科中学总体上是沿着梅兰克顿开创的中等教育和高等教育发展的方向及路子走的，从而不仅确定了斯特拉斯堡文科中学的发展模式，并且成为一种被广泛效法的榜样(或称原型)，决定了斯图谟时代以及此后3个多世纪的德国中学的共同类型特征。②

第五节 布肯哈根的教育活动和新教初等教育运动

一、布肯哈根的生平及教育活动

布肯哈根(J. Bugenhagen，1485—1558)是路德的好友和忠实信徒。与路德及其家庭交往甚密。他帮助路德重新制定了教会的制度，是路德婚姻的支持者，也是路德的忏悔牧师；他为路德所有的孩子举行了洗礼，还在路德的葬礼上发言。

路德的新教教育理想主要是由梅兰克顿和布肯哈根在中、高等教育和初等教育两个方向加以实施的。二人堪称路德在教育领域的左膀右臂。他们的教育活动是齐名的，但分工有所不同。其中，梅兰克顿主要在德国南部从事中、高等教育活动，而布肯哈根则主要在德国北部从事初等教育活动。"德国

---

① 参见[英]博伊德、金:《西方教育史》，任宝祥、吴元训主译，194~195页，北京，人民教育出版社，1985。

② 参见[英]博伊德、金:《西方教育史》，任宝祥、吴元训主译，194页，北京，人民教育出版社，1985。

初等教育的实际创建，始于布肯哈根。"①

布肯哈根于 1485 年出生于瓦林(Wollin)。年轻时热衷于人文主义。1520年，出于对宗教改革的热情，他接受路德的劝告，来到维滕贝格大学。1523年，成为该校的神学教授。16 世纪 30 年代中期，布肯哈根同梅兰克顿一起到德国各地宣传路德新教，推行国民教育改革方案。他在德国北部重建教会，开办教区学校，推行识字运动，还在小学试行以德语教授儿童学习《圣经》。在新教教育改革实践中，他不但第一个坚持，而且实行了路德早期所坚持的新教改革的基本原则：第一，人的全部生活必须以经验为基础；第二，坚持民众教育和学习掌握本民族语言是以个人信仰为基础的宗教信仰的必不可少的条件。布肯哈根将上述原则实际引进了城乡小学，特别是对重建农村新教教会小学作出了重要贡献。

布肯哈根对新教理想的实施和普及大众化的初等教育学校作出了巨大贡献，并且此后在欧洲各国开展了漫长的普及初等教育的运动。

布肯哈根创办乡村学校的目的是发展宗教教育以及以母语为基础的基本读写教育。1520 年，他在汉堡下令每一个教区建立 1 所纯粹的拉丁学校、2所德文学校(其中 1 所是男校、1 所是女校)。拉丁学校一般设校长 1 人、教师7 人，课程几乎脱胎于路德的构想，包括希腊文、希伯来文、雄辩术、修辞学、教义问答摘要、唱歌等。1523 年，布肯哈根利用一般的"教会命令"为学校提供丰富的资源，使这些学校具备了一些必要的办学条件。②

1528 年，为了布伦瑞克(Brunswick)市的教会和学校的重建工作，布肯哈根制定了教会和学校章程，要求为男生设立 2 所古典语学校、2 所本民族语学校，为女生设 4 所本民族语学校。这样，所有的学生入学都很方便。③ 1529

① 赵祥麟主编：《外国教育家评传》第一卷，317 页，上海，上海教育出版社，2003。

② 参见[美]格莱夫斯：《中世教育史》，吴康译，281～283 页，台北，台湾商务印书馆，1965。

③ 参见[美]格莱夫斯：《中世教育史》，吴康译，282 页，台北，台湾商务印书馆，1965。

年、1530年、1534年他分别为汉堡、吕贝克(Lübeck)和他的故乡波美拉尼亚
(Pomerania)草拟了各种类似的教会与学校计划。这些计划后来纷纷成为德国
其他市镇仿效的样本。1537—1539年，他受到丹麦国王的礼聘，赴斯堪的纳
维亚，把哥本哈根大学、丹麦教会和各学校改组成路德教派的教育机构，因
而深受丹麦国王的敬重，扩大了路德教派教育在北欧的影响。①

二、普及初等学校及学制的发展

路德的教育观对德国教育的发展发挥了重要作用。通过其友人及追随者
梅兰克顿及布肯哈根等在教育实践中所从事的艰巨而有意义的工作，路德教
派教育主张的影响不断扩大。然而，仅仅从以个人信仰为基础的宗教虔诚立
场来推动大众教育和母语教育的步伐一度很缓慢。一直到16世纪50年代末，
路德教派的大众初等学校才在各地得到官方的正式承认。16世纪后半期，德
国还有不少诸侯国制定学校制度，建立各级学校。

1559年，符滕堡公国在学校法令中正式规定在乡村建立"德语学校"，教
授"4R"教育及音乐等。后来萨克森、魏玛等地也仿效之。最早建立起较完整
学校制度的是路德、布肯哈根等长期工作与生活过的维滕贝格，该公国的公
爵于1559年首次发布学制。1565年，该学制被国会承认。该学制的宗旨是通
过互相衔接的各级教育，将儿童从童蒙开始一直培养到具备教会及政府的职
位所要求的文化程度，大体包括下列学校。(1)德语学校。该学校为启蒙学
校，设立在每个村庄，免费为民众开办，男女分校；教授德文的阅读、写作
及宗教知识、音乐。(2)拉丁学校。该学校共6个年级。学生约10岁入学，
先学拉丁文，后学希腊文(包括古典作家的作品)，6年级开始学习逻辑学和
修辞学。(3)初级修道院学校或文法学校。该学校主要培养神职人员，课程与

---

① 参见[美] E.P.Cubberley：《西洋教育史》，杨亮功译，329页，台北，协志工业丛书出版
股份有限公司，1965。

拉丁学校高年级的课程相仿，更注重神学教育。(4)高级修道院学校。该学校为大学预科性质，课程门类更为齐全。(5)大学。该学校的学科有各种古典语言、逻辑学、修辞学、数学与神学。① 有人称："这个学制标志着德国学制的真正开端。从此以后各公国也就以此为依据制订了自己的学制。"②

由上可知，路德关于实施强迫义务教育、由国家管理教育的基本主张，以及建立学校体制的设想，在16—17世纪的德国新教各诸侯国得到了初步的实践。但由于历史原因、历史局限(特别是当时激烈的社会冲突导致的混乱的社会环境)，"这些实际措施并未取得应有的实际结果，德国学校中原有的各种弊端仍然存在，甚至进一步泛滥"③。

路德教派教育的影响还逐渐传播到其他国家。1686年，瑞典国王查理九世在法典中规定，不能够初步阅读路德教义和没有领圣餐的人不允许结婚。④英国则表现出另一番情景。在英国，由于宗教改革只表现出统治阶级与罗马教廷的决裂，人们把遵从国教视同于遵从基督教，而路德主张的信仰得救该由个人亲自负责、人人都应该接受阅读的教育思想一度鲜为人知。尽管如此，宗教改革在大众教育方面收获最大。这个最大收获，就是由于教会礼拜仪式中所用的语言由拉丁语改变为英语，从而促进了学校英语教育的发展。这与路德及一些路德教派成员倡导本民族语言教学的主张是一致的。

1534年，英国国会通过《至尊法案》，将英文版《圣经》分发给各教会，礼拜仪式也奉命用英文进行。1549年，英文的祈祷书、诗篇和教义问答，皆开始被教会使用。普及初等学校的发展表现在学校教育领域，标志是1536—1539年修道院的废止和文法学校的创设。在变革的过程中，文法学校提高了

---

① 参见戴本博主编：《外国教育史》上，333~334页，北京，人民教育出版社，1989。

② 戴本博主编：《外国教育史》上，334页，北京，人民教育出版社，1989。

③ 赵祥麟主编：《外国教育家评传》第一卷，317页，上海，上海教育出版社，2003。

④ 参见[美] E.P.Cubberley：《西洋教育史》，杨亮功译，329页，台北，协志工业丛书出版股份有限公司，1965。

教育的质，但不能够满足量的需要，直到 1688 年，新创设和改建的文法学校也只有 558 所，因而各种形式的初等学校纷纷出现，这些学校主要教儿童"聪明地阅读英文而非愚笨地读拉丁文"①。直到 18 世纪，旧的学校才逐渐被正式的英文学校所代替。在这一漫长的渐变过程中，英国于 1601 年颁布的《伊丽莎白济贫法》对贫民子女学习谋生技艺具有重要影响。

《伊丽莎白济贫法》的问世可以看作宗教改革的成果之一。修道院被没收，铲除了教会救济制度的基础，迫使英国不得不面对济贫和照料贫穷儿童的问题。随之一种新的观念产生了，这种观念认为国家乃是由维护公共利益、亲善、博爱与乐于服务而团结的人组成的人民团体。从 16 世纪起，英国就颁布了一系列法令，先后涉及限制穷人行乞范围、命令教会收容穷人、下令到处设立收容穷人及其子弟的机构、为济贫而强迫向所有资本家征税等。1601 年的《伊丽莎白济贫法》就明确规定了照顾贫民及其子弟是国家的义务；贫民子弟不分男女都为学徒，要学会谋生手艺；师傅有训练学徒学得一种谋生技能的义务；管理官员要提供机会和资金给贫民及其子弟；国家要强迫向所有资本家征税以保障济贫资源。这里所显现的不仅仅是初等教育中对贫民子女谋生技艺的训练及其面向生活和社会生产的意义，更是英国由国家对全体人民普遍征税以便为全体儿童普遍设校的思想的滥觞。这些思想与路德教派不无关系，又被加尔文教派所发挥，后来传到美洲并奠定了稳固的根基。正是在 1601 年英国《伊丽莎白济贫法》的基础上，才出现了 1642 年美国马萨诸塞州有关全体儿童一概需要入学的第一个法律。②

---

① 参见[美] E.P.Cubberley：《西洋教育史》，杨亮功译，337 页，台北，协志工业丛书出版股份有限公司，1965。

② 参见[美] E.P.Cubberley：《西洋教育史》，杨亮功译，339~340 页，台北，协志工业丛书出版股份有限公司，1965。

三、其他新教徒对初等教育发展的贡献

在德国，像布肯哈根这样致力于发展初等教育和母语教学的人，比较著名的还有尼安德（M. Neander, 1525—1595）。尼安德是梅兰克顿的学生，但他构想的课程比他的老师构想的课程更加自由开放，他敢于质疑："为什么我们始终要教拉丁文、希腊文呢?"①他于 1550 年在哈尔茨（Harz）的伊尔费尔德（Ilfeld）办了一所寺院学校，招收 6~18 岁学生。他在课程中增加了母语、历史、地理、科学、音乐，并且改良了学校的文法、修辞、雄辩术等课程，还面向实际需要开设了论说文课，为学生写了 39 册读物。该校的毕业生入大学人数占众学校之首，很多学生学成后在教会和学校中占有重要地位。因而，这所学校被梅兰克顿称赞为最优秀的学校。②

几乎与布肯哈根同时，特劳根道尔夫（Trogendorf）在哥德堡从事创立、完善新教学校的工作。1524 年，他出任哥特堡学校的校长，以路德教义为主要教学内容，采用拉丁语教学，实行学生自治。一时间，该学校吸引了来自波希米亚、摩拉维亚、匈牙利等地的文人学子，产生了广泛的影响。

瑞士德语区的宗教改革家茨温利也是新教人文主义教育者，曾任苏黎世大礼拜堂的布道师。宗教改革初期，茨温利即发表抨击天主教会教义、教规和习俗的激烈言论。他于 1523 年用拉丁文写了《少年的基督教教育》(*Brief Treatise on the Christian of Youth*)，第二年又将其翻译成本民族语发表，推行宗教改革计划。他曾创立许多人文主义学校，并建立了瑞士的第一批小学。其主要功绩之一是把整部《圣经》由浅入深、按部就班地列为系列课程。除了推崇古典著作和希伯来文的价值外，他也主张研究自然，注重算术、音乐以及类似古希腊的竞技活动。这些主张在当时就影响到了其他各城市。不幸的是，

---

① 参见[美]格莱夫斯:《中世教育史》，吴康译，285 页，台北，台湾商务印书馆，1965。
② 参见[美]格莱夫斯:《中世教育史》，吴康译，285 页，台北，台湾商务印书馆，1965。

茨温利于 1531 年过早地在卡佩尔(Kappel)宗教战争中阵亡。[①] 他的教育主张虽然仍然对后世有所影响，但其后新教改革家和教育改革家加尔文的教育思想与改革活动则压倒一切地吸引了人们的注意力。

路德有关教育体系和教育内容的阐述在教育实践中产生了深远影响，除了通过路德教派新教学校改革产生深远影响，也通过同样坚持"因信称义"的瑞士新教教育家加尔文及加尔文教派的思想和活动强力推动建立新教学校、传播新教思想。他们继路德后撰写更通俗易懂的教义问答，使之成为新教学校的标准教材。加尔文和加尔文教派承袭、自创并传播新教思想，催化近代学校教育体系的萌芽，成为近代平民教育的先驱。加尔文创办的日内瓦学院云集各地新教徒，在传播加尔文教派教义的过程中作用非凡。加尔文教派以学区为教育的基本单位建立日内瓦教育体系，包括蒙童阶段的基础教义教育、中学的语言和人文学科教育、学院阶段的神学教育。尼德兰的荷兰改革教派建造了大量的初等学校、学院和大学；英国的很多清教派迁往北美，极大影响了北美的教育；法国的胡格诺派利用教会的权力和基金推广并普及义务教育；苏格兰长老会推动的教育民主化影响了大教育家夸美纽斯。在路德、路德教派影响下，加尔文和加尔文教派对于 16—17 世纪在宗教化和世俗化教育发展的基础上兴起平民教育，推动近代欧洲基本普及小学义务教育，促成政府或教会规划和逐步建立包括蒙童、中学、学院、大学在内的近代教育体系和教育思想，发挥了重要的作用。

———————

① 参见[美]格莱夫斯:《中世教育史》，吴康译，286 页，台北，台湾商务印书馆，1965。

第三章

加尔文与加尔文教派的教育

加尔文教派(Calvinism)亦称加尔文派、加尔文教、加尔文宗,系基督新教主要教派之一,于16世纪宗教改革时期产生于瑞士。瑞士早期新教代表人物、加尔文教派先驱茨温利(H. Zwingli,1484—1532)发动了反对罗马天主教的斗争,引发瑞士新教与旧教的内战。茨温利虽然在内战中阵亡,但瑞士从此分裂为新教诸州及旧教诸州。稍后,法国人加尔文到瑞士宣传新教教义,在日内瓦获得成功,其教派遂命名为加尔文教派。16世纪中叶"加尔文控制下的瑞士日内瓦,曾是新教的'罗马'"①。加尔文教派以宗教改革家加尔文所著《基督教的基本原理》为神学思想基础,最初传播于荷兰、苏格兰等地,后在英国清教徒运动中得到更大发展,其主张部分承袭马丁·路德,亦有自创的部分。该教派同样重视教育,以开办学校为传播其教义的主要手段之一,其教育机构遍布于瑞士、法国、英国及北美等地。

---

① [美]克伯雷选编:《西方教育经典文献》上卷,任钟印译,327页,北京,人民教育出版社,2016。

第一节　加尔文的生平与著作

加尔文是 16 世纪西欧著名的宗教改革家和新教神学家、加尔文教派的领袖，是继路德之后宗教改革的第二代领导人和新教理论的集大成者。他的思想及其教派对近代西欧新的价值观念的确立起到了重要作用。虽然他不是单纯意义上的教育家，但他意在塑造一种新人的形象，并且新教的改革运动以教育为重要手段，因此他在教育史上的地位甚为重要。加尔文在日内瓦的教育改革，不但确保了宗教改革的成功，而且对欧美许多地区的教育发展都起到积极的推动作用。

一、从天主教徒到新教改革家

加尔文(J. Calvin，1509—1564)生于法国皮卡第的努瓦永。其祖籍为瓦兹河畔的伊维克港，祖上的职业是桶匠或船工。加尔文的父亲则更改了家族的生活轨迹，于 1480 年迁居努瓦永，在主教座堂教士团、教会法庭及主教处任职，并于 1497 年成为当地市民。加尔文的母亲是个虔诚的天主教徒。加尔文是家中次子。

加尔文的童年既是幸运的，也是不幸的。就幸运的一面而言，他有较好的生活环境，父亲颇受主教赏识，他本人也是主教的教子。他从小就在浓厚的宗教氛围里生活，是个虔诚的教徒。此外，他父亲与当地贵族蒙特默家交往甚密，加尔文从小便与蒙特默兄弟一起读书受教育。不幸的一面是，他 6 岁时丧母，其父很快便再婚，他备感失落，这对加尔文日后的成长产生了一定的影响。

1521 年 5 月 19 日，加尔文的父亲为他谋得了一份圣俸，为他后来到巴黎受教育提供了经济保障。同年，加尔文进入巴黎大学的蒙太古学院读书。当时的巴黎是新教思想活跃的地方之一，虽然加尔文所在的学院是反对新思想的堡垒，但他还是逐渐受到人文主义的熏陶，并拜著名的学者科迪埃为师学习拉丁文。在大环境的影响下，他开始接触新教思想。

加尔文学习刻苦努力，成绩优秀。1526 年，他完成哲学学业的学习，获得硕士学位。按照原来的设想，他应该入神学院学习神学。但是，命运却在这时发生了转机。他后来回忆道：

> 我很小的时候，父亲本想让我学习神学，但当他看到法律能使人富裕时，出于物质上的考虑，遂改变主意。于是我放弃哲学，转学法律。我听从了父亲的意愿，努力学习法律。可是，上帝借其神秘眷顾的引导，使我走上了另一条道路。那时我深陷教皇迷信的泥淖难以自拔，是上帝通过突然转变将我拯救出来。①

从此（获得所谓上帝的"引导"）以后，加尔文迷上了《圣经》。终其一生，加尔文的一大嗜好是诠释《圣经》。

从巴黎大学毕业后，加尔文便进入奥尔良大学学习法律，师从法国著名的法学家莱斯图瓦勒（P. de L'Estoile）。1529 年，他又慕阿尔西亚特（André Alciat）之名前往布尔日学法律。学习法律阶段是加尔文思想形成的关键时期。奥尔良是人文主义中心之一，而布尔日则是新教的阵地。在布尔日，他结识了许多朋友，包括新教徒奥立维（P. R. Olivet）和沃尔玛（M. Wolmar）。奥立维首次将《新约》译成法文并出版，加尔文为之作序。加尔文还曾跟随沃尔玛学习希腊文。人们一般认为，他是在这个时期逐渐成为一名新教徒的。

约在 1531 年上半年，加尔文获得了法律学位。不久，他的父亲去世。回

---

① John Calvin, *Commentaries*, Philadelphia, The Westminster John Knox Press, 1954, p.28.

到巴黎后，加尔文放弃法律，专心研究文学，并于1532年自费出版了他的第一部著作《塞涅卡〈论仁慈〉注释》，但并未引起多大反响。这时，他开始成为巴黎改革者圈子里的重要人物，并与巴黎大学校长科普(N. Cop)成为好友。此外他继续学习希腊文，并开始学习希伯来文。

1533年11月1日，科普在巴黎大学新学年开学仪式上演讲，引用了伊拉斯谟和路德的话，并提出因信称义的观点，遭到天主教会迫害。加尔文涉嫌参与此事，被迫出逃，由此开始了漫长的流亡和改革生涯。1534年5月4日，加尔文放弃圣俸，断绝了与天主教会的最后一丝联系。同年，为反对再洗礼派，他还写了《灵魂休眠论》。1534年10月，他出走巴塞尔。1535年8月，他完成经典之作《基督教要义》(*Institutes of the Christian Religion*)一书，正式确立了他在宗教改革史上的地位。

二、从日内瓦到斯特拉斯堡

完成《基督教要义》后不久，加尔文便前往意大利，不久又返回，准备直接去斯特拉斯堡，过自己向往的隐居式的学者生活。但这时命运之神再次同他开了个玩笑，使他走上了另一条完全不同的道路。

由于受战争影响，去斯特拉斯堡的道路被阻，加尔文不得不绕道日内瓦，准备小住一宿，继续赶路。当时日内瓦城的新教改革领导人法莱尔(G. Farel)闻讯赶来，力劝他留下来为改革尽力。加尔文被其说服，遂决定留下来，共襄改革大业，把自己的一生奉献给上帝的事业，时值1536年8月。

相比巴黎、伦敦，日内瓦不过是个蕞尔小城，但它的商业及军事价值很大，经济也比较发达。它名义上是帝国城市，实际上是个城市共和国，于1387年颁布宪法。主教、伯爵和市民三方协约分权，由民选市政官(syndic)管理城市。市民们同瑞士森林诸州结成同盟，经过一系列斗争，先后推翻了以萨伏依公爵为代表的贵族和主教势力，逐渐将权力转到议会手中。在新教城市伯尔尼和天主教城市弗莱堡的协助下，日内瓦于 1536 年 1 月 16 日获得独立。同年 5 月 21 日，在法莱尔等新教牧师的推动下，日内瓦城 200 人议会决定废除弥撒。5 月 25 日，市民公开表决，一致同意改革并废除天主教，按照"福音与上帝之道生活"①。

加尔文先是受聘为讲师，专门讲解《圣经》，不久又被选任为牧师。他会同法莱尔等新教牧师，在市政府的支持下开始实行教会改革，以便实现自己的理想。1530 年 10 月，加尔文参加了洛桑会议，在同天主教会的自由辩论中，他两次发言，崭露头角。同时，他还起草了《日内瓦信仰告白》，该文件于 11 月 10 日为市议会通过。接着，他又就新教信仰编写了一本简明的《教义问答》。1537 年 1 月，市议会通过了他负责起草的《日内瓦教会组织与崇拜条例》，该条例是加尔文的日内瓦教会规划蓝图，也是后来《教会法令草案》的蓝本。

虽然议会通过了很多改革法案，但实施起来却困难重重。加尔文想让全体居民庄严宣誓弃绝教皇，彻底皈依新的信仰，遭到许多人的激烈反对；虽然最终他如愿以偿，但却为未来埋下了隐患。由于旧的天主教信仰还未被彻底肃清，许多人仍暗地里信奉天主教。在争取独立的战争中产生的新军事贵族们道德败坏，且派系斗争严重。加尔文的改革措施触动了他们的利益，因而他们联合起来反对加尔文和法莱尔。

1538 年的市议会选举中，亲伯尔尼派上台。他们利用群众的不满情绪向加尔文和法莱尔发难，借口加尔文等反对采用伯尔尼式的宗教仪式，将他们驱出日内瓦。加尔文第一次实现自己理想的企图以失败告终。

加尔文等先到苏黎世申诉，但未成功。法莱尔去了纳沙泰尔。加尔文先到巴塞尔，后应斯特拉斯堡著名改革家马丁·布塞尔(M. Bucer)邀请，到那里教授神学，并兼任流亡到那里的法国新教会的牧师，传经布道。

———————————

① G. R. Potter, M. Greengrass, *John Calwin*, London, Edward Arnold, 1983, p.65.

在斯特拉斯堡的生活是加尔文人生历程中的又一重要阶段。在此期间，他不但积累了丰富的实践经验，而且在学术上也日渐成熟，为日后在日内瓦的改革成功奠定了基础。

斯特拉斯堡在马丁·布塞尔等人的领导下实行了改革，是个新教城市。该城在宗教方面较为宽容，不但接纳新教各派，而且容忍天主教。布塞尔创立的教会模式给加尔文留下了深刻的印象，后来他便以斯特拉斯堡教会为参考，创立了日内瓦教会。同时该城的斯图谟的教育改革也成为未来日内瓦教育体系的蓝本。不久，加尔文便获得了该市市民的称号。他每天忙着讲经布道，积累了丰富的经验。他参加了查理五世召集的沃姆斯帝国议会，结识了梅兰克顿，并与之成为好朋友。1540 年 8 月，加尔文与一位再洗礼派信徒的遗孀阿黛尔塔·德·布尔(Idelette de Bure)结婚。

加尔文一直没有放弃他向往的学术生活。在工作之余，他开始修改早先出版的《基督教要义》一书。1539 年 7 月，他完成修改工作，将原来的 6 章扩写为 17 章，增加了对《圣经》的讨论，论证更为详尽，资料更为丰富。同年，他开始注释《罗马人书》。此后，注释《圣经》便成了他的主要学术活动之一。到去世时，他已差不多将《圣经》注释完毕。在这期间，他还写了《圣餐短论》，就圣餐礼发表自己的看法。为了准备斯拜耶尔会议，他还开始酝酿《教会必须改革》一文。1541 年，他的《基督教要义》的法文版问世。

加尔文虽然被迫离开日内瓦，但他并非不再关心那里的改革。日内瓦并没有因他的离去而出现转机，相反，却面临着一系列挑战。天主教会乘机反扑，欲夺回失去的阵地。1539 年 3 月，卡彭特拉斯城主教萨杜莱多(J. Sadolet)代表教皇致信日内瓦城人民和议会，劝他们重返天主教会怀抱。萨杜莱多学识渊博，貌似严谨正派，且强烈要求改革教会，其自身形象很容易使人信服。日内瓦城没有一个人能予以反击。加尔文挺身而出，撰《答萨杜莱多》一文，逐条驳斥了他的企图，确保改革继续进行。

亲伯尔尼派在教会改革中任人唯亲，使得教会状况越来越糟，社会风气仍无改观。由于出卖日内瓦的利益，亲伯尔尼派彻底倒台，法莱尔派上台。市政当局终于意识到宗教改革对政治胜利的重要意义，便急忙请加尔文和法莱尔重返日内瓦。几经踌躇，加尔文还是答应暂时回去任职。1541 年 9 月 13日，这位"福音牧师"重新回到日内瓦。

三、理想的实现

加尔文回到日内瓦后，便在市议会的积极配合下实行改革，朝着他的理想教会努力。1541 年 11 月，市议会通过了加尔文主持起草的《教会法令草案》，以此为根据组建新教会。法令规定，教会政府设牧师、宣教师、长老和执事 4 种职位，教会人员要以民主原则选出，教会的最高管理机关是由长老和牧师共同组成的宗教法庭。此外，加尔文还重新划分了教区。为加强农村教会的组建工作，加尔文先后于 1546 年和 1547 年向议会提交了《察访乡村教会法令草案》和《监督乡村教会法令》，监督牧师和信徒。为了使儿童接受宗教教育，加尔文又于 1545 年 11 月重新编写了《教义问答》，作为儿童掌握基本教义的教材。

加尔文不但要改革教会，更要改善当时混乱的社会状况和每况愈下的道德。除教会组织法外，他又主持出台了一系列配套法规。1540 年，颁布洗礼时的取名法；1545 年，他向议会提交婚姻法；1550 年，实行新的节日立法；1551 年，颁布誓言法。此外，加尔文还实行戏剧审查制度，禁演无助于宗教教化的剧目。

为了保证法令的贯彻实施，有效对每个人的行为实行监督，1550 年，议会批准在市区实行监察制度，由牧师在 1 名长老和 1 名执事的陪同下，定期深入各家各户，检查每个人的信仰及行为。监察制度与《教会法令草案》中规定的长老监督每个人的道德行为相辅相成，对改革措施的贯彻执行起了重大作用。

加尔文还实行社会救济制度的改革。市内设4名执事代理，负责公立医院的管理、捐赠、救济工作。医院负责照顾丧失劳动能力的孤寡之人、老人及病人。加尔文还设立特别救助金，救济城里的穷人，对无力负担药费的人提供免费医疗服务。

加尔文的改革是一场全面的社会革新，是针对当时的形势而开展的，得到了日内瓦市政府的支持。但他的改革并非一帆风顺，而是经历了种种磨难才得以成功。他不但要面对强敌天主教的反对，还要面临新教内部及市政府方面的种种压力。

为了彻底击败天主教，表明改革势在必行，加尔文于1543—1544年写成《教会必须改革》一文，历数天主教会的种种腐败行径，抨击了以罗马教皇为代表的教会贵族对各国的剥削、对古代民主教会传统的篡改，提出精简教会机构和礼仪、恢复古代的纯洁教会的主张。该文发表时正值神圣罗马帝国皇帝查理五世召开斯拜耶尔帝国议会之际，有力地推动了新教事业的发展。

加尔文对各种与自己不同的神学见解进行反击。他坚持人的意志不自由的观点，将坚持自由意志、反对预定论的波尔塞克(J. Bolsec)逐出日内瓦；他抨击日内瓦城中学校长卡斯特里奥(S. Castellio)，理由是他否认《雅歌》为《圣经》的一部分，并不同意把耶稣下地狱当作比喻解释。西班牙的塞尔维特因反对三位一体，也受到加尔文的驳斥，并在日内瓦城受到灭顶之灾。[1] 这也成了后人所认为的加尔文的主要罪状之一。

加尔文对圣餐礼非常重视，并写了许多文章反对路德教派神学家及茨温

---

[1] 据说，因塞尔维特与自己的神学观念相左，在日内瓦掌握了宗教大权的加尔文自以为代表上帝意志，于1553年10月23日将塞尔维特定了"异端邪说"的罪名。塞尔维特被铁链锁在木桩上，下面堆起柴来，他被慢慢烧死。这是加尔文最招后人诟病一事。1756年，伏尔泰在《风俗论》一书中，从思想及良心自由乃天赋人权的角度，把加尔文定为处死塞尔维特的罪魁祸首，说他"自立为新教的教皇"，嫉妒心强，是个暴君。

利教派的观点，如《圣餐礼的信仰告白》（1537）、《圣餐短论》（1541）、《捍卫圣礼教义》（1555）、《再次捍卫圣礼教义》（1556）、《对威斯特法尔的最后劝诫》（1557）、《圣餐中真实领受基督体血的正确教义释义》（1561）等。他坚决反对天主教会的变体论，也反对路德的同体论及后来路德教派的普遍临在论，更反对茨温利的象征论，坚持基督的真实临在论，认为信徒真的分享了基督的体和血。但他又认为临在不是指基督的体和血降临到饼与酒里面，而是人的思想被引向天国，基督自升天后，其身体便不再降临人间。

加尔文的改革在 1559 年之前并未真正得到全部实施，他的地位也没有稳固下来。议会虽然支持改革，但在改革的程度及方式上仍有一些不同的看法。日内瓦城的一些新贵过惯了放荡不羁、无拘无束的自由生活，他们不希望改革的措施那么严厉，以免危及自身的利益。加尔文则对这些人的各种丑行深恶痛绝。他的目的是通过严刑峻法，整饬被败坏的道德。双方的矛盾主要表现在"绝罚"（excommunication）权力的归属上。以佩林（A. Perrin）为首的几家姻亲贵族联合起来反对加尔文（加尔文称他们为自由放纵派），他们掌握了市议会的权力，提出绝罚权在议会，欲控制教会事务的最终决定权。加尔文认为绝罚权归教会是古代教会的传统，也是教会及社会改革成败的关键，他需要世俗政府的支持，但反对世俗政府僭越教会的权力。加尔文要的是政教合作，反对政教合一，不主张政教分离，主张世俗政府和教会政府各司其职不得越权。直到 1553 年，市议会才最终认可了教会的绝罚权。1555 年 5 月，自由派发动政变未遂，所代表的势力彻底败落，加尔文的地位逐渐稳定下来。1559 年，加尔文获得了日内瓦市市民的称号。同年，他的《基督教要义》一书最终定稿，全书扩大为 4 卷 80 章。

1564 年 5 月 27 日，加尔文病逝于日内瓦。

第二节 加尔文的教育思想及教育实践

一、加尔文教育思想的理论基础

从某种意义上讲，宗教是一种教育，它按照自己的理想培育人。教育则是实现这一目的的重要手段之一。宗教改革时期，改革家们非常重视教育，他们利用这块阵地向天主教会发起进攻，有力地促进了改革事业的成功。我们在讨论单纯意义上的教育思想之前，必须先了解宗教的理想，具体到加尔文来说，就是他的神学思想，即他希望通过教育把人培养成什么样子。这是其教育思想的基石。

（一）与正统天主教义对立的神学思想

1. 否定教皇的权威，重新确立上帝及《圣经》的权威

加尔文是从神学入手来建构他的理想的。他力图否定教皇的权威，重新确立上帝及《圣经》的权威地位；坚持《圣经》是信仰的权威，认为它是信仰与宗教生活的唯一准则，上帝是其作者。《圣经》是圣灵的启示，是上帝之道（Word of God），是区分真假宗教的标准，包含着良善快乐生活的完美准则，是人追求幸福的福音和指南。它体现了上帝的意志，无任何神秘可言，只有充分读懂它，才能正确认识上帝。因此，人人可以阅读《圣经》，并可以按自己的理解作出判断。知识是正确信仰的重要保障。

加尔文还改变了人们眼中的上帝的形象。天主教把最初信仰中的上帝的慈父形象改换成严厉的判官，把人与上帝之间的直接对话变成以教会为中介的间接对话，并进而用教皇取代上帝，完全僭取了上帝的权力，使人难以把握自己的命运，造成沉重的精神负担。为扭转这种局面，加尔文认为认识上帝的首要目的便是确信他是父亲。虽然上帝对人犯的罪感到愤怒，但他的父爱战胜了怒气，使人的罪得到赦免，把复活成圣的希望给予人。他不仅创造了

宇宙万物和人类社会的各种制度，而且亲自照看每一受造物，尤其是人类。他是善的根源，是正义与公正的化身，是全知全能的。最能体现上帝的爱的是基督，他是上帝给人的恩典。上帝并不因人的罪永远与人分离，相反，他以基督为人赎罪，使人与他复合，他的爱是人得赦得救的全部原因。基督是上帝与人之间的桥梁，是真神与真人，把上帝的赠礼带给人，同时又把人带到上帝那里。他是先知，是上帝恩典的信使与证人；他是王，统治精神王国，是永恒的，不但指过去、现在，还指未来。在他的保护下，个人获得永生的希望，他将得自上帝的一切与人分享，保护教会和个人免受侵害；同时他还是祭司，以自己为代价平息了上帝的愤怒，使人免遭惩罚。

2. 否认"善功"称义，宣扬"预定论"

加尔文认为，上帝在降普遍的恩典于人外，还有特殊的恩典，这便是他的著名的预定论。他认为：

> 预定是上帝恒久的法令，是上帝亲自订立的关于每个人命运的契约，因为人受造的命运是不平等的，某些人被预先注定了永生，其他人则是永罚。因为人受造的目的就是或此或彼，所以我们称他是被预定了或生或死的。①

加尔文的预定论在逻辑上突破了奥古斯丁和阿奎那的范围，明确主张双重预定，即它意味着某些人得永生，而其他人则受永罚，也就是说，所有的人分为选民与弃民两类。

加尔文认为，预定是上帝的秘密计划，不为人所知。在整个过程中人无半点主动可言，没有偶然因素，都是上帝的必然。这完全体现了上帝的公正

---

① John Calvin, *Institutes of the Christian Religion*, Philadelphia, Westminster John Knox Press, 1960, p.3.

与爱。上帝的拣选是无条件的，不以任何善行，也不以人将来的行善或知道
人会好好利用其恩典为预定的条件。预定在创世之初便已完成。

加尔文同路德一样完全否认善功在预定和称义中的作用，更否认人的自
由意志。天主教会为剥削人民，大肆宣扬"善功称义"理论，把行善功与否作
为能否进入天国的条件，并把善功量化出售，成为牟取暴利的一种手段。加
尔文等人则认为，上帝赦免人的罪，使人成为义人，这完全不以善功为条件，
他对人类的爱才是唯一原因。人与上帝的关系完全是受动的，人没有任何选
择的自由，更无自由意志可言。人只有接受上帝安排的命运，想靠自己改变
命运是徒劳的。天主教宣扬的人的主观努力会博得上帝欢心的理论完全是错
误的。

表面看来，加尔文完全否认人的任何主观努力，使人陷入了一种宿命论，
但实际上却并非如此。加尔文的种种理论都是针对天主教而发的，是以全能
的上帝为中心的。以此为出发点，他便不得不在逻辑推理上强调人的无能，
其预定论中的上帝也显得残暴异常。然而，加尔文绝对没有把人置于绝望的
境地。他多次强调预定论不是宿命论，更不是要人坐以待毙，相反，他积极
鼓励人不懈努力，以证明自己是上帝的选民。[①] 那么，他又是如何解决这个矛
盾的呢？这体现在他的称义理论中。

3. 因信称义

加尔文同路德一样坚持"因信称义"，反对"善功称义"。他认为，称义是
上帝无条件的恩典，是上帝的仁慈的爱，与善功无关。称义不靠善功，不靠
律法，唯靠信仰。人借助信仰使罪得以赦免，成为义人。信仰是"一种确信上
帝对我们仁慈的知识，它以无条件给予的应许之真理为基础，体现在基督里，

---

① John Calvin, *Institutes of the Christian Religion*, Philadelphia, Westminster John Knox Press, 1960, p.1, p.4, p.3, p.12, p.17, p.23.

由圣灵启迪我们的思想，并印在我们心里"①。信仰是一种知识，是确信和自信，它产生自信心，使人勇敢。信仰既是确信，也是爱与希望，体现了上帝对人的爱。更为重要的是，信仰还是选民的标志之一。他认为，只有上帝拣选的人才会得到上帝的启示，才能有信仰，信仰是人得救的必要条件，也可以说是上帝的神秘拣选在人身上表现出来的第一步。没有信仰，便无从谈及其他。信仰不是一个空洞抽象的概念，它有两个果实：一是称义，即自由与解放，旧人的死亡与新人的诞生；二是重生，即成圣，过圣洁的生活。具备这两个果实的人便是选民。

尽管加尔文反复强调，只有被上帝预定为选民的人才有真信仰，但实际上，想成为选民还是弃民完全在个人自己。根据信仰理论，信仰是有果实的，只要在行为实践中体现出信仰的果实，个人便可据此判断自己是上帝的选民。所以，问题的关键在于个人今世的生活是否圣洁，是否合乎上帝要求的标准。加尔文虽反对"善功称义"，但这并不意味着他否定善功，他所反对的是把善功作为称义的条件，但不反对善功是称义的果实。真正的善功是选民受选的结果与证明，从这个意义上讲，行善功越多，便越能表明自己的选民身份。

加尔文通过信仰理论把每个人的命运交给他自己。他的神学理论也无非向人表明一个慈父般的上帝的存在，使人树立自信心，使人相信自己的罪已得赦，不再受死亡的制约，人已成为"新人"。但是，仅仅知道自己成为新人是不够的，要真正表现为一个新人，也就是说真正成为一个选民，更重要的在于行为。那么，怎样才能成为一个选民呢？

（二）选民的诸要素

1. 崇尚理性与科学

加尔文积极肯定人的理性，认为它是人性中根深蒂固的东西，是"合乎人

---

① John Calvin, *Institutes of the Christian Religion*, Philadelphia, Westminster John Knox Press, 1960, p.7.

的本性的,是区分人与野兽的标志"①。理性是人们追寻真理的工具,正是借助理性,人才能辨别善恶,才能理解事物并作出判断。它是上帝意志的体现,应被大力提倡。虽然加尔文并未用理性取代上帝,更反对用理性探究上帝的本质存在,但他认为理性在世俗领域里的作用仍是巨大的。借助理性合理地利用上帝创造的万物,正是上帝创造世界的目的。政治、艺术、科学都是理性所要探寻的对象。理性正是要将上帝植入人心的科学艺术观念加以发掘培养;发现真理的人,无论是虔敬者还是不敬者,都应受到赞扬。哲学、法律、修辞、医学、数学等领域里的任何创造与发现都是对上帝认识的加深与进步,是通往正确认识上帝的必由之路。因此,追求真理与科学应是选民的职责之一。

2. 积极入世

虽然加尔文同天主教一样关注来世,同样认为今世与来世相比是微不足道的,充满了苦难与不幸,绝无欢乐可言。但在对待今世的态度上,加尔文却与天主教截然不同。天主教惧怕现实,因而逃避现实;加尔文则正视现实,并积极对待现实。在这一点上,他比路德更彻底。他认为,现世是为来世所作的准备,是上帝的安排,是他对人的考验,人不能逃避,只能严肃对待。为此,想要成为选民,必须具有如下特点。

(1)要热爱生活。他说:"热爱现实生活本身并没有错。"②日常生活中的衣食住行都具有满足人们需要及娱乐的双重目的。所以,禁食、禁欲是违反天性的,不合乎上帝的意志。但纵欲、暴饮暴食同样也是不对的。合理得当的"度"是原则,即应采取"中庸"态度。

(2)积极肯定商品经济,主张发财致富。他认为,货币是商品交换的中

---

① John Calvin, *Institutes of the Christian Religion*, Philadelphia, Westminster John Knox Press, 1960, p.17.

② John Calvin, *Commentaries*, Philadelphia, Westminster John Knox Press, 1954. (John 12:15)

介，借贷是社会经济生活中的必然现象，不是洪水猛兽。借贷取息是自由的，但借贷是有原则的，公平原则不仅是借贷，而且是整个经济生活的指导思想。在他那里，财富不再是罪恶，因为"财富除来自上帝外，还能来自哪里?"①同样，从事借贷的人死后也不再必须下地狱了。经济生活的方方面面在价值观念上取得了合法地位。

（3）坚持天职(beruf)。天职观是新教的重要理论，它否定天主教的消极避世思想，赋予现世生活积极意义。加尔文认为，主为每个人安排好各种各样的特殊职责，任何人都不得僭越，是谓天职。它是人生活的依据，是上帝判断人行为的准则。它还是上帝为人安排的现世生活方式，是选民受拣选的印证。已获得得救希望的人只要按照各自的职业行事，恪尽职守，便能完成救赎。此种天职观极大地改变了中世纪的劳动观念，使人们相信劳动不再是上帝的惩罚，而是人的基本职责，具有积极意义。针对当时日内瓦的法国贵族鄙视劳动和无所事事的现状，加尔文说人天生就是为了劳动，上帝不想让我们生活在这个世上时懒惰无为，因为他给人手和脚，给人事业，不劳者，不得食。勤奋劳动是选民完成世俗职业的方式，也是实现自己得救的过程。此外，他还积极提倡劳动分工，提高工作效率，促进生产进步。劳动在日内瓦也渐渐成了人生的目的。这对后来清教徒的勤奋工作产生了重要影响。

3. 克己

作为上帝的选民，个人的日常行为的准则应是克己(self-denial)。加尔文认为，克己是个很宽泛的概念，简单地讲，就是人如何与他人及上帝相处。它要求信徒一方面在上帝的恩典面前克服不信上帝的错误思想和世俗观念，另一方面又要遵守以下3项原则。

---

① William J. Bouwsma, *John Calvin: A Sixteenth Century Portrait*, New York, Oxford University Press, 1988, p.196.

(1) 严谨节制——贞节、节制,对世俗之物的使用要节约,能忍受贫穷。

(2) 义——公正原则,保证不侵犯属于他人的东西。

(3) 圣洁——使人脱离尘世的罪恶不公,与上帝相连,实现真圣洁。

在讨论时,加尔文尤其强调节俭,认为节俭是美德,但节俭绝非禁欲苦行,而是指反对奢侈浪费。不但要节约金钱,还要节约时间,要珍惜生命,不得虚度光阴。

克己首先是对上帝的信仰与虔敬,要时时牢记终生与上帝同在,处处以上帝的意志与戒律为原则,完全忘掉自我,全心全意地遵守上帝之道,并始终不渝地信靠上帝。其次要处理好人与人之间的关系,这是体现信仰上帝的重要方面。爱(charity)是人与人之间关系的总原则。

爱是普遍的、无条件的、发自内心的、与人为善的,并且不求任何回报的真诚帮助。但爱是有原则的,它有丰富的内涵,既体现公义原则,又体现了自由原则。加尔文说:"爱的原则是保护每个人自己的权利,己所不欲,勿施于人。"权利体现着公义原则,公义指公正和义。公正指诚实与仁慈,不得有任何欺骗与暴力。义指对穷人和受压迫的人,要竭力保护他们免受伤害。人都是平等的,都要以相应的公义标准对待。人通过诚实的生活和不伤害人证实自己对上帝的忠诚。不得侵犯他人的财产,不得以欺诈手段牟取财富,不但不能作恶,还要敢于为集体利益同邪恶作斗争。使一个人成为真正的基督徒的是在上帝和他人面前有颗诚实正直的心。

公正原则提倡诚实为人和乐于助人,要尊重别人,造福他人,要谦逊友爱,勇于承认别人的优点和长处,要不断自我反省,不自傲,心胸开阔。只有这样,才能处理好人与人之间、个人与集体间的关系。因为人首先是社会动物,要过集体生活,所以必然属于一定的社会组织和宗教组织。不仅如此,加尔文认为,作为社会存在的人,其自身价值与利益的实现是通过他人完成的。尽管每个人在内心里都必须直面上帝,没有中介,但个人与上帝的关系是体现在人与人的关系中的，没有后者，便没有前者，不爱邻人的人是不可能信靠上帝的。只有在集体利益下，才有个人的利益，集体利益高于个人利益，个人利益从属于集体利益。[1]

加尔文强调集体利益高于个人利益，但并未抹杀个人，它是以自由为前提的。良心自由，也就是精神自由，是基督徒的基本前提。精神上的自由使惊恐不安的良心在上帝面前安静下来，使之坦然面对上帝，不再受赦罪的困扰，也不用担心因未完成善功而受上帝的冷落，更不用受无关紧要的外在之物的折磨。

但是，自由亦是有限度的。信徒在使用自由上应正确区分世俗王国与精神王国。良心自由指人与上帝之间的关系，指任何人无权掌管别人的灵魂。精神王国与世俗王国的司法管辖范围不同，良心自由的基督徒并不意味着不受世俗法律的约束。在现实社会中的人与人之间的关系中，人的行为必须受法律的约束，受各种社会规则的约束。这种约束纯粹是世俗领域里的事，与精神自由无关，也不矛盾。有行动自由未必有精神自由，同样精神自由也不一定意味着行动自由。自由的应用是有限度的。有自由是一回事，行使自由是另一回事；自由属于良心，与上帝有关；行使自由是外在之事，不仅关乎上帝，而且关乎人。爱是行使自由权的尺度。不得借自由损人利己，更不得把自由变成压迫人的工具。自由应以关怀弱者为原则，其目的在于更好地行使爱的职责。

4. 倡导严谨的生活及虔诚的宗教感情

加尔文认为，福音最大的敌人不是罗马教皇，不是异端，也不是僭主，而是窳败的基督徒，是那些沉溺肉欲之辈，是那些混迹于酒馆、妓院和赌场的放荡分子。为此，他在日内瓦颁布了一系列严厉的整饬道德的法令。

---

[1]　参见 John Calvin, *Institutes of the Christian Religion*, Philadelphia, Westminster John Knox Press, 1960, pp.3-7.

(1)严禁酗酒。禁止开办饮酒俱乐部,违者除接受罚款和警告外,还要受到宗教法庭的谴责,不思悔改者要被处以监禁。

(2)严禁淫荡下流的歌曲和挑逗性的舞蹈。违者一经发现,处以3天监禁,并须受宗教法庭的质询与警告。

(3)禁止人们争吵、聚众生事。

(4)严禁淫荡和赌博的游戏。违者除被罚款外,还要被没收所得财物。

(5)主张婚姻自由,但有严格限制。妇女有离婚的自由,但犯通奸罪者则应被严惩。未婚男女通奸者处6天监禁,只能喝水、吃面包,并处罚款;与已婚者通奸者处9天监禁,只能喝水、吃面包,并相应地加重罚款;已订婚而未举行婚礼的男女发生性关系,按通奸论。

(6)严禁放贷利息高于5%。违者除没收本金外,还要追加罚款。[1]

作为一名基督徒,一位上帝的选民最重要的是宗教上的虔诚,要对上帝坚信不疑,还要积极参加宗教活动,遵守教会法规和道德戒律。没有合法理由,除儿童及照看家务的人外,所有人——包括仆人——都必须按时到教堂听布道,不准迟到、早退、喧哗。违反任何一项者,都要被处以罚款。每位牧师每两星期讲一次《教义问答》,家长必须带孩子前去听课,违者罚款。凡违反布道、听《教义问答》、洗礼、圣餐礼的有关规定者,除受罚款外,还要接受宗教法庭的告诫,不服从者接受罚款,情节严重者交政府处理。严禁崇拜偶像等迷信活动,以及不准时参加礼拜(崇拜)的行为,违者由政府判刑。违反上帝之道的,轻者受宗教法庭的质询劝告,重者由政府治罪。严禁以上帝的名义发誓,严禁咒骂、侮辱上帝的圣名,严禁弃绝上帝,违者除受罚款、监禁外,还要跪在地上请求上帝及教会的宽恕,情节严重者,驱逐出境。[2]任

---

① 参见 John Calvin, *Theological Treatises*, Philadelphia, Westminster John Knox Press, 1954, pp.81-82.

② 参见 John Calvin, *Theological Treatises*, Philadelphia, Westminster John Knox Press, 1954, pp.77-80.

何一名基督徒都要随时接受他人，尤其是教会长老的监督。

长老是由选举产生的俗人，他们会同牧师团组成宗教法庭，负责管理教会，监督教徒及教会人员的行为，并掌握着"绝罚"权，将那些屡教不改的人驱逐出教。绝罚权不应受到政府的干涉，世俗政府应保护宗教，保证教会的纯洁以及免受不法之徒的侵犯与玷污。被绝罚者不准参加圣餐，也就是被从精神上驱逐出了基督的王国，直到悔改为止。教会只有绝罚权，没有世俗政府的惩罚权，无权给受绝罚者定罪。

很明显，加尔文提倡的是一种价值观，它以"新人"也就是选民为具体落脚点。要成为选民，信仰是关键，要坚信自己得救，坚信上帝是父，牢记其恩典。作为一个新人，个人必须在宗教上虔敬上帝，笃信基督，坚信得救；须加入教会，遵守戒律，参加圣礼，履行宗教义务；要崇尚理性与科学，积极入世，赞同经济生活，追求自由、平等、公正，遵守法律，服从政府；要有爱心，诚实正直，勤劳勇敢，过圣洁的生活，能克己，严谨节制，生活俭朴，热爱劳动。

上述观念是一种有别于天主教的新的价值观念，也是加尔文力图通过教育所塑造的新人形象。

二、加尔文的教育思想

从上述加尔文的神学思想（教育理论基础）不难看出，其神学思想是极具教育意义的，每一项都与教育息息相关，且一定要通过教育落实或实施。下面结合有关论述做进一步拓展。

（一）论教育目的

加尔文认为，教育的主要目的之一是道德教化。

学校教育不但要培养有知识的实用人才，而且要全面地培养优良的基督徒，也就是选民。加尔文在其任内制定的《中学法令》明确表示"教学的主要目的便是爱上帝、恨邪恶"①,意在培养有道德的新人。

此外,还要教育学生养成良好的纪律观念,按时上下课;相互之间要团结友爱,要以民主的方式解决争端;要勤勉,衣着整齐;要按时参加宗教活动。

(二)论教师

加尔文非常重视教师队伍的建设工作,把教师视为决定教育乃至其宗教理想最终能否实现的关键。他曾多方邀请著名学者来日内瓦任教,扫尼尔(Saunier)、科迪埃,以及著名人文主义者卡斯特里奥都先后在此执教。日内瓦学院建立前,他更是从洛桑等地招来许多著名学者,并任命贝扎(T. Beza)为学院院长。贝扎是巴黎大学、布尔日大学及奥尔良大学的毕业生,也是著名的《圣经》研究专家,更是加尔文的忠实信徒。在他的领导下,学院的师资力量大增,为高质量的教育提供了有力保障。

加尔文认为,学校校长及教师应由合格的专业人士担任。这在其撰写的有关法案中都有所体现,如《教会法令草案》规定,校长"必须学识渊博,又善于管理校舍事务和教谕,并能亲自讲课,只要在他的领导下,能够开展语言和辩证法的教学工作,并能圆满完成任务,他就可以获任、连任"②。《中学法令》规定,校长必须"敬畏上帝,称职,友善待人,既不能太古板也不能太严厉,应是教师的典范,富有耐心,善于处理各种困难问题"③。教师的选任要同牧师的选举一样遵循严格的民主程序,要经过宗教教义、信仰、学识、人品等方面的民主考察,先由牧师选出,候选人再亲自到议会接受询问,合格后方准予就任。加尔文崇尚以民主的方式办学,并强调教师要有工作热心和敬业精神,教育不是简单地传授知识,而是以热情感动学生,使之发生情感上的变化。

---

① G. R. Portter, M.Greengrass, *John Calvin*, London, Edward Arnold, 1983, p.135.

② John Calvin, *Theological Treatises*, Philadelphia, Westminster John Knox Press, 1954, p.63.

③ G. R. Portter, M.Greengrass, *John Calvin*, London, Edward Arnold, 1983, p.135.

(三)因材施教、循序渐进、教学相长

加尔文认为，学生各自的特点不同，教师在授课时不应千篇一律，更不能简单化，而要照顾大多数，因材施教。他说：

> 明智的教师善于调整自己，使所讲内容与学生的理解力相适应，教学的首要原则便是照顾那些较弱较差的人，不要超出他们的理解力。简言之，教学必须循序渐进，切忌急于求成。①

教师要善用修辞，巧设比喻，讲课要生动形象，引人入胜。教师要有良好的语言修养，因为语言是人交际的工具，也是社会的纽带，是思想的影像和镜子。毫无生气的语言是不会带来良好的教学效果的。

对这一点加尔文深有体会。他本人不仅担任学院的教师，而且每天要到处布道。他认为传道(preaching)和教学(teaching)是一回事，只不过对象略有不同而已。前者是年龄各异、知识水平参差不齐的教徒，后者则是年龄差异不大的专业学生。相比之下，传道难度更大，更需要较高的教学技巧。因此，他讲道时总是深入浅出，尽量用简洁的语言把道理讲明白，再与现实例子相结合，加深听众的印象，避免举过多的例子。

在学院教学时则又有不同，他总是从《圣经》的原文入手，从字词的构成探讨文句的含义，先提出问题，再配以精彩丰富的材料论证，最后，再提出解决问题的办法，以确保学生不但学到知识，还要养成分析解决问题的能力。

加尔文认为，教师也是学生，一个好牧师或好教师首先必须是一个学生，教师要与学生打成一片，不要把自己孤立在讲台上，只有走到学生中去才能取得良好的教学效果，才能教学相长。他说："那些肩负教育及劝导职责的人

---

① William J. Bouwsma, *John Calvin: A Sixteenth Century Portrait*, New York, Oxford University Press, 1988, p.116.

不应高高在上地对别人发号施令，而要走到学生中去，成为他们的一员。"①
教育的方式要温和适当，要尊重学生，鼓励学生。过于严厉会使结果适得其
反，不但会吓坏学生，而且会扭曲孩子的性格，使之产生逆反心理，不能很
好地遵守纪律。一位优秀的教师"应当总是鼓励而不是打击学生。因为只有在
我们觉得毫无希望时，才会不听从教诲"②。

　　加尔文是人文主义者，坚信教育的价值，认为教育不但可以训练人的思
想，而且可以提高人的美德，塑造人的性格。他认为，基督徒生活的本质便是
以精神的能量为营养的进步增长过程，进步是终生的事，至死方渝，而教育便
是进步的阶梯。他说，那些自认为懂得够多、不再愿意学习的人是十足的疯子，
真正有学问的人永远在不断学习中不断进步。人无完人，任何人都需要教育来
弥补自己知识上的不足，学习是毕生的事，教育使人逐渐走向上帝。③

　　教育的目的之一便是道德教化。虽然加尔文并不太相信个人自己的经验
会提高个人的道德，但他却相信他人的经验，尤其是历史在提高人的道德方
面的作用。

　　加尔文认为，历史有相似之处，过去的经验，尤其是历史上记载的经验
是推理的重要支柱，史家的记载里不但有合乎伦理的行为典范，而且有违反
伦理的恶例，历史像一面镜子，使人检视自己的行为，效法前者，鄙弃后者，
所以历史比哲学能更好地给人以伦理教育。他说："历史是教会我们如何安排
生活的真正学校。"④历史上的有德行的人物，尤其是《圣经》里的基督及使徒，

　　① William J. Bouwsma, *John Calvin: A Sixteenth Century Portrait*, New York, Oxford University Press, 1988, p.90.

　　② William J. Bouwsma, *John Calvin: A Sixteenth Century Portrait*, New York, Oxford University Press, 1988, p.90.

　　③ William J. Bouwsma, *John Calvin: A Sixteenth Century Portrait*, New York, Oxford University Press, 1988, p.187.

　　④ William J. Bouwsma, *John Calvin: A Sixteenth Century Portrait*, New York, Oxford University Press, 1988, p.90.

他们的严谨节制、圣洁、仁爱、忍耐、温和、鄙弃世俗世界及其他美德是人学习效法的榜样。从某种意义上，基督徒的一生便是向基督学习的过程，是以他为榜样的自我教育过程。虽然如此，这并不意味着要人盲目地效仿。他认为，每个人要根据自己的情况，有针对性地学习，同样的方式对每个人产生的作用并不一定相同。他还认为，人不但要从历史中学习有助于个人道德的东西，而且要通过历史看到人类的进步，看到光明的未来。虽然现实中有很多丑恶现象，但历史的前途是光明的，人们应保持乐观的心态。

(四)重视音乐教育

长期以来，人们认为加尔文是个反对娱乐、反对音乐舞蹈的代表人物。事实并非如此。加尔文并不反对音乐，他反对的只是不健康的音乐。他认为音乐能陶冶人的情操，影响人的情感，有助于宗教教化。1537年，加尔文在起草《日内瓦教会组织与崇拜条例》时便把唱诗作为一项内容。他在斯特拉斯堡任牧师时，曾把会众共同唱圣赞美诗作为仪式的一部分。在他治下的日内瓦设有专职的音乐教师——布尔亚瓦(L. Bourgeois)，布尔亚瓦从1541年到1557年专门负责学生的音乐教育。1541年的《教会法令草案》也把唱圣赞美诗列为重要建设内容之一。《中学法令》规定，每天11点至12点为学生唱歌的时间。加尔文认为，教堂是传播福音的地方，福音就是好消息，好消息使人幸福愉快，幸福愉快则歌唱。同样，人在不高兴时放声歌唱也能驱掉忧愁，使心情好转起来。他说："你疲倦吗？音乐会使你高兴起来。"[1]在举行宗教仪式时全体唱圣赞美诗，既可以加深对教义的理解，又便于记忆。歌唱不仅仅是一种形式，更是一种与天使的交流。歌唱"如鞭子，鞭策我们祈祷赞美上帝，默想他的造物，以便爱、畏惧、尊敬、荣耀上帝"[2]。加尔文大力推崇的

---

[1]　T. H. L. Parker, *John Calvin: A Biography*, Philadelphia, Westminster John Knox Press, p.104.

[2]　T. H. L. Parker, *John Calvin: A Biography*, Philadelphia, Westminster John Knox Press, p.104.

唱圣赞美诗的方式也成为其教派的一个重要特征。

三、加尔文的教育实践活动

加尔文作为宗教改革家及教派领袖，宗教问题自然是其关注的中心。然而由于其神学思想与教育息息相关，加之当时的日内瓦共和国是一个宗教与国家紧密结合的国家，故十分重视教育问题，特别是学校建设，构建了从初等教育到准高等教育的完整体系。

宗教改革前，日内瓦只有一所学校教授一些文法、逻辑、艺术方面的课程。宗教改革时，由于资金及教师的缺乏，这所学校于1531年被迫关闭。1535年，在法莱尔的敦促下，该校重新开放，由新教牧师扫尼尔负责。加尔文到来后，便积极加强学校的建设。1538年，他邀请自己的老师马瑟林·科迪埃来日内瓦协助开展教育工作。他们制订了学校的建设规划，编写了《日内瓦初级学校计划书》，主张儿童不论贫富，都应接受教育。课程以"4R"(宗教、读、写、算)为主。宗教课的内容是传授本派教义，教学用本民族语言进行，兼顾了宗教教育与世俗教育。计划书中说：

> 虽然我们把《圣经》置于首位，但我们并不排斥良好的训练。《圣经》确实是一切学校的基础，但是人文学科有助于充分理解《圣经》，不可轻视。……为了保证治理国家，为了保证教会安然无恙，也为了保持人类的博爱，教育是必不可少的。①

按照这个精神，加尔文对学习本国语和使用算术作了充分的规定，并坚持对语法进行深入的基础训练。学校每天早上5点开课，教授希伯来文、希

---

① [英]博伊德、金：《西方教育史》，任宝祥、吴元训主译，197页，北京，人民教育出版社，1985。

腊文、拉丁文和法语。1537 年 1 月 30 日，市议会发布命令，要求市民必须把子女送到日内瓦学校读书，否则便剥夺孩子的市民资格。此外，加尔文还专门为儿童编写了《教义问答》，作为他们学习基督教信仰知识的基础教材。由于大批学者从巴塞尔、伯尔尼、苏黎世等地赶来加盟，该校曾繁荣一时。

计划书写成后不久，加尔文就被迫离开日内瓦，去了斯特拉斯堡。群龙无首后，该校又因资金和教师缺乏陷入困境。但就加尔文的教育计划而言，"他的放逐实际上使他因祸得福"①。因为加尔文在放逐期间（1538—1541 年），在斯特拉斯堡除从事教会工作外，多半时间从事教育工作，并结识了教育大家斯图谟，熟悉了他在那里开展的教育改革工作以及学校组织原则，并曾亲自到斯图谟的学校为高年级的学生讲授神学，从而积累了丰富的教育经验及管理经验，这对其以后的教育改革大有裨益。

1541 年，加尔文被召回日内瓦，任日内瓦教会大牧师。加尔文重返日内瓦后，便着手改革日内瓦的教育，并曾再次到斯特拉斯堡对斯图谟的古典文科中学进行周密考察，参观取经。他在同年编写的《教会法令草案》（1541）中专门规定设立宣教师（doctor），负责教义的教导工作，并设神学讲师两名，分别讲授《旧约》和《新约》。为了保证学生掌握正确的教义，加尔文拟建立一所学校，教授语言和人文学科，为神学研究打基础，并为培养合格的牧师及世俗政府的管理人员做准备。根据惯例，学校实行男女分校制。②

好事多磨，加尔文的种种努力直到 1559 年才变为现实。1558 年，市议会开始讨论教育问题，经过多方筹措资金，并选定一块风景秀丽、空气清新的地皮后，学校于同年年底开工，1559 年主体工程完工。市政府于 1559 年 6 月颁布了《中学法令》（*College Ordinances*）和《学院法令》（*Academy Ordinances*），正式进行教育体制的规划。

---

① ［英］博伊德、金：《西方教育史》，任宝祥、吴元训主译，197 页，北京，人民教育出版社，1985。

② 参见 John Calvin, *Theological Treatises*, Philadelphia, Westminster John Knox Press, 1954, pp.62-63.

中学(Schola Privata)是学院的准备阶段。开始时设1名校长、7名教师,分7个班级(年级)——较之斯图谟的古典文科中学减少3个年级。学生主要学习语言和一些人文学科,如拉丁文、希腊文、希伯来文、法语、逻辑、辩证法、修辞、古典历史、哲学等。学生要能阅读维吉尔、西塞罗、李维、波里比阿、色诺芬、德谟斯提尼的作品。此外,宗教教育也是重要内容之一。每天都有固定的宗教活动,星期三全天不上课,学生要全体去听布道。加尔文还在一份由他起草的文件中规定学生按照能力组成循序渐进的班级,班内每10人为1组,合格的学生每年升入高一级的班级。

学生从中学毕业后便升入日内瓦学院学习。日内瓦学院是日内瓦大学的前身,为当地加尔文教派的最高级的教育机构。该校设人文主义和宗教两类科目,主要课程有神学、希伯来文、希腊散文、哲学、辩证法、修辞学、数学及自然科学等。另外还有医学,后来又增设了法学。由于学院的主要目的是为教会培养牧师而非学者,因此,神学——尤其是《圣经》——占主要地位。学院设1名院长,下设各科教师,专门设希伯来文、希腊文和艺术科讲师。他们在每周一、周二、周四各讲两次课,周三、周五每天讲一次课,周六不安排课程,周日都去听布道。希伯来讲师上午讲解《旧约》,下午结合《旧约》原文讲解文法。希腊文在希伯来文课之后,讲师上午讲道德哲学,研读亚里士多德、柏拉图、普鲁塔克及基督教作家的有关著作,下午精选著名诗人、演说家或历史学家的名篇,讲解赏析。艺术课在希腊文课之后。讲师上午讲授物理学,下午讲亚里士多德的修辞学、西塞罗或荷鲁斯的作品。①该校办学成绩斐然,入学者甚众,影响遐迩。荷兰的莱顿大学、苏格兰的爱丁堡大学、英格兰的剑桥大学伊曼纽尔学院都是以日内瓦学院为原型而建立起来的。

除中学和学院外,还有童蒙教育。1545年11月,加尔文根据儿童特点,

---

① 参见 G. R. Portter, M.Greengrass, *John Calvin*, London, Edward Arnold, 1983, p.136.

又重新编写《教义问答》，采取问答的方式，逐条地解释基督教义。该《教义问答》更通俗易懂，便于儿童记忆，同时也更能激发儿童的兴趣。"虽然，对未成年的人来说，它仍有太长太难之嫌，但已比第一版更为接近儿童的接受能力。"①它很快便被译成各种文字，并逐渐取代了路德的"教义问答集"，成为流行童蒙教材。

《教会法令草案》规定，所有市民和居民的孩子都必须学习《教义问答》。家长在每周日中午 12 点要按所在教区，把孩子送往教堂，由牧师负责授课。只有通过有关考试的合格者才能领受圣餐。②

这样，童蒙阶段的基础教义教育、中学的语言及人文学科的教育加上学院阶段的神学教育，便构成了日内瓦的教育体系。

四、影响及评价

加尔文在瑞士推行的改革不但为瑞士的发展提供了有力保障，而且对其他国家的影响也很大。加尔文教派先后传入英国、法国、尼德兰及其他欧洲国家或地区，还传到了美洲大陆，有力地推动了改革事业的发展。加尔文教派也在向外扩展的过程中成为新教的一大派别，成为未来资产阶级革命的重要武器之一。加尔文的主张反映了新兴阶级的要求，恩格斯说：

> 加尔文的信条适合当时资产阶级中最勇敢的人的要求。他的先定学说，就是下面这一事实在宗教上的反映：在商业竞争的世界中，成功或失败不取决于个人的活动或才智，而取决于不受他支配的情况。起决定

---

① ［英］博伊德、金：《西方教育史》，任宝祥、吴元训主译，197 页，北京，人民教育出版社，1985。

② 参见 John Calvin, *Theological Treatises*, Philadelphia, Westminster John Knox Press, 1954, p.69.

作用的不是一个人的意志或行动，而是未知的至高的经济力量的摆布。①

日内瓦学院在传播加尔文教的过程中作用非凡。那里云集了各地的新教徒，他们不但学习了加尔文教的教义，而且对那里的教育事业印象很深。加尔文坚决主张提高全体民众的文化水平，反对少数人垄断知识，尤其是神学。他攻击教皇把神学变成了书斋里的研究，反对教皇轻视民众，更反对贵族垄断知识。他认为上帝之道并非只传给少数几个神学家，而是遍及所有的人、所有的民族。因此，人人必须学习教义，要有正确的信仰，要实现这一点，就必须推行广泛的平民教育，让每个孩子都受教育。这一信念成为后来加尔文教派盛行的地区的一大特点。加尔文等新教改革家也成为近代平民教育的先驱。

由于新教教育的出发点之一便是肃清天主教会在意识形态领域里对人的统治，所以加尔文的教育改革的主要着眼点便是宗教，为教会培养合格的牧师。从根本上看，这是一种实用主义的教育。从效果上看，教育改革是一个重要的方面，是对抗天主教会教育的重要手段，加尔文通过教育改革也较好地实现了保卫新教事业的目的。日内瓦学院里设有许多人文学科，对民众文化素质的提高无疑有所裨益；但由于其主要目的是为宗教服务，故加尔文的教育在很大程度上存在着缺陷。由于教会在教育方面的权力过大，对教师的任免多由他们决定；而世俗政府的权力相对过小，因此，世俗教育的发展便受到制约。日内瓦学院虽然在成立之初发挥了重要的作用，但渐渐地，它的领导地位被尼德兰等地的大学超过，渐趋落后。其中固然有其他原因，但教育目的方面的不足也是不可忽视的因素。面对急速发展的社会经济，日内瓦没有及时调整教育方针，必然要落后。这一点在后来的苏格兰也曾出现过。相比之下，尼德兰人更有眼光些。他们由政府来掌握教育事务，把宗教教育

---

① 《马克思恩格斯全集》第 22 卷，348~349 页，北京，人民出版社，1965。

作为目的之一，而把世俗教育作为主要目的，以顺应时代的发展。

　　加尔文的宗教改革及教育改革在反对封建天主教会的斗争中起了积极的作用，他代表的是新兴阶级，其革命性是不言而喻的；但由于受社会发展水平的限制，资产阶级的力量还相对较弱，一时间无法推翻封建势力。他的理论里既有革命的东西，也有一些旧的东西，还没完全脱掉宗教的外衣，只能用一种信仰反对另一种信仰，其革命性也只是处在朦胧的自发阶段。这种二重性也使得他的教育思想呈现出新旧并存的特征，然而这也正是未来教育发展的必要前提。

第三节　约翰·诺克斯与苏格兰教育改革

　　在16—17世纪宗教改革的背景中，以瑞士为中心的加尔文教派崛起后，迅速地向欧洲其他国家和地区传播。尼德兰的荷兰改革教派、英格兰的清教派、法国的胡格诺教派、苏格兰的长老会、捷克的波希米亚兄弟会等都属于加尔文教派的分支。它们都以不同方式接受了加尔文的教育思想，仿效瑞士的学校教育制度。加尔文教派在西欧宗教和教育两方面都呈现出强大的影响力。

　　在宗教改革的浪潮中，"实现日内瓦教育理想最充分的，莫过于比其他国家更完全地接受了加尔文主义的苏格兰"①。苏格兰的宗教改革领袖是约翰·诺克斯(J. Knox, ?—1572)。他曾到过日内瓦，与加尔文交往甚密，因而熟悉加尔文的教育计划。在诺克斯的领导之下，苏格兰的教育按照加尔文教义进行了改革，虽然经历过坎坷及曲折。

―――――――――

　　① [英]博伊德、金：《西方教育史》，任宝祥、吴元训主译，198~199页，北京，人民教育出版社，1985。

一、约翰·诺克斯的生平和著作

约翰·诺克斯是苏格兰著名的宗教改革家，苏格兰长老会的主要创始人。他出生于苏格兰哈丁顿(Haddington)，曾入圣安德鲁斯大学(St. Andrews University)学习，并就教于著名思想家迈尔(J. Major)的门下。迈尔的主权在民思想对诺克斯产生了一定的影响。

大学毕业后，诺克斯几经周折才在家乡谋到一份书记员的工作。此时是1543 年。诺克斯成长的时代正是新教思想活跃于苏格兰的时期。由于苏格兰与法国结盟，因此新教信仰受到镇压。当书记员期间，诺克斯结识了与他同岁的新教牧师维萨特(G. Wishart)。维萨特到过德国和瑞士，非常熟悉路德和茨温利的神学，他一直在苏格兰贵族中传教，倡导苏格兰改革。在其引导下，诺克斯逐渐走上反对天主教的宗教改革的道路。

1545 年，诺克斯来到圣安德鲁斯，在一个新教贵族家里当家庭教师，教授法语和拉丁文，并同维萨特一起传教。1546 年，维萨特被处以火刑。在众新教徒的推举下，诺克斯接替了维萨特的职位，自那时起，他成为苏格兰新教运动的领导人。1547 年，圣安德鲁斯城的新教贵族发动起义。在法国的帮助下，苏格兰政府调集大军镇压了这次起义，并把被俘的 120 名要犯贬为奴隶，送到法国船舰上服役。诺克斯也在其中，在一艘法国船上待了 19 个月。1549 年春，他因健康原因被允许返回英格兰。

此时的英国在爱德华六世(Edward Ⅵ，1537—1553 在位)统治下，新教改革正开展得如火如荼。诺克斯受爱德华六世的邀请先后在布伦维克、纽卡斯尔等地传教，后来又担任王室牧师；曾拒绝要他出任罗彻斯特主教的邀请；参加了《四十二条信纲》的起草工作。1553 年，爱德华六世去世，王位由信奉天主教的玛丽一世(Mary Ⅰ，1553—1558 在位)继承。她一改前朝政策，对新教实行残酷的镇压措施，新教徒纷纷逃往欧洲。诺克斯先在法兰克福和美茵地区担任英国新教牧师。不久，他又被日内瓦的英国新教徒召到该地做牧师，直到 1559 年返回苏格兰为止。

日内瓦的流亡生活是诺克斯一生中的重要时期，他不仅结识了加尔文等著名的改革家，熟悉了日内瓦教会的组织情况，而且在思想上逐渐成熟起来，这段经历为后来的苏格兰教会改革提供了蓝本。最重要的是，他完善了自己的武装革命理论。

宗教改革时期的一个敏感话题便是基督徒能不能武力反抗不敬上帝的君王。加尔文是主张消极抵抗的，他始终没有在行动上认可反抗的合法性，认为基督徒面对迫害要忍耐。诺克斯到日内瓦后曾就此事询问过他，但始终没有得到肯定的答复。1558 年，诺克斯发表了《反对残暴的女人专权的第一声号角》，提出女人统治是违反上帝的意愿及自然的，并号召官吏和人民用武力推翻不敬上帝的统治者。不久，他又提出官吏和人民有权利、有义务武装反抗崇拜偶像的统治者，正式突破了加尔文不准起义的束缚，为苏格兰武装起义推翻天主教会统治奠定了基础。①

1559 年春，苏格兰新教贵族结成同盟，决心不惜一切代价反对天主教会，实行改革。起义取得胜利后，诺克斯很快返回苏格兰。在英格兰的帮助下，苏格兰新教贵族击退了苏格兰和法国的联军，彻底确立了宗教改革的胜利。

诺克斯负责起草了《苏格兰信仰告白》，并仿照日内瓦的有关法令起草了《戒律书》(*Book of Discipline*)。1562 年，议会还通过了他起草的关于礼拜仪式的《公共祈祷书》(*Book of Common Order*)。《戒律书》是改革苏格兰教会的总体方案，包括教义、圣礼、废除偶像、教育、牧师、长老的选举、教会戒律、教会等内容。其中规定长老是教会的最高管理者，他们由民众每年一次选出，协助牧师维持道德戒律。牧师也由民众选出，教会及政府的组织管理实现民

---

① J. M. Allen, *A History of Political Thought in the Sixteenth Century*, London, Methuen, 1977, pp.106-116.

主化。

诺克斯还专门写了《苏格兰宗教改革史》一书，详细叙述了苏格兰的宗教改革，为后人的研究提供了许多有价值的资料。诺克斯的教育思想集中体现在《戒律书》中。他根据当时苏格兰的教育现状，提出了一套规划教育的方案，对苏格兰的教育改革产生了重要影响。

二、诺克斯的教育规划与苏格兰的教育改革

(一)历史回顾

宗教改革前，苏格兰的教育基本上掌握在天主教会手里，教育也多为教会统治服务。中世纪末，苏格兰有几类修道院学校，主要培养和教育年轻的修士僧侣，也负责世俗教育；富家子弟及贫民子弟均可入学，后者免费。从13世纪起，教区教士便负责学生的基础宗教和世俗教育，主教职位设立后，主教座堂学校出现。14世纪起，苏格兰贵族也涉足教育，他们建立了一些学校，其中有一些专门学校，如为唱诗设立的声乐学校，这种学校教一些文法和歌曲。此外，城镇周围的居民有城镇学校(burgh school)。

这期间，教育的主要目的便是为教会提供仆人，其中包括世俗教士和教会教士、管理教会事务的初级职员、管理教会财产及唱弥撒的人。教会也负责城里人的文化学习，教授一些文法及简单的文化知识。15世纪末，苏格兰的每个城镇差不多都有一所规模不等的文法学校，但学校的课程仍视教会的事务需要而定，主要教授拉丁文的读、写、说。

与初、中等教育相比，高等教育又有所不同。15世纪前，苏格兰人的高等教育大多在海外完成。虽然教会学校的教师也可以教授经院神学，但学生们更愿去英格兰接受高等教育。1282年，贵族贝利奥尔家族专门在牛津大学设立贝利奥尔学院，资助贫穷的苏格兰人受教育。甚至连战争都不能阻断留学的浪潮。不过更多的人把目光投向欧洲大陆，尤其是法国的巴黎。这些人

学成回国后，大都成为苏格兰的主教。

直至 15 世纪，苏格兰的高等教育方才兴起，但也在教会的严格控制之下。1411 年，圣安德鲁斯教区主教向 8 位前巴黎大学毕业的教士颁发特许状，圣安德鲁斯大学由此开始形成。到 16 世纪，该大学已发展为 3 个学院。1451年，格拉斯哥大学建立，意在传播天主教信仰，设神学、教会法、民法及艺术诸科。1495 年，阿伯丁大学建立，规定俗人与教士有同样的受教育权。但总体说来，这些大学还都比较简陋，课程也多模仿欧洲大陆，实际上只相当于那里的大学的预备班。

宗教改革前，世俗政府逐渐对天主教会控制教育产生不满情绪，开始争夺教育阵地，主要表现在城镇议会开始任命学校校长，把主教座堂学校变为城镇学校，政府接管学校的全面管理事务。不仅如此，教会对教育的垄断也受到王权的干预。1496 年，苏格兰国王詹姆士六世(James Ⅵ，1567—1625 年在位)①要求伯爵及自由民的继承人必须进文法学校学习。这或许是国家欲实施宗教目的之外的世俗强制教育的开始。

(二)宗教改革时期的教育改革

宗教改革的胜利标志着教育控制权的转变。诺克斯和世俗政府都清楚地意识到教育变革的重要性，意识到利用教育培养新政权的支持者的紧迫性。诺克斯主张让每个人都接受教育，学习基础文化知识和新教信仰知识，把服务于教会事务的特殊教育转变为捍卫新教事业的大众教育，并彻底肃清天主教会的残余势力。

1560 年，苏格兰议会通过采纳《信仰声明》以及苏格兰教会与罗马教廷决裂的法案。诺克斯立即和其他 4 个牧师写了著名的《教规·第一卷》(或译《戒律书》)作为国家的教会制度。该方案与其说是宗教文件，还不如说是教育文件。其基本部分是：在教会控制下，为社会所有阶层建立一整套教育制度。

---

① 即英格兰及爱尔兰国王詹姆士一世(James Ⅰ，1603—1625 年在位)。

就其广度和深度而言，"当时没有别的教育计划可以与之媲美"①。诺克斯的报告说：

> 我们出于必须，认为市政当局如欲博得人心，需要每几个教会委任一位至少可教授语法及拉丁文的教师。若为高地山区，人们汇集教堂聆道每周不过一次者，需为之任命讲经师和牧师，以便管理教区的儿童青年，授以教义常识。《教义问答》尤为重要，故此我们已将其译入民众规约书，名曰《日内瓦规约》。我们继而又认为合宜者，是为在各举世著称之城市，尤指最高首脑所在之城市，建立一所学院，使称职之教师讲授语言课程及文科课程(至少为逻辑学和修辞学)。教师需有优厚的薪俸。贫苦学生、不能自立或由朋友资助的学生，尤其是高地山区的学生，还需资助食物，使之能坚持学业。最后，称为"大学"的高等学校，需充以善学之士。为此，需有详细之规定，不使任何人，不论其地位和状况如何，能随心所欲处置子女，特别是年幼子女。必须强制所有人用学识和道德教养孩子。不能允许有钱有势者如一向所为，使子女荒废青春。必须向他们征税，并经罚贬，迫使其献出子女，经良好训练，裨益于教会及国家。他们尤须承担子女之一切费用，因为他们是有能力者。出身贫苦的学生须由教会供养，除非负疚受审，而不论其有无驯服精神。一旦发现能文善学之士，则不允许其(指穷人子弟及富家子弟二者)拒绝学习，必须使之继续学业，使国家因他们而有所慰藉。②

诺克斯及同人详细拟定的这个方案，显示出加尔文教派教育的通常特点，

---

① [英]博伊德、金：《西方教育史》，任宝祥、吴元训主译，199页，北京，人民教育出版社，1985。

② 转引自[英]博伊德、金：《西方教育史》，任宝祥、吴元训主译，199页，北京，人民教育出版社，1985。

即教会对学校直接负责；不分性别和社会地位，对儿童一视同仁；试图通过为教会和国家培养人才来达到社会目的。但它也显示出若干新特点，其中一个特点是规定实行普及教育；就其普及性而言，不分贫富，违者要受到教会处罚。马丁·路德曾建议德国君主们对臣民实行义务教育，诺克斯则主张运用教会而非国家的权威推行义务教育。更为主要的是他的统一全国学校体系的思想。按照此概念，对于具有必要能力的学生，不管出身如何卑贱，教会都要举全体之力，好生培养，直至其接受当时十分稀缺乃至属于富人的高等教育。其中佼佼者可以担负教会乃至国家的最高职务。我们几乎可以肯定这些思想应归功于诺克斯。①有趣的是，同属加尔文教派的 17 世纪大教育家夸美纽斯的经历堪称是对诺克斯这一思想的绝妙诠释和例证。夸美纽斯在其著作（如《大教学论》）中显然继承并发展了诺克斯的有关思想。

但是，当时教育的主要目的仍在于为宗教服务。诺克斯说："为了保存宗教，所有的城市和主要城镇都必须广泛建立学校，并由上述城市和城镇的官吏及圣洁有学识的人监督执行，此乃当务之急。"②为此，《戒律书》规定 5~8 岁的儿童必须学习朗读和教义问答。诺克斯亲自把加尔文的《教义问答》译介到苏格兰作为标准教材。

诺克斯以教区为教育的基本单位。乡村教区的教育由牧师及其助手负责，大一些的城镇教区则专门设一名校长负责教育事务。以此为依托，建立教育体系。乡村和城镇学校教授 5~8 岁的儿童朗读、教义问答；城市学校除上述任务外，还要教授这些学生一些拉丁文基础知识，并教年满 12 岁的孩子拉丁文；学院和比较重要的城镇的高级中学则要教年长的孩子希腊文、希伯来文、修辞艺术、哲学及一些地理知识；大学为 8 年，分两个阶段：前 3 年是打基

---

① 参见 [英]博伊德、金：《西方教育史》，任宝祥、吴元训主译，200 页，北京，人民教育出版社，1985。

② Rosemary O'Day, *Education and Society* (*1500-1800*)：*The Social Foundations of Education in Early Modern Britain*, New York, Longman, 1982, p.223.

础的阶段，学生主要学习一些人文学科，略相当于日内瓦的中学；后5年为职业教育阶段，学生分科学习，主要有神学、法学和医学。

与学校制度相配套的是学监制和考试制度。《戒律书》规定设10名学监负责教育事务，并规定学生每升一级都要经过相应的考试，有发展潜力的学生可继续学习。虽然这里所说的考试并不像今天的这样严格，但它毕竟把竞争机制引入教育，所以具有积极的意义。

不仅如此，诺克斯还设想让交不起学费的儿童上学，保证其完成学业，以便塑造良好的基督徒、聪明负责的公民及教会所需的牧师。教会将负责筹措穷人家子弟的学费。

诺克斯的教育规划中世俗政府的权力很大，教会不再有主要控制权，学校的组织管理及教师的任免都由政府负责。教会参与教育，但已不再像天主教会那样把持大权了。政府作用的突出意味着政府有能力赋予社会一套教育体系并使之服务于自己的要求。新教政府的教育措施对改革的胜利关系重大，高度完善的教育制度是统治的有力保证。

诺克斯的教育规划是苏格兰教育民主化的重要体现。它不但要求每个人都必须受教育，而且设定了一套教育体系，使人们把教育作为进步的阶梯，并试图消灭阶级差别。这些设想符合时代发展需要，反映了未来教育的趋势。

然而，诺克斯的完美设想在开始时便遇到很大阻力。由于种种原因，议会并未通过《戒律书》。诺克斯的建议只有部分得到实施。其中一个重要原因是，实现诺克斯的建议所必需的与政府分离的教会财产中的捐款，大部分被贵族侵占了。① 巧妇难为无米之炊，出于种种原因及人为掣肘，苏格兰的教育改革工作一度进展缓慢，政府的积极性不高，措施也不够得力。属于诺克斯自身的原因是，他仍把宗教教育作为首要目的，把培养牧师作为工作重点，

① 参见[英]博伊德、金:《西方教育史》，任宝祥、吴元训主译，200页，北京，人民教育出版社，1985。

而忽视了社会经济发展对教育提出的新要求。苏格兰的教育乃至苏格兰的社会逐渐落后，与英格兰的差距越来越大。尽管如此，诺克斯对苏格兰教育发展的进程一直都具有深刻的影响。随着时间推移，人们越来越意识到教育对民族兴衰的重大作用，认识到：

> 学校应培养青年，使之成为国家所需的牧师、律师、医生及其他有用之才，因为学校是教会和国家的种子，我们的孩子则是未来的希望，如果忽视了这些，便无任何希望可言，只会有野蛮的无知四处横流。①

进入17世纪后，苏格兰的教会和政府都积极行动起来兴办教育，诺克斯的狭隘性得到克服，其思想中的一些积极构想也得以实施。1616年，议会通过两项教育法案，规定由教民出资在每个教区建立1所教区学校，用英语取代方言，以便提高人民的文化素质和文明程度，对教民的孩子实行强迫教育，规定不识字、不会说英语者，不准继承财产。各级地方政府也纷纷出台一些法规，强迫父母送子女入学。

从17世纪中期起，苏格兰的教育逐渐进行调整，在宗教之外，世俗教育的分量越来越大，与经济发展和工业化密切相关的技术教育受到重视，数学、航海、簿记、算术、写作、几何、音乐、天文、历史、地理、机械制造等课程纷纷走进课堂；各类技术学校也纷纷兴起；私立学校也有所增加。苏格兰的教育逐渐走出狭隘单一的宗教圈子，在近代化的道路上不断前进。

---

① Rosemary O'Day, *Education and Society* (*1500-1800*)：*The Social Foundations of Education in Early Modern Britain*, New York, 1982, p.226.

第四节　尼德兰的加尔文教派与教育改革

一、17 世纪前后的尼德兰社会状况及加尔文教派的作用

"尼德兰"(Netherlands)一词原意是低地。革命前的尼德兰处在西班牙的统治之下。其地域指莱茵河、斯海尔德河下游及北海沿岸地区的地势低洼地带，包括今天的荷兰、比利时、卢森堡和法国北部的一小部分。16 世纪 20 年代初，新教思想便传入了尼德兰。16 世纪 50—60 年代，加尔文教派的势力大增。信奉天主教的西班牙残酷剥削和压迫尼德兰，并对新教采取血腥的镇压措施，民族矛盾和阶级矛盾迅速激化。从 1566 年 8 月起，尼德兰爆发了争取民主和独立的革命。新兴的资产阶级和爱国贵族结成联盟，依靠广大农民和平民的支持，在威廉一世奥兰治亲王(Willem van Orenje，1533—1584)的领导下，经过艰苦斗争，北方终于取得了革命的胜利，后成立尼德兰联省共和国。1609 年 4 月 9 日，西班牙被迫与北部各省签订 12 年的休战协定，事实上承认共和国的独立。尼德兰经过 40 余年的战争，终于在北方赢得革命的成功，建立起欧洲第一个资产阶级共和国。尼德兰北方各省组成的尼德兰联省共和国大致相当于今天的荷兰；而南方在革命失败后则形成现今的比利时和卢森堡。不过，尼德兰的这次资产阶级革命并不彻底。北方革命胜利后，政权掌握在富商及新贵族手中，土地封建制未完全被摧毁，对资本主义的发展起到限制作用，因而尼德兰革命的意义与 1640 年的英国资产阶级革命相比，虽然不可小觑，但不像后者那样具有划时代的意义。

在尼德兰的革命中，加尔文教派起到精神鼓舞和政治动员的巨大作用。革命胜利前，对加尔文教派的宗教信仰已深深植根于尼德兰人民的心中，加尔文教派的教义在革命斗争中成为尼德兰人民反抗西班牙统治者的无往不胜的秘密武器。革命胜利后，为了巩固新的共同体、新的国家、新的家园，尼

德兰人民仍然需要依靠加尔文教派的宗教体系来维系。在此情况下，宗教与教育结盟，教育遂成为维护民众信仰的主要的手段。宗教与学校成为尼德兰人精神活动中的最主要的因素。与此同时，宗教与学校也成为政治的有力工具。

二、加尔文教派的教育改革

尼德兰的资产阶级革命以加尔文教派为旗帜，以城市平民为革命主体。革命的胜利为资本主义在尼德兰的发展开辟了道路。尼德兰的教育改革是随着尼德兰革命的成功发展起来的。

革命后的尼德兰建立的是资产阶级和贵族联合执政的共和国。尼德兰和其他加尔文教派国家一样非常重视教育的建设工作。其目的一方面在于用新教信仰取代旧的天主教信仰，确保革命的胜利，为教会培养牧师；另一方面则在于顺应急剧增长的社会经济发展的需求，培养相应的人才，为经济建设服务。

革命成功后，北方联省议会、镇政府及教会便着手发展教育。为实现教育的有序发展，联省议会及镇政府制定法规，规划教育体系，负责管理学校，任命公立学校的教师，为私立学校教师颁布许可证。1586 年的海牙宗教会议决定各城市普遍设立学校。1618 年的多特宗教会议（the Synod of Dort）是一次更重要的会议。该会议通过了一份主张由家庭、学校、教会共同承担责任，对少年儿童进行基督教教育的决议。该决议包含如下内容。

（1）父母的职责是遵循基督教的原则，以适合于各人能力的方法，培养儿童虔诚的意识，定时参加家庭礼拜，阅读并聆听《圣经》讲解，将《圣经》中的真理铭记在心。

（2）牧师、长老要告诫父母牢记自己的教育职责。如果父母玩忽职守，必要时，教会人员会将其提交宗教法庭惩处。

（3）基督教的地方当局要挑选忠于加尔文教派信仰、精通教义的宗教改革者来从事学校教育工作。教师每周至少须有两天对青少年实施宗教教义的教育。为了保证宗教教育的顺利实施，教会应同长老，乃至与地方行政官员一起视察公私立学校。如果发现有教师失职，要予以告诫，必要时，则由监督法院警告，并决定他们的去留。

（4）不仅每个城市应有学校，每一乡镇及乡村都应设立学校。为了不使穷人的孩子被摒弃在学校大门之外，应对他们实施免费教育。①

加尔文教派将学校视为培养青少年宗教信仰的最得力的工具，因而十分关心学校教育，乃至将学校当作教会机构不可或缺的部分，将教师视为与神职人员同样重要的教会成员。追溯历史，在尼德兰的历次宗教会议上，我们都可发现有关学校教育问题的决议文。有关条款明确指出，教会执事有关心和创立学校的责任；要在定期举行的会议上询问地方教会是否对穷人及学校提供了关照；教会要仔细选择合适的校址；世俗当局要为教师提供足够的薪俸。

在尼德兰，不仅教会关心教育，世俗政权同样关心教育。"从早期起，荷兰人即对公众控制和扶助教育显示了不断增长的兴趣。"②早在 1461 年，哈勒姆（Haarlem）就有城市学校存在。1536 年，海牙出现了只有 1 位校长和 3 位教师的学校，但被称为"大学校"（great school）。乌得勒支省和乌得勒支市从 15 世纪初到 17 世纪中叶，通过了许多有关发展学校教育的决定。其中最有意义的是 16 世纪至 17 世纪中叶通过的免费教育贫苦儿童的拨款的决定。例如，1644 年乌得勒支市通过一项免费教育贫苦儿童的详细计划，把这些儿童分别插入该市的 4 所教区学校。在乌得勒支省有 4 种类型的学校得到承认，即公

---

① ［美］克伯雷选编：《西方教育经典文献》上卷，任钟印译，330~332 页，北京，人民教育出版社，2016。

② ［美］克伯屈：《荷兰人发展学校的工作》，转引自［美］克伯雷选编：《西方教育经典文献》上卷，任钟印译，333 页，北京，人民教育出版社，2016。

立学校、教区学校、私立学校以及乡村学校。政府都对它们承担监督之责。根据 1654 年的指令，该省的乡村学校分别由 18 个区进行管理。市政当局还须承担选聘教师、确定课程以及负责处理一般的行政事务之责。乌得勒支市对拨款创办学校颇为积极。例如，1576 年，该市决定拨出足够的薪金以维持圣杰罗姆学校（St. Jérome School）。这是一所拉丁语学校。到 17 世纪中叶，尼德兰各地包括城镇及农村都已建立了由市政当局管理并拨款资助的各级学校。①

到 17 世纪中叶，尼德兰基本上实行了普及小学义务教育。在发展教育时，尼德兰对女性亦未歧视。为了便于女孩入学，尼德兰设有女子小学校，甚至还设有男女同校的小学校。

尼德兰的初级教育按年龄分班。在教学内容上，有"4R"，但宗教课程占有很大的比重。主要教育内容为读、学习《教义问答》等宗教知识，所用的识字课本也多为宗教书籍，如《海德堡教义问答》（Heidelberg Catechism）、《福音书和使徒书》（Gospels and Epistles）、《主祷文》（Lord's Prayer）等。之所以要以这些书做教材，是因为要培养儿童对宗教的虔诚，这体现了加尔文教派的浓厚宗教气息。尼德兰的初级教育要求学生毕业时必须能阅读《教义问答》，并熟悉《圣经》的某些重要篇章。该阶段主要是信仰教育。有人指出："宗教改革以后，所有本族语学校教育的重大目的就是传授宗教，小学普通学科的教学书籍的内容几乎全部是宗教的。"②在此情况下，学校不太重视写、算（甚至不开算术课），但学校的纪律异常严格。③不过也有不同的记载："为适应当时资本主义工商业发展的需要，（尼德兰人在小学）十分重视算术课，还增添了簿

---

① 参见戴本博主编：《外国教育史》上，340～341 页，北京，人民教育出版社，1989。
② ［美］克伯雷选编：《西方教育经典文献》上卷，任钟印译，334～335 页，北京，人民教育出版社，2016。
③ 参见吴式颖、任钟印总主编：《外国教育思想通史》第五卷，500 页，北京，北京师范大学出版社，2017。

记课。"①

尼德兰的小学教学一律采用本民族语(荷兰语),这是值得称道且具有进步意义的特点。

有人指出,尼德兰的城市学校教育事业原来相当发达。加尔文教派的教义以及由民族民主革命胜利所带来的工商业的发展,给予学校教育事业以新的推动力量。尼德兰的教会(荷兰改革教会)与国家和地方政权密切合作,比较顺利地接管了原有的城市学校,并以新教的精神对其加以改组;又在学校设置、领导管理、师资等方面采取了一系列措施,遂使得尼德兰在16—17世纪成为欧洲教育最发达的国家。②近代欧美资本主义国家的小学制度,在很大程度上是以尼德兰的城市小学为范式的。

中学(illustere schools)的设置也比较普遍。有一个叫作"平民生活兄弟会"的教团在尼德兰的中等教育事业发展过程中发挥过重要作用。加尔文教派传入后,该教团很快接受了加尔文教义。中学教育主要训练拉丁文、希腊文,为大学输送人才。有的中学也常常教授法文、数学与哲学。1630—1640年是尼德兰中学发展的高峰期,其中著名的有德温特(Deventer)中学、多德勒支(Dordrecht)中学及阿姆斯特丹的阿森纳姆(Athenaeum)中学。中学大多由著名学者任校长,并高薪聘请教师,不但招收本国学生,还招收外国学生。

相比之下,尼德兰最著名的还是大学教育。大学是尼德兰新教教育的先头部队。早在1575年,尼德兰便颁发了大学令,准备建立一所新教大学与鲁汶大学等天主教大学抗衡。这便是著名的莱顿大学(Leiden University)。它除培养牧师外,还负责培养王公贵族、政府官员及职业人员。但市政府的目的远不止此。他们明确提出除向教会及社会提供神职及法律人才外,还要吸引

---

① 滕大春主编:《外国教育通史》第二卷,265页,济南,山东教育出版社,1989。

② 参见曹孚、滕大春、吴式颖等编:《外国古代教育史》,184页,北京,人民教育出版社,1981。

最优秀的学者，并大力发展人文学科的研究。政府反对教会对学校的垄断，更强调它的自由气氛。学校设 7 名干事，负责管理学校的事务，其中 3 名由议会任命，4 名为市政官。1586 年后，莱顿大学实行改革，拓宽研究及学习范围，开设新的古典学科和哲学。1590 年，随着政治形势及经济的好转，学校大量投资，吸引了大批教授，购买了大量书籍，并设立神学院奖学金。此外，学术出版也很兴旺，莱顿大学的图书馆也成为藏书丰富的新教大学之一。1594 年，学校专门建立了植物园，进行科学研究。1585 年，第二所新教大学弗拉讷克大学(University of Franeker)成立。1614 年，格罗宁根大学(Groningen University)成立。该校的建立者是加尔文教派神学家、历史学家艾缪斯(U. Emmius)。他原是路德教派信徒，曾到日内瓦求学，在贝扎的影响下成为加尔文教派信徒。1632 年，乌得勒支大学(Utrecht University)建立。1648 年，哈尔德韦克大学(Harderwijk University)成立。至此，尼德兰的高等教育体系形成。

尼德兰的高等教育除开设传统的神学、医学、法律外，人文学科与自然科学课程、古典语言、《圣经》研究、哲学、数学及其他学科都是重点科目。此外，人们还开始研究古代、近代语言，并非常重视应用学科的教学以及科研。传统的地心说渐渐被抛弃，开普勒和伽利略的科学新发现越来越受到重视。

尼德兰的高等教育在近代欧洲历史上占有极其重要的地位。由于这里的资本主义生产关系发展得比较充分，资产阶级的力量相对强大，他们反对封建教会的宗教迫害政策，主张信仰自由、学术自由，因而，许多新教徒纷纷移居尼德兰。正是在这种自由的氛围中，尼德兰在 18 世纪前与英国、法国并列成为欧洲的三大思想学术中心，并涌现出笛卡儿[①]和斯宾诺莎等近代著名哲

_____

① 笛卡儿出生于法国中部，曾长期定居尼德兰(共有 25 年)。他选择尼德兰是因为那里有更多的思想自由，还可以躲避巴黎社会的纷扰。故其与尼德兰有不解之缘。

学家。尼德兰的大学则是思想中心，在欧洲范围内招收学生。1609年，莱顿大学是欧洲规模较大的大学之一。到1640年，它则成为最大的新教大学。1626—1650年，共有11000人入莱顿大学学习，其中半数以上是外国学生。[①]尼德兰成为继日内瓦之后新教事业的又一中心。

16—17世纪，尼德兰人所开设的大学总数达到14所。这些大学代表着当时欧洲最先进的文化水平。尼德兰成为欧洲各国的具有新教倾向的学者及学生的汇集之所。

尼德兰建立的完善的教育体制已超越了相对狭隘的日内瓦学院的范围。与加尔文的设想稍有不同的是，尼德兰的教育体系只把宗教教育及培养牧师作为教育的目的之一，而不是主要目的。随着社会的发展，这个目的的重要性也渐渐减弱，世俗教育越来越成为教育的主旋律。资产阶级要发展经济，实行有别于封建社会的政治体制。他们迫切要求教育体系培养适应近代社会发展的需要的人才，他们需要有文化、有技术的新人。因此，除传统的人文学科迅速发展外，自然科学及应用科学也快速发展，并且医学、天文学、数学、物理学等领域里涌现出一大批卓有成就的科学家和新发现。[②]笛卡儿和斯宾诺莎不但是伟大的哲学家，还是著名的科学家。发达的教育不但使尼德兰在思想科技领域里处于世界领先地位，而且使它在近代初期成为世界上的强国，尼德兰人的足迹遍及世界各地，素有"海上马车夫"之称。

尼德兰曾经以其共和学校制度、领导管理、课程与教学方法方面的先进思想影响了其他国家的学者的教育思想，包括德国的拉特克、捷克的夸美纽斯、英国的弥尔顿与配第等；又通过大量的尼德兰移民，将其教育体制传播到英美各国。夸美纽斯在海德堡读大学时，获悉了尼德兰人的办学情况，辄

---

① 参见 Jonathan Israel, *The Dutch Republic: Its Rise, Greatness, and Fall* (*1477-1806*), Oxford, Clarendon Press, 1995, p.572.

② 参见 Jonathan Israel, *The Dutch Republic: Its Rise, Greatness, and Fall* (*1477-1806*), Oxford, Clarendon Press, 1995, pp.903-909.

心向往之，曾慕名前往取经，为此不惜长途跋涉。在其著述中，我们可以看到不少主张反映出尼德兰人的教育经验。

除苏格兰及尼德兰外，加尔文教派的教育理想与实践在其他地方也产生过深刻影响，即使是在加尔文教派不占优势或主导地位的国家及地区。例如，法国的胡格诺派不仅在法国建立了大量的初等学校，而且建立了32所学院及8所大学。这8所大学的学术水平在欧洲大学中一度处于领先地位。[①] 在英格兰，尽管国教势力强大，但清教徒在伊丽莎白一世统治的后期成为牛津大学和剑桥大学的主宰力量。16—17世纪，英国的大批清教徒迁居北美，对北美教育的发展也功不可没。

---

① 参见滕大春主编：《外国教育通史》第二卷，264页，济南，山东教育出版社，1995。

第四章

英国国教会与教育

英国国教会(Church of England)，亦称安立甘①教会(Anglican Churches)，在中国常被称为英国圣公会，是英国在宗教改革时期建立的民族教派，与欧洲大陆的路德教派、加尔文教派共称为新教的三大流派。

16 世纪上半叶英国国王亨利八世与罗马教皇决裂，进行宗教改革。建立以英国国王为首的圣公会即英国国教会。改革肇始于 1534 年，亨利八世颁布《至尊法案》(*Act of Supremacy*)，宣布英国国王是圣公会的最高领袖，但保留了天主教的主教制、重要教义和仪式。玛丽一世(Mary Ⅰ，1516—1558)时期，天主教得到短暂恢复。1558 年，伊丽莎白一世(Elizabeth Ⅰ，1533—1603)即位，重新宣布圣公会为英国国教，以《公祷书》(*Book of Common Pray-er*，1549)和《三十九条信纲》(*Thirty-nine Articles*，1571)为礼仪和教义的标准。

16 世纪 60 年代，许多人主张清洗圣公会内部的天主教残余影响，这些人因此得名"清教徒"(Puritan)。英国的清教是 16 世纪下半叶从英国国教内部分离出来的宗教派别，是要清除英国国教内部天主教残余的改革派。他们接受了加尔文教派的教义，要求废除主教制和偶像崇拜，减少宗教节日，提倡勤

---

① "安立甘"为 Anglican 的音译，原意为"英格兰的"；圣公会起源于英格兰，故得此名。又因圣公会在英格兰为国教，故其又称"英国国教会"。

俭节约，反对奢华纵欲。因其要求在英国国教会内未能实现，自 16 世纪 70 年代起，他们脱离英国国教会，建立独立教会，选举长老管理宗教事务。清教教义反映了清教徒以教会改革推动政治变革的愿望。

17 世纪上半叶，信奉清教的资产阶级和新贵族与国王的冲突愈演愈烈，最终导致革命。17 世纪，发生在英国的"资产阶级革命"被许多西方学者认为是一场清教革命，他们认为革命的根本问题是宗教信仰问题，而且，战争的结果又是以反对天主教国王詹姆士二世（James Ⅱ，1633—1701）而迎来新教国王威廉三世（William Ⅲ，1650—1702）及其王后玛丽二世（Mary Ⅱ，1662—1694）的"光荣革命"为标志的。可以说，宗教政治既是引发 1642 年英国内战的原因，也是战争的最终目的。英国实现君主立宪制之后，议会逐步确立了圣公会的国教地位，同时加强了对非国教徒的压制，不允许他们进入政治领域或担任政府公职，迫使他们转向经商、办实业、从事科学研究等。英国的清教徒由于反对王室的宗教专制和经济压榨，屡遭镇压和迫害，于是纷纷逃往北美避难，在那里开展教育活动。教会控制教育是英国历史的一个基本特点。圣公会由于被立为英国国教，无论是在教徒数量还是势力范围方面都远胜于其他教派，因此，圣公会就顺理成章地成为英国各级各类学校的创办主体。有学者指出，圣公会对英国文法学校和大学的控制一直延续到 19 世纪下半叶。①

第一节　英国国教会的宗教观

与欧洲大陆的罗马教廷彻底决裂后的英国圣公会具有国教地位，虽然属

---

① 参见[英]奥尔德里奇：《简明英国教育史》，诸惠芳等译，38 页，北京，人民教育出版社，1987。

于新教的一个派别，革新了传统基督教的繁文缛节，但是在改革后依旧保留了主教制等天主教的一些传统。事实上，圣公会的内部就存在"高教会派"（Anglo-Catholicism）和"低教会派"（Anglican-Evangelicals）两大派别。前者主张改革天主教的传统礼仪和教义，后者贬低天主教礼仪和教义，主张保持新教传统。英国圣公会的发展几经波折，直到17世纪末其国教地位才趋于稳定，但彼时其内部已分化出不同的派系。因此，英国国教是一个既有罗马天主教的传统又有新教特点的教派。英国国教的礼仪和教义是以1549年的《公祷书》和1571年的《三十九条信纲》为标准的。《公祷书》和《三十九条信纲》的初始版本都是由英国宗教改革后的首任坎特伯雷大主教（Archbishop of Canterbury）托马斯·克兰麦（Thomas Cranmer，1489—1556）参照欧洲大陆新教的教理仪式，用英语编写的，它们较为集中地反映了英国国教基本的宗教观点。

一、以《圣经》为信仰的根基

英国国教会脱离罗马天主教廷的控制之后，并没有抛弃对《圣经》的基本信仰，而是把《圣经》作为最高的行为准则。坎特伯雷大主教托马斯·克兰麦引入了第一本英文版本的《圣经》，大力提倡用英语来解读《圣经》，鼓励其他教派也使用英文版本的《圣经》。虽然该版《圣经》并非出自克兰麦之手，但它也被后人称为"克兰麦圣经"，因为克兰麦是英语版《圣经》的首倡者和传播者。他在这本《圣经》的序言中称它是"神的道，最宝贵的珠宝，在地上所留存的最珍贵遗产"。对于克兰麦而言，《圣经》是欧洲宗教改革的基本信仰之一，它的一切内容都必须被视为最可靠的根基与无误的真理；任何不以《圣经》为根基，但触及我们信仰的真理，都是由可变与不可靠的人类发明的。所有的"不成文真理"（《圣经》所没有记载的宗教传统）都必须接受《圣经》的检验，只要它的公开陈述或广义原则与《圣经》有冲突，就必须被拒绝。①

《三十九条信纲》的第六条规定："《圣经》包含得救的要道，所以凡未载入《圣经》，或未为《圣经》所证明之道，即不必信为或视为得救的要道。"克兰麦及以后的英国宗教改革家均把《圣经》作为信仰的根基，认为它具有绝对至高无上的主权和权威。但英国国教会的改革始终是在承认《圣经》的最高权威与尊重早期基督教传统之间寻求一种微妙的平衡，即接受《圣经》为最高权威的同时只承认洗礼和圣餐是基督设立的圣事。实际上，自伊丽莎白一世时期以后，英国国教会的改革就走上了一条所谓的"中庸之道"（Via Media）。著名教会史学家胡斯托·冈萨雷斯（Justos Gonzales）指出：

> 《三十九条信纲》尝试了一条所有基督徒都可以接受的中间道路——除了罗马天主教徒和新教的极端主义者。从此以后，这一直是圣公会——英格兰教会和从中衍生出来的教会——的主要特点之一。②

二、主张因信称义

英国宗教改革之父托马斯·克兰麦主张简化传统基督教的仪式，任何保留下来的传统信念与习俗都必须符合《圣经》。同时，他还提倡唯靠恩典因信称义的新教教义。"因信称义"的神学理论是德国路德教派的核心教义。腐朽的罗马天主教廷公开兜售赎罪券，扬言信徒通过购买赎罪券就可以得到"炼狱刑罚"的减免。马丁·路德深刻揭露了赎罪券是教皇暴敛钱财的工具的本质，认为信徒可以由于虔诚的信仰而脱离罪恶，并且直接成为义人。赦罪是信徒与上帝之间的事情，不需要任何教士来宣布他已被赦免，更不需要支付任何

---

① 参见[美]罗杰·奥尔森：《基督教神学思想史》，吴瑞诚、徐成德译，473页，北京，北京大学出版社，2003。

② [美]冈萨雷斯：《基督教史：宗教改革至今》下卷，赵城艺译，86页，上海，上海三联书店，2016。

形式的金钱来获取神圣的饶恕。

英国国教会接受了路德的"凭着恩典因信称义"(justification by grace through faith)的教义,认为罪人的称义是基于上帝的恩典,而且是借着信仰而被动接受的。《三十九条信纲》的第十一条规定:"我们在神面前得称为义,只因信我们救主耶稣基督的功德,而非因我们自己的善行或功劳。因此,只因信称义乃是极其有益的、最足安慰人心的教理,这在讲道集中'称义讲辞'中较为详细阐明了。"唯独因信称义的教义,重新定义了信徒与上帝的关系,肯定了上帝的赦罪是上帝赐予的而不是信徒买回来的,从而革除了赦罪中的任何特权阶级或特殊角色。克兰麦相当重视路德的因信称义的教义。他从梅兰克顿的著作中获益良多,主张维护《圣经》权威,反对"变体论",把因信称义作为新教神学的基石,认为称义是人们借着上帝的恩慈和基督的功德而获取的,是因着信仰而得到的,只有被上帝采纳、接受和认可才能成为完全的称义。此外,克兰麦还娶了一位德国的路德教派信徒为妻,这可能被视为这个正面评价的反映或原因。①

三、保持主教制

主教制(Episcopacy)是早期教会的一种组织方式,其基本结构是主教、长老和执事三级教阶制度,主教作为教阶圣秩之首,是神权主义的管理者,拥有至高无上的权威。在教义上,英国国教会吸收了欧洲大陆新教的元素,但是在教会的组织管理机构上却沿用罗马天主教的主教制,保持了与早期教会制度的历史延续性。这是伊丽莎白一世采取"中庸之道"的宗教政策的重要体现。英国圣公会没有统一的组织,但一般尊奉坎特伯雷大主教为名义上的精神领袖,同时又承认国王是教会的最高首脑,坎特伯雷大主教、各教区的主

---

① 参见[英]阿利斯特·麦格拉思:《宗教改革运动思潮》,蔡锦图、陈佐人译,249 页,北京,中国社会科学出版社,2009。

教等其他高级神职人员都由国王任命。坎特伯雷大主教没有像罗马教皇那样的至高无上的权威，在没有得到国王允许的情况下，不得私自组织召开公会。主教为各教区的首脑，主要负责教区内的一切教务。

受清教运动的影响，1643年议会废除了主教制，并在威斯敏斯特召集了几十位清教神学家，商议创立新的崇拜仪式和新的教会管理形式，最终形成了《崇拜指南》(*Directory of Worship*)和《威斯敏斯特信条》(*Westminster Confession*)，以取代英国国教会的《公祷书》和《三十九条信纲》，以欧洲大陆新教的长老制取代了主教制。1661年成立的"骑士议会"登上政治舞台之后，接连出台了一系列旨在彻底粉碎清教力量的宗教排斥性法案，不仅严重打压不信奉国教者的发展势力，并且重新启用了主教制和《公祷书》。

四、强调洗礼和圣餐两种圣事

圣礼是耶稣设立的基督教礼仪，有洗礼、坚信礼、圣餐、授圣职礼、忏悔礼、膏油礼和婚礼7件圣事。圣礼上的不同是天主教与新教之间明显的区别之一。英国国教会只强调洗礼和圣餐，认为其他圣事中的一部分是由于误解使徒之意而来的，另一部分虽是《圣经》所许可的生活常态，但却不具有像洗礼和圣餐一样的性质。根据《三十九条信纲》的要求，英国国教会必须抛弃天主教关于圣餐礼的"变体论"以及贮存、举扬和跪拜圣体之举，取消教士的独身制度，承认新的崇拜礼仪在不违背教会和国家认可的传统的前提下可以有一定程度的变通。耶稣设立的圣礼并不是供人观望或朝拜的，而是要信徒适时使用的。接受洗礼不仅是加入圣教的仪式，而且是重生或新生的标记。信仰者借着圣灵使罪恶得以赦免，并被收为神之义子的相关应许，都在洗礼中得以印证；信仰者的信仰越坚定，其所获恩典就越发增多。

著名社会学家马克斯·韦伯(Max Weber, 1864—1920)认为宗教改革之后的新教伦理中含有近代西方的资本主义精神。但是，以胡克等人为代表的英国国教会的神学家更倾向于回归罗马天主教的伦理，表面上的礼仪删减"只是一种装饰"①。17 世纪英国国教会的宗教基本主张深受罗马天主教的影响，比如笃信《圣经》、保持主教制、强调洗礼和圣餐等；但也不乏新教的思想，如主张路德教派的"因信称义"等。总之，英国国教会既继承了罗马天主教的基本信仰，又借鉴了欧洲大陆新教改革的成就，从而形成了独特的宗教观。

第二节　英国国教会的教育主张

自宗教改革之后，英国圣公会就借助王权的势力，不断巩固自身的国教地位，一方面在国内众多教会派系中树立权威形象，另一方面与欧洲大陆的天主教分庭抗礼；但其妥协性的宗教政策为日后清教革命埋下了伏笔。英国国教会的教育主张也反映了上述宗教政策的两面性：一是在国内加强对教育领导权的控制，严格认定教师的宗教身份；二是在教育内容上沿袭天主教的人文主义课程倾向，教学方法保守。

一、严定教师资格准入制度，驱逐不信奉国教者

强制教师效忠王权、信仰国教是英国国教会控制教育管理权的基本做法。这也基本上得到了历代倾向于新教派的国王的认可。伊丽莎白一世在 1559 年颁布《皇家禁令》(*Royal Injunctions*)，规定：

所有校长和教师必须教授由高贵的亨利八世和爱德华六世提出的文法；任何人不得接受这样的教师，除非他受到教区长的许可，教授普通

---

① [德]马克斯·韦伯：《新教伦理与资本主义精神》，郑志勇译，116 页，南昌，江西人民出版社，2010。

民众需求的知识，并且他的学识与教学上的机智和坦诚的忏悔一样，同时能正确理解上帝的真实宗教；所有学生的教师必须激发和引导他们爱和尊敬上帝的真实宗教，现在由公共当局明确提出；校长必须使他们的教师习惯于虔诚地学习《圣经》中的真理，因为它们最有利于引导教师进入真正的信仰。[①]

这里"上帝的真实宗教"显然指的是具有英国国教地位的英国圣公会。

由于天主教和清教徒的威胁，英国国教会不断加强对学校教师的控制。1571 年的教会法规定，一切教授拉丁语或者指导儿童的活动都是非法的，无论是在公共学校还是私人家庭里，只有得到教区主教的许可并获得印有教区主教手谕的教师资格证书才能开展教学活动。任何教师不得质疑主教的权威，必须根据主教的要求来获取知识，并且只能教授女王陛下要求在全国所有学校阅读的文法；要用英语教学，直到学生遗忘拉丁语的口吻。辞藻优美的拉丁语和希腊语也可以教授，但必须是有利于耶稣和信仰的知识。每当布道开始的时候，教师都必须带学生到教堂，让他们的童年在信仰中度过。为了防止学生在听讲时走神，在返回学校的路上，教师还必须检查每一位学生在布道时所学的知识，惩罚三心二意的学生，表扬认真勤奋的学生。17 世纪初的英国国教教会法仍然强调圣公会的正统性，要求所有教师服从王权、《公祷书》和《三十九条信纲》，对于那些不把学生带进教堂或者不使用经过授权的教义问答和文法的人将被清除出教师队伍。

1661—1665 年，复辟初期的议会颁布了一系列宗教排斥性法案，将非国教徒排斥在市政机关之外，彻底粉碎革命之后的清教力量。例如，1662 年的《宗教一致法案》(*Act of Uniformity*) 要求所有教士和学校教师必须购买《公祷

---

① David Cressy, *Education in Tudor and Stuart England*, London, Edward Arnold Ltd., 1975, p. 28.

书》，迫使 2000 多名教士退出了教会，从而达到了清洗国教内部反对势力的目的。复辟政府不仅再次提出了圣公会的教师资格证书旧制度，教师由主教任命并宣誓效忠国王，而且通过立法形式强制禁止非国教徒从事教学活动。1665 年的《五英里法案》(*Five-Mile Act*)禁止非国教教师和教士在城市或教区的 5 英里范围之内从事教育教学和布道活动，致使非国教徒不得不到偏远地区开办学校。该法案直到 1812 年才被废除。

二、固守人文主义课程体系，沿袭传统教学方法

人文主义是英国教育的一个重要特点。亨利八世是一个忠实的人文主义者，从小深受伊拉斯谟等文艺复兴时期的名人的影响，由他发起的宗教改革并没有削弱英国教育的人文主义传统，教学内容除了符合国教的特定要求之外，基本上仍然是古典主义的。

以英格兰坎伯兰的圣比斯文法学校为例，1583 年，该校为教师和学生提供了一份书单，涉及古希腊和古罗马的宗教、历史、哲学、诗歌、文法等多个领域，具体如下：

英文版《ABC》；

英文版《教义问答书》，由政府当局提供的；

英文版《公祷书》和《圣咏经》；

《女王文法入门》；

拉丁文简化版《教义问答书》，由政府当局提供的；

《幼童故事集》；

《伊索寓言》；

马尔库斯·图利乌斯·西塞罗的作品，包括《书信小选集》《论责任》《论友谊》《论老年》《图斯库鲁姆论辩集》《论演说家》等；

《撒路斯提乌斯①作品集》；

《尤斯汀②作品集》；

《凯撒备忘录》；

《库尔提乌斯③作品集》；

《卡托格言集》④；

《特伦斯⑤作品集》；

《维吉尔⑥作品集》；

《贺拉斯⑦作品集》；

奥维德⑧的《变形记》《哀歌》；

《曼图亚努斯⑨作品集》；

《帕录根作品集》；

《布坎南⑩手稿》；

---

①　盖乌斯·撒路斯提乌斯·克里斯普斯（Gaius Sallustius Crispus，前86—约前35），又称撒路斯特（Sallust），古罗马政治家、历史学家、执政官。

②　马库斯·尤尼安厄斯·尤斯提努斯（Marcus Junianus Justinus），又称尤斯汀（Justin），古罗马历史学家，生活在2或3世纪。

③　昆图斯·库尔提乌斯·卢夫斯（Quintus Curtius Rufus），古罗马历史学家，生活在1世纪左右。

④　该书是中世纪学校教授拉丁语使用最广的教科书，它不仅是一本拉丁语教材，而且是一本道德指南。

⑤　马库斯·特伦提乌斯·瓦罗（Marcus Terentius Varro，前116—前27），又称特伦斯·瓦罗（Terence Varro），古罗马学者、作家。

⑥　普布利乌斯·维吉利乌斯·马络（Publius Vergilius Maro，前70—前19），又称维吉尔（Vergil），古罗马诗人。

⑦　昆图斯·贺拉提乌斯·弗拉库斯（Quintus Horatius Flaccus，前65—前8），又称贺拉斯（Horace），奥古斯都时期罗马抒情诗歌的代表人物之一。

⑧　普布留斯·奥维迪乌斯·纳索（Publius Ovidius Naso，前43—约17），又称奥维德（Ovide），古罗马诗人。

⑨　巴普蒂斯塔·曼图亚努斯（Baptista Mantuanus，1447—1516），意大利改革家、人文主义者、诗人。

⑩　乔治·布坎南（George Buchanan，1506—1582），苏格兰历史学家、人文主义学者。

《塞杜里乌斯①作品集》;

《普鲁登修斯②作品集》;

科尼纳德希腊文法或其他被允许广泛教授的内容;

希腊文简化版《教义问答书》,由政府当局提供的;

其他希腊优秀作家的作品。③

上述课程在一些学校中被一直沿用至19世纪。书单上的书目只能在学校学习时使用,教师根据需求选择教材,但必须包括《女王文法入门》和《教义问答书》,教学方法以机械式的背诵、复述为主,教学过程中教师赏罚分明,学生经常遭受体罚。宗教改革后的学校课程充满了人文主义色彩,学生以学习古典知识为主,学校规定教师不得使用任何淫秽的、蛊惑人心的书或叙事诗歌来教育学生。都铎王朝时期和斯图亚特王朝时期学校教育的纪律严格,同该时期教师的博学多闻、教技精湛一样著名。那时,很少有人提出要废除学校的体罚制度,但是已有许多人开始寻找一种温和的惩罚方式。

三、大力提倡使用英语教学,培养民族意识和情感

宗教改革之前,英国主要以拉丁文版《圣经》为信仰指南。在亨利八世决定与罗马教廷彻底决裂之后,他下令将英文版《圣经》带入英国的每一座教堂,放在所有人都可以读到的地方。第一个英文版《圣经》是由威廉·丁道尔(William Tyndale)翻译的,后经迈尔斯·科弗代尔(Miles Coverdale)、约翰·罗杰斯(John Rogers)等人修订,出现了不同的版本。亨利八世的拥护者坎特

---

① 科里乌斯·塞杜里乌斯(Coelius Sedulius),5世纪上半叶的基督教诗人。

② 奥里利乌斯·普鲁登修斯·克莱门斯(Aurelius Prudentius Clemens),古罗马基督教诗人,生活在3世纪下半叶至4世纪初。

③ David Cressy, *Education in Tudor and Stuart England*, London, Edward Arnold Ltd., 1975, pp. 83-84.

伯雷大主教托马斯·克兰麦所引入的英文版《圣经》被称为《大圣经》(*Great Bible*)。该《圣经》源自科弗代尔版本，在参考丁道尔版本的基础上，由拉丁文版、德文版译出。

从原则上讲，罗马教廷并不反对使用本国语言版本的《圣经》，只要这些版本的《圣经》得到教皇的认可即可。但是直接从希伯来文、希腊文来翻译《圣经》无疑会冒犯罗马教廷的权威和拉丁文版《圣经》的正统性，因为数世纪以来，罗马教廷对关键性教义的解读都是建立在拉丁文版《圣经》的基础之上的。1516年，伊拉斯谟的希腊文版《圣经》出版之后，欧洲各国新教教派纷纷以其为蓝本，译出了德文版、法文版和英文版《圣经》。丁道尔版本的《圣经》就译自希伯来文和希腊文，这也导致了他最终被教会当局处以火刑。临刑前，他祷告说："主啊！请你打开英国国王的眼睛。"此后，英国历史的发展似乎正好印证了丁道尔的遗言。

《大圣经》是英国圣公会捍卫自身国教地位的一个有力武器。他们不仅在学校教育中大力提倡使用英语进行教学，而且每到一处都会用英文宣讲《大圣经》中那些支持他们教义和主张的经文。随着《大圣经》的普及与推广，英语日渐成为英国人社会生活中日常交往和言语表达的重要手段。到17世纪末，英国学校教育的课程体系已发生了细微的变化，英语在语言学习中的比重日益增多，而希腊语、拉丁语等古典语言学科的地位开始下降。当时英国年轻的绅士经常会说："我爱罗马，但更爱伦敦。我喜欢意大利，但更喜爱英国。我熟悉拉丁语，但崇拜英语。"[①]此外，一些文法学校中还出现了商业、数学、科学等现代实用性课程。将英语作为一门重要实用性学科在学校中广泛开设，不仅仅促进了古典语言学科教学方法的改进，而且更体现了一个国家民族自尊心的增强、民族意识的崛起。著名学者格林曾指出：

---

① 参见[英]博伊德、金：《西方教育史》，任宝祥、吴元训主译，231页，北京，人民教育出版社，1985。

比起文学和社交用语上的影响要大得多的是圣经对普通英国人品质上的影响……整个民族的心情都感觉到了这个变化。对生命和对人的新概念取代了旧的概念。一种新的道德上和宗教上的冲力，遍及于各个阶级。①

第三节　英国国教会控制下文法学校与大学的发展

17 世纪早期的英国教育具有严密的等级性和双轨制特点。处于统治阶级的富有家庭继续把他们的儿子送入心仪的学校，尤其是伊顿公学(Eton College)、哈罗公学(Harrow School)和威斯敏斯特公学(Westminster School)。这些学校大多数是寄宿制的，保留了古典文化的传统课程，在全国范围内主要服务于"贵族和乡绅"，学生毕业后进入牛津大学和剑桥大学。地主阶级子弟的早期教育通常是从家庭开始的，他们的父母有时候还聘请家庭教师，采取"易子而教"的方式，等子女到一定年龄后就会将其送到邻近的贵族家里接受文化教育。除了文法学校的课程之外，地主阶级子弟还要学会如何管理家务和财产。父母是中产阶级的男孩，如专业人士和成功商人的儿子，通常会上文法学校。然而，对大多数儿童来说，教育机会取决于"教区和私人学校的无序系统"。这些学校由教会或慈善家出资兴建，数量难以准确计数，教育质量普遍较差，也没有公认的入学年龄，甚至年轻人因某种需要也可以就读较低层次的学校，但一般来说，4~8 岁的男孩在家里或小型的教区学校里接受阅读教育，成绩优异者由当地牧师教授阅读与写作，极少部分儿童七八岁时进入文法学校，大部分儿童接受职业训练。因此，除了以教授读写算为基本任

---

① [美]克伯雷选编：《外国教育史料》，华中师范大学教育系等译，292 页，武汉，华中师范大学出版社，1991。

务的初级学校之外，英国国教会主要控制着文法学校和大学的发展。

一、文法学校的发展

1560—1640 年，为古典大学输入优质生源的英国文法学校不断扩张，其招生的规模超越了以往历史上的任何一个时期。1558 年，伊丽莎白一世继位时，据记载英格兰有 51 所捐助学校；1603 年，在其统治末期，英格兰增加了至少 280 所捐助学校；17 世纪中期，英格兰有 305 所捐助学校和 105 所非捐助学校，到 1700 年前后，捐助学校已经达到了 400 所。[1] 许多英国历史学家把这一时期教育的大发展称为"教育革命"。在大约一个半世纪的时间里，英国的文法学校从 51 所增加到 400 所，其数量的大幅增长并不是建立在人口普遍增长的基础之上的，因为在文法学校增长了近七倍的同时，英国的人口增长率仅仅为 10%，即从 500 万增长到 550 万。教育史学家詹姆斯·鲍恩（J. Bowen）撇开人口增长的因素，认为教育的大发展主要归功于宗教改革。受欧洲大陆新教运动的影响，英国的宗教改革接受了新教信仰，主张让儿童阅读《圣经》，并把他们看成是"对抗罗马天主教的童子军"。掌握基本的读写算能力是阅读《圣经》的前提，这就直接推动了 17 世纪教育的大发展。此外，北欧人文主义的兴起也是一个重要因素。人文主义者主张学校教育应培养具备新型人格和良好品德的对社会有用之人，因此，人文主义的传播和宗教改革都为 17 世纪英国教育的大发展奠定了基础。[2]

17 世纪英国文法学校的大发展主要依靠社会上的慈善事业。总体而言，整个 17 世纪学校的数量明显要比 16 世纪的学校数量多，由于资本主义经济的兴起，英国国教会在大多数时间里掌握了国家中的重要的财富，他们捐助

---

[1]　参见 James Bowen, *A History of Western Education Vol. 3*, London, Methuen & Co. Ltd., 1981, p. 129.

[2]　参见许洁明：《十七世纪的英国社会》，167 页，北京，中国社会科学出版社，2004。

巨额资金用于兴办学校。早期的文法学校是由富裕的高级教士捐赠的,为的是解决儿童的温饱问题,到了17世纪,这种捐赠则变成了一种商业投资,主要为资产阶级提供世俗教育,并为穷人子弟提供丰厚的奖学金。潜藏在这种慈善教育背后的是社会中的大多数人都渴望把教育与新教联系起来。在当时,社会服务的开支几乎全部由慈善机构承担,地方教区还依靠征税来资助穷人。据乔丹(W. K. Jordan)统计,伊丽莎白一世时期(1561—1600年)的教育捐赠有139947英镑8先令,约占所有慈善捐赠的31.40%;早期斯图亚特王朝(1601—1640年)的教育捐赠多达383594英镑,其中220599英镑15先令(约占57.51%)被用于文法学校,而且在1611—1663年间用于教育事业的慈善捐赠就有248331英镑11先令。[1] 在文法学校大发展的这一时期,由于社会内外环境发生了巨大变化,英国的市民、商人、贵族为文法学校的筹建与发展投入了大量财力和物力,尽管他们慷慨大方的精神有可能是出于自身利益的考虑,但这确实促进了学校教育的大发展。

17世纪早期,英国文法学校种类繁多,规模大小不一,生源种类复杂,教育质量参差不齐。规模较大的文法学校设在城镇,最多可容纳100~150名学生,而像比较著名的麦钱特泰勒斯公学(Merchant Taylors' School)和舒兹伯利公学(Shrewsbury School),能容纳的学生更是达两倍甚至三倍之多。小乡镇和村庄的文法学校的规模相对较小,学生一般不过二三十人。通常会有一名教师(master)和一名助理(usher)。即使是同一所学校,在不同历史时期,其学生数量也会有很大差异,这主要取决于当地的经济发展水平、学校的声誉等因素。大多数文法学校都是从邻近地区招收学生的,那些离学校较远的学生则被迫成为寄宿生。文法学校的生源种类其实很难考证,大多数的推论是从牛津大学和剑桥大学的入学者身份来确定的,但这些学生仅仅是所有文法

---

① 参见 W. K. Jordan, *Philanthropy in England*(*1480-1660*), London, George Allen & Unwin Ltd., 1959, p. 283.

学校当中的非常少的一部分。学者们一般认为，文法学校主要面向的是中产阶级，包括自耕农、农夫、商人、店主和工匠、牧师、药剂师、公证人和律师等。任何学校都可以招收社会顶层的贵族子弟和社会底层的店主和工匠的儿子，甚至可以招收贫民之子和孤儿。对于平民子弟而言，文法学校开启了他们通往大学的大门，进而可以通过教会来推动社会的进步与发展。但是不可否认的是，平民子弟与贵族子弟相比，他们更难通过文法学校进入古典大学来进一步深造，像布衣之子坎特伯雷大主教劳德（W. Laud，1573—1645）、烘焙师之子约克大主教哈斯内特、花匠之子诺维奇主教科比特等这样的人毕竟是少数。

从乔丹对教育捐赠的统计调查中可以推断出，17世纪前半叶是文法学校的蓬勃发展时期，在这项史诗般的事业中，英国的所有阶级都起着重要的作用，尤其是伦敦、布里斯托、诺里奇以及伦敦西部的新城镇等地区的富有商人。乔丹把这些商人对文法学校的慷慨解囊归因于他们的信仰。他们相信学校教育是消除和废除贫困与无知的最有效方式，而贫困与无知正是他们自己曾经所经历过的。他们认为，提升教育水平是应对复杂的商业和金融业务所必需的，同时也可以创造一个敬畏上帝的民族，有学识的人能感知到宗教真理并保护自己不受敌人的侵害。从事教育慈善事业是商人们提升社会地位的途径之一。但是他们更倾向于把钱捐给中等教育而不是捐给那些看起来更卑微的初等教育机构，这表明了一些捐赠者明显带有私心，把教育捐赠看作一项有利可图的事业。可以肯定的是，当初等教育没有受到足够的重视而一味地追求古典教育时，文法学校的发展将遭受严重的不利影响，因为它们没有建立在坚实的初等教育的基础之上。

除了捐助文法学校（Endowed Grammar Schools）之外，还有一类学校是免费文法学校（Free Grammar Schools）。戴德姆免费学校教师克里斯托弗·瓦塞（Christopher Wase）最早开展了全国范围内的免费文法学校的调查，他搜集了

17世纪60年代有关免费文法学校的资料，发现有准确信息记载的学校共704所。文森特(W. A. L. Vincent)认为这一数据并不是文法学校的全部数据，1600—1660年英格兰和威尔士至少有1320所文法学校。① 但文森特统计的数据并不包括私立学校，这些学校与捐助文法学校提供同样的文法教育，起初这些学校仅仅提供传统的识字教学。沃利斯(P. J. Wallis)指出，文法学校的数量被严重低估了，许多私立文法学校被忽略了，经过多方收集资料与整理统计，他认为在17世纪，包括私立收费的文法学校在内，全国文法学校的数量应该不低于4000所。② 在文法学校的迅速发展过程中，有一类文法学校是不容忽视的，这就是声名远扬的公学(Public School)。公学在文法学校中处于金字塔的顶尖位置，英国历史上有九大非常卓越的公学，这九所公学都闻名遐迩。

公学在17世纪的发展大致呈现出以下3个基本特征。

(1)以培养圣职人员为目的，开设拉丁文、希腊文等古典学科。公学是文法学校中的"贵族"，它主要培养的是社会中的杰出人物，其毕业生大多担任当时具有较高社会地位的宗教圣职，例如，坎特伯雷大主教威廉·贾克森(William Juxon, 1582—1663)毕业于麦钱特泰勒斯公学，索尔兹伯里主教布瑞恩·杜帕(B. Duppa, 1589—1662)毕业于威斯敏斯特公学等。公学的课程教学以拉丁语、希腊语为主，讲授的内容以古希腊、古罗马的文学、诗歌、历史等古典知识为主，上课纪律严明，体罚盛行，教学质量高。

(2)贵族子弟开始进入公学，学校性质由免费向收费转变。公学的创办初衷是面向家庭贫困的优秀学生，供他们免费学习神学、法律等，故曰"公学"。但到了16世纪宗教改革以后，英国的社会阶层发生了重大变化，原先沉溺于

---

① 参见 W. A. L. Vincent, *The Grammar Schools: Their Continuing Tradition*, *1660-1714*, London, Cox and Wyman Ltd., pp. 6-7.

② 参见 P. J. Wallis, "Histories of Old Schools: A Preliminary List for England and Wales," *British Journal of Educational Studies*, 1965(14), pp. 48-89.

娱乐的贵族和绅士开始重视知识，把吟诵古典诗词看作高雅的行为，并愿意花钱送子女进入条件较好的公学学习古典知识。17 世纪 30 年代，伊顿公学的自费生中已有 11 名贵族子弟和若干名骑士之子；17 世纪 40 年代以后，威斯敏斯特公学也变成了一所时髦的贵族学校。越来越多的贵族子弟进入文法学校，这使得自费生逐渐占据了公学学生的主要名额。

（3）寄宿制逐渐成熟，管理日渐规范。英国公学招收的学生来自全国各地，教会不仅负责教育教学工作，同时还为学生提供膳食和住宿，兼任教师的牧师甚至与学生们同吃同住。寄宿制是英国公学的主要特征。早期公学的学生有寄宿在校内的，也有寄宿在校外的，后者经常被称为"街道自费生"（Street Commoners）。自费生的数量要多于资助生。17 世纪中后期，伊顿公学的寄宿制已逐渐正规化；学生宿舍主要由保姆（Dames）或男管家（Dominies）负责管理。

这些"公立""捐助"或"免费"学校并不是文法教育的唯一提供者，圣公会牧师、助理牧师和非专业的毕业生也提供大量的私人教学，他们有时在市镇开展教学工作，但更多是在乡村地区，因为在乡村地区捐助文法学校极为匮乏。哲学家、政治家托马斯·霍布斯（Thomas Hobbes，1588—1679）在 14 岁进入牛津大学学习之前，由牛津大学的一位年轻的学生教授拉丁语，此人在马姆斯伯里镇之外的西港口附近创办了一所小规模学校。作家约翰·奥布里（John Aubrey）是威尔特郡的一名乡绅的儿子，从小也受过同样的私人教育，后来进入多赛特的布兰德福德学校，深受传统文法教育的影响。文法学校种类的多样和私人教学的大量存在，或许就是早期文法学校数量难以统计的重要原因。

1641 年 9 月，教育家夸美纽斯和丹麦的约翰·杜里（John Dury）受塞缪尔·哈特利布（Samuel Hartlib）之邀访问英国，起初议会对夸美纽斯的泛智教育实验产生了兴趣。哈特利布在致一位友人的信中指出："他们正在对整个王国的学校改革进行激烈的争论，这种改革的方式正如你所知道的，是以一种类似于我渴望的方式，即所有的年轻人都应该受到教育，无一例外。"正如我们所看到的那样，夸美纽斯和杜里的访问似乎预示着英国公共教育改革的机会，但 1642 年内战爆发后，这一机会又消失了。清教徒对教育改革的热情并没有减弱，这种热情贯穿于长期议会和护国主时期，政府干预教育的事例屡见不鲜，国家与学校教育问题在政治家的心目中占有重要位置，哈特利布和杜里以及许多学者都对公众的教育诉求印象深刻。许多人已经认识到，政府有责任建立一个全国性的学校教育制度，如果学校教育持续恶化，那么国家的健康必然遭殃。他们呼吁扩大教育范围，让所有的孩子，无论贫富，都接受教育。有证据显示，如果清教徒政府能够幸存下来，夸美纽斯、哈特利布和杜里的教育思想就会被付诸实践，一个国家的教育体系就会出现。然而，内战摧毁了教育改革的最佳时机。1642 年 6 月 21 日，夸美纽斯离开了英国，其力图在英国推广的泛智教育实验无疾而终，但他却推动了英国的科学学会的发展。在这个国家构建伟大的科学研究机构的过程中，1641—1642 年夸美纽斯访问伦敦是一个重要的标志，它导致了 1645 年西奥多·哈克等人组建"无形或哲学学院"和 1662 年皇家学会的创办。[1]

在"大空位"（Interregnum，1649—1660）时期，清教主义势力占据上风。清教徒借助欧洲宗教改革之势对国教徒实行进一步清洗，主张宗教宽容，反对强制信仰，为了树立在捐助文法学校中的地位与权威，他们将自己的儿子送进了这些学校。例如，护国主奥利弗·克伦威尔（Oliver Cromwell，1599—1658）[2]将 4 个儿子送进了菲尔斯特德学校（Felsted School）。许多清教徒领袖都是文法学校中的佼佼者，他们成了文法学校的捍卫者和保护者。

---

[1]　参见 Robert Fitzgibbon Young, *Comenius in England*, New York, Arno Press & The New York Times, 1971, p. 7.

[2]　本书的"克伦威尔"除特别注明外，均为"奥利弗·克伦威尔"。

1660 年以后，文法学校的发展进入了一个萧条期，主要原因是重新掌权的英国国教会对不信奉国教者的迫害，政党情怀和阶级意识的增强导致许多免费文法学校被迫转移到了其他偏远地方。校长和教师被驱逐，"很少有学校能身为不同宗教派系的文法学校却幸存下来，尽管至今仍有一两所学校作为神学院或其他形式的学院而存在"①。文法学校在大城市等地区受到英国国教会的冷落，因为它在培养大量有学识的专业青年的同时也培养了反叛者和地区保护主义者，煽动革命。不管是因为这些原因还是其他的原因，大量财富被投入捐助文法学校的时代已经结束了。有证据表明，在 17 世纪末虽然有一些学校在创办时获得了慷慨的捐赠，但事实证明这些捐赠是远远不够的，学校当局不得不通过提高费用和减少教学活动场所的数量、违背创办者最初的目标以减少开支。在没有获得进一步捐赠的情况下，贫穷的捐助学校被迫依靠吸引邻近地区的付费生来维持生存。与此同时，一些地区对古典教育的需求明显下降，英语的崛起满足了大众的需求。随着本民族语言的胜利，拉丁语失去了其专业实用性(仅限于少量的律师和医生)。这主要是学者们和有教养的绅士们的一项成就。即使是对于牧师而言，拉丁语也不再是必备的职业素养，国教的礼拜仪式、法典和神学理论都使用英语。② 在日益恶化的形势下，文法学校的管理者似乎很少或根本没有采取任何措施来阻止学校的衰落，管理效率低下、漠不关心、尔虞我诈是其主要特征。在英国国教会的控制下，17 世纪末文法学校的普遍衰落是不争的历史事实。在不同历史时期，文法学校的兴衰很大程度上取决于教师的素质，人们一般认为把教师的职责与教区的职务相结合的做法对文法学校的发展是不利的，教学质量的下降及双重雇佣身份的增加是 18 世纪学校教育普遍衰落的重要原因。

---

① 参见 W. E. Tate, "Educational Records: II Sources for the History of English Grammar Schools," *British Journal of Educational Studies*, 1953(1), pp. 67-81.

② 参见 John Lawson and Harold Silver, *A Social History of Education in England*, London, Methuen & Co. Ltd. 1973, pp.116-117.

二、大学的发展

16世纪70年代末，牛津大学和剑桥大学中的贵族子弟入学人数达到历史最高值。此后，贵族子弟和资产阶级基本上主宰了这两所古典大学。但他们中的许多人(尤其是贵族子弟)并不获取学位，而是寻求一种更广泛意义上的通识教育。其学习的科目包括逻辑学、修辞学、哲学、新教神学、现代历史、拉丁语文学、地理学和宇宙结构学。随着17世纪社会结构的变化以及经济的发展，传统的文法学校与古典大学由于贵族捐赠和慈善资金的注入，开始扩张校舍与设施，逐渐形成了一个贵族和中产阶级的教育系统，也就是"双轨制"中专为中上层人士服务的"中学—大学"一轨。当然，大学也并没有完全排除非贵族子弟，少数社会底层的优秀子弟不无进入大学学习的机会。17世纪剑桥大学的入学注册表显示，出身寒门的学生仍然有机会进入大学。以剑桥大学的圣约翰学院(St. John's College)和冈维尔与凯斯学院(Gonville and Caius College)为例，17世纪中后期，有超过50%的入学者来自骑士、乡绅、绅士和牧师群体(后两类人有一点优势)，同时有15%的入学者来自工匠和店主家庭。有律师、医生、教师和商人家庭背景的学生约占12%~30%。最有趣的是，圣约翰学院平均有15%的入学者来自耕农、农场主、农夫、平民和那些被归类为"中产阶级"的人。[1]

尽管如此，但根据当时的入学政策，整个17世纪的大学教育并不是一直向所有人开放的，其间有波动存在，主要原因则是受政治与宗教斗争的影响而被分割成不同的历史时期。伊丽莎白一世统治晚期，大学(尤其是剑桥大学)成为英国清教革命的重镇。当时等级较低的绅士阶层和商人阶层是清教的中坚力量，他们仍然有权送子嗣进入大学接受高等教育。16世纪末，伊丽莎

---

[1] 参见 James Bowen, *A History of Western Education*, *Vol.*3, London, Methuen & Co. Ltd., 1981, p. 132.

白一世颁布反抗清教徒法案，开始肃清大学里的清教分子，强制学生必须服从 1571 年颁布的《三十九条信纲》，这被认为是英国国教的基本信仰。牛津大学在入学考试时就有相关规定，而剑桥大学则在学生毕业时才做要求。剑桥大学对反抗清教徒法案的抵制力度要远远大于牛津大学，它允许清教徒、异教徒、不信奉国教者和天主教徒在大学里接受教育，但无法参加考试和获得毕业证。剑桥大学的伊曼纽尔学院（Emmanuel College）是伊丽莎白一世的财政大臣沃尔特·迈尔德梅（Walter Mildmay）创办的，身为清教徒的迈尔德梅从一开始就打算让他的学院培养新教徒，摒弃罗马天主教的繁文缛节。由于提倡标新立异、革新传统，到 17 世纪 20 年代，该学院就成为剑桥大学最大的学院，同时也成了有学识的清教徒的聚集地。在政府开始清除异教徒之后，该学院的许多神职人员为了躲避迫害而被迫流放到北美的新英格兰；移居至新英格兰的大学生中有三分之一来自该学院，后来的哈佛学院就是由该学院的学生依据剑桥大学的模式建立的。

整个 17 世纪上半叶，大学逐渐被要求遵守宗教一致原则，在教义、政府和礼拜仪式三大领域，大学必须尊奉国教，同时还允许社会阶层较低的人士进入学习，前提条件是要与英国国教会和平共处。伊丽莎白一世之后的早期斯图亚特王朝仍然要求大学保持对清教徒的强势镇压，努力巩固英国国教会的正统地位，直到 1640 年，两所大学在宗教信仰上才基本上达成一致。坎特伯雷大主教威廉·劳德自 1611 年担任牛津大学圣约翰学院院长以后，对学院实现了进一步的扩建；在 1630—1641 年担任牛津大学校长期间，他坚持宗教一致性原则，把过去杂乱的规章制度编纂成一部详细的校规——《劳德规约》（*Laudian Code*）①，要求大学教师必须依据英国国教会的《公祷书》参加礼拜、日常祷告和公共布道，目的是使大学和国教建立起更加牢固的联系。劳德的改革对牛津大学影响深远，在他整顿之后，学校声誉进一步提升，获得了大

---

① 又译《劳狄安法典》《劳德法典》等。

量的捐款，校园得到了进一步扩建，他编纂的《劳德规约》一直被沿用至1864 年。

《劳德规约》是被王室认可的具有法律效力的大学章程，在此后牛津大学两百多年的改革与发展中起到了极为重要的作用。劳德身为坎特伯雷大主教，又是查理一世的枢密院顾问官，从 1630 年当选牛津大学校长时，他就对牛津大学冗繁、晦涩的章程持批判态度，认为陈旧的章程没能控制好大学内部教派分化的问题，使整个大学的学习氛围和纪律十分涣散，亟待改善。1631 年，根据劳德的规划，牛津大学成立了每周校务委员会(Hebdomadal Board)，旨在削弱全体教职员会议和高级教职员会议的势力，增强大学校长的权力。此后历经 5 年的酝酿，1636 年 6 月，劳德向国王呈交了规约，并获得批准和签发。《劳德规约》共 21 编、270 多个章节，内容涉及大学的学期与假期、招生与录取、学院制与导师制、公共讲师、公共讲座、学位授予条件与课程要求、常规辩论、全体教职员会议、高级教职员会议、每周校务委员会、学术服装与礼服、行为规范、布道、大学职员与雇员、大学的公共物品与场所、法庭及司法权等。① 《劳德规约》的政治意图较为明显，即加强牛津大学的宗教一致性，强化国教的正统地位。规约颁布当天，劳德即要求各学院院长向签发机构递交书面认同书，同时要求全体教职工在半年之内宣誓效忠规约。另外，《劳德规约》的法律效力也颇具争议，其内容涉及大学内外治理的方方面面，但它对于大学是否有权修改或废除现有法规，或是制定新的章程等问题，却避而未谈。到了 18 世纪，有学者认为国王的特权或其他权力并没有赋予国王强加给牛津大学任何法规或章程的权力，大学也同样无权将其制定和完善法规或章程之权委托给任何主体甚至是国王。19 世纪以后，牛津大学的全体教职员会议不断声称要求废除《劳德规约》中的相关不合理内容。多年之后，王

---

① 参见 George Ward, *Oxford University Statutes*, *Vol. 1*, London, William Pickering, 1845, pp. xil–li.

室才同意牛津大学废除和修改任何其他章程时可以不再经过王室的批准与授权。

当剑桥大学仍被伊丽莎白一世时期的大学章程所统治时，牛津大学的大学章程已经被劳德大主教进行了全面的修订。在这些章程的规约之下，牛津大学的所有新生在第一年都必须参加文法和修辞学讲座的学习。文法讲座阐述普利西安（Priscian）、李纳克尔（Linacre）和其他权威学者的思想，或者解释古典学者的文本；修辞学讲座主要使用亚里士多德、西塞罗、昆体良和赫莫杰尼斯（Hermogenes）的著作。修完 1 年的文法课程之后，大学本科课程还有逻辑和道德哲学，而自然哲学和形而上学则属于获取学士学位后的学习内容。修完 2 年的课程之后，所有学生都要参加希腊语讲座的学习。牛津大学章程中规定的这个学习计划是保守的，大学课程的古典色彩极为浓重，剑桥大学早在此前约 1 个世纪就摒弃的文法课程在牛津大学中仍然存在，希腊语是当时官方认可的语言，但学生延到 3 年级才学习它是有一定原因的，因为学好希腊语是建立在文法教育的基础之上的。《劳德规约》对 17 世纪早期牛津大学的相关章程进行了废除、删减、整合，明确了大学的古典课程设置和学位授予标准，奠定了希腊语、拉丁语、修辞学等古典学科在牛津大学的重要地位。相比较而言，剑桥大学的古典学科并非必修科目。1608 年，剑桥大学的一项法令废除了获取硕士学位资格的同时要求具有文科学士学位的条款。如果大学的研究工作仅仅由大学章程决定，只研究那些章程规定的获取学位的课程，那将严重影响希腊语的学术进步与发展，原本希腊语课程的教授可能受到影响。但正如我们所想到的，具体的学院教学层面并限于学士学位课程所规定的希腊语教育，还会继续教授和研究高深的希腊语知识，否则大学的学术就不可能长足发展。这为 17 世纪末自然科学在剑桥大学的蓬勃发展提供了充分的学术空间。

总之，两所古典大学在 17 世纪主要教授的还是逻辑和道德哲学；希腊语

和拉丁语是学者为了追求自身的学术旨趣而选择去学习的，它们并不是作为
大学中的其他学科的附属物而存在的，因为它们在大学生活中有另一项重要
功能。大量的学术场合中充斥着华丽的拉丁语演讲，显示了演说家和听众的
聪慧和学术涵养。用所学语言进行诗歌创作的艺术行为会受到高度重视，政
府也要求大学教师用恰当的诗句来庆祝国家大事并借此发挥学术职能。按照
惯例，大学会用诗句庆祝王室成员的诞生、去世和结婚。这类诗句主要用拉
丁语，也使用希腊语、希伯来语和阿拉伯语。1660—1700年，牛津大学出版
了多达12卷本的诗句，剑桥大学出版了10卷本的诗句。① 牛津大学的校庆典
礼上经常会有诗歌朗诵，而且两所大学都把诗歌当作学校中的重要科目，牛
津大学称之为四旬斋诗(Lent verses)，剑桥大学称之为三行诗(Tripos verses)。
尽管牛津大学和剑桥大学仍然沿用古典语言参加学术典礼，长期被禁锢在这
种古典的氛围当中，但大学的这种古典学习对社会发展却起着很小的作用，
这正是随后自然科学革命兴起的内在原因。

在1642年英国内战后，牛津大学属保王派。国王查理一世率部逃至牛
津，侵占了许多学院，学生担任其卫队。虽然战争没有在牛津发起，但国王
的入驻却严重影响了牛津大学的正常教学秩序，而且在查理一世逃离牛津并
被处死之后，新军首领克伦威尔于1651—1657年担任牛津大学校长。以克伦
威尔为首的清教徒还试图用清教思想来改造牛津大学，但因牛津大学根深蒂
固的国教传统而效果甚微。剑桥大学在内战中也备受影响。克伦威尔毕业于
剑桥大学的西德尼·苏塞克斯学院(Sidney Sussex College)，而且是一位市镇
参事，无论是国王还是市镇支持的议会，都对剑桥大学虎视眈眈。1642年，
国王查理一世致函剑桥大学副校长，请求借贷一笔款项，并且要求校方移交
校标。一些学院甘愿受到国王的洗劫，出资捐款5000多英镑，将校标移至国

---

① 参见 M. L. Clarke, *Classical Education in Britain* (1500-1900), Cambridge, Cambridge University Press, 1959, p. 66.

王学院。同时在市镇的戒严令下，克伦威尔被委以"保卫剑桥的重任"。他严厉地惩治了那些保王派，把信奉国教的院长换成了同情清教徒者，开除了 180 多位院士，学生人数锐减，大学举步维艰。议会派遣军队到剑桥大学驻扎，捣毁塑像和绘画，圣坛被夷为平地，他们利用武力威胁学校，使其投票赞成议会提出的 6000 英镑借款，并确保清教徒对学校的控制权。1644 年 1 月，议会同意了整顿剑桥大学，调离相关 7 个郡的令人反感的牧师的条令。① 议会禁止大学使用希腊语、拉丁语和希伯来语布道，甚至还打算关闭牛津大学和剑桥大学，只是因为议会被克伦威尔解散了而未能实现。② 当时的局势严重影响了大学的入学人数，牛津大学与剑桥大学的在校人数均降至了 17 世纪 30 年代的一半左右，剑桥大学的形势稍好于牛津大学。17 世纪 40 年代牛津大学每年入学人数为 219 人，但到 17 世纪 50—60 年代又有短暂的复苏，入学人数从 50 年代的每年 437 人增长至 60 年代的每年 458 人。而剑桥大学 1651 年的入学人数为 2848 人，1672 年的入学人数为 2522 人。清教革命时期，政府对大学的干预是显而易见的，动辄解除教职员工，侵占大学财产，导致了大学人数的迅速下降。清教政府对大学不满是惯常的事情。议会打算扩充英国的高等教育系统，试图在曼彻斯特和约克建立大学，满足北方城市的需求，但筹建大学的计划并未被正式提出，此外还有大量如建立伦敦大学和地方学院的无效建议。③

　　1660 年王政复辟之后，在一系列宗教一致法案的作用下，国教徒又重新控制了大学，恢复了主教制，排斥非国教徒。牛津大学在王政复辟后逐渐恢复了正常的教学秩序，并且在科学文化领域取得了重大的成就。以瓦德汉学

---

　　① ［英］伊丽莎白·里德姆-格林：《剑桥大学简史》，李自修译，83 页，济南，山东画报出版社，2007。

　　② 参见梁丽娟：《剑桥大学》，38~39 页，长沙，湖南教育出版社，1990。

　　③ 参见 John Lawson and Harold Silver, *A Social History of Education in England*, London, Methuen & Co. Ltd., 1973, p. 161.

院(Wadham College)的院长约翰·威尔金斯(John Wilkins, 1614—1672)及其学生克里斯托弗·雷恩(Christopher Wren, 1632—1723)为中心,形成了一个极具创造力的科学家团体。威尔金斯是少数几位能在牛津大学和剑桥大学都担任学院领导的学者,1648—1659 年任牛津大学瓦德汉学院院长,1659—1660 年任剑桥大学三一学院院长,还是新自然神学和英国皇家学会的创始人之一,致力于巩固英国国教的正统地位,主张宗教宽容,使英国国教受到越来越多其他教派的理解。牛津大学及其各学院的主要建筑物,大多是在 17 世纪后半叶王政复辟时期修建的,且主要出自克里斯托弗·雷恩和受他影响的一些建筑师之手。在牛津大学,威尔金斯营造了良好的政治和宗教宽容氛围,学院获得了蓬勃发展,并且吸引了包括克里斯托弗·雷恩在内的一批才华横溢的学生入学。克里斯托弗·雷恩是著名的天文学家、杰出的建筑师、皇家学会创始人之一;他设计了许多知名的大教堂、歌剧院和市镇建筑,包括格林尼治的皇家海军学院、牛津的谢尔登剧院、1666 年伦敦大火后重建的圣保罗大教堂等。威尔金斯在牛津召集一些对实验科学感兴趣的人,组成了一个"牛津哲学俱乐部"(Oxford Philosophy Club),其中包括物理学家拉尔夫·巴瑟斯特(Ralph Bathurst, 1620—1704)、发现波义耳定律的化学家罗伯特·波义耳(Robert Boyle, 1627—1691)、科学家威廉·配第(William Petty, 1623—1687)、天文学家劳伦斯·鲁克(Lawrence Rooke, 1622—1662)、解剖学家托马斯·威利斯(Thomas Willis, 1621—1675)、政治家马修·雷恩(Matthew Wren, 1629—1672)等。这些学者构成了 1662 年正式成立的皇家学会的第一批核心成员。1685 年,詹姆士二世倒行逆施,恣意任命牛津大学各学院的院长,企图恢复天主教的主导地位,导致王权与大学的矛盾激化。虽然詹姆士二世最终下台,但大学接下来卷入了议会与王权的斗争,斗争严重干扰大学的日常管理与教学,招生人数明显下降。

尽管复辟时期许多英国国教会领袖都抱有必胜的信心和残害非国教徒的

野心，但剑桥不再遭受较为严重的迫害了，它迎来了发展的契机。国王查理二世恢复了剑桥大学原先的王室特许状以及各种特权，之前被驱逐的研究员和院长得以重返校园；《公祷书》在剑桥大学出版发行，政府再次强制实施宗教一致法案，但大学的反对声音仍然存在。虽然大学在这一时期没有进一步扩张，但以艾萨克·巴罗（Isaac Barrow，1630—1677）及其学生艾萨克·牛顿（Isaac Newton，1643—1727）为代表的一批自然科学家却为剑桥大学带来了不朽的荣誉。1664 年，查理二世批准剑桥大学三一学院设立卢卡斯教席，年仅 31 岁的数学家艾萨克·巴罗出任卢卡斯首任教席。巴罗属于保王派，具有较强的政治倾向，受剑桥大学的保护才免遭迫害。他精通古典语言，在数学领域颇有造诣，牛顿在他的指导下大放异彩，也成为著名的数学家，且在物理学领域成为一代宗师。1669 年，巴罗主动辞去卢卡斯教席，并举荐牛顿接替，牛顿任此教席长达 33 年之久。次年，巴罗被任命为查理二世的牧师，1673 年又被任命为三一学院院长。在巴罗、牛顿、威廉·惠斯顿（William Whiston，1667—1752）等人的推动之下，数学成了剑桥大学最重要的学科，进而推动了整个大学各方面的科学研究。这一时期，剑桥大学还设立了化学、解剖学、植物学、实验哲学等教授席位，出现了如科学家斯蒂芬·黑尔斯（S. Hales，1677—1761）、植物学家约翰·雷（J. Ray，1627—1705）、古典学者理查德·本特利（Richard Bentley，1662—1742）等一批卓越的人士。牛顿和本特利的年代是剑桥大学历史上的黄金时期。剑桥大学的数学和自然科学因他们而成就斐然，一举树立科学中心的地位。自然科学不是唯一的科学，当然它也不是唯一一个受到 17—18 世纪早期科学革命之风影响的科学。如果当时牛顿及其颠覆人们观念的新物理学广为人知的话，同样程度的变革也应该发生在人文科学当中，尤其是希腊语和拉丁语文本的研究与编纂以及中世纪史中的科学研究。一般认为，本特利的学术生涯在批判古典文本中是一个重要转折点，在《新约》研究中同样也可视为一项基础性阶段工作。较有讽刺意味的是，他靠欺诈赢得了王室神学教授席位(Regius Professorship of Divinity)，但他对神学研究的贡献和对其他作品的贡献一样大。本特利的学术工作对欧洲大陆也极为重要，他已经意识到了欧洲大陆学者的作品。有学者评价道：

> 本特利使英国和剑桥的名字在国际古典学术界不可忽视；在 1919 年欧内斯特·卢瑟福(Ernest Rutherford)回到剑桥之前，牛顿和本特利的剑桥在学术界的地位再也没有这么高过。[1]

整个 17 世纪后半叶，虽然两所大学在科学造诣方面取得了辉煌的成就，但宗教一致法案排斥非国教徒，导致一些优秀的师资不断流失，并且限制了入学者的宗教身份，使大学的入学人数逐年锐减。两所大学在 17 世纪 30 年代平均每年的入学人数为 1000 多人，而在 17 世纪 90 年代只有 500 人。[2] 两所大学在 17 世纪 90 年代人数的下降是极为显著的。牛津大学在 17 世纪 90 年代的每年入学人数减少至 303 人，剑桥大学的入学人数也大幅持续下降，到了 1727 年学生总人数只有 1449 人，直到 19 世纪初才出现复苏。自 17 世纪末机械哲学把实验运用到热、火、光、声音、大气压等现象中时，促进了科学知识生产中心从大学到封闭性的学园或者开放性协会的转变。[3] 大学作为文化中心的地位开始下降，与此同时，在大学之外偏远地区兴起的学园则成了知识探索的重要场所。

---

[1] Victor Morgan, *A History of the University of Cambridge*, Vol. II, Cambridge, Cambridge University Press, 2009, p. 510.

[2] 徐辉、郑继伟：《英国教育史》，132 页，长春，吉林人民出版社，1993。

[3] [瑞士]瓦尔特·吕埃格：《欧洲大学史》第二卷，贺国庆等译，579 页，保定，河北大学出版社，2008。

第五章

罗耀拉与耶稣会派的教育

耶稣会(Society of Jesus)是一个诞生于 16 世纪上半叶宗教改革正开展得如火如荼时期的天主教修会。伊纳爵·罗耀拉(Ignatius Loyola，1491—1556)是耶稣会的创始人，同时也是耶稣会教育的奠基者。

这一时期欧洲正经历着统一的基督教世界的分裂，新兴的资产阶级与保守的封建势力以宗教为旗帜，进行着激烈的斗争。天主教会因为严重的道德腐败问题而陷入明显的颓势。作为一名虔诚的天主教徒，罗耀拉将自己亲手创建的耶稣会置于教皇的麾下，因此原以帮助自己和他人的灵魂为直接目的的耶稣会很快卷入了这一历史旋涡，成为天主教反宗教改革的急先锋。

耶稣会是"中世纪历史上第一个把教育青年正式写入会章的宗教团体"[1]。与其他宗教团体不同，耶稣会把有目的地创办系统的学校教育作为实现自己宗教及政治目的的主要手段。由于其卓有成效的工作，它在欧洲乃至世界教育史上都具有极其重要的地位。特别是在由中世纪向近代过渡的 16—18 世纪的欧洲，"没有哪一个团体像耶稣会那样在教育上发挥了如此重要的作用"[2]。

---

[1]　赵祥麟主编：《外国教育家评传》第一卷，331 页，上海，上海教育出版社，2003。

[2]　Paul Monroe, *A Cyclopedia of Education*, *Volum 3*, New York, The Macmillan Co., 1918, p.533.

但与此同时，也没有哪一个组织像耶稣会那样，其教育与传教工作在当时和以后获得人们如此截然不同的评价。就像奥迈利（J. W. O'Malley）所指出的那样：“在耶稣会存在的时间里，它同时享有被谩骂为魔鬼和被敬称为圣者的两种极端的评价。”①

第一节　罗耀拉与耶稣会

一、罗耀拉的生平及人生特质

1491 年，伊纳爵·罗耀拉出生在西班牙北部一个名叫罗耀拉的城堡里。该城堡位于今天西班牙巴斯克区的吉普斯夸省。正因如此，他后来在自己的名字后面加上了出生地的名字。② 罗耀拉出生后的第二年，西班牙在长达数世纪的反对穆斯林、收回失地的运动中取得了最后的胜利。在长期的战争中，西班牙形成了特别浓厚的宗教氛围，是当时欧洲天主教势力最为稳固的地区。在这种环境中成长的罗耀拉自然受到了天主教信仰潜移默化的影响。作为一名贵族子弟，罗耀拉因循当时贵族的文化传统，以青年侍从的身份进入西班牙国王斐迪南的王宫。这段宫中生活经历实际上是中世纪欧洲贵族普遍接受的标准的骑士教育；勇敢、忠诚以及喜欢幻想、冒险等典型的骑士特征深深地烙在了罗耀拉的身上。根据其自述，在 26 岁之前，他一直热衷于军旅生活，带着强烈的树立功名的欲望英勇作战。另外，他也喜欢阅读浪漫的骑士文学。1521 年 5 月，在潘普洛纳城堡与法国军队的一次战斗中，罗耀拉不幸

---

① John W. O'Malley, *The First Jesuits*, Cambridge, Harvard University Press, 1993, p.4.
② 关于伊纳爵·罗耀拉的名字，国内外研究者的意见并不统一。有的称之为"伊纳爵"（Ignatius）（或译为"依纳爵""伊格纳修斯"），有的称之为"罗耀拉"（Loyola），有的称之为"罗耀拉的伊纳爵"（Ignatius of Loyola）。但就该人物个人而言，"伊纳爵"是他受洗时取的教名，罗耀拉实为他的出生地。

被炮弹炸伤了双腿。尽管死里逃生，但是他最终失去了自己的右腿，辉煌的骑士之梦也化为泡影。

在长达 9 个月的康复治疗期间，罗耀拉忍受着身心上的双重折磨。他借读书来消磨时间，缓减痛苦。由于找不到他喜爱的骑士文学作品，他只好反复阅读手头仅有的书籍——卡尔都西修士萨克森人鲁道夫所写的《基督传》和 13 世纪多明我会士雅古比·德·沃兰吉所著的《圣徒传》的改写本《圣徒之花》。萨克森人鲁道夫著述的《基督传》影响了罗耀拉的一生，方济各和多明我等圣徒的事迹深深打动了他。圣人的榜样激励他投身于宗教生活。可以说，这让他经历了一次精神蜕变。此外，鲁道夫建议读者在阅读时从精神上将自己置于福音故事的场景中，如想象耶稣诞生时的婴儿床等，这又激发了罗耀拉对冥想的兴趣。这一方法后来成为他在《精神训练》中倡导的基本方法。

虽然梦想像圣徒一样献身于上帝，罗耀拉仍被其他一些问题所困扰，比如："为服务国王，我要做些什么？""为向我所爱的贵妇表示尊敬，我要做些什么？"慢慢地，他意识到两类梦想的不同影响。当浪漫主义的英雄梦想幻灭时，他经历了悲伤与孤寂；但是圣洁的梦想幻灭时，他感受到的是快乐与平静。他从中第一次学会了辨别。①

1522 年 3 月的一天，身体康复的罗耀拉启程前往耶路撒冷朝圣。途中，他访问了位于蒙塞拉特的圣玛利亚修道院。在那里，他对自己过去所犯下的罪恶做了仔细的检讨和忏悔，并把自己精美的服饰分发给他遇到的穷人，换上粗制的麻衣。此外，他还将自己的佩剑置于圣母玛利亚的祭坛上。离开圣玛利亚修道院后，他继续前行。然而不久他就被鼠疫困在巴塞雷那附近的小

① 参见 Saint Ignatius Loyola, *The Autobiography of St. Ignatius*, New York, Cincinnati, Chicago, Benziger Brothers, Printers to the Holy Apostolic, 1900. 15471/documents / 2016/ 10/ St.%20Ignatius-The%20Autobiography%20of%20Ignatius.pdf[2020-03-30]

镇曼雷萨(Manresa),时间将近1年。连续几个月,他每天都在小镇附近的山洞里祈祷、冥想7个小时,并践行严格的苦行生活。这段精神修炼经历让他进一步坚定了为上帝服务的决心。同时,他根据自己的这段亲身体验撰写了一本小册子——《精神训练》(*Spiritual Exercises*,又译《神操》)。罗耀拉对《精神训练》做过多次修改,我们从中也可以看出他本人对这本小册子的重视。严格地说,这不是一部神学著作,其独到之处在于它提供了一套严格、完整、有固定程序的精神训练方法,通过训练,人在精神上能达到自我控制、与上帝同步的程度。罗耀拉本人这样阐述"精神训练"的含义:"就像散步、行军、跑步是对身体的训练一样,精神训练是指使心灵摆脱一切放纵的欲望,进而寻求并获得使灵魂得救的上帝意志的各种方法。"①后来,《精神训练》成为对耶稣会成员及耶稣会学校的学生的宗教道德教育的教材。

　　1523年10月,罗耀拉终于抵达耶路撒冷。但他很快就离开了圣城,返回西班牙。这次朝圣以及写作《精神训练》一书的经历使他认识到自己早年所受教育的不足,于是他进入巴塞罗那的一所文法学校,开始了长达11年的重新学习的过程。当时,与他坐在同一教室中学习拉丁语法的都是七八岁的孩子,而他已是年过三十的人了。后来,他又先后进入了阿尔卡拉大学和萨拉曼卡大学学习。其间,他由于宣传自我精神训练法而被怀疑为异教徒,两次被捕入狱。第二次出狱后,他离开了西班牙,于1528年2月到达当时欧洲著名的文化教育中心——巴黎大学。在巴黎期间,法国发生了反对新教的骚乱。新教鼓吹者让·加尔文因此被迫逃离法国。1533年,42岁的罗耀拉获得了由巴黎大学授予的文学硕士学位。之后,他又学习了两年的神学,终因身体疾病没能完成学业。

---

　　① 转引自史静寰:《耶稣会教育述评》,见《纪念〈教育史研究〉创刊二十周年论文集(17)——外国教育政策与制度改革史研究》,972页,《教育史研究》创刊二十周年暨中国教育史研究六十年学术研讨会,北京,2009。

对于罗耀拉来说，7 年的巴黎求学生涯除了使他在文化知识和学术素养上有了明显提高之外，还让他得到了两大收获：一是在实际接触中，他熟悉了学校教育的组织形式及方法，这对他后来在《耶稣会章程》第四部分详细论述教育问题以及领导耶稣会学校教育的早期发展大有裨益；二是他结识了 6 名与自己志同道合的年轻人，他们是彼得·法伯尔（Peter Faber）、方济各·沙勿略（Francis Xavier）、迭戈·莱内斯（Diego Laynez）、阿方索·萨尔梅隆（Alfonso Salmeron）、尼古拉斯·博瓦迪利亚（Nicholas Bobadilla）和西芒·罗德里格斯（Simão Rodrigues）。由 7 人所结成的亲密小团体是后来耶稣会的雏形。这些收获为罗耀拉日后实现自己的宗教理想奠定了知识、经验及组织上的基础。

此后 3 年，罗耀拉在西班牙为再次赴耶路撒冷朝圣作准备。1537 年春天，他与团体的其他成员在威尼斯会合。这次朝圣的主要目的是宣扬基督教。他的计划得到了教皇的批准，但由于战争，道路受阻，他迟迟无法启程。罗耀拉和他的同伴们一边等待，一边从事济贫、讲道及传授精神训练法的工作。1539 年，经过讨论，他们决定将自己的这个小团体建成一个规范的、严密的宗教组织。考虑到为上帝服务是唯一目的，耶稣基督是组织的最高统帅，所以他们将自己的组织命名为"耶稣会"（Society of Jesus）。罗耀拉起草了第一版《耶稣会准则》（Formula of Institute）。这是"该教团的基本章程，其后所有正式文件都是这一章程的详细说明，并且是必须遵守的章程"[1]。

在呈送给教皇审批的报告中，耶稣会谈到了组织的任务，即通过讲经布道、精神训练及行善施爱，通过向儿童和没有文化的人传授基督教教义，促使人们过基督教生活，使正统宗教得到普及，并提出要忠诚于罗马教皇的领导，当上帝的卫士。[2]然而，以"耶稣"来命名修会还是打破了天主教会的历史

---

[1]　John W. O'Malley, *The First Jesuits*, Cambridge, Harvard University Press, 1993, p.5.

[2]　参见 Ignatius Loyola, *The Constitutions of the Society of Jesus*, St. Louis, The Institute of Jesuit Sources, 1970, p.102.

惯例，因此也引起了诸多争议。反对者认为这是对耶稣基督的亵渎，要求改名的请愿书纷至沓来。经过10个月的争论之后，教皇保罗三世(Pope Paul Ⅲ)于1540年9月27日发布了《教会的耶稣连队》(Regimini militantis Ecclesiae)敕令，承认了耶稣会的合法地位，并给予其公开任教和听取忏悔的权力，但同时规定其成员人数不得超过60人。

1541年4月，罗耀拉被选为耶稣会第一任总会长(Superior General)。方济各·沙勿略、彼得·迦尼修斯、西芒·罗德里格斯、阿方索·萨尔梅隆和布罗特等人被派往东亚、德国、葡萄牙、爱尔兰等地传教。虽然罗耀拉一直生活在罗马，但他通过信件和其他人保持经常的联系，并且激励和指导他们。保留至今的信件达6000多封，不啻为后人研究耶稣会传教工作的重要史料。

在罗耀拉的领导下，耶稣会发展很快。但是在1547年之前，耶稣会并没有统一的章程来规定和管理日常事务。1547—1550年，在秘书阿隆索·萨尔梅隆的大力协助下，罗耀拉起草了《耶稣会章程》(The Constitutions of the Society of Jesus)。之后又几经讨论、修改，直到1559年，会章才最后用拉丁文印出，此时罗耀拉已去世两年多。

长期的繁重工作和简朴的苦修生活使罗耀拉的身体每况愈下。1551年以后，他几次提出辞职，但都遭到了拒绝。1556年夏天，罗耀拉病逝，被安葬在罗马耶稣会的主要圣堂——耶稣堂中。罗耀拉创建的耶稣会在宗教改革后天主教的复兴过程中发挥了重要作用。正如美国圣经学者穆尔所说："在这次天主教的复兴运动中，在促使一切脱离罗马的地区和国家重新皈依正统教会方面，没有一个机构发挥的作用比耶稣会更大。"[1]正因如此，罗耀拉即使在去世后也获得了无上荣耀。1622年，教皇格列高利十五世(Pope Gregory ⅩⅤ)

---

[1]　转引自胡玲：《耶稣会创始人——罗耀拉》，载《世界宗教文化》，2004(2)。

封他为圣徒。1922 年，教皇庇护十一世（Pope Pius XI，1857—1939）宣布，罗耀拉为所有退修会（Spiritual Retreats）的庇护人。

纵观罗耀拉的一生，我们可以看出，他是一个典型的为中世纪末期的欧洲这一特定的历史环境所塑造的人物。他不仅具有宗教圣徒的狂热、虔诚的信仰，而且具有封建骑士的忠诚、服从和献身的精神，同时他还具有坚强的意志、杰出的领导才能和对现实及人性的敏锐洞察力。新旧思潮均影响了他，也被他所吸收。正是因为具备了这些素质，他才能在宗教改革的高峰时期创建出耶稣会这一经久不衰的社会团体。

二、耶稣会的特点及其重要活动

耶稣会寄托着罗耀拉献身上帝，"一切为了增添上帝的荣耀"①的理想。1540 年耶稣会成立时拟定的《耶稣会准则》包括 5 部分内容：

（1）任何想成为上帝的战士的人，在发了贞洁誓愿后，应牢记他是团体的一部分，创立这一团体主要是为了基督教徒灵命的长进；通过宣讲圣经、灵性操练、慈善工作，特别是教育儿童和文盲来传播信仰。

（2）每个成员都是上帝的战士，都应服从我们神圣的主保罗三世和他的继承者；为了灵命的长进和信仰的传播，无论他命令干什么，把我们派到土耳其、新世界、路德教派、异端或者其他信仰的人那里，我们都应毫不避讳、毫不辩解地立即去执行。

（3）在所有相关团体的事情上，每个成员应该服从上级。

（4）要尽可能地远离贪婪、接近神贫，因为我们知道主耶稣基督将为

---

① 这是罗耀拉提出的耶稣会的座右铭。在他亲笔起草的耶稣会章程中，这一口号出现 250 多次，几乎达到平均每页 1 次。

他的仅仅寻求天国的仆人准备必需的衣食。每个成员应坚守神贫,无论个人或集体都不应拥有财产或接受薪俸、报酬。

(5)在做弥撒和宗教仪式时,不使用管风琴和合唱。禁止对肉体进行苦行折磨。①

为了使耶稣会成为一个有战斗力的队伍,罗耀拉根据自己早年军中服役的经验,把它建成一个纪律严明、组织严密、等级分明的统一的组织。会长是组织的最高首领,如同军队的将军一样享有绝对的权威,所有会员必须像士兵一样无条件服从他的命令。学校和学院是组织的基层单位,往上依次设省和大区。在管理上,实行中央集权,下级绝对服从上级,这保证了上级的意志能够被迅速下达,并得到严格的执行,从而使整个组织富有效率。《耶稣会章程》明确指出:

> 我们应当坚信,一切都合理;对于修会上司安排的一切事物,假如未见其中有任何罪恶的迹象,那么我们当在盲目的服从中否认自己所持的一切反对意见和判断。我们应当意识到,每一个生活在服从之中的人,都必须甘愿接受修会上司的指引和领导,因为是神意通过上司在指引和领导。②

耶稣会士与中世纪一般的修道士不同,他们除了发"守贫、贞节、服从"三誓外,还要进行绝对效忠教皇的特别宣誓。罗耀拉给耶稣会制订的一个誓

---

① S.I.Loyola, J.C.Olin, J.F.O'Callaghan, *The Autobiography of St. Ignatius Loyola: With Related Documents*, New York, Fordham University Press, 1981, p.3, pp.82-84, p.98, pp.106-109.

② [德]彼得·克劳斯·哈特曼:《耶稣会简史》,谷裕译,14页,北京,宗教文化出版社,2003。

言是：

> 我不属于我自己，我乃属于那创造我的天主和教皇。我要像死尸一样，没有自己的意志和知觉；像一个小的十字架，可以随人左右旋转；像老人的拐杖，可以随人摆布，为他服务。①

耶稣会与教皇的这种特殊关系使之成了"教皇的突击部队"②。罗耀拉本人则被称为"教廷的勇猛斗士"。但是耶稣会士对教皇的这种无条件的绝对服从令其自创办以来就备受诟病；在民族主义意识和民族国家生发的时代，这也成为耶稣会在欧洲各国遭到驱逐的重要原因之一；因为对教皇的无限忠诚无疑会威胁到民族国家中的世俗君主的权力和威望。

在规定绝对服从上级、绝对效忠教皇的同时，耶稣会为在世界范围内实现"一切为了增添上帝的荣耀"这一终极使命，也表现出了很强的适应性、开放性和灵活性。耶稣会并不要求它的成员采用苦行或禁欲的方式来表达自己的宗教情怀；反对脱离社会的隐修，主张走出封闭、幽深的修道院，穿着世俗服装，主动融入民众，采用人们喜闻乐见的方式传教。在制度上，耶稣会在强调集中统一领导的同时也不乏民主性。在耶稣会的组织结构中，修会大会是位于总会长之上的领导机构，它由各省会长和各修会省选出的两名代表组成。它有权表决和批准修会的各项法规，选举并监督修会总会长（见图5-1）。而在教育领域，耶稣会强调宗教教育、纪律与服从的同时，也不乏人文主义和个人主义的色彩。

---

① [德]彼得·克劳斯·哈特曼：《耶稣会简史》，谷裕译，13~14页，北京，宗教文化出版社，2003。

② W.J.McGucken, *The Jesuits and Education*, New York, Bruce, 1932, p.6.

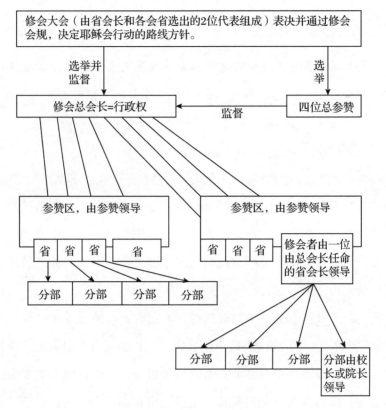

图 5-1　耶稣会权力结构图①

涂尔干在《教育思想的演进》一书中，谈及耶稣会的独到之处时这样说道：

　　它能够将中世纪发现不可调和、相互矛盾的两种特征集于一身之上。一方面，耶稣会属于一种宗教修会，就好像多明我会或方济各会一样；它们都有一个会长，各自的会众都服从同一套会规，遵守一套共同的纪律。实际上，甚至在任何军事组织里，不管是世俗的军队还是宗教的军队，被动的服从以及思想和行动的统一性也从未达到过如此极端的程度。

———————————

　　① 转引自[德]彼得·克劳斯·哈特曼：《耶稣会简史》，谷裕译，18页，北京，宗教文化出版社，2003。

因此，耶稣会的修士就是职业教士。但是，另一方面，他又同时具备在俗教士的一切特征。他穿着自己的修士服；他履行自己的职责，布道、接听忏悔、传授教义；他并不生活在修道院的蒙荫下，而是消融在世间的生活中。对他来说，义务不在于肉体的苦行，不在于禁食与禁欲；而在于行动，在于修会目标的实现。伊纳爵（罗耀拉）曾经说过："且让我们离开宗教修会，超越斋戒、监管，以及它们出于虔敬而加诸自身的那种严苛的起居和习惯……我相信，为了增添我主的荣耀，保持并增强口腹之欲等自然官能，要比让它们衰竭无力更有价值……你不应该攻击你自身的生理本性，因为如果你让它耗竭殆尽，那么你的精神本性也不再能够以同样的精力有所作为。"①

耶稣会之所以放弃天主教修会的固有传统，是因为它认识到，"在幽深的修道院里闭门不出就可以主宰人们的灵魂，这样的日子已经不复存在了"②。因此，耶稣会必须努力地靠近其他人，以便影响其他人。再加上人的个性开始凸显，因此耶稣会更需要靠近个人，以便对他们施加特定的影响。

明清时期，以利玛窦为代表的来华耶稣会传教士的传教策略就是耶稣会的这种适应性、开放性和灵活性的体现。他们来到中国后，了解中国的风俗和文化，学习中国的语言，采用中国人可以接受的方式传播基督教教义。针对儒家文化价值观在中国人思想中根深蒂固的现实，利玛窦开创了"合儒补儒"的策略，学习研究儒家思想，用儒家思想来论证天主教原理，同时对儒家思想与天主教教义相抵触的部分进行批判和补充，用天主教教义修正中国儒家思想。

---

① ［法］爱弥尔·涂尔干：《教育思想的演进》，李康译，323 页，上海，上海人民出版社，2003。

② ［法］爱弥尔·涂尔干：《教育思想的演进》，李康译，322 页，上海，上海人民出版社，2003。

为实现使命，第一批耶稣会士专注于一些关键性的活动。首先，他们在整个欧洲建立了学校。耶稣会的教士受过古典研究和神学的训练，他们的学校也反映了这一点。其次，他们向全球派遣传教士，向那些还没有听过福音的人传播福音，并在许多不同的地区建立传教机构，如今天的巴拉圭、安大略、印度、日本、中国、刚果和埃塞俄比亚。最后，耶稣会竭力阻止新教的传播，并努力保持与罗马教皇的沟通交流。最终，耶稣会信徒的热情压倒了波兰、立陶宛和德国南部的新教运动。

当然，这些活动之间有着内在的紧密联系。耶稣会发展教育的工作获得了极大的成功，它的学校以及它培养的学生在反宗教改革、实现天主教复兴的过程中成为一支重要的力量。教皇格列高利十三世(Pope Gregory XIII)在回忆录中这样说道：

> 致力于服务天主教事业的学生，在学院中接受真实信仰和基督教义的教育。从他们之中产生了诸多学识广博、道德高尚的传教士，在异端施虐错误侵扰之地维护天主教信仰、复兴天主教事业。如果上帝没有派遣耶稣会及其学院，许多国度恐怕依旧难觅天主教信仰的踪迹……感谢上帝通过这些教育机构，使得欧洲遍地回归到真正的信仰、回归到对于耶稣的虔诚，而且，由此我们还能看到更加光明的未来。①

总之，耶稣会学校通过培养宗教人才为处于改革和防御中的天主教会输送了急需的新鲜血液。"一代新的信徒和受到教育的天主教徒逐渐形成；从他们中间，在适当时候可以选拔很多热心的教士和主教，从而着手按特伦托会议上神父们的精神恢复教区生活。到 16 世纪的最后 25 年，天主教的复兴已

---

① 转引自段世磊：《耶稣会在东方的教育活动研究(1549—1650)：以印度、日本和中国澳门为中心》，43 页，上海，上海远东出版社，2019。

经获得了足够的力量去对异端进行最后的打击。"①

在罗耀拉的领导下，耶稣会迅猛发展。在他去世时，耶稣会士已有将近1000 人，他们被分到 12 个叫作"省"的行政单位，其中意大利和西班牙各有 3个，德国有 2 个，法国和葡萄牙各有 1 个，印度有 1 个，巴西有 1 个。同时，随着会士队伍的不断壮大，耶稣会在欧洲大陆以外地区的福音传播步伐也在加快。

1542 年 5 月 6 日，罗耀拉的战友方济各·沙勿略来到葡萄牙的殖民地印度果阿，开始在印度人中传播福音。当然，耶稣会不是最早来到印度传教的天主教修会，在此之前，托钵会、多明我会已先后到达印度。1542 年 9 月 20日，沙勿略致信罗耀拉，向他报告了在果阿创建耶稣会学院的计划与进程。在 1545 年致葡萄牙国王若昂三世（John Ⅲ）的信中，他要求在果阿建立宗教裁判所。1549 年 8 月 15 日，沙勿略在一位日本朋友弥次郎的引介之下，携同两位耶稣会士辗转抵达弥次郎的家乡——日本南部九州的鹿儿岛，成为第一位踏上日本国土的天主教传教士。沙勿略还在弥次郎的帮助下用日语写了一份简略的祈祷书。是年年底，数百名日本人领洗入教。1551 年，沙勿略返回印度。此后几十年间，日本皈依天主教的人数直线上升，九州、京都、东京一带皈依天主教的人数达到 2 万至 3 万。罗马教皇的代表、意大利耶稣会士范礼安（A. Valignano，1539—1606）是日本初期教会传教工作计划的主要负责人。但在 16 世纪末，天主教在日本的迅猛传播引发了幕府政权与佛教、神道教的不满与反对，迫害传教士与天主教徒的事件屡屡发生，教案频发，传教受挫。

在日本，沙勿略开始认识到日本的文化深受中国的影响。而中国则是一个物产丰富、文明昌盛的国度。因此沙勿略萌生了到中国传播福音的想法。1552 年 8 月，沙勿略乘"圣十字"号抵达距广州不远的中国上川岛。当时该岛

① ［英］R.B. 沃纳姆：《新编剑桥世界近代史》第三卷，中国社会科学院世界历史研究所组译，463 页，北京，中国社会科学出版社，1999。

为葡萄牙商人与中国沿海居民进行走私贸易的据点。因明朝海禁尚严，因此沙勿略的团队迟迟无法进入内地。1552 年 12 月 3 日，沙勿略因身染疟疾逝世，享年 46 岁。就在这一年，利玛窦(M. Ricci，1552—1610)诞生。1583 年，利玛窦来到广东，在中国南方辗转度过 18 年后，终于在 1601 年进入北京。

16 世纪耶稣会的海外传教活动在美洲取得了更大的成功。他们先是登陆北美洲，然后不断向南美洲发展。早在 1603 年，仅在墨西哥就有 345 名耶稣会神父。[①]

第二节 耶稣会教育的早期发展

正如《耶稣会准则》所示，建会伊始，教育即与宣讲《圣经》、灵性操练、慈善工作等一起被视为实现修会使命与理想的重要手段与途径。而《耶稣会章程》中则夹有一份详细的教育规章——《交托钵会者如何向其同胞教授文学及其他有价值事项》作为章程的第四部分。这部分几乎占了整部章程篇幅的一半，足见教育在耶稣会中的重要性。其中的建议在之后的 30 余年里被耶稣会付诸实践。1599 年，耶稣会又在第五次修会大会上通过了《耶稣会教育规章》(*Ratio Atque Institutio Studiorum Societatis Jesus*)。在耶稣会后来的发展过程中，"教育修会"的印记愈发令人瞩目，而这也是耶稣会得以不断发展的重要因素。

一、耶稣会教育在欧洲的发展

耶稣会成立之初，罗耀拉就"坚持入会新成员应接受他和同伴在巴黎所受

---

① 参见 Enrique Dussel, *The History of the Church in Latin America*, New York, NYU Press, 1981, p. 60.

的同样的教育"①，因此就将创办神学院、培养高素质会士作为耶稣会的工作重点与发展策略。耶稣会在初创时期依托巴黎大学、科英布拉大学等现有大学，在其周围建立神学院，培养新的耶稣会士。截至 1544 年，耶稣会在鲁汶、科隆、帕多瓦、阿尔卡拉、瓦伦西亚、科英布拉都建立了这样的学院。

1545—1563 年，天主教在意大利北部小城特兰特召开了二十多次会议，史称"特兰特圣公会议"（The Council of Trent）。会议颁布了一系列的教规教令，试图通过整肃天主教会的内部纪律来实现自我改革，以应对宗教改革给天主教会带来的前所未有的冲击。耶稣会士或以顾问的身份参与改革，或以神学家的身份出现在圣公会议上。在特兰特圣公会议上，天主教认识到教育的重要性，其中的第二十三次会议颁布了关于建立神学教育机构的教规教令，规定教士应在主教管理的学院中精心接受关于神学、灵性和生活法规方面的训练。特兰特圣公会议的精神无疑也对耶稣会兴办神学院起到了促进作用。

耶稣会最初局限于兴办培养未来耶稣会士的神学教育。不过很快其教育对象由耶稣会士扩大到天主教教士，并进而扩大到世俗学生。早在 1539 年，教皇保罗三世就聘请会士彼得·法伯尔和迭戈·莱内斯到罗马的教皇学院教授神学；1545 年，耶稣会士克劳迪·杰伊为德国教士的腐败状况所震惊，建议耶稣会建立大学，培养未来的教士。1545 年，教皇保罗三世在第四任甘迪亚公爵弗朗西斯·德·波吉亚（Francis de Borgia）的请求下，拨款建立了一所耶稣会学院。由于当时甘迪亚没有大学，公爵希望让其他学生和耶稣会士一同受教育。1546 年起，耶稣会学院的一些班级向非会士学生开放。

一开始，罗耀拉对于耶稣会学校向世俗学生开放抱着审慎的态度，但1548 年墨西拿学院的成功创办让他改变了态度。1547 年，西西里的神父写信给罗耀拉，请求在彼处建立一所学院以改变当地神父的无知状态。西西里公

---

① John C.Olin, *Erasmus*, *Utopia*, *and the Jesuits*, *Essays on the Outreach of Humanism*, New York, Fordhan University Press, 1994, p.93.

爵也向罗耀拉发出了正式的邀请。1548 年,罗耀拉接受了这一邀请,并派出了 10 名优秀的会士,其中包括耶稣会教育体系的创立者杰罗姆·纳德尔和第一位德国会士彼得·迦尼修斯。1548 年 10 月,墨西拿学院正式成立,纳德尔任院长。根据协议,耶稣会向这个城邦提供免费教育,同时西西里人可自愿向学校提供资助。因为接受世俗人群的资金捐赠,所以耶稣会的学校也逐渐向耶稣会士以外的人开放。墨西拿学院"是第一所为大众提供教育的耶稣会学校,是所有其他耶稣会学院的原型。它的建立标志着伟大的耶稣会教育事业的开端"①。

1549 年,罗耀拉又接受巴勒莫的市民的请求,在那里建立了第二所对世俗学生开放的耶稣会学院。科隆大学校长伦纳德·凯塞尔对这所学校寄予厚望。他在 1549 年 10 月 4 日致罗耀拉的信中说,教育是"使所有青年归向基督"的方法。而来自杰罗姆·纳德尔的信件又说明了墨西拿学院的成功,致使罗耀拉"最初对耶稣会卷入公众教育的不情愿情绪因新建学校的成功而消除了"②。

1551 年 11 月 1 日,罗耀拉在致安东尼奥·阿罗兹神父的信中阐述了开办学校以及扩大招生对象的诸多益处:

(1)就耶稣会会员来说,开设讲座的教师自身将有所收获。他们不仅通过教授他人丰富自身的学识,而且也会对自己所掌握的知识更为自信。

(2)就耶稣会会员中听讲的学生来讲,讲座教师在完成分内事务时所展现的认真刻苦的精神,会对他们形成积极的影响。

(3)他们不仅在学问上受益,在基督教的说教和教理讲解方面也将受

① John C .Olin, *Erasmus*, *Utopia*, *and the Jesuits*, *Essays on the Outreach of Humanism*. New York, Fordhan University Press, 1994, p.94.

② Helga Robinson-Hammerstein, *European Universities in the Ages of Reformation and Counter Reformation*, Dublin, Four Courts Press, 1998 , p.190.

益匪浅，从学校毕业时，他们将学到用以帮助别人的各种方法。

（4）在耶稣会的学校里，没有人会在他们还是孩子的时候劝荐他们加入耶稣会。但是，耶稣会会员可以通过正规的行为举止、模范性的对话以及每周周日举行的有关德操的说教博得良好的评价，给予周围的人以积极影响，从而最终为上帝的伊甸园增添更多人手。

这些都是耶稣会所能获得的益处。耶稣会外的一般学生也将获得下面这些益处。

（5）他们将能够专注于学业。学校负责人要保证他们通过讲座、讨论和作文，于学问上收获丰硕的果实。

（6）那些在家中无法支付世俗教师或私人指导者费用的学生，只要有足够的热情成为一个有学识的人，并且也愿意为此付出巨大努力，那么他们将在耶稣会学校内享受到免费入学的待遇。

（7）他们将会在灵性修养上受益。通过学习基督教教理和听取惯常的布道词，获得永久拯救。

（8）他们若能每月做一次告解，且日常生活中言辞正派，作风高尚，就可以在净化心性甚至于其他道德品质上有长足的进步。

（9）从学习中，他们能获得巨大的成就和丰硕的果实，因为从他们学习之日起，就被教导用全部身心侍奉上帝，而且他们也已经习惯了这样的教育。

设置有耶稣会学校的地方的居民也将获得下面这些益处。

（10）在世俗利益方面，父母不用再给教师支付费用。这些教师原本是指导孩子们修习学问和道德操守的。

（11）父母不必费心于孩子的教育问题。如果无法通过自费的方式送孩子接受教育，可放心地将孩子托付给耶稣会的学校。

（12）耶稣会学校里既有能在人群和修道院中进行布道的人士，也有能行神迹的人士，因而于耶稣会学校中学习的学生，不仅能在学问上有所修为，而且也能从这些人身上学到更为有益的东西。

（13）为了成为孩子们的榜样，父母及其家庭内的所有成员将会更加关注精神上的事务，因而也会更加频繁地做告解，从而最终以基督徒的方式生活。

（14）我们耶稣会的会员将会居住在这些地方，帮助他们从事建立医院、建设女性改过自新使用的房屋等一类事情。他们对耶稣会会员的慈爱将促使这些工作顺利完成。

（15）那些依旧还是学生身份的人，将会被分配扮演不同的角色，有的去布道，从事拯救灵魂的事务；有的成为政治和法律的执行者；有的则从事其他职务。总之，这些年轻的孩子们终要长大成人，他们从小所受的生活上和教理上的良好教育，将会给很多人带来好处。①

在罗马，罗耀拉亲自创建了罗马学院和德意志学院。罗马学院（现为天主教格里高利大学）于1551年在西班牙甘迪亚公爵的赞助下创办，该学院拥有优秀的师资，培养出许多高级教士，很快成为其他学校效法的典范。这所学校从1553年开办了高等教育。1556年，教皇准许它像巴黎大学、鲁汶大学一样授予哲学和神学博士学位。1581年，蒙田（M. de Montaigne，1533—1592）在《罗马游记》中写道："在基督教世界中，这所大学是一个奇迹……它是伟大人物的摇篮。"②德意志学院于1552年创办于罗马，承担着为德国输送优秀神职人员的使命。早在16世纪40年代，教廷官员尤其是红衣主教莫伦已认识到罗马必须帮助德国培养教士，以防止德国完全沦陷于新教。1552年8月，

---

① 转引自段世磊：《耶稣会在东方的教育活动研究（1549—1650）：以印度、日本和中国澳门为中心》，27~29页，上海，上海远东出版社，2019。文字有改动。

② Robert Birdey, *The Refreshing of Catholicism*(1450-1700)：*A Reassessment of the Counter Reformation*, New York, Palgrave Macmillan, 1999, p.137.

教皇尤利乌斯三世（Pope Julius Ⅲ，1550—1555 年在位）颁布敕令，开办了德意志学院。该学院隶属于教皇机构，但交由耶稣会管理。这所学院的学生主要来自德国。他们住在这里，但大部分课程在罗马学院学习。毕业生们回国后成为捍卫天主教地位的重要力量。所以红衣主教莫伦把它称为"把天主教引入德国的特洛伊木马"①。到 16 世纪末，德意志学院学生已掌握了萨尔茨堡、布雷斯劳、奥尔米茨、奥格斯堡、的里雅斯特、维尔茨堡、帕绍等地区的主教职位，被称为"主教的工厂"②。

1554 年 8 月，罗耀拉指示耶稣会第一位德国会士、后来被誉为"德意志使徒"的彼得·迦尼修斯创建学校，对小孩和青年施以拉丁语和天主教教义教育，培养未来的教士。1555 年，迦尼修斯在因戈尔施塔特建立了一所学院，随后又在科隆、布拉格、茵斯布鲁克、慕尼黑等地建立学院，培养高素质的新教士。经过不懈努力，到 1580 年，迦尼修斯取得了令人难以置信的成功。有 18 所学院处于他直接或间接的管理之下，1100 多名会士忙碌于这个教育事业。③

耶稣会在海外的传教活动也是从一开始就重视教育的。1542 年 9 月 20 日，耶稣会在亚洲的拓荒者沙勿略在致罗耀拉的信中报告了印度果阿的耶稣会学院（日后的圣保罗学院）的建设情况。他说：

> 我每天都一再意识到，在果阿设立学院是当地最为重要的工作。……学院已经拥有收容 100 名学生的资金。所有人都认为（建立学院）是非常重要的事，每天都有许多基本财产的捐赠。……我认为在不到 6 年的时

---

① R.Po-chia Hsia, *The World of Catholic Renewal (1540-1770)*, Cambridge, Cambridge University Press , 1998, p.113.

② Manfred Barthel, *The Jesuits: History and Legend of the Society of Jesus*, New York, Wiliam Morrow, 1984, p.118.

③ 参见胡玲、何日取：《耶稣会教育与天主教的复兴》，载《世界宗教研究》，2008(01)。

间内，会有超过 300 名(使用)不同语言、(来自)不同国家和民族的人进入这所学院。我向天主请求，这所学院将人才辈出，不需数年，信徒的数量就会增加。①

根据耶稣会东印度教区视察员范礼安于 1580 年所写的报告，东印度辖区内共有 5 所耶稣会学院，它们分别是位于果阿、萨尔赛特、帕萨英、科钦和马六甲的学院。日本的耶稣会在有马、安土创办了神学校，在府内创办了学院。但府内学院仅存续了 6 年，1587 年 7 月 24 日因丰臣秀吉颁布"伴天连追放令"被迫放弃，后迁至天草的河内浦和长崎。1593 年，范礼安离开日本来到澳门，并创办了澳门圣保禄学院。这所学院是接续日本府内学院而设立的，因为两所学院共用一套教材。随着天主教在日本遭受打压和迫害，澳门圣保禄学院遂成为耶稣会在远东的教育中心。此外，在菲律宾，耶稣会于 1589 年就创建了马尼拉学院。

16 世纪，耶稣会的学校发展迅猛。到罗耀拉去世时，耶稣会已经拥有 33 所学院，16 世纪末增至 245 所，1615 年达到 372 所。办学需求如此旺盛，以至于在 1582 至 1593 年，耶稣会第五任总会长克劳迪奥·阿夸维瓦(Claudio Acquaviva)因为师资与经费不足而拒绝了多达 150 份建立学院的要求。②

二、耶稣会教育的制度化建设

正是因为学校以及其他机构的快速发展，才有了《耶稣会章程》的诞生。在这部纲领性的文件中，篇幅最长的第四章专门就教育问题作出了论述与规范。它的出现使耶稣会成为"中世纪历史上第一个把教育青年正式写入会章的

① 转引自段世磊:《耶稣会在东方的教育活动研究(1549—1650):以印度、日本和中国澳门为中心》，47 页，上海，上海远东出版社，2019。

② 参见 Harro Höpfl, *Jesuit Political Thought: The Society of Jesus and the State*(*1540-1630*), Cambridge, Cambridge University Press, 2004, p.11.

宗教团体"。根据章程的规定，耶稣会不仅是宗教团体，而且是教育组织，传教与教育同为耶稣会的使命。会士不但是教士，而且应当积极从事教育活动。16 世纪下半叶，耶稣会的教育活动仍处于初创阶段，其办学体制与办学模式仍处于摸索时期，因此并非所有耶稣会主办的学校都是成功的。例如，1551 年 11 月，因为师资不足，罗耀拉下令取消耶稣会学院中开设的基本读写课程。这一举措遭到了当地公会、城镇居民和学校捐助者的反对。他们认为，如此一来贫穷孩子就失去了上学机会。最后，这项政策只能逐步实施。直到 16 世纪后期，耶稣会学院才将工作重心放到开办培养高级人才的寄宿制学校上。

尽管《耶稣会章程》对教育有专门论述，但它毕竟不是关于学校教育的系统论述。随着耶稣会学校数量的不断增加，由于缺乏统一的规范性文件，因此各种问题逐渐暴露，如教学中的人文主义教学内容的取舍问题。随着类似问题的增多，耶稣会急需统一教育制度，"颁布一部对耶稣会所有学院都具有约束力的法规，以此对迄今为止的种种实践经验成果做一番编纂、协调和定论"①。在 1599 年《教育规章》(*Ratio Studiorum*)颁布之前，耶稣会内部曾有三个"学习计划"。其一是纳德尔撰写的《论耶稣会的学习》；其二是对从墨西拿被递交到罗马的纳德尔论文的改编本；其三是莱德斯马神父根据自己在罗马大学长期从教的经验撰写的。这三份资料(特别是第三份)在《教育规章》都有所体现。

1584 年，为了能使将要颁布的《教育规章》符合不同地区的实际情况，时任总会长克劳迪奥·阿夸维瓦召集了来自不同省会的 6 位学识渊博的教授。他们在咨询教育专家、考察大学和学院的规则和习俗的基础上，于 1585 年向修会大会提交了他们的工作报告。1586 年，阿夸维瓦向各省会宣布了这一报

---

① [法]爱弥尔·涂尔干：《教育思想的演进》，李康译，334 页，上海，上海人民出版社，2003。

告，要求各省会选出至少 5 名优秀的、富有经验的教师对报告进行讨论研究，最后将研究结果以信件的形式递交罗马。这些信件由罗马大学中最德高望重的教授和为此设立的 3 个委员会审查，由此制订出的新的教学计划经总会长和会长助理修改后，于 1591 年被派发到各省会学校试行。各省会长在 1593—1594 年到罗马参加第五次全体会议时，报告了各省会实施该项教学计划的情况，提出了一些修改意见。最终，经过长期的讨论和实践检验，耶稣会于 1599 年正式颁布《教育规章》，其全称是《耶稣会修学方法与组织》(*The Methods and System of Studies of the Society of Jesus*)。可以说，这部《教育规章》是所有耶稣会士集体智慧的结晶，同时也集中体现了那个新旧交替的时代中欧洲学校教育的主要特征。信奉新教的弗朗西斯·培根也为之赞叹，认为它是"上古治学之道之一切精华"[1]。《教育规章》共 30 章，约 8 万字，大致划分为行政管理、课程安排、教学方法和学生纪律四部分，对耶稣会学校教学与管理的各个方面作了详细的规定，成为管理遍布全球的耶稣会学校的办学规章。一直到 1832 年，耶稣会为适应新的时代，才对《教育规章》做了第一次修订。

表 5-1 耶稣会学校总体规划[2]

级别	学生年龄(岁)	课程设置
基础教育 (elementary)	5(或 7) ~ 9	(一般不在耶稣会学校中开始基础教育)学生学习读写，用拉丁语对话。学校一般不指导学生对方言的学习
	10 左右	学生入耶稣会学院(college)学习

---

① [英]博伊德、金:《西方教育史》，任宝祥、吴元训主译，205 页，北京，人民教育出版社，1985。

② 转引自段世磊:《耶稣会在东方的教育活动研究(1549—1650)：以印度、日本和中国澳门为中心》，29~30 页，上海，上海远东出版社，2019。

续表

级别	学生年龄(岁)	课程设置
初/中等教育（secondary）	10~13	学生在语言学部开始古典文法的学习，尤其是拉丁语和希腊语的学习
		对于能力突出的人来讲，应在 6 个月内学到 4 级文法，于 12 岁左右完成高级语法的学习，接下来的 2 年里学习修辞学、诗学和历史，目的是使学生在开始哲学和其他科目的学习前，尽可能优雅顺畅地用拉丁语进行说、读、写
高等教育（higher）	14~16	学生在文艺部开始哲学科目和其他艺术科目的学习。学校设置有逻辑学、物理学、形而上学、伦理学和算术教席。学生在 3 年后被授予哲学学士称号，再过 6 个月，则可取得哲学硕士的称号
	17~20	学生进入神学部或者法学部或者医学部开始神学的学习。神学是最为重要的科目，也对外部学生开放。学校设置经院神学、教会法、圣经等教席。学生在修完 4 年基础课程后完成与神学相关的学习，在 21 岁的时候可以考虑授任升职的事情了
	21~23	学生如果想要成为神学博士，还需要 2 年的实践和锻炼

第三节　耶稣会教育的基本特征

16 世纪的耶稣会教育何以能够获得如此迅速的发展？涂尔干这样解释道：

　　如果说人们对耶稣会提供的教育趋之若鹜，想必是因为人们欣赏这种教育，认为它比其他所有教育都更值得选择，因为它积极回应了时代的品味和需要。毫无疑问，就是这一点可以说明，事实上，尽管有那么多的敌人和阻碍，他们还是成功地在我们的国家扎下了根。如果他们没有得到公共舆论的有力支持，无论他们自己可能有多么聪明，也不足以保护他们抗击这样一种敌对势力大同盟。①

罗耀拉为耶稣会设计的教育是:"将文艺复兴精神和古代经典纳入服从基督教理想和教会之中,将产生于文艺复兴思想的新个人主义引导到为上帝服务。"②这在很大程度上体现了"时代的品味和需要"。由他一手开创的耶稣会教育,不仅有严密的组织管理、良好的师资、自成一体的教学内容,而且有有效的教学方式及手段,所有这一切保证了当时的耶稣会学校的学生能在6个月的时间里学到比在其他学校中2年还多的东西③,使得耶稣会能从当时众多的教育组织中脱颖而出,令时人趋之若鹜。因此,除了基于复兴天主教的使命与对教皇的忠诚,积极为天主教会和世俗君王培养人才,从而获得掌权者的支持,耶稣会在教育领域的成功也离不开这种教育在思想与体制上所具有的特点和优点。

一、以荣耀上帝为宗旨的教育目的

如前所述,罗耀拉创建耶稣会的最终目的是"增添上帝的荣耀"。宗教性是耶稣会教育的基本特征。

要达到"增添上帝的荣耀"这一目的,耶稣会士需要努力提高和完善他们自身以及周围受教的人。这包括两个方面:一是要求具有良好的道德品质和宗教信念,二是要有良好的知识基础及运用知识的能力。耶稣会教育和耶稣会的其他工作一样,都是紧紧围绕着耶稣会的最终目的的,而教育在培养具

① [法]爱弥尔·涂尔干:《教育思想的演进》,李康译,330页,上海,上海人民出版社,2003。

② [美]佛罗斯特:《西方教育的历史和哲学基础》,吴元训等译,247页,北京,华夏出版社,1987。

③ Thomas Hughes, *Loyola and the Educational System of the Jesuits*, London, William Heinemann, 1892, p.71.

有坚定信仰及丰富知识的耶稣会士方面发挥着最主要的作用。可以说，教育是实现耶稣会最终目的的重要工具，它以培养能帮助自己和他人的灵魂的耶稣会士为直接目的。

在耶稣会教育所要培养的两种素质中，良好的道德品质和坚定的宗教信仰是服务上帝的精神基础，而知识及其运用方法则在两方面发挥着重要作用。一方面，人通过学习知识，认识、了解上帝所创造的世界，在体验和欣赏世界的统一和谐之美的过程中，产生对上帝的热爱与崇敬之情。这样，人们就会放弃世俗的、低级的追求，献身于服务上帝的活动。另一方面，掌握了知识及其运用的方法，人才能更好地、更有效地帮助自己和他人的灵魂，引导他们去为上帝服务。总之，人要得救，要服务上帝，就需要在信仰和知识两方面都得到较好的发展。但在罗耀拉看来，在现实生活中，在这两方面都令人满意的人并不多，这种矛盾就使得举办学校教育成为必要之事。

罗耀拉及其后继者所理解的教育包括两方面：一是为培养耶稣会士，提高耶稣会士的素质而进行的教育；二是为促进天主教在世界范围内的发展，由耶稣会士对他人所进行的教育。耶稣会士担负着在世界各地传播天主教教义的重任，任务的艰巨性和所面临的环境条件的复杂性对他们的道德信仰、意志品格、知识能力等各方面的素质提出了很高的要求，因此耶稣会需要一种系统的教育来培养合格的耶稣会士。同时，罗耀拉也看到，耶稣会的教育不必局限于此，当它向社会敞开时，就会有更多的人了解耶稣会的宗旨和理想，掌握为"上帝所青睐"的知识。因此，他建议耶稣会学校招收世俗学生，至少在人文学科教育方面向公众开放学校，并在条件许可的情况下，开办更高层次的公共教育。[1]

耶稣会教育目的的宗教性从其道德教育中可见一斑。与路德等宗教改革家不同，罗耀拉认为天主教会当时所面临的问题不在于其教义发生了偏离，

---

① Ignatius Loyola, *The Constitutions of the Society of Jesus*, part 4, chapter 11.

而在于人们偏离了天主教的传统和信条,因此宗教改革的关键不是改造教会,而是改造个体。因此,罗耀拉在学校教育中赋予宗教道德教育以重要的地位,特别是在培养耶稣会士的教育中。宗教道德教育的手段与方法除了教会学校普遍使用的忏悔、圣事、听弥撒、祈祷以及阅读宗教经典和学习神学知识之外,罗耀拉还运用了一种特别的训练法,即精神训练法,他所撰写的《精神训练》也就成了教学用书。

罗耀拉的精神训练法是从人本有罪这一基督教的基本原理出发的。他认为,人们的心灵中原本都存有罪恶,这种罪恶可以被神性所取代,但是这必须经过严酷的、痛苦的磨炼和斗争才可以实现。从某种意义上说,精神训练就是这样一种意志的磨炼与精神的斗争,以此才能克服人性的缺陷。

为了让人们更容易接受和实践这种方法,罗耀拉设计了一个固定的、循序渐进的程序,整个过程历时 30 天,分为 4 段,每段时长 1 周左右。第一段首先从认识人的罪恶入手,在内心中用意志的力量与之进行斗争,使灵魂得到净化。后面的训练以形成精神上的人神交流为主旨,练习者通过回忆和在头脑中再现耶稣基督从降生、下凡,到受难、复活、升天的全过程,获得神性的体验。在整个训练过程中,罗耀拉要求每位训练者每天进行反省,逐步克服自身的缺点,不断完善自己的道德,以此来改造自己的行为。

除了这种集中时间、固定程序的精神训练外,罗耀拉还把精神训练法运用于日常的宗教道德教育中。学生每天都有固定的时间,在专门人员的组织下进行集体训练。另外,每个人还要根据自己的情况进行自我训练。经过训练,宗教信念被深深地植入了训练者的思想中。

从以上介绍可以看出,精神训练具有不同于一般宗教道德教育方式的特点。

第一,它不是一种被动的宗教道德内容的灌输,而是要求训练者在内心进行积极的体验;它不但要求人们承认自己的罪恶,更重要的是要求人们以严峻、冷酷的态度与其进行斗争，通过斗争达到精神上的自我控制与完善。

第二，它为人们创造了一种使整个身心融合于其中的环境，通过心理暗示，使训练者的意志、情感、行为等方面发生变化。具体地说，就是要以上帝的意志为自己的意志，粉碎一切自我表达的倾向；爱上帝之所爱，行上帝之所命，抛弃个人的权力、兴趣、爱好与意见，成为上帝和罗马教廷的忠实奴仆。

二、融合人文学科、哲学与神学的教学内容

我们从《教育规章》规定的耶稣会学校的教学内容中可以看出，初等和中等教育主要着眼于拉丁语和希腊语这两种古典语言的教学，而高等教育阶段的教学则沿用了巴黎大学的知识体系：古典文法学—哲学—神学。当然，耶稣会学校的知识体系受其教育目的的制约。罗耀拉曾这样说：

> 鉴于耶稣会获得学问的目的是在神的恩惠下，有助于自己和他人的灵魂得到拯救，因此这将成为衡量一般与特定学习内容的尺度，由它来决定我们的学习者学习什么和学习多少。①

以积极的态度对待古典人文知识，并将它纳入耶稣会各级学校的教育中，这是耶稣会教育的另一重要特点。在 16 世纪，人文主义在本质上对基督教信仰构成了一种威胁，但人文主义的发展又是不可阻遏的潮流。罗耀拉和耶稣会对于这种时代潮流与社会需求作出了务实的回应。

> 耶稣会士不仅必须与世界相融合，而且还必须广泛容纳这个世界上盛行的各种观念。为了能够更好地引导他的时代，他必须用这个时代的

---

① Ignatius Loyola, *The Contitutions of the Society of Jesus*, part 4, chapter 5.

语言说话，他必须吸收它的精神。伊纳爵感觉到，人们的生活方式已经发生了深刻的变化，这方面已经不可能有任何回头之路。幸福安乐，不那么艰苦，闲适一些，乐观一些，人们已经获得了对于这样一种生存方式的偏好。要扼杀或摒弃这种偏好已经是不可想像的了。对于自己以及同伴的受苦，人们已经养成了更多的恻隐之心。他会更怜惜受苦，这样一来，往昔的绝对否弃的理念也就宣告终结了。为了防止信众游离于宗教之外，耶稣会士们殚精竭虑，一心想要去除宗教此前的严苛。他们把宗教变成一种令人愉快的事情，设计出种种妥协，便于人们遵守。诚然，为了恪守他们已经指定给自身的使命，避免看起来像是在用自己的示范来鼓舞他们正在与之斗争的创新者，耶稣会士们也不得不同时坚守不可变易的教义的字面说法。①

有别于一般的天主教学校，耶稣会学校"创造性地"把受人们普遍欢迎的人文学科纳入了课程体系。当然，其目的是控制它，引导它，让这种威胁性力量为己所用。因此，在耶稣会的学校中，人文学科与神学、经院哲学的关系不是主次关系，而是基础与上层建筑的关系，人文学科、哲学和神学构成了一个从下到上相互衔接的知识体系。

人文学科包括古典语言和文学，后来演变成包括低级语法、中级语法、高级语法、人文学、修辞学在内的完整结构。它们是学院一级教育机构的教学内容，学习时间一般为5年。在语言教学中，罗耀拉要求学院中的学习者掌握若干种语言，这些语言可以分为两类。

第一类是研究《圣经》及其他宗教经典所需的语言。其中最重要的是拉丁语，它是整个天主教会的宗教用语，也是耶稣会学校的教学用语；其次重要

---

① [法]爱弥尔·涂尔干：《教育思想的演进》，李康译，323页，上海，上海人民出版社，2003。

的是希腊语和希伯来语。

第二类是传教用语。因为耶稣会士将被派往世界各地传教，熟悉和掌握当地的语言是他们完成使命的重要前提条件，所以罗耀拉在会章中就明确提出可以传授阿拉伯语、印地语以及其他国家和地区的语言，"只要这些地区以及导致学习这些语言的动机与我们上述目的相符即可"[①]。文学也具有很高的价值，罗耀拉认为它"使人们愿意学神学"，"使神学研究和实践更完善"[②]，因此他要求安排学识渊博的教师认真传授相关知识。

哲学由逻辑、自然哲学、伦理学、形而上学等组成。自然哲学又包括数学和自然科学中的许多学科。罗耀拉规定耶稣会士要用不少于 3 年的时间学习自然科学，这表明了他对自然科学的重视。完成哲学学业并通过考试者，可以获得硕士学位。神学是耶稣会教育中最高层次的教学内容，罗耀拉为其安排了 6 年的学习时间。它的内容相对狭窄，主要包括《圣经》、经院哲学和其他基督教经典。通过最后的严格考试者可获得"神学博士"的学位。

可见，罗耀拉为耶稣会学校教育所设计的是一个以拉丁语为基础，以古典人文知识为主架，以宗教神学为顶点的课程体系。之后课程设置的变化都是在这个框架内所进行的补充和调整，而非根本性的变动。教学内容的选择紧紧围绕着耶稣会的宗旨，凡是对实现这一宗旨作用不大的知识、学科都被排除在外，法律、医学等在罗耀拉看来就属于这一类知识。

除了为耶稣会学校教育勾勒出课程体系之外，罗耀拉还对具体的教学内容以及教学用书作了一些原则上的规定。

在教学内容上，他提出两点：一是只准讲授确定无疑的内容，不准讲有争议的内容；二是禁止讲授与天主教教义相违背的思想，不仅有违背天主教

---

① Ignatius Loyola, *The Constitutions of the Society of Jesus*, St. Louis, The Institute of Jesuit Sources, 1970, p.43.

② Ignatius Loyola, *The Constitutions of the Society of Jesus*, St. Louis, The Institute of Jesuit Sources, 1970, p.43.

的嫌疑的思想不能讲，即使某种思想没有问题，但持这种思想的人有违背天主教的嫌疑，那么这种思想也不能讲，以免学生因为接触这些思想而去崇拜这位思想家，反受其害。

根据以上两个原则，耶稣会的教学用书以及学生的课外阅读书目都得保证是"可靠、安全"的。在神学的学习中，阿奎那的作品被奉为经典；在哲学的学习中，亚里士多德的著作是标准；在文学的学习中，西塞罗成为学生效仿的榜样。凡含有不合适的内容与思想的书籍，必须事先经清理和删除才能被使用。

我们从耶稣会学校的知识体系设计可以看出，它一方面坚持了教育目标的不可变通性，另一方面又在手段的选择上极富灵活性——虽然不无强硬的甚至招致訾议的规定。正是因为耶稣会学校"积极回应了时代的品味与需要"，将古典人文学科纳入自己的教育体系，并且将它与严肃、神圣的目的相结合，所以在16世纪的欧洲社会曾受到许多人的欢迎。

三、教学方法及教学原则

(一)实际有效的教学方法

德国历史学家兰克(L. von Ranke，1795—1886)指出："耶稣会在教育青年上所取得的成就与其说是因为耶稣会士的学识和忠诚，不如说是由于他们方法的严格和精确。"[①]在耶稣会学校教育中，教学方法一向受到重视，各种实际、有效的教学方法的严格运用是耶稣会学校教育达到较高质量和实现较高效率的重要原因。这种重视教学方法的传统也是由罗耀拉奠定的。他在《耶稣会章程》这个纲领性文件中，特别对耶稣会学校的教学组织方式和方法作了

---

① 转引自史静寰：《耶稣会教育述评》，见《纪念〈教育史研究〉创刊二十周年论文集(17)——外国教育政策与制度改革史研究》，975页，《教育史研究》创刊二十周年暨中国教育史研究六十年学术研讨会，北京，2009。

具体的论述。

1. 教学组织与教学方式

耶稣会学校一律采取全日制教学方式，每天上课 5 小时左右，一般上下午各 2.5 小时左右，另外还有 1 小时安排给学生复习和做作业。此外，高年级学生可以有比低年级更多的自习时间。讲课方式除了大型的公共讲座，还包括班级授课制。学校为入校新生安排考试，根据考试所反映出来的知识水平和智力发展程度，将他们编入相应的班级。每班人数视情况而定，各班一经组成，就相对稳定。各班设有专任教师，其职责是组织教学活动，检查学习效果，掌握教学进度，全面关心本班学生的学习进展情况。

2. 具体方法

关于教学中所运用的具体方法，罗耀拉在会章中就谈到了讲座、讲授、讲演、辩论、阅读、做作业、复述、背诵、考试等。在《教育规章》中，耶稣会学校的教学方法进一步得到充实。

(1) 讲座和讲授。二者都以教师的讲解为主，辅以解答学生的提问。教师不但要向学生讲教材上的有关章节、词句，还要广泛地介绍背景性知识。

(2) 阅读和做作业。它们是学生课外提高和巩固知识的重要手段，教师要经常向学生推荐或指定阅读书目，并认真、及时地批改学生的作业。

(3) 复述和背诵。它们是记忆知识的方法。罗耀拉在会章中曾要求耶稣会学校的教师经常地、定期地通过复述和背诵检查学生对所学知识的记忆情况。

(4) 讲演和雄辩。如果说以上 3 类 6 种教学方法主要是为了使学生掌握知识的话，那么讲演和雄辩则是为了达到另一个目的，即培养雄辩之才。无论是对传教士还是对教师来说，良好的口头表达能力都是十分重要的素质，因此耶稣会学校在教学中特别重视对这两种方法的运用，尤其是后者。在会章中，罗耀拉就曾提出了多种辩论方法，如课堂辩论、公开辩论、同年级的辩论、低年级学生选择题目与高年级学生所进行的辩论或者与此相反的辩论。

辩论不仅形式多样，而且作用也是多方面的。罗耀拉认为，学生通过辩论，不仅可以解决学习中的疑难问题，还可以锻炼胆量，培养口才和应变能力。讲演也是如此，它不仅能训练演讲风格，而且能使学生通过论述具有教诲意义的问题来提高自身的道德修养。

在耶稣会学校中，上述教学方法的运用十分灵活，目的是取得实效。例如，在修辞教学的写作练习中，教师会安排学生学写各种题材、不同文体、长短不一的作文。就散文而言，有演说、短论、辩护词、颂词、长论、信函、仿作经典等形式；就韵文而言，有田园诗、叙事诗、挽歌、唱词等形式；兼具散文和韵文的，则有格言警句、戏剧场景描述、座右铭、谜语以及各种文字游戏等形式。"如果说耶稣会要让学生们始终如一地保持注意力，而且全神贯注于写作，他们也同样敏锐地意识到，保持练习形式的丰富多彩能够防止学生腻烦。"①

(二)教学原则

罗耀拉和耶稣会没有明确提出过教学原则，但他们的教学思想和实践还是明显体现了以下原则。

1. 循序渐进

罗耀拉的课程体系的设计就体现了这一原则，其目的就是要帮助学生打好知识的基础。在会章中，他说："学习中必须注意顺序，一经打下坚实的拉丁文基础，就学习文学，然后学习经院神学、实证神学。"②这样一种知识体系的安排，保证了教学从低级阶段向高级阶段的顺利过渡。

2. 因材施教

罗耀拉注意到了个人的差异，因此他要求学校的管理者和教师重视观察

①　[法]爱弥尔·涂尔干:《教育思想的演进》，李康译，345页，上海，上海人民出版社，2003。

②　Ignatius Loyola, *The Constitutions of the Society of Jesus*, part 4, chapter 6.

自己的教育对象，根据他们的实际情况来安排教学。要根据学生的知识水平、才能、年龄进行分班，教师上课的内容要视听众的人数和知识水平来决定，以保证有关知识被牢固掌握。对于那些学习过于急迫的学生要有所节制，而对学习不够努力者要有所刺激；对于那些身体健康、智力突出的学生，"最好是让他们所学的比自己的才能和年龄超前一些"①。对于每一位学生来说，他学什么、学多长时间、用何种学习方法，都可以因人而异。

3. 适时性

罗耀拉十分强调根据时间、地点、人员等环境因素的变化而调整教学程序的必要性，因为他认为教学程序只是达到教学目的的手段、途径。罗耀拉的教学计划，不仅把中世纪的显学——神学列入其中，而且把当时人们普遍喜爱的西塞罗文学纳入教学体系。这种适时性正是耶稣会教育受到人们欢迎并取得成功的一个重要原因。同时，他反复强调教学计划要有灵活性、要有变通的余地，以满足不同地区的青年的不同兴趣和需要。罗耀拉这一教学原则在《教育规章》中有了更加具体的体现。

4. 全面发展

罗耀拉显然接受了人文主义教育培养"全人"的思想的影响，因此他设计的教育涵盖了德、智、体等多方面的内容。强调宗教道德要与知识、身体和谐发展。他提出，学生在校学习时，一方面要避免由于"对学习的渴求而使他们对坚实道德和宗教生活的热爱下降"，另一方面"也不要用过多的时间进行禁欲、祈祷和过长地进行冥想"。② 知识教学要结合宗教道德的教育。例如，阅读的书目应不违背教义，辩论讲演的主题应有助于学生形成纯洁和良好的道德。在使学生的道德和学识获得进步的同时，教师还要关心学生的身体健康。为此，后来的《教育规章》详细规定了作息时间、假期制度以及娱乐和体

---

① Ignatius Loyola, *The Constitutions of the Society of Jesus*, part 4, chapter 13.
② Ignatius Loyola, *The Constitutions of the Society of Jesus*, part 4, chapter 4.

育活动。

纵观以上教学方法及教学原则，耶稣会教育确实吸收了当时教学理论与实践中的许多优秀成果和成功经验，并在教学实践中有效地将其付诸实施。

四、高素质与专业化的师资

教师的素质是决定教育质量的重要因素之一。对于这一点，罗耀拉有着深刻的认识。在《耶稣会章程》中，他多次强调在教学中要有充足的、合格的教师。在他看来，一名合格的教师不仅要有渊博的知识，而且要有优秀的道德品质，同时必须刻苦、勤奋、乐于奉献。此外，即使是普通的耶稣会士，在未来的拯救他人灵魂、传播天主教教义的过程中，也同样要面对如何教人的问题。因此，罗耀拉把培养优秀的教师、将耶稣会士作为教师来培养的思想贯穿于耶稣会的教育实践中，并提出了一套行之有效的措施和方法。

（1）借助严格的入会审查和考核制度，保证耶稣会招收高质量的新会员。会章规定，凡申请入会者，都要接受包括知识、性格、身体及社会适应能力等多方面的严格审查。"越具有知识，越具有道德光彩，越具有长期从事研究的健康体魄越好。"①那些有品行劣迹者、动机不纯者、意志不坚定者、智力低下者、身体不健康或有缺陷者都难以入会，即使此人有地位、财富和声望。通过检查者被编入学舍，作为见习生，接受时间长达两年的严格的精神上和身体上的训练。这又是一个筛选的过程。在训练期间，凡被认为对上帝不忠、对长官不敬、侵犯他人、违抗命令或玩忽职守、弄虚作假者，以及能力不强、身体不壮者都将被淘汰。只有通过这样严格的淘汰选拔者，才会被正式接纳入会。因此能够加入耶稣会的都是身心各方面俱佳、素质突出的"杰出分子"，这就保证了耶稣会教育的高效、高质。

---

① Ignatius Loyola, *The Constitutions of the Society of Jesus*, St. Louis, The Institute of Jesuit Sources, 1970, p.29, and see part 14, chapter 2 and 3.

（2）利用金字塔式的组织系统和无情的选拔性考试，促使会员不断提高。一般说来，通过见习期的训练和考核者方能进入学院，并且接受系统正规的人文学科方面的知识教育，时间约为 5 年。学成者才有资格在耶稣会学校教授人文学科；未能完成学业者只能担任"院外助工"，在会中从事简单的工作或体力劳动。结束学院学习的人可以升入大学学习哲学和神学，通过考试后成为"神父"；其中的杰出者再学习数年神学，经过严格考核，就可以获得"发愿神父"的称号。这是耶稣会的核心和中坚力量，人数极少。在罗耀拉去世时，1000 多名会员中也只有大约 40 名"发愿神父"。他们除承担其他职责外，大都在耶稣会大学任教，教授神学、哲学等高级科目。这种金字塔式的教育结构，一方面为会员的提高和发展创造了条件；另一方面又筛选出了各种层次和水平的师资力量，使他们能人尽其才，各尽所能。同时，从见习生到"发愿神父"需用时 15~16 年，即使是充任人文学科教师者，也都接受了 7~8 年的严格教育与训练，这就使得耶稣会学校教师的素质要高于当时欧洲普通教师的水平。

（3）对会员进行教育学和教学法方面的培养和训练，使耶稣会士具备教育他人的良好能力。在《耶稣会章程》第四部分中，罗耀拉专门列出一节谈这一问题。虽然其中谈的是具体方法，而且并不全面，但这也能反映出罗耀拉的上述思想。他要求耶稣会学院的教学应该让未来的会士掌握使自己的布道讲演能够有效影响听众的最佳方式。这种方式应该不同于"学究式的说教"，而是包含对不同的教育对象应采用不同教育方法的原理。罗耀拉在世期间曾多次用通信方式回答耶稣会士有关教育、教学等的问题，并鼓励他们在这方面大胆探索，积累经验。

罗耀拉去世后，其后继者继承并发展了他的重视师资培训和耶稣会士说教能力培训的思想，并将罗耀拉设计的培训制度进一步充实和完善。1565 年，耶稣会第二次全体会议要求各修会省建立对会员进行师范教育和训练的"教育

学院"及类似机构。1599 年颁布的《教育规章》明确规定，耶稣会学校校长应
在本校内聘请有经验的学生担任人文学科教师，每周 3 次对准备担任这一工
作的学生进行有关如何做好教学工作的指导，而教师基本技能的训练则贯穿
整个教育过程。在漫长的中世纪，教士、修道士充任学校教师在欧洲是一个
普遍的现象；但是没有一所教会学校像耶稣会学校那样，把训练教师的工作
自觉地纳入自己的教学计划中；也没有一位教会教育家像罗耀拉那样，具有
把教士培养成为合格教师的明确意识。在"教士—教师"这一普遍的模式中，
罗耀拉的贡献在于从宗教的角度提高了教士对教师工作的职业认识和责任感，
从教育的角度加强了教士作为教师的职业准备与训练。正是在他这一开创性
的思想的指导下，耶稣会才形成了重视教师教育的传统，才能稳定地培养出
高素质的师资，才能在迅速发展的近代教育中经久不衰。

第四节　耶稣会对教育的影响

耶稣会的学校是 16—18 世纪欧洲最为成功、影响最大的教育体系。且不
说它培养了那么多各个领域的人才，耶稣会的学校教育对当时及后来的西方
教育实践、教育制度也产生了多方面的深远影响。

一、精神训练

罗耀拉编写的《精神训练》是基督教西方历史上重要的灵修经典之一。作
为耶稣会灵修传统的核心资源，《精神训练》不仅铸就了耶稣会士特殊的灵魂
面貌，维系了耶稣会的精神命脉，并且影响了全世界无数人的信仰生活，包
括非天主教徒。天主教会一直保持着对《精神训练》的践行与研究，即使在 20
世纪，对《精神训练》和耶稣会灵修的研究仍呈现出强劲的态势。这与多位教

皇的称赞和提倡有关。例如，1948 年，教皇庇护十二世（Pope Pius ⅩⅡ）宣布"伊纳爵的《神操》（《精神训练》）永远是使世界精神重生最有效的工具"。1990年，罗耀拉诞生 500 周年之际，教皇约翰·保罗二世称《精神训练》为"天主为了他子民的好处而赐给耶稣会的宝贵的成圣工具"，鼓励对其开展"各种研究及短期课程研讨"，以因应今日教会所面临的挑战。①

罗耀拉所倡导的精神训练除了具有特殊的宗教道德教育的意义之外，在一般教育的意义上，也有不可忽视的价值，集中体现为它促进了教育中的非智力因素的发展。非智力因素一般是指动机、兴趣、情感、意志、性格 5 种基本心理因素。从教育的角度看，这些因素以动机为核心，调节着教学活动的进程，起着始动、定向、维持、调节等作用，对于知识的掌握、智力的发展起着重要的推动作用。精神训练首先要求人能够反省自己当下的内在状态。内在的省察是一个人能够了解自己内在状态的唯一方法。那个隐秘的处所只有自己才有可能了解和抵达，他人无法探知你的内心世界。利用内省来认识自己，利用持续不断的内省克服自己内心的罪恶，从而使自己的意志更坚强、性格更完美，同时唤起内心的崇敬感和学习动机，不啻有效的修行方法。有人说，这种方法能够让人真实地"触碰良心，而不是注意那种'我不好''我不对'的概念，因此去批评自己或他人"。感受、体验而非判断，这样的方法对学生的心理能够产生相当强大的影响作用，不仅在当时是新颖而有效的方法，"就是在当代，也被认为具有心理学、伦理学、社会学及哲学上的研究价值"②。尽管能像罗耀拉那样坚持一个月每天内省两次，并仔细记录的人为数不多，"然而其中的一些理念，对人的内在状态的把握和洞察，影响力远远超过了这一套训练本身。这种衍生的效应，才是依纳爵和耶稣会对道德教育最

① 沈满琳：《依纳爵〈神操〉及耶稣会灵修研究综述》，载《世界宗教文化》，2017(2)。
② 史静寰：《耶稣会教育述评》，见《纪念〈教育史研究〉创刊二十周年论文集(17)——外国教育政策与制度改革史研究》，972 页，《教育史研究》创刊二十周年暨中国教育史研究六十年学术研讨会，北京，2009。

大的影响之所在"①。

二、纪律转型

在涂尔干看来,耶稣会学校教育取得成功的秘密之一就是其纪律结构呈现出"最大的技巧与原创性"②。罗耀拉不赞成苦修与体罚,耶稣会学校教育的纪律建立在两条准则之上:一是师生之间保持个人化的持续接触;二是教师通过竞争激励学生。涂尔干认为,后来的学校教育的纪律继承了这样的特征。而这些特征与以往教育中以惩罚为主要约束机制的规训方式形成了鲜明的对比。

耶稣会学校要求教师与学生保持紧密的接触,其目的之一是确保学生不会放任自流、懈怠无为,让学生始终处于某种压力之下,以避免邪恶的影响。耶稣会学校的学生基本上没有独处的时间,无论是在教室、食堂,还是在操场、寝室,教师或管理者始终在他们身边。但是这种密切的接触与监管的目的不只是预防学生出现不良言行,还在于教师和管理者能随时随地地考察学生个人的性格与习惯,以便能成功地找到最适合的教育方法。"换句话说,这种直接的、持续的交往据信不仅要使教育过程的效果更能维持,而且让这种教育过程更具个人性,更好地适合每个学生的个人特征。"③可以说,耶稣会的学校既强调教育的统一性与规范性,又强调教育的个性化与多样化。

与此同时,耶稣会学校重视运用形式多样的辩论、定期与不定期的竞赛等竞争性机制来发挥引导与教育作用。而这种竞争机制在我们今天的学校教

---

① 娄雨:《信仰传统与时代精神之间的教育实践者——依纳爵与早期耶稣会教育的理念》,载《教育史研究》,2017(1)。

② [法]爱弥尔·涂尔干:《教育思想的演进》,李康译,361 页,上海,上海人民出版社,2003。

③ [法]爱弥尔·涂尔干:《教育思想的演进》,李康译,361 页,上海,上海人民出版社,2003。

育中已经是相当重要的。耶稣会意识到不仅仅要通过师生之间的密切接触来限制学生和保护学生，还必须想方设法激励学生。"他们不仅首先在学院里组织起竞争性体制，而且这种竞争性体制在他们手上发展到的强度也是后无来者的。"①通过竞争，让学生分出等级高下，让失败者感到羞愧，让优胜者得到奖赏与荣誉。耶稣会学校通过竞赛，让学生保持紧张的学习状态和积极主动的学习心态。

在这一点上，与此前曾经的做法相比较，耶稣会士们又一次引发了一场革命。我们已经看到，在中世纪的巴黎大学和各家学院里，根本就不曾听闻有什么竞争体系。在那时候，没有任何奖赏来回报优良业绩，激励更多的努力。而组织考试的方式对于那些自觉用功的学生来说，也差不多就是一种例行公事。而在这里，我们看到，突然之间出现了一种全然不同的体系。它不仅确立了自身的地位……现在我们更容易理解，耶稣会士们所提供的训练是如何成功地实现了我们刚才谈的这种强度。他们整个的纪律体系都是围绕着这项目标来组织的。学生们生活在持续的竞争状态中，这就激发他们极力调动自己理智和意志的全部储备，甚至把这一点看成是至关重要的事情。与此同时，他们还受到巨细无遗的监管，从而做到了防微杜渐。他们能够感到自己是在受到引导，受到支撑，受到鼓励。事事都诱使他们尽力而为。结果，在学院里，活动的强度就是货真价实的，当然，它也有缺陷，因为学生们对它的投入更多的是表面文章而不是发自内心，但是它确实存在，这一点不容否认。②

---

① ［法］爱弥尔·涂尔干：《教育思想的演进》，李康译，362 页，上海，上海人民出版社，2003。

② ［法］爱弥尔·涂尔干：《教育思想的演进》，李康译，364~365 页，上海，上海人民出版社，2003。

那么，耶稣会学校在纪律方面的创造性是从哪里来的呢？是出自耶稣会本身所追求的特定目标和使命，还是对时代变迁的回应呢？答案显然是后者，因为我们从同一时期的人文主义教育家如拉伯雷(F. Rabelais，1494—1553)和伊拉斯谟等人那里可以发现类似的思想。文艺复兴时期是西方个人意识觉醒的时代，因此这是时代的召唤，也是教育发展的趋势。

> 我们已经看到，对于荣耀的图慕，对于赞扬的渴求，还有那种荣誉感，无论是在拉伯雷和伊拉斯谟眼里，还是在16世纪主要思想家眼里，都是一切精神活动的根本动机，从而也是一切学术活动的根本动机……(同时)很清楚，随着人们的意识越来越个人化，教育本身也必须变得越来越个人化。从开始要求教育针对独立存在的、异质性的个人发展自身影响的那一刻起，它就不能继续以笼统适用的、同质性的、一致性的方式发展了。它必须多样化；而要想做到多样化，教育者就不能还是与学生保持距离，而得接近学生，以便更好地了解学生，能够根据个人的多种性质，灵活调整自己的行动。①

三、重新认识体育

"健康之精神寓于健康之身体"，这句话出现在洛克《教育漫话》的开篇，通常教育史教科书对其都会有所提及，甚至由此奠定了现代教育中对身体与精神关系的理解以及对体育的重视的根基。然而，这句话并非洛克的原创，而是出自古罗马诗人尤文纳利斯(Juvenalis)的诗句："我祈求在健康的身体中，有一个健康的灵魂。"这句话在学校教育中的影响也并非从洛克开始，在

---

① [法]爱弥尔·涂尔干:《教育思想的演进》，李康译，366~367页，上海，上海人民出版社，2003。

他之前的耶稣会士就已经用这句话来概括教育所应具有的品性了。①

对于身体，以及身体与灵魂之间的关系，基督教思想中一直存在着一种内在的张力。一方面，在《圣经》中，身体就被称为"圣神的宫殿"，带有信仰的神圣意味，是值得尊重和珍视的；另一方面，身体又长期被斥为"灵魂的牢狱"，是堕落的象征。身体与灵魂的平衡，原本应该是一种理想的状态，但实际上二者长期是对立的。纵观历史，我们可以看到，在中世纪这一天平长期向灵魂倾斜，而在文艺复兴时期，又存在向身体倾斜的倾向。在中世纪的教育中，除了骑士教育因为必需的因素而融入身体训练之外，其他类型的教育似乎都将体育排除在外，或者把体罚作为道德教育与精神训练的方式。

在天主教教育中，改变这种境况的正是耶稣会。"健康之精神寓于健康之身体"也是早期耶稣会教师们"经常提到的诗句"，不论其原意侧重的是精神还是身体。但是在教育中，以正面的方式把身体和精神相提并论，已是一个巨大的转变和突破。身体不再被视为与精神对立的，没有必要为了提升一个而贬抑另一个；身体的健康并不妨碍灵魂的得救，或许还有可能帮助履行神圣的宗教职责和传教工作，对身体的看法在耶稣会这里已经跟此前截然不同。②

罗耀拉因为受伤而放弃了骑士梦想，耶稣会因为需要行走传教而放弃了苦行，而耶稣会教育因为顺应时代而吸纳了"全人"教育思想。因此，耶稣会学校开设了体育，学生每天都有一定的时间进行体育活动，学校还举行学生之间的体育比赛，这在当时的学校中是相当新颖的。直到今天，耶稣会士们还是认为"健康之精神寓于健康之身体"这句话"巧妙地捕捉到了早期耶稣会

---

① 参见娄雨：《信仰传统与时代精神之间的教育实践者——依纳爵与早期耶稣会教育的理念》，载《教育史研究》，2017(1)。

② 娄雨：《信仰传统与时代精神之间的教育实践者——依纳爵与早期耶稣会教育的理念》，载《教育史研究》，2017(1)。

教育的精神"①，仍有大量的耶稣会学校把这句话当作校训或格言。

在教育史上，罗耀拉和耶稣会的地位不应被低估。尽管罗耀拉和其他耶稣会士没有留下重要的教育著作，但是他们对教育的明智态度和踏实践行的行为，他们建立的完整而规范的学校体系，以及这些学校培养出的无数的宗教、政治、思想、文化方面的人才却影响了之后数百年的教育历史乃至人类历史。一代代耶稣会传教士筚路蓝缕，胼手胝足，推动了天主教和西方文化在全世界的传播。明清来华传教的利玛窦、罗明坚、汤若望等人即是耶稣会有名的传教士。近代早期耶稣会的教育活动不仅对欧洲大陆的教育，而且对欧洲以外地区的教育，都作出了较大的贡献。它的教育组织的严密性、教育活动的计划性，以及培训师资的独特方式，为以后西欧大陆国家的教育所吸收。耶稣会学校高水平的教学为同时代的人所赞叹。英国的弗朗西斯·培根曾称赞道："关于改善教育的途径，应求教于耶稣会的学院，没有一种教育措施胜过他们。"②

当然，耶稣会的教育并不完美，其宗教属性也不容否认。例如：对教皇的忠诚有悖于对民族国家的认同；古典人文教育徒有形式，而缺失精神；母语与母语文化教育受到忽视；因为实践中存在极端主义倾向，所以利用竞争激励学生的方法被剥夺了其固有的特性，师生之间的密切接触也限制了学生的自由，并且精神训练给学生造成了身心上的损害；等等。社会学家和教育思想家涂尔干作为一名法国人，尽管对耶稣会的教育方法有诸多批评，并且在情感上嫌恶它，但是他在阐述耶稣会学校对法国的影响以及对耶稣会的教育进行评价时，他这样说道：

---

① Barton T. Geger, "*Cura Personalis: Some Ignatian Inspirations*", *Jesuit Higher Education*, 2014,3(2):6-20.

② 林玉体:《西洋教育史》,214 页,台北,文景出版社,1981。

　　17 世纪和 18 世纪所有伟人都是耶稣会学校的学生：耶稣会的教育以一种普遍的方式，在我们民族精神的形成中扮演了重要的角色，赋予了它在自己完全成熟时展现出来的那些独有特征。这就是在这样的考察中会浮现出来的结论。当然我们也坚持认为，法国的民族气质受制于一些严重的缺陷，在一定程度上是它在耶稣会的学校里染上的，归之于他们所使用的方法；即便如此，现在同样可以肯定的是，它在整个思想史上也已经显出了璀璨的光华。如果我们希望公允地评价那些塑造了这种民族气质的人们，就必须牢记这一点。①

① ［法］爱弥尔·涂尔干：《教育思想的演进》，李康译，331 页，上海，上海人民出版社，2003。

第六章

英国教育的发展

英国教育的历史源远流长。大不列颠岛原本是欧洲大陆的一部分，7000多年前的冰川时代结束时，冰川融化淹没了低地，形成了英吉利海峡和北海，大不列颠岛因此变成了岛屿。人们所知的大不列颠岛的最早的居民是伊比利亚人（Iberians），他们约生活在公元前 3000 年的新石器时代。约公元前 2000年，从现在的荷兰和莱茵兰地区来了宽口陶器人（Beaker folks）。此后，凯尔特人（Celts）于公元前 700 年不断迁居到大不列颠岛，直至罗马帝国入侵。有记载的英国历史是从罗马帝国入侵开始的。公元前 55 年，罗马帝国的凯撒入侵，至公元 43 年罗马帝国最后征服大不列颠岛，罗马式的教育也一并被传入。5 世纪中叶，日耳曼的三支条顿人部落朱特人（Jutes）、撒克逊人（Saxons）和盎格鲁人（Angles）开始入侵大不列颠岛，正是盎格鲁人把自己的名字给了英国人①。至 7 世纪初，盎格鲁-撒克逊人的氏族制度逐渐解体，形成村社制度，并开始了封建化的过程。大不列颠岛南部出现了 7 个王国：3 个盎格鲁王国，即诺森布里亚（Northumbria）、默西亚（Mercia）、东盎格利亚（East Anglia）；3 个撒克逊王国，即埃塞克斯（Essex）、苏塞克斯（Sussex）、威塞克斯（Wessex）；朱特人王国肯特（Kent）。6 世纪中后期，英格兰开始了基督教化进程，来自爱

---

① 英格兰这个名字源自"盎格鲁人"（Angles），其原名"Engla-lond"，意为"盎格鲁人之地"。

尔兰的凯尔特教会和来自欧洲大陆的罗马教会分别从北部和南部在英格兰传播基督教。两个教会一度对峙，后来罗马教会取得优势；从 664 年起，凯尔特教会服从于罗马教会。在传教的过程中，两个教会都各自创建了修道院作为活动基地。597 年，肯特王国建立了坎特伯雷（Canterbury）主教区，罗马本尼狄克修会的坎特伯雷的奥古斯丁（St. Augustine of Canterbury, ? — 604 年）成为坎特伯雷大主教并建立了第一所主教学校，开展文法教育和歌咏教育，培养基督教神职人员，这是英国有组织的教育的开始。634 年，受大不列颠岛中部的诺森布里亚王国的国王之邀，爱奥那岛的爱尔兰修道士在林第斯凡（Lindisfarne）建立了一所修道院学校。此后，由基督教会开办和控制的有组织的教育机构在英格兰迅速发展。学校机构包括附属于修道院的修道院学校、附属于主教教堂的主教学校、附属于村落教堂的堂区学校。

从 8 世纪末开始，来自北欧的维京人（Vikings）入侵英格兰。为抗击维京人，威塞克斯王国国王埃格伯特（Egbert）于 829 年结束了七国割据，建立了统一的英格兰王国。维京人的入侵导致许多修道院和学校被毁，教堂变为废墟，学者大量外流。在阿尔弗雷德大帝（Alfred the Great, 849—899）统治时期，阿尔弗雷德大帝对英格兰文化教育的落后深感焦虑，于是投入资金修复教堂、建立修道院、设置学校，指令主教和祭司推行教育工作。阿尔弗雷德大帝还开设宫廷学校，教育王子和大多数贵族子弟，也收容一些非王族子弟，他们学习拉丁文和本民族语言，也学习文化学科和宗教知识。阿尔弗雷德大帝时期文化教育的业绩恰似欧洲大陆上的法兰克王国的查理大帝时期的"学术中兴"。[1]

---

[1] 参见滕大春主编：《外国教育通史》第二卷，28 页，济南，山东教育出版社，1989。

1066年法国诺曼底公爵威廉征服英格兰①，国王成为全国土地的最高所有者，通过土地分封，建立了完备的封君封臣制度。诺曼底征服是英国历史上的一件大事，它为600多年来的盎格鲁-撒克逊封建制度的发展作了一个总结，又开创了英国封建制度全盛时期的新时代、新局面，从诺曼底征服到亨利二世(Henry II，1154—1189年在位)统治结束时的近一个半世纪里，英国封建制度的基础和上层建筑得以全面建立，到13世纪达到极盛。除了教会办理的教育机构和世俗国王及大贵族办理的宫廷学校，一种新的贵族教育制度即骑士教育开始在英国盛行。

11、12世纪，英国城市兴起，产生了新的市民阶层，服务于市民阶层的城市学校得到了发展。城市经济和文化还催生了英国两所最古老的大学——牛津大学和剑桥大学的建立，在英格兰王权与罗马教权的斗争中，大学获得了许多特权并在规模上不断扩展。

封建主义在英国的产生、发展和繁荣的历史进程中，英国的各级各类教育也随之发展和变化，并且被深深打上了宗教神学的烙印，英国教育的文化传统也逐渐形成。

至15、16世纪，资本主义经济在英国迅速发展，社会结构发生了重大变化，以商人、乡绅、约曼(Yeoman)②为主体的社会新贵族阶层崛起，他们对

---

① 征服者威廉(William the Conqueror，约1028—1087)，诺曼王朝的首位英格兰国王(1066—1087年在位)。本是法国诺曼底公爵，1066年10月，在黑斯廷斯与英格兰国王哈罗德二世决战(黑斯廷斯战役)，获胜后，威廉直取伦敦，于是年年底自封为王，称威廉一世。他重用并分封土地给诺曼人，压制盎格鲁-撒克逊贵族，强令领主效忠；编制《末日审判书》，是欧洲中世纪最具影响力的君主之一，其影响包括统治者的改变，英语的改变，社会和教会的上层等级的变化，并且采纳了一些大陆教会改革的观点。

② "约曼"一称起源于13世纪，在13世纪到15世纪是一个具有"服役"含义的词汇，是指"扈从、侍从或者随员"，后被用以指谓一个具有等级和身份规定的社会集团。约曼在英国是一个特殊的社会群体，在中世纪要承担一定的封建军事义务，到了近代，约曼的地位在乡绅之下，是耕种自有土地的小地主。但这个群体的社会界限不甚明确，在社会分层中，富有的约曼与小乡绅之间没有明确的界限。到了19世纪，英国的约曼处于衰落中。

教育提出了新的诉求。而对 16、17 世纪英国教育发展产生重大影响的则是
1534 年英国的宗教改革，宗教改革使英国教育开始朝着民族化、国家化的近
代化进程迈进。

第一节　教育法令与教育管理

　　教会控制教育是英国历史的一个基本特点。①中世纪英国的教育主要由天
主教会控制。长期以来，人们对于国家与教育的关系就形成了这样一种传统：
教育"与国家无关"（no-business-of-the-State）②。政府认为教育是教会、民间团
体或者私人的事务。由此，政府一直都奉行对教育不干预的政策，亦不给予
财政上的支持。在宗教改革前，教育的领导与管理权力主要由罗马教廷属下
的英国天主教会控制。但 1534 年宗教改革后，一种新型的教会与国家关系开
始确立，政教二元体制消失，英国朝着政教合一的一元体制发展，直至 1688
年"光荣革命"，最终建立起君主立宪制政体。16、17 世纪，出于建立统一的
国教宗教信仰、巩固封建王权的需要，政府开始加强对教育的监控。这一时
期，政府并没有颁布专门的教育法令，只是在其颁布的一系列宗教法案和社
会救济法案中有关乎教育和学校的条款，依据这些法令和条款，政府加强了
对教育的监督和管理。

---

　　①　参见 [英]奥尔德里奇：《简明英国教育史》，诸惠芳等译，38 页，北京，人民教育出版社，
1987。

　　②　E.P.Cubberley, *The History of Education*, New York, Houghton Mifflin Company, 1920,
p.633.

一、教育法令

(一)宗教法案中的教育条款

1.《至尊法案》

《至尊法案》(*Act of Supremacy*)是1534年国王亨利八世(1509—1547年在位)授意国会通过的有关宗教改革的法令。它宣称国王是英国教会在世间唯一的最高元首;罗马教皇对英国教会不存在任何管辖权;国王对英国教会拥有决定教义、施行圣事和制止异端的权力;英国教会的主教由国王提名,宗教会议只具有形式上意义,它不能对国王的提议持否决的态度;由国王提名而被任命的神职人员必须向国王宣誓,过去向教皇所作的宣誓被一概废除。同时,《至尊法案》规定,凡拒绝承认国王为英国教会最高元首者,均按叛逆罪论处。

此后,英国完全脱离了罗马教廷的控制,成为一个新教国家。与罗马教廷决裂后的英国教会称"安立甘教会",又称"圣公会",具有国教的地位。[①]《至尊法案》是指导英国宗教改革的"基本法"。亨利八世及其后继者颁布的系列法案的根本目的就是要维护和贯彻《至尊法案》的规定。

为维护《至尊法案》,1539年亨利八世又颁布了《取缔分歧意见的六条信仰法案》,打击路德教派信徒。亨利八世的继位者爱德华六世(Edward Ⅵ,1547—1553年在位)执政期间,国会于1549年通过了第一个《统一法案》(*Act of Uniformity*),规定英国国教同用一本《公祷书》(*The Book of Common Prayer*),维持《至尊法案》的相关规定。其后,爱德华六世的继位者玛丽一世试图恢复天主教的权威,反对亨利八世和爱德华六世时期所实行的一切宗教改革措施,下令废止《至尊法案》和当时颁布的一切有关宗教问题的敕令。而后玛丽一世的继位者伊丽莎白一世(1558—1603年在位)于1559年又宣布被玛丽一世废止

---

① 由于英国与罗马教廷的决裂是经由亨利八世的改革来进行的,而亨利八世并没有宣布放弃天主教信仰,因此改革后的英国国教保留了天主教的教义、主教制度和圣礼仪式。

的《至尊法案》继续生效，同时还宣布恢复 1549 年的《统一法案》，修订爱德华六世时期的《公祷书》，并确立了英国国教的主教制度。1559 年王室法令还针对学校教师作出规定：想成为教师的人必须参加宗教考试并获得主教颁发的从业许可。①教师必须参加宗教考试的规定直到 1871 年才被废止。1571 年，伊丽莎白一世又亲自主持修订《三十九条信纲》，并将定稿提交国会通过，将其正式定为英国国教会的信纲，并将其编入《公祷书》。对于广大基督教徒，英国国教会并不强行规定他们必须接受《三十九条信纲》。但是，英国国教会要求该教会的神职人员以及牛津大学、剑桥大学的成员必须遵守《三十九条信纲》，并且承认它是符合上帝之道的。1580 年，王室又颁布惩罚宗教信仰不坚定教师的法令。法令第 5 条："凡雇用经常不去教堂做礼拜的教师的社团罚款 10 英镑；对于教师则解除职务，关进监狱。"②

进入斯图亚特王朝时期③，詹姆士一世（James Ⅰ，1603—1625 年在位）继续贯彻伊丽莎白一世的宗教政策。他于 1604 年主持召开了汉普顿会议，批准了《教规法典》，其中第 36 款规定，所有获得神职、圣俸或得到许可证的教师必须宣誓他们自愿赞同《至尊法案》《公祷书》和《三十九条信纲》。

查理一世（Charles Ⅰ，1625—1649 年在位）于其执政时期加大了对清教徒的迫害，大批清教徒被解除圣职、剥夺薪俸，或被吊销布道许可证，遭受高等法庭的审讯，一些人甚至被逐出英国。

2.《统一法案》

1660 年，斯图亚特王朝复辟。查理二世（Charles Ⅱ，1660—1685 年在位）于其执政时期，为巩固英国国教会的地位，于 1661 年 5 月 8 日召开新一届议

---

① John Lawson & Harold Sliver, *A Social History of Education in England*, London, Methuen & Co Ltd., 1973, p.100.

② ［美］克伯雷选编：《外国教育史料》，华中师范大学教育系等译，285 页，武汉，华中师范大学出版社，1991。

③ 斯图亚特王朝（The House of Stuart），初名为斯迪瓦特王朝（House of Stewart），是于 1371 年至 1714 年统治苏格兰并于 1603 年至 1649 年、1660 年至 1714 年统治英格兰和爱尔兰的王朝。

会。1661—1665 年，议会的一系列法案最终形成了《克拉兰敦法典》(*Code of Clarendon*)。《克拉兰敦法典》主要包括 4 部法令：《城市团体法案》(*Corporation Act*，1661 年)、《统一法案》(*Act of Uniformity*，1662 年)、《宗教集会法案》(*Conventicle Act*，1664 年)、《五英里法案》(*Five Mile Act*，1665 年)。

1662 年颁布的《统一法案》是英国历史上最后一个，也是最严厉的一个宗教统一法令。它要求在任何教会机构从事神职的人员和在任何机构从事教学的人员都必须在 1662 年的圣·巴托罗缪纪念节(8 月 24 日)以前或在个人接受圣职或取得各种职位的当天或以前，签署遵奉《至尊法案》和信奉国教的宣誓和承诺。任何教师必须事先获得各自的大主教、主教或教区主教根据本国的法律和法规的规定(他应该交 12 英镑)颁发的特许状，交纳捐款并取得收据。①

《统一法案》的意图是把所有不遵奉国教的神职人员和教师都驱逐出他们活动的教区或教学机构，并禁止他们举行礼拜仪式或开展教学；保证全体教师在政治上对国王忠诚，在宗教上信奉国教。

17 世纪后半期，政府对非国教的教育从业者的控制不断加强，甚至到了 1689 年以后，非国教信仰者仍没有开办并管理自己学校或学院的权利。1665 年的《五英里法案》对于拒绝接受 1662 年《统一法案》的神职人员或学校教师有如下规定：

> 在英格兰王国内，凡选派议员进入国会的市，有市的特权的邑或自治市，在五英里以内禁止任何牧师传教或任何教师进行教学，或在任何公私立学校任教，或接受自己或别人所教的学生膳宿，违者罚款 40 英

---

① 参见[美] 克伯雷选编：《外国教育史料》，华中师范大学教育系等译，286~287 页，武汉，华中师范大学出版社，1991。

镑，监禁 6 个月。①

　　1670 年，国会对这些法令进行了部分修改，使之不适用于捐助初级学校
的教师。政策的松动使英国在 1660—1730 年产生了近 1100 所捐助初级学校。
而有关中等教育的规定直到 19 世纪下半叶以前一直没有被修改，其结果是导
致了中等教育的大衰退。

　　詹姆士二世(1685—1688 年在位)即位之后，采取极端的宗教政策，极力
恢复天主教在英国的统治地位。一方面，詹姆士二世对清教徒进行了比查理
二世时代更为严厉的迫害；另一方面，他于 1686 年 7 月设立管理教会的宗教
委员会(Religious Committee)，试图削弱英国国教会的势力。极端的宗教政策
最终导致 1688 年的"光荣革命"。

　　(二)社会福利法案中的教育条款

　　16 世纪初至 17 世纪中后期的英国处于由封建社会向资本主义社会转变的
过渡时期，也是社会动荡、贫困问题最为突出的时期。14、15 世纪以来的圈
地运动导致大量农民失去土地；玫瑰战争(Wars of the Roses，1455—1485 年)
导致经济衰败、民不聊生；16 世纪的价格革命②使农民和城市居民的生活进
一步恶化；宗教改革关闭了天主教堂、解散了修道院，使原来由教会管理的
承担济贫职能的各种机构消失；再者，此时期人口增长，而工业发展处于初
级阶段，对劳动力的吸收能力有限。诸多因素引发了社会动荡，造成了社会
上的流民问题、贫困问题、犯罪问题。这一时期，社会对待贫困的观念也发

---

　　① ［美］克伯雷选编：《外国教育史料》，华中师范大学教育系等译，287 页，武汉，华中师范
大学出版社，1991。
　　② 价格革命又叫物价革命(Price Revolution)，是指 15 世纪地理大发现后，西班牙人入侵美洲，
破坏了美洲印地安人的印加文明和阿兹特克文明，并且掠夺大量贵重金属（主要是黄金白银）回欧洲。
但是欧洲的各项物资并未增加，加上人口增加，导致商品农产品产量供不应求，物价尤其是粮食价格
急剧上涨。

生了重大改变。中世纪基督教提倡爱上帝、爱邻人，贫穷者不是下等人，穷人才是圣徒。但到了 16 世纪，由于新教神学对传统的神恩济贫观念的批判，社会普遍认为贫穷是可耻的，贫穷的存在导致了大量的社会问题，是犯罪、疾病、瘟疫等万恶之源，贫穷是由人们的懒惰造成的。自都铎王朝时期以来，贫困问题成为政府不得不面对的重大社会问题。

在都铎王朝以前，政府对于流民问题就颁布过管制和惩罚的法令。例如，1349 年的法令规定不准对有劳动能力的人进行救济，1388 年的法令规定对人员流动进行限制。从亨利七世(Henry Ⅶ，1485—1509 年在位)开始，都铎王朝开始频繁颁布管制和救济穷人的法令，直至 1601 年具有里程碑意义的《伊丽莎白济贫法》的出台。

亨利七世时期，议会于 1495 年通过的济贫法令是都铎王朝第一部济贫法，但它仅仅是一部禁止流浪和乞讨的法令。亨利七世末期，1503—1504 年出台的济贫法令开始把特定贫困人群纳入法定的施舍对象，而且对流浪汉的处罚相对来说有所减轻。

在亨利八世统治时代，议会于 1531 年通过了一济贫法令，该法令的内容表明政府开始注重区别对待贫困人群，严惩流浪者。1536 年，议会又通过了一部颇具意义的济贫法，该法不但力图区分乞讨者与流浪汉，并且试图消除乞讨行为。该法令还规定地方市政人员要善待乞丐，并用人们自愿捐献的慈善救济金给予其救济。有人评论道：

> 1536 年的法令包含了后来的济贫法的基本思想，尤其是该法仍然让教区负责收集救济金、雇佣合适的人和对贫困者进行救济。尽管该法是那样的不具现实性，它却是都铎王朝时期的那项重要的立法——《伊丽莎白济贫法》的真正开始。[1]

---

[1] G. R. Elton, *England under the Tudors*, London, Routledge, 1991, p.190.

在爱德华六世统治时期，为了解决济贫工作所需要的财政来源问题，英国政府开始通过法律要求有财产和收入的家庭必须捐款，地方政府在必要情况下也有权利征收济贫税。

伊丽莎白一世统治时期，英国政府于1562年再次颁布济贫法令，规定人们自愿缴纳济贫税，但如有能力承担者拒绝缴纳并经多次劝说无效，政府将对其采取强制缴纳的手段。1536—1562年，英国政府的济贫工作经历了从自愿缴纳救济捐款到劝说缴纳救济捐款，再到劝说和强制缴纳救济捐款相结合的发展过程。1572年，议会通过一项济贫法令，赋予了政府为实施各种贫困救济而征税的权力，济贫资金被实现由"募"到"征"的转变，济贫税被纳入了法制轨道。

1576年的法令规定，地方治安法官有责任为那些不愿意劳动的人建立纠正机构——贫民习艺所，并且每个郡至少要有一个这样的机构。从此贫民习艺所开始在英国各地出现，为失去劳动能力的人提供由济贫税承担的救济，为拥有劳动能力的贫困者提供由政府承担的劳动救济。

1588年，由于与西班牙的战争，英国的贸易大受影响，国内物价飞涨，失业人数大增，贫民问题尤为严峻。英国议会于1597—1598年通过了一系列的济贫法令，这些法令主要是对以前的各种济贫法的整理和发展，最终政府于1601年正式颁布了历史上著名的《伊丽莎白济贫法》。该法的主要内容是对贫民救济的管理作出了明确的规定，同时颁布的还有《教区济贫税法》(*Parish Poor Rate*)。1601年的《伊丽莎白济贫法》有3个尤为重要的规定：建立教区贫民监督管理委员会，授予它强行征税的权力；强迫富裕教区援助贫穷教区；授予教区贫民监督管理勒令某些儿童当学徒的权力。《伊丽莎白济贫法》中有如下规定：经任何两名治安法官的同意，贫民监督管理委员会人员可以勒令贫苦儿童到贫民监督管理委员会认为方便的地方去当学徒，"男孩直到24岁，女孩直到21岁或到她们结婚时为止，这是合法的；上述年限适用于多数学徒，如果此类孩子的年龄已满，则以定期契约学徒的形式约束他或她"①。

1601 年的《伊丽莎白济贫法》为英国济贫体系的建立奠定了基础，在英国逐渐形成了以征收济贫税、建立济贫院、实行教区安置、推行学徒制为主要内容的一整套济贫制度。它确立的以征税、救济、就业为核心的济贫原则长期以来为后世所遵循。直到 17 世纪，政府还陆续在 1631、1662、1685、1691、1697 等年份颁布了济贫法令，但基本上只是在 1601 年的《伊丽莎白济贫法》的基础上作出了一些修订。1601 年的《伊丽莎白济贫法》的基本思想一直沿续到 1834 年济贫法修正案即新济贫法出台。

16、17 世纪，英国参与济贫的主体有政府、民间力量和宗教组织。在中央政府的领导下，地方政府也都纷纷建立起救济院、感化院、孤儿院等济贫机构以进行济贫活动。民间力量——主要是商人，尤其是伦敦商人——捐资建立了许多社会济贫机构。各种海外冒险公司也建立了各种济贫基金。一些由商人成立的行会组织也兼具济贫功能。宗教组织——主要是国教和清教的组织——建立了一些济贫机构并开展了一些活动。1660 年之后，英国出现了数以百计的具有济贫功能的新机构——"友谊社"(friendly societies)。这种机构由众多捐助人出资营建。它部分借鉴合股公司的形式，部分借鉴贵格会教徒(the Quakers)筹措资金的形式，实行签名捐赠，主要针对其成员的疾病和不幸实施救助。

在众多的济贫形式中，教育捐赠是一个很重要的方面。王室因为自身财政危机，所以积极倡导社会慈善捐赠。在圈地运动、羊毛呢绒交易、海外冒险掠夺等资本原始积累的过程中，英国产生了新的富裕社会阶层，主要是商人、乡绅、约曼。他们选择通过慈善捐赠的方式来赢得民众对自己的信任和

---

① [美]克伯雷选编:《外国教育史料》，华中师范大学教育系等译，301 页，武汉，华中师范大学出版社，1991。

尊重，提高自身在社会中的地位。他们的捐款在慈善捐赠中占据较大的比重。
1480—1660 年，他们捐赠的数额超过了慈善捐赠总额的一半，而其中商人的
捐赠又占了较大的比重。商人主要集中在伦敦，他们捐赠的比例高达 43%，
他们将 17% 以上财富用于慈善捐赠。据统计，在 1480—1660 年，7391 个商人
共捐款 1889212 镑。[1]其中教育捐赠是诸多慈善捐赠方式中极重要的方面。据
统计，在济贫、社会复兴、社会改革、宗教、教育五大类捐赠中，教育捐赠
所占比率如下：1480—1540 年为 24.96%；1541—1560 年为 21.28%；1561—
1600 年为 31.40%；1601—1640 年为 26.68%；1641—1660 年为 27.94%。[2]教
育捐赠面向初等学校、文法学校和大学。这一时期英国出现的办学热与教育
捐赠息息相关，而教育捐赠又与济贫法的颁布有密切联系。

济贫法的实施对于教育发展的另一个重要影响就是政府出于济贫的需要
而推行学徒制。统治阶级认识到职业教育也是解决贫困问题的重要途径。17
世纪，对儿童和青少年的职业训练已是这一时期社会普遍关注的事情。济贫
院和主要收容街头流浪少年的感化院等机构就承担着这种义务。例如，
1597—1598 年的济贫法令就授权济贫官员用济贫税中的资金建立济贫院，除
了要提供工作给贫民外，还要让其子女成为学徒。1631 年的一份报告称有
100 名少年在感化院里学习制钉、织带、纺亚麻、木工等技艺。[3] 一系列济贫
法令的颁布对这一时期英国初等职业教育的发展起到了促进作用。

---

① 参见 W.K.Jordan, *The Charities of Rural England*（*1480-1660*），London, Allen & Unwin, 1950, pp. 256-257.

② 参见 W.K. Jordon, *Philanthropy in England*（*1480-1660*）: *A Study of the Changing Pattern of English Social Aspirations*, New York, Russell Sage Foundation, 1964, p.368.

③ 参见 Chris Cook & John Stevenson, *The Longman Handbook of Modern British History*（*1714—1980*），London, Routledge, 2002, p.109.

二、教育管理

（一）对初等、中等教育的管理

英国的宗教改革只是把本国教会的控制权从罗马教廷转移到英国国王手中，国王成为英国国教会的首脑。宗教改革后的英国依然坚持中世纪以来的传统：教育与国家无关；儿童的教育从根本上讲是基督教的教育，是教会和家庭的正常职能，国家政权无须干预。但为了保证王权的至上性和宗教信仰的正统性，政府通过一系列法令把民众教育的管理权力集中到英国国教会手中。在政教一元体制时期，英国国教会对教育的管理其实也反映了国家对教育的干预和控制。只不过这种形式比较间接，与西欧宗教改革时期的德国的各诸侯国通过颁布强迫教育法令，由国家直接管理教育的情况有较大的差异。

宗教改革之初，亨利八世和爱德华六世先后颁布多项法令，要求关闭天主教堂和修道院及其附设的教育机构，并将教堂和修道院的地产没收，将部分经费用于开办文法学校以及补助牛津大学和剑桥大学。这些措施不仅剥夺了天主教对教育的控制权，而且也打击了天主教的教育声誉，为国王通过英国国教会干预和控制教育创造了条件。

1. 通过英国国教会干预民众教育

宗教改革时期，国王通过一系列法令授权英国国教会加强对初等和中等教育的控制。

首先是对学校教师严格加以控制。1559年的王室法令规定想成为教师的人必须参加宗教考试并获得主教颁发的从业许可；1580年的王室法令规定对不信奉国教的教师予以惩罚；1604年的王室法令规定所有获得神职、圣俸或得到许可证的教师必须宣誓他们自愿赞同《至尊法案》《公祷书》和《三十九条信纲》；1662年的王室法令规定所有学校的教师不论是否担任圣职，都必须宣誓遵循法定的礼拜仪式，并在得到当地主教的许可后方能任职。

其次是将初等学校的开办权交给英国国教会。因政府没收天主教堂和修道院地产，附属于天主教教堂和修道院的文法学校、歌咏学校、歌祷堂学校、堂区学校大量关闭。1547 年的王室法令规定要把与基督教有关系的教育设施继续办下去，由英国国教会各教区负责。由此，英国产生了由英国国教会办的教区学校。1662 年，查理二世颁布《统一法案》，规定初等学校的开办权一律属于英国国教会。

最后是对教会教育活动和学校教学内容作出规定。对于教会开展的宗教教育活动，王室法令要求必须将宗教仪式中所用的语言由拉丁语改为英语。1536 年，亨利八世下令，将英译本《圣经》分发给各地教会，要求教会在讲经布道、祈祷、唱赞美歌时都使用英语。1538 年，亨利八世又下令每个教堂都必须放置一部英文《圣经》，供民众自由阅读，并要求向民众讲授使徒信经、主祷文以及十诫。1559 年，伊丽莎白一世再次发布与亨利八世的法令相似的敕令，要求每个教区都要增加额外的布道活动，用英文定期宣读权威的主祷文、使徒信经和十诫。对于学校教学内容的规定主要体现在王室为指定文法学校统一的文法课本上。1542 年，亨利八世规定由伊拉斯谟、科利特和黎里（W. Lily）等人编写的文法著作作为英国文法学校唯一的拉丁文课本，明确禁止文法学校使用其他文法教材。爱德华六世和伊丽莎白一世也于在位时期颁布法令来继续维护这一规定。发行统一的文法课本体现了王室的权威。除统一文法教材外，王室还规定文法学校教师应讲授根据英国国教教义编写的《教义问答》。

这些措施虽然主要是假手英国国教会来实施的，但在客观上却加强了国王对民众教育的影响。国王颁布这些法令无疑是基于王权和宗教的目的，但却体现了国家对初等和中等教育管理意识的增强。此外，英语在宗教活动和学校教学中的地位提升，使得英国的民族意识加强，也有助于推动英国教育向民族化方向发展。

2. 政府鼓励慈善办学和强迫学徒教育

宗教改革时期也是资本主义经济的发展时期。资本原始积累过程中，贫民救济成为普遍的社会问题。政府一方面通过一系列济贫立法募集资金，另一方面还通过建立济贫院等措施来建立慈善体制。例如，1547年的济贫法要求每逢星期日要为穷人募捐；1553年的法令要求教会收容穷人，劝勉人们参与慈善募捐；1563年的济贫法甚至规定可将不愿缴纳济贫税的人送上法庭进行审讯。在伊丽莎白一世时期，济贫税于1572年正式实行，政府准许地方当局通过税收筹集用以资助穷人的善款；1601年的《伊丽莎白济贫法》更是确立了强制征收济贫税制度，强调国家有责任照顾穷人，强迫穷人子弟做学徒，强迫师傅传授学徒谋生技能，其间产生的费用将由政府税收偿付。

对此，美国教育史学家克伯莱（又译克伯雷，E. P. Cubberley，1868—1941）评论说，济贫法的颁布和实施，"孕育了英语民族由国家对全体人民普遍征税，以为全国儿童普设学校的思想，训练贫穷儿童学艺谋生，并教导以初步宗教，迅速成为英国的既定惯例"[①]。这种做法被清教徒带到了早期的北美殖民地。

政府因自身处于严重的财政危机之中，所以积极鼓励富人参与慈善捐赠，要求富人承担起救助穷人和为其提供工作机会的责任。由于政府的鼓励，宗教改革后英国形成了由宗教团体与慈善组织共同办理民众教育的格局。专门招收穷人子弟入学的慈善学校、教区学校、捐办文法学校大量产生。

总体而言，宗教改革虽然没有从根本上改变教会势力控制英国教育的传统，但是负责办理民众教育的英国国教会已经不向罗马教廷负责，而是服务于本民族的利益。英国国王所代表的国家政权通过加强对宗教势力的控制，通过颁布一系列法令，加强了对教育的干预，在一定程度上促进了16、17世

---

① ［美］克伯莱:《西洋教育史》，杨亮功译，339~340页，台北，协志工业丛书出版股份有限公司，1995。

纪英国初等和中等教育的发展。

(二)对大学的管理

1. 大学管理权之争的历史回顾

自中世纪英国的大学产生以来，对大学的控制一直是英国王权与罗马教权争斗的焦点。1534 年英国宗教改革后，政府对大学的干预、控制和管理不断加强。

英国高等教育自中世纪以来，其发展有 5 个分支：天主教教堂学校、天主教四大托钵修会、其他托钵修会、牛津大学和剑桥大学、伦敦四大律师学院。牛津大学和剑桥大学是其中最重要的一个分支。[1]宗教改革前的牛津大学和剑桥大学主要受罗马教廷控制。

例如，牛津大学在 1213 年，剑桥大学在 1233 年获得了由罗马教皇颁发的特许状，教会给予两所大学诸多特权。牛津大学由林肯区主教掌管，剑桥大学由伊利区主教掌管。到 13 世纪后期，由教授们选举并由主教任命校长成为一种常规。大学教育完全以宗教为中心，受教会控制，其培养目标主要是各种神职人员，神学是大学中最重要的学科。宗教在给大学带来财富的同时，也决定了大学的教学内容。大学争取自治的斗争一直在进行，剑桥大学在 1433 年获得教皇尤金四世的训令，完全摆脱了伊利区主教和坎特伯雷大主教的管辖；牛津大学也于 1479 年获得教皇西克斯图斯四世的训令而获得了同样的胜利。[2]两所大学虽然成为独立于主教和大主教管辖之外的教育机构，但是也成为直辖于教皇的自治法团。

1485 年亨利七世开创都铎王朝时，正是英国乃至西欧资本主义兴起、民族主义观念成长、王权与教权斗争激烈的时期。大学也必然成为新旧势力争

---

① [英]奥尔德里奇：《简明英国教育史》，诸惠芳等译，135~142 页，北京，人民教育出版社，1987。

② A. B. Cobban, *The Medieval English Universities：Oxford and Cambridge to c. 1500*, Aldershot, Scolar Press，1988, pp.278-294.

夺和斗争的重要场所。1534 年亨利八世颁布《至尊法案》，宣布与罗马教廷决裂，国王成为英国宗教和世俗的领袖，必然要求原来受控于罗马教廷的大学在宗教和政治上顺从新的政教体制。为此，王室不断加强对大学的监督、干预和管理，中世纪大学形成的自由和自治的传统在宗教改革后逐渐丧失。

2. 王室加强对大学的监督和干预

宗教改革后，王室主要通过巡视对大学进行监督和干预，巡视的主要目的在于监察大学的宗教态度，保证宗教顺从。巡视的方式有两种：一是王室派朝廷重臣组成巡视委员会进行巡视；二是国王的亲自巡视。

王室巡视大学的惯例是由亨利八世开启的。宗教改革初期，亨利八世为了肃清教皇在大学中的影响力，确保两所大学的顺从，同时加强对大学的掌控，在 1535 年派出由托马斯·克伦威尔(Thomas Cromwell)和王室教区的主教等组成的巡视委员会对牛津大学和剑桥大学进行巡视。巡视委员会先是收缴了两所大学的房契和地契等财产。此后不久，国王又下令没收了牛津大学和剑桥大学所有修道院的财产和房屋，通过控制大学财政的手段来使学者们更改宗教信仰和效忠对象。在这次巡视中，巡视委员会命令大学师生必须签署一份声明，声明规定不得承认罗马教皇的权力，必须宣誓对国王及其继承人效忠，任何拒绝签署此声明的人都将被处罚。这次巡视标志着以罗马教皇为首的天主教势力在大学中的至尊地位被国王和新教所取代。自此以后，都铎王朝和斯图亚特王朝的历任国王在掌权后都会派巡视委员会或亲自对大学进行巡视。

爱德华六世于 1549 年派出了巡视委员会对两所大学进行了巡视，而且巡视的内容更加广泛，对待不信奉国教者的态度更加严苛。巡视委员会还对两所大学的课程进行了大规模的调整，拉丁语的教学被取消，希腊语和英语被纳入课程中。①巡视委员会还要求大学在做礼拜时要用英语替代拉丁语。另外，哲学与天文学被加入文科硕士的课程。本科的课程也有变动，算学、几何、辩证法等人文学科成为本科学习的重要内容。

伊丽莎白一世于 1559 年派出了以宠臣威廉·塞西尔(William Cecil)为首的巡视委员会对两所大学进行巡视。巡视委员会严格规定了从事教学工作的人员所应具备的条件：只有在通过对品格和正统思想考核的宗教考试且获得主教的许可证之后，方可从事教学。大学毕业生必须宣誓效忠王室才能获得学位。这一命令在后期的执行中，甚至要求学生在入学之初就要宣誓对王室的效忠。

国王亲自巡视大学始于玛丽一世，她极力恢复天主教在大学中的权威。1556 年始玛丽一世对牛津和剑桥大学进行了巡视。她下令收集并当众烧毁英文版《圣经》，大量的新教著作也被从大学图书馆中清除，同时禁止学者私藏这些书籍。

国王亲自巡视大学，以牛津大学为例，伊丽莎白一世在位的 45 年间于 1566 年、1592 年对牛津大学实行了 2 次巡视。詹姆士一世在 1605 年、1614 年，查理一世在 1629 年、1636 年都对牛津大学做过巡视。②国王对大学亲自巡视，表明国王对大学的重视，其更重要的目的是考查大学对王室和宗教的忠诚度。

通过巡视，王室已开始干预大学的管理。例如，伊丽莎白一世时期就对剑桥大学出台了新规，对大学的方方面面都有详尽的规定，如设计了大学的管理制度、授课内容、讲座时间、学位申请制度和学生的着装等。王室通过出台新规章事无巨细地控制大学和学者生活，"王室对于两所大学的干预程度

---

① J. Lawson & H. Silver., *A Social History of Education in England*, London, Methuen & Co. Ltd., 1973, pp.98-99.

② Nicholas Tyacke, *The History of the University of Oxford: Vol. IV, Seventeenth-Century Oxford*, Oxford, Clarendon Press, 1997. p.181.

已经完全超过以往教会对于大学的控制程度"①。

王室还采用利用权威直接任命，向大学和学院提供捐赠以获得人事任免权，或将人事任免意愿以赞赏式的加盖小印章信件的方式发给大学等方式，对大学校长人选、学院院长人选和普通教师职位选拔等方面进行干预。②此外，大学用人方面还注重裙带关系，"在剑桥，作为公共事务培训之地的国王学院，它的32个教师绝大多数是大学肄业生，他们通常是由王室任命的或王室小教堂中抽调出来的朝臣官员的子弟或亲属组成的"③。

3. 加强对大学的直接管理

王室除了监督和干预大学，还派重臣担任巡访者参与大学的管理。1636年6月22日牛津大学颁布了新法令，规定以查理一世的重臣约翰·库克为首的王室委员组成的会议来实行对大学进行统治与管理。④承担有关责任的人又被称作学院来访者；坎特伯雷大主教是牛津大学神学院以及牛津大学默顿学院的来访者；约克郡的大主教是牛津大学王后学院来访者；温彻斯特主教是牛津大学新学院、基督圣体学院、莫德林学院以及三一学院的来访者；林肯主教是牛津大学国王学院、牛津大学林肯学院、牛津大学布雷奇诺斯学院的来访者；埃克塞特主教是牛津大学埃克塞特学院的来访者；彭布鲁克伯爵是牛津大学耶稣学院来访者；等等。⑤他们是国王的重臣或高级教士，实行对学院内部的监督与管理，他们代表国王负责解释条例、颁布指令，拥有剥夺学院首脑以及教师的权力，有权处理内部争端，安排巡视、捐赠等事务，在各

---

① 刘亮:《剑桥大学史》，14页，上海，上海交通大学出版社，2012。

② 赵红:《英国的大学与社会(1560—1650)》，博士学位论文，东北师范大学，2011。

③ J. Lawson & H. Silver., *A Social History of Education in England*, London, Methuen & Co. Ltd., 1973, p.52.

④ Nicholas Tyacke, *The History of the University of Oxford：Vol. IV, Seventeenth-Century Oxford*, Oxford, Clarendon Press, 1997. p.181.

⑤ James McConica, *The History of The University of Oxford：Vol. III, The Collegiate University*, Oxford, Clarendon Press, 1986. p.404.

学院发挥着管理与监督的关键性作用。①

　　对大学事务进行管理的职能机构还有枢密院。枢密院产生于宗教改革运动中，其前身是 13 世纪形成的咨议会，后经托马斯·克伦威尔的政治改组，成为都铎王朝行之有效的中央政府机构。枢密院主要通过宣布国王法令、书信和通知等手段对国家各类事务进行干预，是都铎王朝进行统治的最得力的御用工具。

　　一方面国王责成枢密院颁发法令法规，体现了中央政府对大学事务的直接管理。中世纪大学的法令法规主要来自教权。在国王亨利八世进行宗教改革之后，更多的法令法规则来自王权和国家权力。英国枢密院作为御前会议，负责审批、修订法令法规，并由其批准颁发。16—17 世纪王室颁布的有关大学的法令主要有宗教法令、教育敕令，还有特许状。这些法令、敕令或特许状对大学内部管理或者作出框架性的规定，或者作出细节性的规定。例如，1560 年的《威斯特敏斯特学院法规》(*Statutes of Westminster School*)就学院具体的管理方式、管理人员以及教师配置、选举条件、职责要求等均作出明确规定。

　　另一方面，枢密院还成为大学事务的实际管理机构。其职责主要是负责对不守纪律的学生或教师进行惩处。比如，1580 年枢密院就曾主张，在各教区内，对年轻人实施不当宗教教导的执教人员应给予纠正或取缔、罚款；它还负责仲裁大学和城市的各种争端，调解学院间的争执。此外，枢密院还负责参与大学相关的设施建设。

　　当然，在王室对大学的监督、干预和管理过程中，也充满了国王与教皇、国教与非国教、革新势力与守旧势力之间的剧烈的斗争和博弈。

---

① 赵红：《英国的大学与社会(1560—1650)》，博士学位论文，东北师范大学，2011。

第二节 初等教育的发展

一、中世纪英国的初等教育

英国中世纪社会结构属于典型的两层次三等级结构。约翰·高尔(John Gower) 1377年写的《呼号者的声音》(*Vox Clamantis*)一书认为当时社会是由3个等级构成的：教士，骑士，农民、手工业者、商人。他们各司其祷告、战斗和工作之职。教士和骑士属于贵族统治阶层，农民、手工业者、商人属于平民被统治阶层。

> 每一个阶层都有它自身的功能，都要履行它应尽的义务和职责，这是维持社会安宁必不可少的条件，社会和谐依赖于每一个社会群体保持它必需的社会义务。在社会阶级结构中每个人都有他自己固定的位置，一个低等级的人被提升到高等级的社会地位，这是一件罪恶的事情。[①]

因社会等级差异，每一社会等级家庭中的子女所受到的初等教育也有极大的差别。中世纪的英国，国王和大贵族主要通过开设宫廷学校、延聘教师来教育子弟。一般贵族子弟进入修道院学校、主教学校等教会学校接受教育，以成为教会神职人员或封建政权的文职官员。11世纪后一种针对贵族子弟的特殊的家庭教育形式——骑士教育，成为重要的教育制度。大多数平民子弟接受的只是简陋的堂区学校提供的粗浅的基督教知识教育。

(一)修道院学校

修道院学校(旧译"僧院学校")是中世纪欧洲一种附设在修道院内的教会

---

① S.H. Righy, *English Society in the Later Middle Ages*, London, MacMillan Press Ltd., 1995, p.182.

学校。9 世纪时，所有的修道院几乎都设立了学校。著名的修道院学校有意大利的卡西诺山修道院、法国的都尔修道院、英国的坎特伯雷修道院等设立的学校。最初专为训练修生(从小被送入隐修院，准备将来做修士的人)而设立，10 世纪发展成内学和外学两个部分。学生入学年龄约为 7 岁，学习期限为8~10 年，旨在培养学生服从、贞洁、安贫 3 种品质，教学内容以教授教义、诵读《圣经》为主，兼有简单的读、写、算等基本知识的教育以及收集整理经卷、抄录圣经、计算宗教节日等内容。后来课程加多加深，修道院学校吸取古希腊、古罗马时代的知识，将七艺纳入修道院学校的课程中。一般修道院学校都设有图书馆和阅览室，教师多由神职人员担任，教学方法由教师口授，学生记录。修道院学校作为文化和知识的贮藏所及主要教育机构长达几个世纪之久。[1]

大约在 600 年前后，坎特伯雷有了一所修道院学校。634 年，爱奥那岛的爱尔兰修士在英格兰的林第斯凡建立了一所修道院学校。到了 750 年，英格兰已经有了几百所修道院学校，并且他们大都是地方的文化教育中心。[2]

修道院学校的学生来源有 3 种。第一种是依据本尼狄克教规，被父母献祭给修道院的儿童。这些儿童从小就进入修道院，一生都在修道院生活。他们在修道院中学习吟唱赞美诗，默诵祈祷文，学习宗教典籍和宗教礼仪，为将来担任圣职作准备。第二种又分为两类：一类是富裕人家的子弟，他们在向修道院提供一定数量的捐赠后，得以在院内接受教育；另一类学生是教产保有人的子弟，修道院对其承担监护和教导的责任。第三种是贫苦家庭子弟和一些孤儿，修道院给他们提供食物、住所，并对其提供免费教育。但 10 世纪以后进入修道院的主要还是贵族子弟，因为进入修道院需要"入院捐赠"；

---

[1]　教育大辞典编纂委员会编:《教育大辞典》第十一卷，60 页，上海，上海教育出版社，1991。

[2]　吴式颖、任钟印主编:《外国教育思想通史》第三卷，133 页，长沙，湖南教育出版社，2002。

此外修道院还特别要求贵族出身。中世纪英国贵族阶层的男孩在他们出生后的前7年里通常在家庭中由父母抚养。而7岁之后，那些被家庭作为"献祭之子"的贵族阶层男孩会被送到修道院，后来他们通常成为教会的神职人员。11世纪以后，对于部分英国贵族阶层的子弟来说，成为一名骑士是他们的职责，为此他们通常被送到更高一级的贵族家庭中接受严格的训练。

修道院学校所开展的教育几乎涵盖了初等、中等、高等教育的内容。修道院的教学内容主要包括读、写、算基本技能，以及七艺、神学。按顺序一般是先要学习读、写、算和音乐的基础知识，这相当于初等教育的内容；然后开始学习文法、逻辑、修辞，以及几何、天文、道德学、神学等，这相当于中高等教育的内容。到11、12世纪，不少修道院开展了对神学、法学、医学的教学和研究，个别修道院甚至发展成教学和研究中心。修道院的教学方法是教师口授，学生笔记，课后背诵。由于修道院学校的学生入学的时间不同，学习的进度也不一样，所以大部分的修道院学校采取的是个别教学的方式。

7世纪，当欧洲大陆的知识生活走向衰退的时候，英国的修道院却还保留着传承学术的传统，英国因此在整个西欧的文化生活中扮演了非常重要的角色。在英格兰北部，有两个重要的修道院教育中心——韦穆(Wearmouth)修道院和贾罗(Jarrow)修道院。这两座修道院是由本尼狄克(Benedict of Nursia，约480—547)创建的。本尼狄克本人是一个博学而多才的修道院长，他制定的《本尼狄克教规》把举行祈祷、唱赞美诗和读书学习规定为修士的基本职责。

对于进入修道院并打算成为神职人员的贵族男孩来说，他们需要在童年期和青春期学习很长一段时间的宗教礼仪、拉丁文和神学典籍。英国史学之父、"可尊敬的"比德(Bede Venerabilis，约673—735)写道：

我7岁时被送到本尼狄克修道院最著名的小修道院接受教育，并且在修道院度过了我生命中剩下的日子，我将自己完全投入到《圣经》的学习中，并且在日常的纪律观察中和教会每日的唱诗班关怀中，我总是高兴地投入到学习、阅读和写作中。[1]

12世纪中叶，男孩作为奉献之子献祭修道院的习俗很是流行，许多贵族男孩也进入了修道院。"阿宾顿修道院的记录显示了骑士的儿子被送到修道院，还伴随着某些财产的礼物伴随着他们度过一生。"[2]献祭有一个庄重的仪式：男孩的双手被放在祭坛布里，作为奉献的标志。他的父母承诺，他们不会让他放弃修道院的生活，而他们的承诺被写下来，并被目睹。最后，孩子把他的世俗斗篷换成了修道服，然后被带去剃光头发，并穿上了全套的修道服，接受这一仪式的贵族男孩被认为终身要奉献给上帝。

进入修道院的男孩开始练习过严格的宗教生活，接受正规的宗教教育。儿童需要进行各种各样的礼拜任务，包括吟咏圣歌和赞美诗、背诵祷文、阅读课文，并且演唱简单或复杂的诗歌。

早期克吕尼派习俗规定，在冬天的几个月中，在晨祷和颂歌间歇，孩子跟随老师去神父房间唱歌。在晨祷之后，他们回到神父房间继续唱歌直到太阳升起，然后他们去修道院更大声地朗读。然而在春天，在晨祷之后，他们和其他的兄弟们一起待在修道院，先读再唱。通常，当僧侣坐在修道院中诵读时，男孩们可以小声地练习他们的诗歌，并且接受领唱者的指导。[3]

---

[1] Parry Albert William, *Education in England in the Middle Ages*, Charleston, Nabu Press, 2012, p.10.

[2] Nicholas Orme, *From Childhood to Chivalry: The Education of the English Kings and Aristocracy*(1066—1530), London & New York, Routledge Kegan & Paul, 1984, p.61.

[3] George Ferzoco & Carolyn Muessig, *Medieval Monastic Education*, London & New York, Leicester University Press, 2000, p.8.

作为基本修道院教育的主要形式，礼仪训练使得孩子了解到礼制和修道院的纪律，包括修道院的阶层组织。孩子们应该根据年龄长幼次序读课文，较为年长的读完之后年轻的再读，更早进入修道院的读完之后最近才进入修道院的再读。如果男孩们的礼仪表演训练不合格，那么将会受到惩罚。

(二)主教学校

主教学校(Cathedral School)也称为大教堂学校、座堂学校，设于主教所在的大教堂所在地，属中、高等教育性质的学校，专为培养教士而设。597年，受罗马教皇格列高利一世的派遣，罗马传教士坎特伯雷的奥古斯丁及其随行的 40 名传教士登陆大不列颠岛的肯特王国传播基督教。在肯特国王埃塞尔伯特(Ethelbert of Kent，560—616)的支持下，在坎特伯雷(Canterbury)建立了第一座基督教教堂，与此同时，建立了一所学校作为这座教堂的附属物。像坎特伯雷这样建立在主教区，并且与大教堂有着紧密联系的学校，被称为主教学校，主要功能之一是训练当地的神职人员学习拉丁语。坎特伯雷的奥古斯丁规定教会的职责之一就是提供两种形式的教育：文法教育和歌咏教育。文法教育主要是拉丁语的教育，这是担任神职必须掌握的。歌咏教育目的在于培养教会唱诗班歌手和神父举行宗教仪式时的助手。但文法教育比歌咏教育地位更高。[1]大约在 7 世纪时，"英格兰的坎特伯雷和约克已经有了文法学校和歌咏学校，这两者都是大教堂所附设的学校"[2]。

文法学校(Grammar School)和歌咏学校(Song School)一般是和人口聚集地的大教堂联系在一起的。从某种意义上讲，歌咏学校扮演着初级学校的角色，而文法学校则在大学产生之前一直是大学或高等教育的代表。而当时的教学经验普遍认为，读和唱是学习拉丁语语法前的预备阶段，拉丁语和读与唱的

---

① 徐辉、郑继伟：《英国教育史》，3~4 页，长春，吉林人民出版社，1993。
② 戴本博主编：《外国教育史》上，194 页，北京，人民教育出版社，1989。

学习常常是在同一所学校中进行的。①

坎特伯雷主教学校成为后来在各个主教区发展起来的主教学校的典型。例如，604 年建立的罗彻斯特主教学校、伦敦的圣保罗主教学校就是仿照坎特伯雷主教学校的模式，作为某一个教堂的附属物出现的；在海克萨姆，也设有一所主教学校，那里的学习者和神职人员生活在一起，专心致志地学习读和唱。

歌咏学校的教育旨在培养教会的唱诗班歌手和神父举行仪式时的助手，这是当时所有基督教传教士的工作内容之一。在教会日常活动和节日庆典中，唱赞美诗不可或缺。在宗教仪式中唱赞美诗也需要有一定的音乐知识，所以主教学校在开办文法学校教授拉丁文阅读的同时，也开设歌咏学校，教授音乐知识和唱赞美诗。最初，音乐知识是由大教堂的文法教师附带着教授的，后来出现了专门的教堂音乐工作的歌咏教师。"在林肯郡，1236 年，我们首次发现有关唱诗者或歌咏学校的记载，领唱者在教堂中是第二等级的人物，他们的主要任务是规定唱诗班在唱赞美诗时候的音调的高低起伏，安排唱诗者在队伍中的位置。"②在某些特定的日子里，领唱者必须自己唱赞美诗。领唱者还有义务纠正赞美诗课本中的错误，如果需要，还要重新修订课本。在歌咏学校，除了教授音乐知识，还向唱诗者提供住宿、衣着和食物。14、15 世纪时，伦敦、约克、贝弗里、林肯和沃里克的大教堂都建立了专门的歌咏学校。

歌咏学校的学生年龄一般为 7~12 岁，在歌咏学校里他们要受到严格的宗教训练。从 13 世纪附属于威斯敏斯特教堂的歌咏学校的规则摘录中可以看出，在这些学校的学生要接受严格细微的教育管理：

---

① ［英］奥尔德里奇：《简明英国教育史》，诸惠芳等译，65 页，北京，人民教育出版社，1987。

② A.F. Leach, *The Schools of Medieval England*, London, 1915, p.159.

在他们整理好床铺之后，让他们一起静悄悄地离开房间，不得说笑喧闹。洗净双手，谦恭地走进教堂，不得跑跳，不得闲聊，也不得与任何人争吵或与任何动物耍闹；不得手拿弓、棍或石头……不管他们在教堂中是站着还是坐着，都不许眼瞥旁人，而要目视圣坛。不得龇牙咧嘴，絮语唠叨或放声大笑。当别人唱不好圣诗或圣歌时，不得取笑他人；不得偷偷地或公开地打人；不得粗鲁地回答长者向他们提出的问题……

而且，不管是谁，睡觉时把同伴的垫褥撕碎或把睡衣藏起来，把鞋或枕头从这个角落扔到那个角落，或激起愤怒，或扰乱学校秩序，这样的学生都要在早晨受到严厉的惩罚。①

(三)骑士教育

骑士制度在西欧产生于 9 世纪末，盛行于 11—12 世纪，14 世纪后开始衰落。这一时期的欧洲，封建主之间主要以土地关系为纽带，层层分封，形成上下尊卑的封建等级制度。上对下而言为封主，下对上而言是封臣，最下层的贵族称为骑士，他们通常是贵族家庭中除能继承父亲财产和爵位的嫡长子之外的其他儿子。骑士通常有一个极小的庄园，统治着十户或几十户农民。在发展过程中，骑士及其制度不仅成为封建制度的组成部分，还发展成一个独立的社会阶层，并拥有一套独特的行为方式、荣誉观和道德准则。

12 世纪中叶以前，是骑士的"英雄时代"，这个时期的理想骑士是强壮、勇敢、尊君爱国的，比较轻视文化教育。12 世纪中叶以后，进入了骑士的"礼文时代"，骑士由于基督教的教化作用而日益变得文雅化，因此日益注重文化教育。"到 13 世纪时，骑士阶层有了繁复的荣誉观念，中心内容是集力

---

① [英]奥尔德里奇：《简明英国教育史》，诸惠芳等译，67 页，北京，人民教育出版社，1987。

量、胆识、勇气、能力于一体的忠诚与勇武，此外还有武艺的高强。"①

骑士教育随着骑士制度的发展而发展。骑士教育是一种特殊形式的家庭教育，主要目标是培养勇猛豪侠、忠君敬主的骑士精神和技能。所谓骑士精神包括军人品德、宗教品德和社会交际品德3方面的内容。其中军人品德占第一位，具体有勇敢、忠心和慷慨；宗教品德占第二位，具体有忠于教会、服从和贞洁；社会交际品德占第三位，具体有礼貌、谦逊和仁慈。所谓骑士技能主要表现为"骑士七艺"，即骑马、游泳、标枪、击剑、打猎、弈棋和吟诗，这也是骑士教育的主要内容。其中前5项是为了训练一个身体强壮、能征善战的武夫；下棋是为了发展机智、沉着、判断情况和布置攻防的能力；吟诗是为了培养歌颂武功、效忠领主和献媚贵妇人的才能。

骑士教育的实施分为3个阶段。

（1）从出生到7~8岁为第一阶段——家庭教育阶段。贵族子弟主要在自己的家庭中接受教育，教育内容有身体的养护与锻炼、道德教育和宗教知识。在学会说话之前，将一个贵族孩子变成基督徒的过程就开始了。他在出生后的一两天内接受洗礼并被命名为基督徒，将其作为教会的一员，安排教父、教母作为其精神监护人和教导者。洗礼意味着贵族孩童宗教教育的开始。随后在父母、亲人和教父、教母以及教会神职人员的言传身教和灌输及宣传的过程中，在亲身参与各种宗教活动以及履行宗教义务的历练中，学会服从教会的指挥，虔诚地做弥撒，在敬畏中忏悔并服侍上帝；学习尊重和保护弱者、乐善好施，养成勇敢、忠诚、诚实、恪守信誉等良好的基本品质；学习语言和"七艺"等简单的内容；通过粗放式的教育，保证孩子的身体不受伤害，养成健壮的体格。

（2）从7~8岁到14岁为第二阶段——侍童教育阶段。在11世纪后的英

① ［英］阿萨·勃里格斯：《英国社会史》，陈叔平等译，75页，北京，中国人民大学出版社，1991。

国，对于大部分贵族阶层的子弟来说，成为一名骑士是他们的职责。为此他们在7岁之后通常被送到更高一级的贵族家庭中接受严格的训练。贵族按等级将自己的孩子送到高一级贵族的府邸中充当侍童，侍奉领主和领主夫人，学习上流社会的得体举止、彬彬有礼等礼节和行为规范；学习识字、拉丁文法、唱歌、吟诗、下棋、口才训练、演奏乐器等基本知识和技艺；同时还要进行赛跑、角力、骑马、游泳、击剑等训练。

为了最终获得骑士封号，一些中世纪著名的英国贵族阶层的男孩大多以这种方式接受教育：

在他9岁到14岁期间，年轻的亨利·昂路(亨利二世)是在他的叔叔罗伯特·格罗斯特的布里斯托尔城堡中长大的。他的忠诚可靠的战士威廉·马歇尔也于1160年在他父亲的堂兄家中接受训练。作家瓦尔特·图尔曾提到，他的一个亲戚，一个品德良好的贵族男孩，在他十几岁时闯过英吉利海峡，向费兰德的菲利普爵士学习"骑士精神的艺术"，在中世纪后期也有类似的做法。①

在侍童阶段，礼仪的学习尤为重要。"礼仪、行为举止和礼貌则是迫切需要之物，换句话说，是贵族的生活之道。"②在12世纪就有专门针对贵族阶层儿童礼仪教育的专著、记录和解释行为的规则：

从床上爬起来，他应该和他的同伴一起祈祷。他应该梳理头发，洗洗耳朵和鼻子，洗他的手，如果有需要的话，清洁和修指甲。他应该穿

① Nicholas Orme, *From Childhood to Chivalry*: *The Education of the English Kings and Aristocracy*(*1066—1530*), London & New York, Routledge Kegan & Paul, 1984, p.61.

② Chris Given-Wilson, *The English Nobility in the Late Middle Ages*: *The Fourteenth-century Political Community*, London & New York, Routledge & Kegan Paul, 1987, p.4.

上风帽、长袍、长筒袜和穿上符合社会地位的鞋子。出门的时候，他应该清醒地走路，克制自己不扔石头或棍子。进教堂时，他应该用圣水洒自己，跪在十字架上，敲他的胸脯，感谢上帝，并重复这3种基本的祈祷。他应该在教堂里保持端庄和沉默，并避免那些鼓掌或吵嚷的坏习惯。在餐桌上，他应该殷切地等待主人的帮助，因为他需要在如何填满主人的杯子和切肉方面提供指导。吃饭的时候，要克制自己，做到不贪婪，注意饮食和饮酒的清洁，避免不愉快的习惯。他对别人的行为应该是坦率而谦逊的，他应该看着别人的脸而不是把目光放在一边。谦虚地向上级表现，在讲话中，他应该避免冗长，让别人讨厌他们说的话，或者打断他们的谈话。最后，他应该享受真实的娱乐，如音乐、舞蹈、阅读优秀作家的作品。①

除了学习基本的礼仪，儿童还要学习上流社会的某些交际技能，包括音乐、舞蹈、吟诗等，这些技能被认为是中世纪英国贵族阶层身上优秀的特征。象棋、掷骰子等娱乐游戏也是贵族儿童在此阶段应学会的。此外，还有男孩也已经开始接受狩猎、击剑、游泳等方面的军事训练。狩猎被认为能够灌输勇气和战略意识，男孩们从狩猎中学到了马术、武器的管理、地形的知识以及与战争非常相近的战略技术。威廉·霍曼为伊顿和温彻斯特的男孩们的翻译练习写道："狩猎是一个战争的简单的记录，如果进行得当，就像一个战争的模仿，它不仅展现了勇气和力量，而且也增强了他们的敏捷性和速度。"②

（3）从14岁到21岁为第三阶段——侍从教育阶段。这属于骑士教育的高级阶段。在此阶段重点学习"骑士七艺"，这一阶段的军事技能训练变得更加

---

① Nicholas Orme, *From Childhood to Chivalry: The Education of the English Kings and Aristocracy* (*1066—1530*), London & New York, Routledge Kegan & Paul, 1984, p.138.

② Nicholas Orme, *From Childhood to Chivalry: The Education of the English Kings and Aristocracy* (*1066—1530*), London & New York, Routledge Kegan & Paul, 1984, p.195.

严格和正规。为了锻炼力量，受训的骑士使用长枪、佩剑、盾牌、弩弓来练习武器使用，但使用的武器要比在战场上使用的武器重得多。为了锻炼敏捷，他们要学会改变他们的弓步，从模拟目标身体的不同部位、不同位置进行攻击。通常他们与同龄人对练，有时也和骑士教练对打。最后，他们要习惯于穿着盔甲和携带武器，他们应该灵敏地装备他们的武器和盔甲，学习如何在战争中骑行，用剑和枪在马背上厮杀。此外，还要从事清理马厩、照料马匹和猎鹰等工作，以及服侍主人的日常起居。一旦有战争，则需要寸步不离主人左右，誓死保护主人。

当然，许多骑士在不满 14 岁时就参加了实际战斗。

冈特的约翰在他只有 10 岁，便出现在他长兄黑王子的船上，他在 1350 年参加了一场温彻斯特的海战。到了十几岁，男孩被期待在战争中扮演积极的角色。1330 年，爱德华三世在他 17 岁的时候，在他父亲与苏格兰的卡勒洛瓦克城堡中对抗时，他带领一支人马参战。爱德华三世被命令参加的第一次探险是在 1327 年对阵苏格兰时，那时他 14 岁。他的兄弟约翰·埃尔 17 岁时，于 1333 年在边境战役中战斗。①

大约到 21 岁时，领主会举行隆重的仪式，侍从通过受封便获得了骑士称号和身份。

(四)堂区学校

堂区(parish)是天主教会组织系统的最底层，是教徒日常宗教活动的场所。以一个教堂为中心，连同周围一定区域内的居民形成一个堂区。在乡村，一个堂区往往就是一个村庄或一个庄园。13 世纪末到 16 世纪前半期，英格兰

---

① Nicholas Orme, *From Childhood to Chivalry: The Education of the English Kings and Aristocracy* (*1066—1530*), London & New York, Routledge Kegan & Paul, 1984, p.190.

与威尔士堂区的总数介于 8600 至 9500 之间。①

在中世纪的英国，天主教会开办的主教学校和修道院学校一般只招收教士子侄和贵族家庭的子弟。但为了向下层社会灌输宗教思想，天主教会在堂区的小教堂里附设了学校，开设读经班或唱诗班，收容穷苦儿童，教他们用唱诗活动赞美基督，为王者灵魂祈祷。在学习读经、唱诗的活动中，也附带学习一些初步的阅读与唱歌的知识，再有就是基本知识技能的训练，教师则由教堂的神父充任。

中世纪英国的世俗管理机构和教会对堂区学校的设立持积极态度。10 世纪和 12 世纪的地方议会规定："神父应在乡村办学并免费教小男孩读书。"② 1215 年的第四次拉特兰宗教会议（Fourth Council of the Lateran）上就通过了这样一条法令：每个教堂都应当有一名教师，人选由主教决定。这是教会首次以法令形式规定教师由神职人员承担并由主教指定。③要求教区坚持办声乐教育，从而把男孩子们训练成唱诗班的歌手，教唱无伴奏齐唱乐曲以及更为复杂的赞美诗。与天主教会的主教学校和修道院学校相比，堂区学校虽然设备简陋、规模小，但其教育对象更宽泛，设立的数量更多，成为当时平民教育的普遍形式。

到中世纪后期，除了堂区学校，歌祷堂也开展了普通平民的初等教育。天主教会为了敛财，大力宣扬"炼狱"观念，炼狱（purgatory）一词来自拉丁文 purgare，有"洗涤"之意。天主教宣扬在地狱与天堂之间，还存在"炼狱"，按天主教教义，炼狱是指人死后将身上的罪污加以净化，最后进入天堂过程中的一种体验。只要教会神职人员为死去的亡灵做弥撒，勤加祷告，就可以让亡灵越过七层炼狱，升入天堂。"炼狱"观念是歌祷堂建立的基础，直到 16 世

---

① 刘城：《英国中世纪教会研究》，43 页，北京，首都师范大学出版社，1996。

② ［英］奥尔德里奇：《简明英国教育史》，诸惠芳等译，64 页，北京，人民教育出版社，1987。

③ ［澳］P. R. 科尔：《西洋教育思潮发达史》，于熙俭译，252 页，台北，台湾商务印书馆，1935。

纪初，炼狱观念在许多英国人心中仍具有重要的意义。到 16 世纪 40 年代，英格兰有超过 2182 个代祷机构。①

歌祷堂是以土地或其他财富形式进行捐赠，聘请神父为捐赠者亲属的亡灵做弥撒而创办的一种小教堂。英国最早的歌祷堂约建于 13 世纪早期，在 1330—1399 年，有 1600 个土地捐赠用于创建永久性歌祷堂。②随着工商业阶层财富力量的增长，他们大量捐资创办歌祷堂，使歌祷堂的数量逐渐增多。创办者最初只要求受雇神父为亲属的亡灵做弥撒，后来增加了一项任务，即免费为当地贫穷孩子提供教育。1348 年，伯克利勋爵夫人凯瑟琳在格洛斯特郡创建的歌祷堂里最早设立了学校。③歌祷堂提供两种教育，一种为初级教育；一种为高级文法教育。例如 1414 年，杜尔汉姆主教兰利建立了一所歌祷堂，要求神职人员分别创办一所文法学校和一所歌咏学校。④1489 年，威廉·钱伯用一部分遗产雇佣了一位教堂神父，让他在北安普敦郡的奥尔德温克教区的教堂内每天做弥撒，以拯救他和他的妻子伊丽莎白的灵魂。他还要求该神父免费教导镇上最穷的 6 个孩子学习拼写和阅读。⑤歌祷堂学校有些非常小，学校一般有两个神父，一名教授文法，一名教授歌唱或本国语言。但规模大的学校，学生人数也达到了 80 至 160 人。一开始这种学校对学生完全实行免费的教育，后来改为只对贫穷人家的孩子实行免费政策。在 16 世纪时，这类学校仅英格兰就有百所左右。⑥

歌祷堂学校是一种普通的平民学校，对于普及教育、向平民子弟传播文

① Alan Kreider, *English Chantries: The Road to Dissolution*, Cambridge, Harvard University Press, 1979, p.73.

② Howard Colvin, " The Origin of Chantries", *Journal of Medieval History*, 2000(2).

③ Foster Watson, *The Old Grammar Schools*, Cambridge, Cambridge University Press, 1916, p.3.

④ A. W. Parry, *Education in England in the Middle Ages*. London, W.B.Clive, 1920, pp.158-159.

⑤ [英]奥尔德里奇：《简明英国教育史》，诸惠芳等译，66 页，北京，人民教育出版社，1987。

⑥ 戴本博主编：《外国教育史》上，238 页，北京，人民教育出版社，1989。

化知识起到了重要作用。英国宗教改革后，亨利八世在位时期，1545 年 12 月议会通过了第一歌祷堂法案；爱德华六世在位时期，1547 年 12 月议会通过了第二歌祷堂法案，关闭了天主教歌祷堂，没收了歌祷堂的地产。在亨利八世和爱德华六世歌祷堂法案影响下，估计有 259 所歌祷堂学校消失。[①]尽管在当时并非所有的歌祷堂都设有文法学校和歌咏学校，但宗教改革对英国天主教会控制下的初等教育的发展起了打击作用。

(五)城市学校

中世纪后期，随着生产力的恢复，手工业和商业的发展，西欧的城市兴起了。"在中世纪文明中对于人类没有什么比城市具有更大的社会意义了。"[②]英国城市的兴起于 11—12 世纪。伴随着城市兴起，在城市中出现了新兴的市民阶层，随着市民阶层力量的逐渐崛起，传统的为培养僧侣而设立的教会学校已经不能适应新的经济和政治生活的需要，于是就产生了反映新兴市民阶层要求的城市学校(City School)。

城市学校是指出现于西欧中世纪后期，以适应市民阶层掌握初等文化知识、开展工商业技能训练的各类世俗学校。城市学校兴起之初主要是由行会组织开办。中世纪英国行会产生于 12 世纪，经历了商人行会、手工业行会、公会 3 个历史发展阶段，在中世纪英国城市经济中发挥着重要的作用。行会开办的学校可分为商人行会(Guild，基尔特)学校和手工业者行会学校。行会学校的校舍修建、教师聘请、校长委派、儿童入学资格审查、学费金额等事宜直接由商人行会或手工业行会负责。随着城市力量的进一步发展，产生了城市自治管理机构，行会学校的领导权转至市政当局手中，校长和教师也改由城市自治机关负责选派，手工业者行会学校和商人行会学校统一称为城市

---

① Foster Watson, *The Old Grammar Schools*, Cambridge, Cambridge University Press, 1916, p.3.

② [美]汤普逊：《中世纪经济社会史(300—1300 年)》下册，耿淡如译，429 页，北京，商务印书馆，1961。

学校。

城市学校按教学类型可分为读写学校和拉丁文法学校，以读写学校为主。读写学校属于初等教育水平的机构，其目的在于满足市民阶层对读、写、算等知识的要求，以适应手工业、商业及其他事务活动的需要。读写学校最初也用拉丁语教学，后来则采用英语进行教学。教授的计算知识纯粹是为商业服务的，并且教师也不是从纯理论的角度，而是从计算和记账的实用角度来进行授课的。①这种民族性和实用性的知识教学使得读写学校变得更加流行，它为任何想学习基本文化知识的人提供了初等教育。在西欧，"十四世纪中期以后，城市读写学校迅速增多，至公元 1500 年以后，则已十分普遍"②。

拉丁文法学校则属于中等水平的教育机构。在中世纪，掌握拉丁文就意味着有文化。拉丁文是当时欧洲通行的官方语言，广泛地应用于各个领域，是进入上层社会的阶梯。教会创办的拉丁文法学校，其教学内容和方法不适合新兴市民阶层的需要，因而许多城市学校往往另建拉丁文法学校，结果许多城市出现了教会拉丁文法学校和城市拉丁文法学校并存的局面。城市创办的拉丁文法学校目的在于培养一批为商业和市政服务的有文化的群体，它也是以古典文化作为教学内容的。但在城市发展过程中，由于对市政公务人员、私人秘书、教师的需求量都非常大，所以城市的拉丁文法学校也开设特别班，用英语教授基本的读、写、算，以适应市民商业生活和社会的需要。

作为新生事物，在中世纪后期的英国城市里还有初等职业技术学校的开办。最初，手工业和商业知识技能的传承主要依靠学徒制。在学徒制中，师傅和学徒之间具有亲如父子的密切关系。师傅除了传授给徒弟职业技艺外，还要对学徒进行道德和宗教方面的教育。此外，师傅还要教给学徒一些简单

---

① Frank P. Graves, *A Student's History of Education*, New York, Macmillan Company, 1915, p.93.

② 滕大春主编:《外国教育通史》第二卷，152 页，济南，山东教育出版社，1989。

的读、写、算的知识。后来，为了扩大生计，增强行业竞争力，行会开始建造校舍，聘请教师，为本行会成员的子女创办专门的艺徒学校。当时英国比较著名的艺徒学校是绸缎学校，这种类型的学校带有职业培训的性质，可以看作是初等职业技术教育。

与教会学校相比，城市学校主要由城市当局管理，具有世俗性的特点；在培养目标上，城市学校主要培养手工业、商业等职业人才，具有实用性的特点；在教学内容上，城市学校强调读、写、算的基础知识与商业、手工业劳动有关的各种知识的学习，具有基础性的特点；在教学语言上，城市学校使用英语进行教学，具有民族性特点。

城市学校的出现，严重冲击了教会对教育事业的垄断，特别是城市学校教育的目的、教学内容发生了根本性变化，适应了新的经济社会的发展要求，这是教育的一个重大进步。由于教育权和政治权力、经济利益是交织在一起的，在城市学校的建立和发展的过程中，市政当局和教会曾进行过长期的斗争，城市最终赢得了对市民的教育权，教会垄断教育权力的格局被打破了。英国政府于1406年颁布法律，规定凡父母有支付子女学费能力者，均得送子女进各种类型学校接受教育。1410年，政府进一步规定教会不得垄断教育。政府的支持，为城市学校的发展大开方便之门。① 至15世纪，英国的大城市都办起了城市学校。城市学校的兴起和发展对英国资本主义生产方式的成长起了促进作用，也为文艺复兴和宗教改革在英国城市的广泛传播创造了一定的条件。

二、16、17 世纪英国初等教育的发展

16 世纪宗教改革之前，穷苦儿童主要是在天主教堂附设的读经班或唱诗班里附带学到一些初步的阅读与唱歌的知识。宗教改革期间，天主教与新教

---

① 滕大春主编：《外国教育通史》第二卷，153 页，济南，山东教育出版社，1989。

各派为了争取群众，都对初等教育给予了较多的重视。宗教改革导致天主教的教会学校均告停闭，由英国国教会的各教区负责的教区学校则发展起来。在近代英国资本主义发展过程中，由于社会贫困，政府鼓励社会各方力量慈善捐赠，16世纪后，英国慈善学校的数量迅速增长，还出现了一些私人创办的小学校。

(一)教区学校

英国宗教改革时期，为了清除天主教会势力，国王下令关闭天主教堂，解散天主教会歌祷堂，导致大量的堂区学校和歌祷堂学校关闭。1547年王室法令规定要把与寺院有关系的教育设施继续办下去，由英国国教会的各教区负责，接纳贫苦少年儿童入学，教贫苦儿童阅读《圣经》条文，传播宗教知识。由此，在英国产生了教区学校(Parish School)，这可以视为英国正规初等教育机构的最早形式。1601年《伊丽莎白济贫法》确立的强制征收济贫税的规定在一定程度上也有利于教区学校的发展。1662年查理二世颁布《统一法案》规定初等学校的开办权一律属于英国国教会，这样英国国教会对初等教育的控制更强了。

教区学校广泛散布在英格兰各个城市、郡县以及乡村，凡是有教堂的地方几乎都有这种学校。学校一般由乡村自由民、士绅以及城市中产阶级捐献款项去资助，但是由英国国教会的各教区管理。其创设并不是为了普及义务教育，而只是为了使乡村和市镇的儿童获得免费的宗教教育。学校招收年满4~8岁的儿童，不分男女，给予2~3年英文基本教学，实际上也就是最为普通的本国语学校。学校开设阅读、拼字、英文字母书写以及简单的句子训练课程。所用的教材是角贴书(hornbook)，包括字母、音节、祈祷文、教义问答以及《圣经》的节录。教师来源于当地的助理牧师、牧师、薪资极低的教师。教区学校的创办使得普通的英国人接受教育变得比以往更为方便，受教育的人因此也较以往更多一些。到1695年，欧塞尔主教又提出，每个教区都应该安排教师并设立两所学校实施男女分校教学，还要求儿童在 14 岁之前都应该入学。①

教区学校在一定程度上提高了普通民众的文化水平。到 1640 年，在英格兰较大的市及市镇，约有一半的成年男性具有应用文字的能力，这一比例在农村也达到了约三分之一。②

（二）慈善学校

慈善学校（Charity School）就是依靠慈善捐赠而兴办的学校。慈善捐赠活动在中世纪就普遍存在。基督教伦理倡导"安贫"，把财富看作是罪恶的根源。因此，在生前或死后把部分或全部财产捐献给教会、修道院，或救济他人，被认为是善功，可以得到灵魂的救赎。不过在 15 世纪以前，将慈善捐赠用于创办平民学校的比较少。

16、17 世纪慈善学校的产生、发展与社会慈善捐赠活动大规模兴起有关。14、15 世纪开始的圈地运动导致大量农民失去土地，16 世纪的通货膨胀使农民的生活进一步恶化了，许多农民纷纷破产，沦为流民和乞丐。流民问题引起了统治阶层的担忧，"约于 1550 年，对穷人的关心成了社会的核心问题"③。都铎王朝及斯图亚特王朝在 1495—1628 年间关于流民和社会贫困问题颁布了 53 个法令。前期以惩罚为主，后期以救济为主。

对于贫民的救济，政府一方面是通过系列济贫立法募集资金，以及建立济贫院等措施来确立慈善体制。如 1547 年济贫法条文中要求每逢星期日要为穷人募捐。1563 年济贫法条文中对不愿缴纳济贫税的人送入法庭进行法律审讯。在伊丽莎白一世统治时期，1572 年正式实行济贫税；1601 年的《伊丽莎

---

① Rosemary O'Day, *Education and Society*（*1500-1800*）: *The Social Foundations and Education in Early Modern England*, London, Longman Group Ltd., 1982, p.33.

② ［美］巴茨：《西洋教育史》上册，徐宗林译，435~436 页，台北，黎明文化事业股份有限公司，1982。

③ Grassby Richard, *The Business Community of Seventeenth Century England*, Cambridge, Cambridge University Press, 1995, p.255.

白济贫法》更是确立了强制征收济贫税的制度。另一方面政府又积极鼓动富人进行慈善捐赠,要求富人承担起救助穷人和为他们提供工作机会的责任。但是都铎王朝自建立以来,王室财政往往入不敷出,陷入严重的财政危机。因此,"没有商人的参与,都铎政府会发现济贫问题比实际中的更为棘手,并且无法满足其沉重的财政负担"[1]。

英国富裕社会阶层积极参与了教育慈善捐赠。商人、乡绅、约曼这些阶层除了有经济实力进行慈善捐赠,还有新教伦理的影响。宗教改革后,新教思想在欧洲各地广为传播,新教鼓励信徒积极进取,恪守天职,努力取得现世的成功,以彰显上帝的荣耀。新教也认为善行仍是成为选民的不可或缺的标准,在某种意义上,善行有时也被看作是获得救赎的必要条件。

在新教伦理的推动下,一些商人、乡绅、约曼由于善于经营、刻苦耐劳、勤俭节约而在经济活动中发家致富。为了争当上帝的选民,很多人在临死前都将大量财产捐出。其他社会阶层即使并不富裕,在新教伦理下也尽力进行慈善捐赠。在 1480—1660 年间,慈善捐赠有了大量的增加,其中有两次慈善捐赠的高潮:第一次是 1510—1540 年,第二次是 1610—1650 年。[2]捐赠主要用来救济穷人、修葺教堂、推进市政改造,还有创办永久性的慈善机构——基金会。慈善"对这一时期英格兰人生活和思想的改变要比都铎王朝时期所有法令所做的加起来还要多"[3]。

教育捐赠是诸多慈善捐赠方式中重要的方面。在 1480—1660 年期间,近27%的慈善捐赠用来发展教育。学校捐赠日益成为一种更加流行的慈善形式。在当时,无论是国王、贵族,还是平民,都将学校教育看作一种慈善事业,

---

[1] Pound John, *Poverty and Vagrancy in Tudor England*, Essex, Longman, 1982, p.76.

[2] James Bowen, *A History of Western Education*, vol.3, London, Methuen & Co.Ltd, 1981, pp.130-131.

[3] John Lawson & Harold Silver, *A Social History of Education in England*, London, Butler & Tanner Ltd., 1973, p.103.

他们往往以私人名义进行捐赠，资助学生和学校。①到 15 世纪时，英国掀起了延续一个半世纪的"办学热"，除主教创建和捐赠的学校外，国王、贵族、乡绅、约曼、商人等通过私人慈善捐赠建立的学校也开始蓬勃发展。既有对贫民学校的捐赠，也有对文法学校、公学和大学的捐赠。

在此时期，几乎英国的每一个地区都得到了为学校或学生提供的不同形式的资助，即便是对社会较低层的学校也不乏捐助。比如，1593 年，剑桥郡的 102 名居民总共出资约 103 英镑为出资者的孩子建立学校，并允许一定名额的贫民家庭的孩子免费入学接受教育。又如，1631 年，商人约翰·雷曼在萨福克郡捐建起英语学校，为 48 名贫民儿童提供教育。②

乔丹(W. K. Jordan)通过当时英国 10 个郡的学校数量的研究发现，"1480 年时只有 34 所学校对平民开放，截至 1660 年，……10 郡中的 8 郡在每方圆 12 英里就有 1 所免费学校"③。这正是捐赠学校热潮带来的结果。

捐赠开设慈善学校，一是出于宗教信仰教育的需要，二是为了保证社会的稳定。慈善学校所开设的课程也服从于这两个目的。之所以要求学生必须学会阅读，目的在于使这些贫民儿童能学会看懂《圣经》、自己阅读《圣经》，以获得《圣经》对他们的教育。而一些慈善学校内也开设算术、手工劳作等课程，主要是为了教给儿童一定的谋生技能，为日后生活作准备。

17 世纪末，英国还出现了积极促进慈善学校发展的国教组织，主要是圣公会下属的基督教知识促进会和海外福音宣传会。基督教知识促进会是由神学博士托马斯·布雷(Thomas Bray)和其他 4 名牧师及慈善家于 1688 年创办

---

① Nicholas Orme, *Medieval School: from Roman Britain to Renaissance England*, New Haven & London, Yale University, 2006, p.204.

② John Lawson & Harold Silver, *A Social History of Education in England* .London, Butler & Tanner Ltd., 1973, p.107.

③ W. K.Jordan, *The Charities of Rural England* (*1480-1660*), London, Allen & Unwin, 1961, p.291.

的。创办的目的在于"促进并提高伦敦及其周围各教区建立教义问答学校的良好计划,并把儿童们集合起来收为教派的成员"①。在基督教知识促进会向贫穷儿童普及基督教教义的计划中,其中一项计划就是通过倡导公共捐赠活动来建立慈善学校。通过这种方式,在大城市或邻近的地方,为那些父母或监护人无法提供正常教育的贫苦儿童建立学校,以便在读写和教义问答上训练儿童。这些教义问答学校通常由本地区民间建立。基督教知识促进会主要负责向学校资助经费,以最廉的价格为学生供给《圣经》《祈祷书》《教义问答摘要》等书籍,监察这些学校,劝导和奖励该地方学校的办理人。教育内容除了宗教灌输以外,也教一些初步的读写算知识,教女孩一些缝纫知识,并进行道德习惯的训练与说教,让儿童勤于劳动和安于卑微的社会地位。"海外福音宣传会"是由"基督教知识促进会"派生出来的,由布雷博士于 1701 年创立。办学的地区主要在美洲殖民地各处。学校的教育内容和方式基本类似于英国国内的"慈善学校"。

这一时期还有一些非国教的教会办的"慈善学校"。其中最早的一所是建于 1687 年的"石港学校"(Gravel School)。这种学校主要教儿童读写,还教给女生缝纫、编织等技术。学校还向学生提供这类技艺教育的书籍及《圣经》《教义问答摘要》等书。

慈善学校主要依靠慈善捐赠维持,课程主要是宗教课程,从小培养儿童的宗教信仰。还有简单手工技能知识的教育,为儿童以后谋生作准备。到 17 世纪末,洛克还提出了一种新的慈善学校的设计。洛克在 1697 年的《工作学校计划》中建议国家在所要制定的新法律中"规定每一教区设立一所工作学校(working school),凡年在 3 岁以上、14 岁以下的需要教区救济的儿童,与父母同住,并

---

① [英]博伊德、金:《西方教育史》,任宝祥、吴元训主译,279 页,北京,人民教育出版社,1985。

未经贫民监督员允许另行受雇以维持其生活的，均须进入这种学校"①。

儿童在工作学校里学习手工业知识技能并进行手工业生成，并将产品出售。设立工作学校的好处在于：一来可以减轻教区的经济负担；二来"就是他们不得不经常随着教师或女管家在每礼拜天到教堂去，由此培养他们的宗教意识"②；三来可以为手工匠人培养学徒，或为农业耕作培养学徒。

（三）小学校（ABC 学校）

除了教区学校和慈善学校，这一时期还有一种小学校（Petty School），属于私人办学，招收自耕农或者商人的孩子，一些没有专门私人家庭教师的乡绅和主教的儿子也可能进入到小学校中接受教育。社会发展使得接受教育获得知识日益重要。进入小学校学习的儿童年龄多为 5~6 岁，在学校学习 1~2 年。小学校最基本的教学任务是教授拼写与阅读的技能，所以小学校也被称为 ABC 学校。一些小学校中也教授写作和计算的技能。在学校中，学生学习的内容多来自角贴书，这是一种包含字母表和一些宗教素材的初级读本和教义问答手册。从角贴书中学习的拼写与阅读的相关内容就是儿童在当时需要掌握的基本知识。如果想要进一步学习，他们会得到进一步的阅读技巧的训练和宗教知识方面的扩展，甚至会学习如何写作。结束了小学校的学习后，家境一般的儿童就结束了学校教育。而富裕一些的家庭会把孩子送入英语学校（English School），或是计算学校（Ciphering School），或是写作学校（Writing School）。计算学校和写作学校既招收儿童，也招收成年人。在计算学校中，教师教授算数和相关技巧，如测量、调查等。英语学校则同时教授以上所有科目，英语学校学生的入学年龄更接近文法学校，在 8 岁左右。例如约翰·莱曼爵士（Sir John Leman）所在的贝克尔斯（Beccles）的英语学校，学校教授书

①　[美]克伯雷选编：《外国教育史料》，华中师范大学教育系等译，384 页，武汉，华中师范大学出版社，1991。

②　[美]克伯雷选编：《外国教育史料》，华中师范大学教育系等译，386 页，武汉，华中师范大学出版社，1991。

写、计算等。学生要求在8岁入学时具备一定的读的能力，在校就读不超过4年。[1]家境更为优越的儿童会在7~8岁时进入文法学校学习，直至14~15岁。

17世纪90年代，在伦敦等大城市还为贫穷人家的儿童建立起了贫民习艺所和工厂学校，对儿童进行职业教育。这两种类型的初等学校在18世纪得到了进一步的发展。

第三节　中等教育的发展

中世纪以来，文法学校和公学成为英国中等教育的主要机构。文法学校孕育于主教学校和修道院学校等开展拉丁文法教育的机构中。后来因古典文化复兴、社会新阶层对知识的要求，以及世俗政权对人才的需求，培养懂拉丁语人才的文法学校开始作为一个独立的教育机构从教会学校的母体中脱离出来，走上了独立发展的道路，但它们与天主教会依然有密切的关系。公学则是一种特殊的文法学校，与一般文法学校在办理和管理上有一定的差异。宗教改革对与传统教会关系密切的文法学校的打击严重，但在新的历史时期，文法学校和公学反而获得了更大的发展机遇。

一、文法学校

(一)中世纪英国文法学校的孕育与独立

文法学校(Grammar School)是中世纪英国中等教育的重要机构。如果从当时英国社会的教育普及程度和教育在民众个人生活中所占的分量来考量，文法学校的教育比象征着英国高等教育起源的牛津、剑桥的大学教育对人们更

---

① John Lawson & Harold Silver, *A Social History of Education in England*, London, Butler & Tanner Ltd., 1973, p.114.

有意义，影响也更加深远。

1. 文法学校的孕育

文法学校的名称来源于中世纪教会学校"自由七艺"的内容中的"文法"（grammar）一词。教会学校认为："文法是一切学识的基础……是一把打开圣经、教父哲学、宗教教义、祈祷书的钥匙，更是一条通向先哲智慧的捷径。"①文法学校的最高宗旨是教授拉丁语，拉丁语是古典学问、宗教信条和教堂的语言。因此，从学校起源和教育内容角度来看，文法学校是植根于教会学校且以拉丁语言教学为主的学校。而"文法学校"作为专有名词在英国历史上首次出现大约是在 1387 年，当时约翰·特雷维萨（John de Trevisa）在翻译拉尔夫·希格登（Ralph Higden）的作品时第一次提到了这一术语。

英国文法学校产生于盎格鲁-撒克逊时代的基督教化时期。597 年，坎特伯雷的奥古斯丁在坎特伯雷建立了一所基督教学校——坎特伯雷学校，开展文法教育和歌咏教育。这或许是英国历史上最古老的学校。② 可以说，这一时期的学校并不是一般意义上的文法学校，它只是一个单纯因传教需要而设立的教学机构，文法教育只是作为传播基督教的工具。在学校里，除了教授文法知识外，还教授怎样主持宗教仪式。

此后，随着基督教传教工作从爱尔兰和欧洲大陆向英格兰其他地区深入，依附于传教工作的教学活动也发展起来。668 年，拜占庭的提奥多（Theodore）任坎特伯雷大主教，在英格兰大力推行教区制，力图使主教管区机构合理化。结果是在英格兰划分出若干个主教区，每个主教区设一个主教，由主教开设并管理一所学校，目的是培养能用拉丁语主持宗教仪式和理解基督教教义的牧师和修道士，于是教会学校数目逐渐增多。教会学校可分两类：一类是修

① John Lawson & Harold Silver, *A Social History of Education in England*, London, Methuen, 1973, p.12.

② 徐辉、郑继伟：《英国教育史》，4 页，长春，吉林人民出版社，1993。

道院学校；另一类是主教座堂学校。这两类教会学校都提倡拉丁文法知识的教育。自此，文法教育工作作为教会学校教育的一部分，在教会学校中逐渐占有了一席之地。

"8 世纪的西欧，被日耳曼人武装迁徙搅动的社会动荡逐渐尘埃落定。经历了查理·马特确立的采邑制，丕平建立的加洛林王朝以后，西欧开始向封建制度迈进。"①这个时期，发生在 8—9 世纪加洛林王朝的文艺复兴可以说是一场适应巩固封建制度需要，奠定西欧统一的基督教文化基础的思想文化运动。鉴于日耳曼人在文化方面的落后，查理大帝要求形成统一的基督教文化教育，建立初步系统的宗教教育机构。从 8 世纪中叶起，西欧各地大教堂和修道院都开办了学校，提供拉丁文学习场所。在加洛林文艺复兴②的影响之下，威塞克斯王国国王阿尔弗雷德大帝也积极提倡知识教育，广泛延揽人才，教授古典语言。在他参与翻译的涉及教廷事务的《教士守则》(阿尔弗雷德大帝称之为《牧人手册》)一书序言中写道："凡是具有自由身份的英格兰青年……对于那些还愿意进一步深造的，则要教以拉丁文。"③国王们对古典语言的重视，大大促进了教会学校内部古典语言文法教育的发展。修道院学校中开始出现了内学与外学之分。内学专门教育未来的"修道生"(oblati)；外学则为非本院的外界俗人而设，称"通学生"(extemi)，主要是教他们一些文法知识。在主教学校里，"英格兰的坎特伯雷和约克已经有了文法学校"④。这些学校在教授学生拉丁文法知识时，教授对象不再局限于神职人员，开始吸收教区当地有影响力的贵族子弟和那些想成为未来神职人员的男孩子。可见，在这个

① 王亚平：《论西欧中世纪的三次文艺复兴》，载《东北师大学报(哲学社会科学版)》，2001 (6)。

② 在西欧中世纪基督教文明的发展史中有 3 次文艺复兴：8 世纪中期至 9 世纪初期的加洛林文艺复兴；12 世纪的文艺复兴；14—16 世纪的文艺复兴。

③ Frederich Eby & C. F. Arrowood, *The History and Philosophy of Education*, *Ancient and Medieval*, New York, Prentice-Hall, 1940, p.707.

④ 戴本博主编：《外国教育史》上，194 页，北京，人民教育出版社，1989。

时期，文法学校是在教会学校，即修道院学校的外学和主教学校附设的文法教育学校中孕育而成的。

2. 文法学校的脱胎成长

在 11 世纪以前，文法教育一直是教会学校教育的一部分，尚未从教会学校中独立出来。诺曼底征服以后，文法学校开始作为一个独立的教育机构从教会学校的母体中剥离出来，走上了独立发展的道路。这种发展是由以下 3 种因素促成的。

首先，自 1066 年诺曼底征服以后，英国教会由诺曼主教重组，教堂和修道院逐渐增多。这在客观上增加了对教师和教会神职人员的需求。而且，从这个时期开始，英国的封建制度逐步确立，封建官僚体制走向完善，政府职能出现多样化，对懂得拉丁文知识的官员的需求也在增加。

其次，12 世纪文艺复兴的影响。12 世纪文艺复兴是"创造中世纪学术"的复兴，是"中世纪盛期西方理性主义的盛行"时期。人们开始在承认信仰至上的前提下进行理性的逻辑思考和判断，而这种理性思考依赖于对古希腊哲学和古典作品的回归。于是，在加洛林文艺复兴保存了古典拉丁文化的基础上，人们开始了对古典作品的理性研读和批判。此时，熟练掌握拉丁文文法知识就像"经院哲学是一种方法"一样，成为一种非常必要的手段。

最后，基督教宗教会议对教区神职人员的强制要求。1179 年第三次拉特兰宗教会议命令，每个教堂必须配备一名教师去免费教授那些教区神职人员和穷学生。[①]这条法令在 1215 年的第四次拉特兰宗教会议中得到重申。在这样的背景下，独立于教会学校的文法学校在英国出现了。

这一时期的文法学校主要分为三类。第一类，由教堂的神职机构管理。这类文法学校的任务是专门为教会提供受过拉丁语训练的神职人员，对象是

---

① John Lawson & Harold Silver, *A Social History of Education in England*, London, Methuen, 1973, p.20.

教会事务人员、年轻的唱诗班成员和神父。第二类是由 8 所修道院性质的教堂开办的文法学校。第三类文法学校是其他有神职机构的教堂的附属物，这类文法学校的数量较多。后两类文法学校毕业的学生多为世俗职业服务，主要是在地方政府、高官显贵和商人那里从事法律和行政事务性工作。同时，国王出于平衡王权与教权力量的考虑，要笼络教会，也招收教士和神职人员担任宫廷官职。这些都促进了文法学校教育的发展。

12—13 世纪文法学校脱胎于教会学校，完全是由教会另辟蹊径、独立办学而发展起来的。而从 14 世纪开始，这种教会办学的方式发生了一些分化。

1348 年至 1349 年，肆虐欧洲大陆的黑死病传入英格兰，瘟疫造成的最严重后果是人口锐减。据估计，英格兰的人口减少了 1/4，甚至可能达到 1/3。特别是由于神职人员职业的特殊性，其死亡率更高。坎特伯雷主教区一年中三任主教病殁；林肯主教区五分之二的神职人员染上了黑死病。[1]神职人员的严重不足导致需要建立新的文法学校来培养懂拉丁语的人才担任圣职。从建校方式看，文法学校的办学开始出现世俗化倾向，并显现出社会慈善办学的特征。

首先是一批为了补偿神职人员不足而建立起来的、由世俗神职人员组成的学院维持的文法学校。在 14 世纪后期到 15 世纪早期，这类学校将近 100 所。[2]

其次是一批依附于歌祷堂的文法学校。歌祷堂是 13 世纪开始出现的为死者祈祷的小教堂，歌祷堂的神父在教区内没有教育责任，但是，募捐者在建立歌祷堂时要求他们免费教育儿童，开展拉丁文法教育。

再次是一批由城市商人行会和手工业者公会建立的学校，称为行会基尔

---

① 徐辉、郑继伟：《英国教育史》，35 页，长春，吉林人民出版社，1993。

② John Lawson & Harold Silver, *A Social History of Education in England*, London, Methuen, 1973, p.43.

特(guild)或兄弟会学校，后来发展为城市当局管理的城市学校，城市学校除了读写学校，也开设了拉丁文法学校。

最后是一批由私人创办的免费为学生提供教育的学校。著名的是 1382 年温彻斯特大主教威廉·威克姆建立的温彻斯特文法学校和 1440 年国王亨利六世创建的伊顿文法学校。这两所学校后来发展为英国著名的公学。其独特之处在于它们不依附于任何形式的宗教机构，面向公众招收免费学生，包括贵族子弟和贫困学子，这就是公学的由来。伊顿文法学校曾有过这样的规定："在这里，贫困学生的职责是学习文法，文法教师的职责是教那些贫困学生。"①除以上 4 种学校之外，这一时期的文法学校还包括那些与医院和救济院共享同一笔捐赠或地产而建立的慈善学校，称医院学校和赈济学校。

这一时期，文法学校虽然已经脱离了教会学校的母体，但大多数学校还是受教会的直接管理，它们都与教会保持着密切联系。

15 世纪中期以后，英国的社会结构开始出现分化。随着英国社会经济的进步，一方面是农村富裕阶层兴起，主要为乡绅和约曼；他们力求在国家事务中发挥自己的作用，这就需要教育的扩大。另一方面，随着城市兴起和发展，"以写作和教学为职业的人，以教授与学者的身份进行专业活动的人已经出现"②。在文艺复兴人文主义的影响下，又出现了商人士绅阶层和人文主义学者创办文法学校的高潮。

文法学校的学生都是男生。他们 7 岁或 8 岁入学，在学校待上 7 年，14 或 15 岁离校去工作或上大学。从 12 世纪以后，文法学校的男孩子们就不再局限于教会人员和贵族子弟。但学校对学生的入学要求极为严格，这就是必须具备基本的拉丁文读写能力，同时要会背《教义问答》和小祈祷书的内容。所以一般的学生，在入文法学校以前，要先在当地的小学校或预备文法学校

---

① 王承绪主编：《英国教育》，87 页，长春，吉林教育出版社，2000。

② ［法］雅克·勒戈夫：《中世纪的知识分子》，张弘译，4 页，北京：商务印书馆，1996。

或教区教师创办的私人学校学习3~4年，在这期间要完成字母表和拉丁文入门知识的学习，并学会背诵一些教义和教规方面的书。这个条件不是一般的平民子弟所能具备的。

文法学校最主要的目的是培养通晓拉丁语的人才，因此拉丁语是学校教学的主要内容。"拉丁语是一门非常实用的科目。它是传统学识和当代各种学识的媒介，是一把打开通向教会、法律、医药和其他职业大门的钥匙。"①文法学校的教材在中世纪初期主要是埃里乌斯·多纳图斯(Aelius Donatus)所著的《小艺》(350年)、普利西安(Priscian)所著的《大艺》(5世纪)、维莱迪厄的亚历山大(Alexander de Villedieu)所著的《教义》(1200年)。②

(二)16、17世纪英国文法学校的发展

进入16世纪以后，文法学校的发展经历了一场重大的变革。1534年《至尊法案》确立亨利八世及其继承者为英国教会最高元首。1535年，亨利八世下令查封和取消部分修道院。1538年禁止修道主义，没收天主教会财产。亨利八世1545年12月授意议会通过了第一歌祷堂法案。爱德华六世1547年12月授意议会通过了第二歌祷堂法案，关闭了天主教歌祷堂，没收了歌祷堂的地产。天主教的修道院、歌祷堂以及其他一些宗教机构被没收，导致大多数附属于它们的文法学校的关闭，当时仅存文法学校63所。"这是一个沉重的打击，它意味着倒退。但这一切，不管是亨利八世政府还是爱德华六世政府，都不是出自他们的本意。恰相反，他们的愿望是为了使文法学校更好地发展。"③

宗教改革前期，英国的文法学校发展受挫，有些地方甚至出现凋敝景象。此时的文法学校数量和在校学生数均少于宗教改革之前。新教学者和王室也

---

① Louis D.W. Raght, *Life and Letters in Tudor and Stuart England*, New York: Cornell University Press, 1962, p.305.

② [英]奥尔德里奇:《简明英国教育史》，诸惠芳等译，99页，北京，人民教育出版社，1987。

③ A. L. Rouse, *The England of Elizabeth*, *Basingstoke*, Hampshire, Palgrave MacMillan, 1950, p.545.

看到这一危机将波及所有人并导致英国在与罗马教皇的论战中处于劣势的可能性。亨利八世认为，如果在他统治期间创建的学校不及废除的学校多，他的"伟大教育家"称号将名不副实。①在此情况下，王室才不得不将部分被没收的财产用于资助行将停办的文法学校，并重建和新建了一批文法学校。

辩证地看，宗教改革虽然在一定程度上破坏了某些附属于天主教会的文法学校，却也在无形中帮助这些学校摆脱了天主教会的钳制，向着更为有利的方向发展。在废除了那么多附属于天主教会的学校以后，英国出现了王室办学的高潮。亨利八世为了弥补解散天主教堂及修道院对教育带来的损失，满足民众对教育的需求，重新建立了11所由世俗教堂领导的文法学校。②爱德华六世也创建了24所文法学校，这些学校后来被冠名为"爱德华六世国王免费文法学校"。这种学校分为两类：一类是在原来歌祷堂学校基础上重建的学校；另一类是新建的学校。有些城市如伯明翰和什鲁斯伯里成功地要回了一部分被没收的天主教会地产，在其基础上建立了不少世俗文法学校。一些文法学校被冠以"亨利八世"和"爱德华六世"之名，却不一定是由王室资助或国王亲自创办的。国王认为校名最好将自己与它们联系起来，以赋予这些新建的或重建的学校以官方权威，同时也给自己带来一种荣誉。教育史学家利奇（A. F. Leach）指出："没有谁比英王爱德华六世更轻易但最不值地获得了学校创办者的称号，实际上，爱德华是'学校的破坏者'，而不是'学校的创办者'。"③

同样出于统治的需要，伊丽莎白一世时期，女王在王室中组建了两个委员会，专门负责管理资助兴办文法学校的资金。1572年绅士诺威尔上书女王，

① 原青林：《"教育活化石"的考释——英国公学研究》，博士学位论文，南京师范大学，2005。

② Nicholas Orme, *English Schools in the Middle Ages*, London, Methuen & Co. Ltd., 1973, p.556.

③ A.F. Leach, *English Schools at the Reformation*(1546—1548), Westminster, Archibald Constable & Co., 1896, p.1.

要求建立米德尔顿文法学校。女王慷慨解囊，给了他一笔解散圣保罗教堂后的地产收入，并每年捐款资助学校，设立了 6 项奖学金。①女王的大主教帕克和惠吉福特也捐助建立了罗奇代尔文法学校。

利奇认为，亨利八世与爱德华六世在宗教改革运动期间解散修道院，没收歌祷堂的财产，对英国教育的影响是灾难性的。但是，也有研究者认为这种说法并不属实。理由是：歌祷堂和修道院在被关闭时并没有从事多少教育工作。而且从长远看，关闭之举未必是件坏事，它促进了大批赞助人重建或重新资助面临消亡的文法学校，并创办了许多新学校。②这些赞助人主要是富商(尤其是伦敦的商人)和拥有大量地产的乡绅，也有王族、贵族、神职人员、市政当局和行会。他们经常为这些学校提供奖学金以资助学生进入大学深造，或者在牛津大学和剑桥大学的新兴学院里设立"内定"奖学金，专为某些文法学校或某个地区的男孩深造服务。

据统计，1530 年文法学校的数量是 300 所，到 1575 年增加到 36060 所。到 16 世纪晚期，英国世俗的文法学校在原来的基础上增长了 4 倍。威廉姆·哈里森在描述 1577 年的英国时，曾夸张地说："今天，在女王陛下统治下的英国，没有一个城镇是没有文法学校的。而且，在那里，所有的老师和助教都过着富裕的生活。"③

所以，从总体上来看，英国宗教改革不但没有阻碍文法学校的发展，反而推动了文法学校的办学热潮。这股热潮最后在 1611 年至 1630 年达到高潮。乔丹(W. K. Jordan)通过当时英国 10 个郡的学校数量的研究发现，"到 1660 年为止，英国人口中每 4400 人设一所文法学校，这是 20 世纪以前英国人口

① A. L. Rouse, *The England of Elizabeth*, *Basingstoke*, Hampshire, Palgrave MacMillan, 1950, p.545.

② Brian Garden, *The Public Schools: Historical Survey*, London, Hamish Hamilton, 1973, pp.41-45.

③ Louis D.W. Raght, *Life and Letters in Tudor and Stuart England*, New York, Cornell University Press, 1962, p.305.

与学校的最高比例"①。这一时期文法学校培养的学生是英国在 19 世纪前任何年代都无法比拟的，所以劳伦斯·斯通（Lawrence Stone）把 1560—1640 年称为英国"教育革命"时期。②

16、17 世纪英国文法学校的发展还表现在文法学校课程的变革上。宗教改革对文法学校课程的影响主要表现为王室指定发行统一的文法课本。与 14、15 世纪英国政府对教育持冷漠态度不同，政府从 16 世纪开始关注教育，政府意识到教育在主导人们思想上有巨大作用，因而加强对教师的监督，强调教学内容的一致性。此前的文法课本都是手抄本，尽管有相似性，但许多教师会根据自己的意愿进行删改。1500 年之后，由于印刷业的出现，大规模地出版文法课本成为可能。16 世纪 20 年代，出现了几种不同版本的文法课本，主要有约翰·斯坦布里奇（John Stanbridge）、约翰·科利特（John Colet）和罗伯特·惠廷顿（Robert Whittinton）编写的 3 个不同版本。③

为了统一文法学校的教学，1542 年亨利八世规定由伊拉斯谟、科利特和黎里等人编写的文法著作为英格兰文法学校唯一授权的拉丁文课本，明确禁止文法学校使用其他教材，目的是形成统一的语法体系和规则。从此，黎里文法取代了中世纪盛行的多纳图斯文法的地位。相比多纳图斯文法而言，黎里文法更加复杂。

亨利八世的后继者爱德华六世和伊丽莎白一世都颁布指令要求文法学校教师只能教授王室指定的文法。黎里的文法教材以修改的版本继续存在了约 3 个世纪，直到 1858 年。除统一文法教材外，政府还规定文法学校教师应讲授

---

① W. K. Jordan, *The Charities of Rural England* (*1480-1660*), London, Allen & Unwin, 1961, p.291.

② Lawrence Stone, "The Education Revolution in England (1560—1640)", *Past and Present*, 1964 (28), p.70.

③ Foster Watson, *The English Grammar Schools to 1660: there curriculum and practice*, Cambridge, Cambridge University Press, 1908, p.255.

按英国国教教义编写的《教义问答》。部分文法学校还将希腊语或希伯来语列入课程表。例如，伊丽莎白一世时代的格兰瑟姆(Grantham)学校和圣比斯(St. Bees)学校，学生要学习拉丁语和希腊语。①

二、公学

(一)公学的源起

公学(Public School)是英国中世纪产生的另一种重要的中等教育机构。公学实际上也是一种文法学校，由捐办文法学校发展而来。14世纪前后，在宗教团体、贵族人士或慈善团体的捐助下，创办了一批主要培养圣职和公职人员的文法学校。公学的"公"(public)有两种意思：一是指这种学校提供的教育与赢利性质的私立或家庭教育不同，它带有慈善性质；二是指它向全国各地开放，而不像大多数捐办文法学校那样只招收本地的学生。②所以，公学的"公"并非"公立"之意，而是"公众"之意，这与其产生时的慈善性和无偿性的背景有关。由于公学是由公众团体捐资兴办，培养目标又在于提高公众教育水平和培养圣职和公职人员，所以称公学。③

最早的公学名为温彻斯特公学，是1382年温彻斯特大主教威廉·威克姆(William of Wykeham，1324—1404)在其主教区内创立的一所学院和文法学校。温彻斯特公学的独特之处在于，它是独立存在的。虽然它与教会有着多种多样的联系，但是，它并不依附于任何形式的宗教机构。而当时一般的文

---

① A. B. Cobban, *The Medieval English Universities: Oxford and Cambridge to c.1500*, Aldershot, Scolar Press, 1988, p.107.

② 徐辉、祝怀新：《独特的英国公学》，载《比较教育研究》，1993(2)。

③ 英国公学在其历史的发展进程中，其含义界定范围曾随着公立学校和其他私立学校环境的发展而一再发生变化。从最早的有别于寺院学校的文法学校，面向各地招生的学校，以及不需要付费的学校，演变至后来的捐办或私营学校，对公众开放的学校，以升大学为目的预备学校，以及略收学费的寄宿学校；另外还有"免费学校"与"重点学校"(Great Schools)等不同名称。见伍振鷟：《英国的公学》，10~15页，台北，五南图书出版公司，1998。

法学校都是附属于各种机构的，它们是大教堂，由牧师会组织的教会、修道院、歌祷堂，或者医院、大学学院的一部分。学院由一位学监领导下的 10 名学生组成，学校由 1 位教师、1 位助教和他们所教的 70 名男孩组成。学院和学校拥有仔细设计以适合教育需要的完整校舍，以及保证学习和生活的丰厚的捐赠。它是由 1 个献身于教育和祈祷的成人与若干男孩组成的结构严密、自给自足的准修道院社区。年龄在 18 岁以上的学生要学习文法，准备进入温彻斯特主教创立的姊妹机构——牛津大学的"新学院"（New College）。学生首先是捐赠者的亲戚，其次是温彻斯特主教区的男孩，最后是在学校拥有资产的教区的男孩。学校章程规定，招收的学生主要是家庭年收入低于 5 马克①的贫穷学生。后来，除了 70 名贫穷学生之外，另有 10 名贵族和富人的儿子付费住宿和学习。自费生可随时入学，他们主要是教师的私人付费学生，住在校外，白天来学校学习。②

　　温彻斯特公学创办的背景也是 1348 年开始的黑死病导致神父的数量严重不足。并且自 14 世纪中期以来，牛津大学和剑桥大学迷恋于哲学和逻辑，忽视对文法的研究，使能胜任文法教学的教师缺乏，这就需要创办一些新兴的文法学校来培养懂拉丁文法的神父和教师。

　　瘟疫盛行、人口下降、劳动力缺乏、内部贸易减少，所有这一切不利条件造成了 14 世纪中期到 15 世纪中期教育发展的低潮。正是在这种教育不景气的氛围中，英国最重要的公学建立起来了。1440 年英王亨利六世在伊利教区的教会内创设了一所学校，收容了一些平民子弟。他们是从文法学校中挑选出来的聪颖学生，在这里主要学习文法知识、唱圣诗和宗教知识，目的是学会为国王的祖先及给信国教的死者祈祷祝福。学生人数很少，由教士负责教导与管理。1446 年，亨利六世下令把此校改为公开的普通文法学校，称为

---

① 马克是当时使用的货币名。1 马克约等于 3 先令 3 便士。
② 徐辉、郑继伟：《英国教育史》，37~38 页，长春，吉林人民出版社，1993。

"王立文法学校",这就是著名的伊顿公学。它以温彻斯特公学的章程为蓝本,但在规模上比温彻斯特公学大得多。它是由 1 名院长、10 名学者以及 70 名学生组成的学校。学生首先在伊顿所在地的伊利教区内选择,合唱队员享有优先权。学校既招收贵族和富人的子弟入学,也允许穷人的子弟入学。20 名贵族子弟要付费入学;13 名"穷学生"可以通过做学校内务来抵偿学费。当文法学习达到较高水平时,学生可以进入伊顿在剑桥的姊妹机构——国王学院(King's College)。当亨利六世于 1461 年被废黜时,伊顿公学和国王学院均面临巨大灾难,捐赠者的捐赠被搁置。直到都铎王朝时期,它们才成为英国最有特权、最杰出的学术团体。[①] 1447 年,又有一批教师联名写信请求增设像伊顿公学一样的公学,得到国王批准。于是,由私人募捐又兴办了几所公学。

从温彻斯特公学和伊顿公学初创时的情境中,可以发现英国公学具有独立性、公众性、小规模、寄宿制、单性别、古典性,以及为升入大学作预备等特征的端倪。某些特征经过 16—18 世纪的发展积淀,成为英国公学的文化特质。

(二)公学的发展

进入 16 世纪,人口的增长,中产阶级的兴起,有文化的政治家的出现对英国中等教育的发展产生了重要影响。但影响文法学校和公学发展的更重要的因素是 16 世纪英国的宗教改革。在宗教改革中,天主教会附属的文法学校遭到了严重破坏,而较为独立的学校,尤其是温彻斯特公学和伊顿公学,被认为是特别重要的机构,应排除在外。所以公学因其独立性,所受影响相对较小,在宗教改革后文法学校的新建和重建热潮中,公学获得了新的发展时机。

在宗教改革后的文法学校办学运动中,真正参与创建新学校和重建被废弃的老教会学校的常常是一些私人,他们大部分来自有权势的商人阶层,或

---

① 徐辉、郑继伟:《英国教育史》,39~40 页,长春,吉林人民出版社,1993。

者是他们设立于伦敦的同业工会。在宗教改革以前就已经出现了商人所办的文法学校。宗教改革运动的发生又对他们起到更大的激励作用。他们中间有：盎得尔公学的创办者，食品杂货商拉克斯顿爵士；格雷欣公学创办者，绸布商约翰·格雷欣；汤布里奇公学创办者，皮货商贾德爵士；贝德福德公学创办者，哈珀爵士和梅厄爵士；奥尔德纳姆公学创办者，酿造商普拉特；拉格比公学创办者，食品杂货商劳伦斯·谢里夫；布伦德尔公学创办者，商人布伦德尔；不一而足。①这些人不是贵族、乡绅或主教，他们是新兴的资产阶级的成员；他们很富裕，并且渴望为社会作出贡献。对于他们来说，在自己家乡办学是行善积德之举。所以说，这一时期，办学的原动力来自同业工会，这是商人办学的一个辉煌时代，上面提及的几所公学均属于此时的产物。

更重要的是，标志着英国公学轴心的、后世被称为"九大公学"②（Origin 9）的其中 7 所公学都是在宗教改革时期产生的。九大公学的名称、创立年份及创办者分别如下：①温彻斯特，1382，威克姆；②伊顿，1440，亨利六世；③圣保罗，1509，科利特；④什鲁斯伯里，1552，爱德华六世；⑤威斯敏斯特，1560，伊丽莎白一世；⑥麦钱特泰勒斯，1561，泰勒商会；⑦拉格比，1567，谢里夫；⑧哈罗，1572，莱昂；⑨查特豪斯，1611，萨顿。③

除了温彻斯特公学和伊顿公学这两所最早的公学分别于 14 世纪后期和 15 世纪前半期创建以外，其他 7 所公学均属宗教改革前后办学运动的产物。在这 9 所公学中，圣保罗公学和麦钱特泰勒斯公学两所公学为伦敦走读学校，

① B. Gardner：*The Public Schools：A Historical Survey*，London，Hamish Hamilton，1973，p.42.

② 所谓"九大公学"是以 1861—1864 年英国公学调查团克拉伦登委员会报告中所列举的 9 所公学为标准的。当时的克拉伦登委员会仅仅选择"九大公学"作为其调查对象，由此对这些学校所享有的与众不同的优越地位予以正式承认。随后的公学法又单独赋予它们合法的称号。它们被公认为公学的典型和范例，享有其他学校难以比肩的声誉和威望。

③ B. Gardner：*The Public Schools：A Historical Survey*，London，Hamish Hamilton，1973，pp.41-45.

其他7所全是寄宿学校。

威斯敏斯特公学原是一所附属于威斯敏斯特圣彼得大圣堂教会的文法学校，1560年由伊丽莎白一世重新创办。尤其值得一提的是伦敦的圣保罗公学，该学校在宗教改革之前就已出现，绸布商会将这个不太大的附属于教会的文法学校改造成一个重要的教育机构。科利特的父亲是一个富裕的绸布商，后来成为伦敦的梅厄勋爵。身为神父的科利特于1504年成为圣保罗文法学校的教务长。他是伊拉斯谟的好友，并深受其影响。担任教务长四年后，科利特凭借父亲遗留下来的一笔资产于1509年创办了这所学校。它可能是在原来的文法学校的基础上经过重建而成的，也可能是一所全新的学校，但其意义在于它是新兴的富商阶层开办公学的标志性事件。

需要说明的是，宗教改革时期新建和重建的公学数量并不多。在17世纪资产阶级革命时期，公学的数量增长较慢。直到19世纪，公学总数不过20至30所。[①]

作为一种特殊的文法学校，16、17世纪的英国公学也具有一般文法学校的特征。首先是规模较小。1382年温彻斯特公学创办时只有70名学生。1440年伊顿公学创办时也只有70名学生，1678年学生人数为207名，1728年增至378名。[②] 其次是单性别学校。14—17世纪只有招收男性的公学，女子公学尚未出现。再次，在培养目标上，与一般文法学校一样，公学主要也是为教会培养神职人员，为政府培养公职人员。最后，在课程设置上，公学在初创时期，以宗教神学科目为主，突出拉丁文法的学习。文艺复兴时期，人文精神渗透于公学的教学之中，古典人文课程占据主要地位，但公学依然重视宗教课程和集体的宗教仪式活动。

实行寄宿制是公学的一大传统。公学初创时期以招收贫困学生为主，这

---

① 滕大春主编：《外国教育通史》第三卷，7页，济南，山东教育出版社，1990。
② 伍振鷟：《英国的公学》，29页，台北，五南图书出版公司，1998。

就要求学校必须为贫穷学生提供膳宿。公学之"公"含有招收来自全国各地的学生，而不局限于本区域之意。因此，学校理应为路途遥远的学生提供膳宿条件。后来，公学决定招收部分自费生，但条件是：他们不来自当地城镇，必须住在学校里。这时候，寄宿制其实也是学校管理者创收的一种手段。布罗姆斯格罗夫公学校长的年薪只有可怜的 7 英镑，他将学生接到家里来，与他们同桌进餐，让他们睡在自家的阁楼上，以此赚取学生的食宿费。① 学生宿舍是公学的一个基本单位。起初，学生寄宿在学校附近的城镇各处的现象较为常见。1621 年，雷普顿公学的 300 名学生中，大部分寄宿在附近的城镇。17 世纪中后期，一种正规化的寄宿制已经在伊顿公学发展起来，宿舍由保姆或男管家负责管理。到 18 世纪初，伊顿公学已有 10 所保姆管理的宿舍和 3 所男管家管理的宿舍。②

"贵族性"并非英国公学的原有特征，14 世纪至 16 世纪中期，公学的无偿性、免费性是其主要特征。公学创立初衷是为贫困但聪明的子弟提供免费的拉丁文法教育，以补充神职人员的空缺。当时的公学并未博得上流阶层的青睐，"因为中世纪以及在中世纪以后的较长的时间内，英国贵族还没有把自己的儿子送往学校受教育的习惯，他们为自己的儿子提供一种专门的家庭教育"③。公学创办之初，为吸收办学经费，也招收自费生，但比例较小。自费生的比例开始上升是在 16 世纪中期以后。麦钱特泰勒斯公学在 1561 年建立时，250 名学生中就有 150 名是自费生，占据多数。自此之后，自费生的比例持续上升，渐渐压倒免费生。宗教改革后，因王室的关注，商业捐赠增多，公学办学条件越来越好，办学质量越来越高。再加上 15 世纪后，社会中绅士

---

① J.G.Hardy, *The Public School Phenomenon*, Harmondsworth, Middlesex, Penguin Books Ltd., 1977. p.34.

② J.G.Hardy, *The Public School Phenomenon*, Harmondsworth, Middlesex, Penguin Books Ltd., 1977. p.35.

③ [英]邓特：《英国教育》，杭州大学教育系外国教育研究室译，3 页，杭州，浙江教育出版社，1987。

阶层的逐渐壮大,他们对中高等教育的需求强烈。因此,公学吸引了社会中上阶层的注意,公学越来越成为只有少数社会阶层子弟才能进入的学校,越来越注重有贵族气质的"绅士风度"的养成教育,这样,"贵族性"才逐渐成为英国公学的重要特征。

三、学园

中世纪以来,文法学校和公学为英国社会培养了各方面的人才,主要是教会的神职人员、政府的官吏,还有文学、艺术等方面的人才。但随着英国资本主义经济的发展,以及近代科学革命的兴起,文法学校和公学在长期的历史发展中形成的古典主义和经院主义的保守风格已经越来越难以适应社会变革的需求,遭到诸多有识之士如科学家弗朗西斯·培根①、文学家弥尔顿、哲学家洛克等人的强烈批判。1611 年培根告诫国王詹姆士一世说:国家培养的古典学者过多,又没有适合他们的职业,而船舶管理和商业艺徒却不足。因此,他得出结论说:"文法学校已经办得太多了。"①

弥尔顿在 1644 年的《教育论》中积极倡导建立新型的日内瓦新教学院式的教育机构——学园(Academy),"使人合理地、熟练地、高尚地履行各种职责,无论是私职还是公职,无论是在和平还是战争时期"②。弥尔顿批评传统的经院教育和古典人文主义教育偏重古典语言的学习,违反常规,强迫头脑中空无所有的孩子去写作文、写诗、写演说词,最多只能使这些孩子积累起一些琐碎的拉丁文与希腊文,白白浪费儿童的光阴,根本无法达成他们所期望的教育目标。为此,他设计出培养年轻贵族和绅士的教育计划,并建议每个城市都应当建立一种文科和实科相结合的名为"学园"的教育机构来落实这

---

① [英]奥尔德里奇:《简明英国教育史》,诸惠芳等译,107 页,北京,人民教育出版社,1987。

② [美]佛罗斯特:《西方教育的历史和哲学基础》,吴元训等译,271 页,北京,华夏出版社,1987。

种计划，培养经世致用的人才。根据他的设想，"学园"一般能容纳 130 名学生，校内设校长 1 名、教职工 20 名。在"学园"里，学生首先学习拉丁语和英语，继而学习算术、几何、天文、地理、航海、工程、动物学、植物学、解剖学以及古代和现代的各种语言文字等课程。弥尔顿的这种办学思想启迪了英国学园的实践者。

17 世纪英国学园的创办主要是受 1662 年政府通过的最后一个也是最严厉的一个关于国教的《统一法案》(*Act of Conformity*)的影响而推动的。该法令要求所有教会人员以及学校教师都应当"毫无虚假地赞同并支持"英国国教会的《公祷书》(*The Book of Common Prayer*)中所规定的一切，效忠国教，不遵从该法令者将遭到驱逐。大约有 2000 名不愿改奉国教的教师被迫从古典大学和文法中学中退出。他们大多数是清教徒，是长老会、独立会或浸礼会的成员，也有一部分是天主教徒，被称为"不信奉国教者"，又称"非国教徒"。他们被迫创办自己的教育机构，为其子女提供中高等教育。他们吸收夸美纽斯和弥尔顿等人的教育思想，以日内瓦学院为蓝本，建立起一种带有宗教倾向的学园，称"不信奉国教的学园"或"非国教学园"。这种学园兼有高等教育和中等教育的性质。开始的时候，学园的中等教育性质要偏重一些；随着实力的壮大，高等教育逐渐成为主要方面，而中等教育仅仅是预备。[①]非国教学园用不着关心学生能否进入古典大学，它们因此能够打破传统，提供一些更具试验性的课程，如现代史、现代英语和自然科学，并运用英语(而不是拉丁语)教学。由于非国教学园贴近生产和生活实际，具有实科倾向，因而广受社会欢迎，社会中层的平民子弟入学者居多。

非国教学园有一个从小到大、从地下到公开的发展过程。起初，由于宗教迫害，非国教学园处于秘密状态，仅有 18 所有文可查。学校规模很小，通

---

① Willis Rudy, *The Universities of Europe*(*1100—1914*), London, Associated University Press, 1984, p. 81.

常设于教师家中,入学者一般在 10~30 人之间,大多仅有教室一间,学生食堂和寝室往往合二为一。1688 年"光荣革命"后,资产阶级全面掌权。1689 年议会通过《信仰自由法案》(*Toleration Act*),非国教学园由地下转为公开。这是英国教育的重大事件,为非国教学园的迅速发展创造了制度空间。

与古典大学和文法中学不一样,非国教学园不具宗教排他性,只要国教徒愿意,其子女也可以进入学园学习。但是,非国教学园仍带有明显的宗教色彩,在传授科学知识的同时,也宣扬宗教虔诚。完全突破宗教目的,将宗教教育从学校教育分离出去的是另一类学园——私立学园。

私立学园在英国的兴起,也是内外多种因素共同作用的结果。17 世纪初期,在意大利和法国出现了一种专为市民阶级提供商务培训的商贸学院;在法国的巴黎、奥尔良等地还有一种专为富人提供礼仪培训的礼仪学院,开设马术、歌舞、乐器等课程。不论是商贸学院,还是礼仪学院,都具有强烈的实用职业教育色彩。一部分到法国游历的英国人前去参观学习,并将这种新式学校介绍到英国。

英国第一所私立学园是伦敦索霍学园(Soho Academy)。据说是一个叫缪尔(Meure)的人于 17 世纪 80 年代创办的。这所学校以实用职业技术教育为主,有文法、商业、技术、海军和艺术 5 个领域。但是,私立学园的起步似乎并不顺利,直到 17 世纪末,仅有 11 所。但私立学园的兴起,使英国学校教育的实用性得到进一步延伸。

总体而言,学园是在英国近代科学技术发展的需要和宗教改革后英国国教会对非国教打压的背景下诞生的新型学校,它对于培养资产阶级的新人才发挥了重要作用,而且也为 18 世纪中期美国文实学校的创办提供了范例。但由于受到英国保守文化传统的影响,这种学校在英国的社会地位和重要性始终不及公学和文法学校。到 18 世纪中后期,英国的学园逐步消失。

第四节 高等教育的发展

一、中世纪英国的高等教育

中世纪的高等教育，可以把它解释为"上流社会的教育，是培养从事高贵职业的人的教育，是研究高级学科的教育，是正规学校教育过程中的最后阶段"①。简单地说，高等教育就是培养较高层次人才的教育。在中世纪的英国，较高层次的人才主要是教会神职人员、政府官员、大学教师、文法学校教师等。

在中世纪有些较高层次人才也不完全都是由高等教育机构培养，部分文法学校中也开设了属于高等教育的课程。"一些文法学校还教授法律和神学，如在约克和埃克塞特文法学校还教授法律（可能是民法），在埃克塞特和伦敦的文法学校还教授神学。"②因此，英国教育史学家奥尔德里奇认为，精准地概括中世纪文法学校的性质、规模和连续性是很困难的。但总体上我们还是把文法学校划归中等教育机构，或者是大学的预备学校。当然，这一时期还有贵族家庭通过聘请家庭教师开展较高水平知识教育的情况。自 1066 年诺曼底公爵威廉征服英国后，尤其是 12 世纪文艺复兴以来，英国高等教育的发展有 5 个主要分支。

（一）教堂学校

如在埃克塞特、林肯、索尔兹伯里和约克的教堂学校，它们是为当地神父设立的高等教育中心。到了 13 世纪，在讲授神学和法学等高级学科时采用校长控制下的正式讲课制。

---

① [英]奥尔德里奇：《简明英国教育史》，诸惠芳等译，135 页，北京，人民教育出版社，1987。

② James Bowen, *A History of Western Education*, *Vol. 1*, London, Methuen & Co. Ltd., 1975, p.298.

(二)天主教四大托钵修会

托钵修会(Mendicant Orders),亦译"乞食修会",旧译"托钵僧团"。13世纪上半叶罗马教会为与异端教派争夺群众而建立的天主教修道组织。其修士积极维护正统教义,热心布道,甘愿过清贫禁欲生活,以标榜赤贫、攻击异端来挽回教会的威信,并到各国城乡宣传所谓"清贫福音",要人民安于贫困,忠于教皇,亦致力于教育工作。因以托钵乞食为生,故得此名。主要派别有多明我会(Dominican Order)、方济各会(Franciscan Order)、加尔默罗会(Carmelites Order)和奥古斯丁会(Augustinian Order),合称四大托钵修会。四大托钵修会修道士也在自己的修道院内传授人文学科、哲学和神学。因为当时没有一个中心,修道士需要在英国和欧洲大陆的合适的教堂之间往返。约克的奥古斯丁修道院中的1372年藏书目录中列出了656卷藏书,含有2100多篇论文,包括欧几里得的10本书、阿拉伯人和犹太人的较重要的著作。此外,托钵修会还在大学中建立了研究室。著名的方济各会会士罗吉尔·培根和奥卡姆,对13和14世纪的牛津大学产生了巨大影响。

(三)其他托钵修会

除初创时期的四大托钵修会,15世纪后陆续成立了6个托钵修会:三一会、梅塞德会(又名诺拉斯科会)、圣仆会、最小兄弟会、圣约翰医护会和条顿会。他们同样在大学城或大学城附近发展了某些它们自己的高等教育中心。13世纪80年代在牛津为西妥教团和本尼狄克教团的僧侣们分别建立了留莱大教堂和格洛斯特学院。1435年为奥古斯丁会建立了圣玛丽学院。

(四)牛津大学和剑桥大学

作为"比英国国家历史还悠久的大学"①,牛津大学和剑桥大学是英国中世纪高等教育发展中最重要的分支。"大学是中世纪后期西欧独特的创造物,

---

① 牛津大学创立于1168年,剑桥大学创办于1209年,均早于英国建成统一封建国家标志的"大宪章"的颁布时间1215年。

牛津大学和剑桥大学是它的两个最优秀的、不朽的英国范例。"①虽然中世纪最大的大学之一是起源于巴黎圣母院大教堂学校的巴黎大学，而英国的大学并非起源于埃克塞特、伦敦、索尔兹伯利或约克等城市，而起源于牛津镇和剑桥镇，它们既不是拥有独立自治权的市镇，也不是政治、宗教中心。

西方学术界关于牛津大学和剑桥大学形成的原因和时间并没有统一的观点。按照通行的说法，牛津大学建立于1168年，剑桥大学建立于1209年。

欧洲中世纪大学的概念与两个拉丁文词语有关，一个词是"studium generale"，另一个词是"universitas"。"studium generale"可译为"普通研究班"②。斯科约克(Marthellen R. Van Scoyoc)指出，普通研究班有3个特征：学校吸引来自四面八方的学生，而不仅仅只是某些特殊的国家和地区的学生；是进行高等教育的场所，至少具备神学、法学和医学3个高级学科中的一个；这些科目是由一定数量的教师教授的，而不是个别教师。③科班(Alan B. Cobban)认为，"studium"代表一所能够为高等学习提供设备的学校，"generale"并不是指所教授学科的普遍性质，而是具有能够吸引学生远道而来的学术能力。④ 另一个词是"universitas"。在拉丁文中，这个词指代所有的社区或人们的联合体。哈斯金斯在其著作中强调，大学这个词最初的含义就是指这样的组织或社团，只是到后来，它才被限定为教师和学生的联合会。历史上，大学一词从来没有与学生的范围或学习的多样性发生过联系。它仅仅意味着一个组织

---

① [英]奥尔德里奇：《简明英国教育史》，诸惠芳等译，142页，北京，人民教育出版社，1987。

② 还有将"studium generale"翻译为"广学院"或"泛邦学校"的。见陈洪捷：《何谓studium generale?——〈大学理念的传统与变革〉读后献疑》，载《北京大学教育评论》，2006(2)。

③ Marthellen R Van Scoyoc, "Origin and Development of the University", *Peabody Journal of Education*, 1962(6), p.322.

④ Alan B. Cobban, *The Medieval English Universities: Oxford and Cambridge to c.1500*, Aldershot, Scholar Press, 1988. p.2.

的完整性。① 15世纪后，studium generale 为 universitas 所代替，universitas 成为大学的专用名称。

1167年，英国国王亨利二世同法兰西国王交恶，召回了巴黎大学的英国师生。这批人来到牛津，使牛津迅速成为英国经院哲学教学和研究的中心，人们开始称牛津为"大学"(Studium Generale)。到12世纪末，牛津被称为"师生大学"。

剑桥大学最早得到教皇承认是在1233年。这年6月14日，教皇格列高利九世(Pope Gregory IX)向剑桥大学颁发特许状，给予剑桥大学校长和学者以特别豁免权，显然此时剑桥大学在由教师们选举出来的校长的领导下作为团体法人实体已获得了认可。而牛津大学是在1254年才获得此项特权的。1290年，教皇尼古拉四世(Pope Nicholas IV)在一封信里，已将剑桥称为"大学"(Studium Generale)。

1. 学院

学院是牛津大学和剑桥大学的主要教学机构。欧洲中世纪大学学院的产生主要是因为大学没有固定的住宿场所，学生与教师往往分散居住在城市的各处。学院最初只是一些信奉基督教的教会人员和贵族通过捐助的方式为无力承担食宿费用的师生提供膳食的、带有慈善性质的房舍。然而到了后来，学院渐成为生活和教学的中心。它通常是由1个住宿部、1个食堂、1个小礼拜堂和1座图书室构成。

12世纪中后期到13世纪末是中世纪大学院的初创期。在英格兰，1249年，达勒姆的威廉副主教遗赠牛津大学一笔钱以资助学习神学的硕士们，形成了大学学院(University College)，1263年和1264年又相继建立了贝利奥尔学院(Balliol College)和默顿学院(Merton College)，但学术界通常把默顿学院

---

① [美] 查尔斯·霍默·哈斯金斯:《大学的兴起》，梅义征译，上海，上海三联书店，2007。

看作是牛津大学的第一所学院。①剑桥大学的第一所学院是 1284 年建立的彼得豪斯（Peter House）学院。随着学院规模的扩大，职能的增多，对于学院的管理也有所加强。牛津大学默顿学院的创建者沃尔特·德·默顿在 1264 年颁布了学院的第一个章程。

科班称"14 世纪是西欧的学院大扩张的时期"②。到了 14 世纪，欧洲各地的大学中兴起了一股创建学院的热潮，越来越多组织完善、功能齐全的学院建立起来。14 世纪的牛津大学，出现了几所影响深远的学院，包括：创建于 1314 年的斯特普尔顿学院（Stapeldon Hall），后来更名为埃克塞特学院（Exeter College）；1324 年创建的圣玛丽学院（St Marry's College），后来被称为奥利尔学院（Oriel College）；1341 年创建的王后学院（Queen's College）；1379 年威廉·威克姆（William Wykeham）创建的新学院（New College）。剑桥大学在 14 世纪也创建了一批学院，如 1317 年创建的国王学院（King's Hall），1324 年建立的迈克尔学院（Michael House），1350 年诺里奇主教威廉·贝特曼（William Bateman）创办的三一学院（Trinity Hall），这三所学院后来合并为著名的剑桥大学三一学院。此外剑桥大学的卡莱尔学院（Clare College）、彭布罗克学院（Pembroke College）、冈维尔与凯斯学院（Gonville and Caius College）以及为教士提供教育的学院——基督圣体学院（Corpus Christi College）也在这一时期得以建立。随着学院数量的增加、规模的扩大，对于学院的管理也在不断完善。牛津大学和剑桥大学的学院在管理上逐渐形成了内部自我管理和民主选举的管理机制。学院的管理权由院长及一个由院士组成的小型委员会掌握。这使得学院独立地位得以保障，将来自外部教会或大学的干预降低到最小程度。

15 世纪牛津大学和剑桥大学学院的发展主要体现在学院管理体制不断系

---

①　牛津大学最早建立的学院是哪个一直是个有争议的问题，贝利奥尔学院是最早具有学院实际形态的学院，而默顿学院则是最早获得官方认同的学院。

②　[英]艾伦·B. 科班：《中世纪大学：发展与组织》，周常明、王晓宇译，143 页，济南，山东教育出版社，2013。

统化和制度化上。因进入学院求学的学生人数迅速增加，需要进一步完善学院管理制度，以维持学院日常运行。在此期间，牛津大学和剑桥大学学院的领导体制在 14 世纪的基础上进一步完善。学院的领导权掌握在学院内部，由院长和学院委员会负责。学院的院长的权力不受外部权威干预，但受到内部监督。

讲座制度和导师制度的确立是 15 世纪学院在教学管理上最大的特色。

第一是讲座制度的确立。从 15 世纪中后期开始，大量学生进入学院学习，学院不得不开始从本学院或别的学院聘请教授，并为这些进入学院的学生开设讲座，于是就有了学院讲座职位。讲座制度的确立首先出现在牛津大学，莫德林学院 1480 年章程中首先确立了讲座制度，随后其他学院便纷纷开始效仿。这种讲座通常是公共讲座或带有公共讲座性质的讲座，它们起初只向本学院成员开放，后来对于听课学生的要求渐渐放宽松，并开始允许其他学院学生前来听课。这样，越来越多学生从学部涌入学院学习，从而使得大学的教学活动逐渐从大学转移到学院。以致到了 16 世纪中期，学院成为大学的教学中心。从伊丽莎白一世登基(1558 年)开始，学院或多或少已成为自成一体的教学组织。到了 16 世纪 60—70 年代，学院已经成为大学中有效的教学机构。[①]

第二是导师制的广泛开展。学院出现之前，大学内部的教学方式主要是讲授和辩论两种。随着印刷术的普及，廉价的印刷课本使主要以宣读为主要内容的中世纪讲授的需求量大大降低。其结果是在各学院的教学中，辩论的教学方法得以保留，但讲授却被另一种新的教学方法所取代——导师制(tutorial system)。导师制在大学的产生和发展渊源已久，最早可以追溯到 13 世纪。早在 13 世纪，牛津大学的部分学院就规定要求在高级学部中选拔部分教

---

① [英]艾伦·B.科班：《中世纪大学：发展与组织》，周常明、王晓宇译，158 页，济南，山东教育出版社，2013。

师，主要在学习和道德方面帮助、引导年轻的学生。真正将导师制引入大学和学院是在 1400 年，牛津大学新学院的创始人威廉·威克姆，他规定从学院的基金中拨付一部分钱给导师们作为指导学生的报酬。随着低级学部学生广泛进入学院学习，学院开始允许导师招收低级学部学生，导师制也很快在各个学院流行起来。导师不仅要对学生的学习进行辅导，还要对学生的道德和财政负责。这种导师制的教学管理形式不仅有利于学院教学活动开展，而且有利于对学生的管理，从而达到一举两得的效果。由于导师制的这一优势，此后牛津大学和剑桥大学的各学院纷纷效仿引入导师制。导师制也成了牛津大学和剑桥大学的重要特征。

2. 课程与教学

能称为大学(Studium Generale)的机构，在学科上必须设置文科和其他 3 个高级学科，即神学科、法学科和医学科，或者至少其中一种。牛津大学和剑桥大学建立之始，就设有文科、神科、法科、医科。其中文科为初级学科，神学、法学和医科是高级学科。牛津大学 1209 年约有 3000 名教师和学生，学生年龄在 14~21 岁，来自不同的社会阶层。他们大多在堂区学校和文法学校里完成早期学业，进大学主要是为了学习神学等专业知识。大学的课程起初并不确定，各大学系科规定的课程不一致，在同一所大学里，前后略有不同。至 13 世纪，课程才渐趋稳定。

文科课程一般来说建立在 7 门人文学科(七艺)的基础之上，尤其是以逻辑和亚里士多德的三门哲学——形而上学、伦理学和自然哲学为基础。这些学科全部用拉丁语进行教学。关于"七艺"，"在理论上，'三艺'是中等教育的基本课程，'四艺'是高等教育的基本课程。但在实际上，两者有不少的交叉，特别是在 13 世纪前是这样"①。

---

① ［英］奥尔德里奇:《简明英国教育史》，诸惠芳等译，142 页，北京，人民教育出版社，1987。

学生通常要花 7 年的时间学习文科课程。教师在课上详细地讲解规定课文和对课文的各种评注。这样的课学生必须刻苦学习 4 年，并且卓有成效地进行各种各样的重复、质疑和通过牛津大学文学士学位的初试——一种连续的口头评价制度，才可能被授予学士学位。再学习 3 年就可以得到文学硕士学位。然后他有义务自己讲两年课。这样，他也成了大学评议会的一员。

修习完文科课程，获得文学硕士学位后，才能进入更高级的学科学习。中世纪神学在大学的高级学科中占据头等重要的地位。神学院是培养主教、神父的摇篮，不少教皇都是神学院的毕业生。神学教材主要是《圣经》和隆巴德(P. Lombard)的《格言集》，同时以古典神学家和新派神学家的评注为补充。学习神学的时间比学习其他学科的时间要长。要取得神学博士学位，须花费多年的时间。

法学在英国中世纪大学中的地位也非常重要。受王室和教会势力的影响，大学一直以来都承担着传授教会法和民法的责任。法学课程分为教会法与民法(罗马法)两类。法律学习和研究的材料是《教会法大全》和《民法大全》。到 15 世纪，法学学习渐渐被看作是在教会和政府中取得成功的主要通路。

医学在大学作为高级学科开展教学，主要是因为新型的官僚国家及教会都需要受过教育的医学人才，而修道院学校和私人机构已经不能满足这样的要求。中世纪英国大学的医学院的课程主要是以希波克拉底(Hippocrates，前460—前370)、盖伦(Claudius Galenus，129—199)的医学著作，阿拉伯重要医学家伊本·西拿(Ibn-Sina，980—1037)的著作为主，此外还有亚里士多德的著作，如希波克拉底的《警语录》《论摄生》《急性病体制》《格言集》，盖伦的《小技》《泰格尼》《论理想的医生》《论理想的哲学》《论希波克拉底的元质》《论解剖标本》，伊本·西拿的《医典》《医门的律例》，等等。亚里士多德的学术著作也支配着中世纪的医学基础课程结构，对其学术思想的吸收和消化贯穿了 15—16 世纪的英国大学医学院，其学术思想还以医学院教科书的形式出现在英国大学里。亚里士多德的《物理学》《论天》《气象学》以及《论生灭》等论著也成为中世纪英国大学医学生的标准教材和重要教学内容。

大学的教学方法主要是讲授和辩论。由于中世纪大学的教材多使用权威的著作，内容晦涩难懂，故一般都有大量的注释，需要教师逐字逐句地为学生讲解。教师上课也可以称为读课，因为当时的书籍非常短缺，教科书又带有神圣性，大多只有教师才有书籍，因此，学生只有在课堂上才有机会接触到教材。但与传统根据书本进行讲读的授课模式不同的是，讲授通常会被分成两段：前半段通常由教师主持，主要陈述或讲解所要学习的内容，目的在于让学生熟悉教学内容；后半段则留给学生进行讨论或辩论，主要是让学生学会运用。

3. 学生

目前对中世纪英国大学学生的入学年龄的认识，还停留在估测的水平，至今没有一个准确的说法。资料表明，13、14 世纪牛津大学和剑桥大学的入学年龄为 14 岁，而 12 世纪的入学年龄在 15 到 17 岁。[①]在入学的学术标准上来讲，在 1500 年以前，大学都会明确标注新生的各项指标，比如年龄、社会背景、受教育经历、学术水平等。但随着 15 世纪晚期、16 世纪初，大学开始广泛接受本科生之后，这种评估就不再流行了。

中世纪牛津大学和剑桥大学的学生主要有三种类型：一是中产阶层子弟，如教士阶层的子侄、富裕的商人或手工业者的儿子，在学生人数上占多数；二是颇有天赋、资质并受到邻近男修道院院长或教会青睐的平民青年；三是贵族学生，他们往往在大学里维持着贵族的奢华，大都有自己的私人教师、仆人及随从。当时能够接受高等教育的人群中基本没有来自社会最底层的子弟，但仍有家境贫寒的学子在大学求学。他们不得不以贵族仆从的身份或沦为乞讨者来维持自己的生活。在牛津大学，有一群学生专门靠为别人占座为

---

① 王子悦：《英国中世纪大学早期发展研究》，博士学位论文，天津师范大学，2013。

生。校长还会专门为特别贫困的学生颁发允许乞讨的资格证书。大学生都需要一笔经费来资助他们在大学期间的生活。通常有两种类型的资助：一类是来自学院的助学金(college fellowship)，另一类是来自教会的赞助性的圣俸(supporting benefice)。但并非所有人都能得到圣俸，必须要得到主教的许可才能得到。教皇的赞助是英国中世纪大学硕士以上学生的主要生活资金来源。赖特(G. F. Lytle)的调查发现，在 1301 到 1350 年，硕士以上学生有 48% 收到了来自教会的资助，有 26% 的人收到的第一笔赞助就是来自教会的。1351 到 1400 年，这组数据降到 40% 和 16%①，主要原因是 14 世纪后半叶到 15 世纪初期，教会在整个西欧范围内提出了限制圣俸申请数量的谕令。随着教皇批准赞助制度的废除，牛津大学和剑桥大学的学生在 15 世纪初期不得不回归对传统赞助的依赖，包括来自王室、主教、贵族、上层绅士、大学学院和其他宗教团体的赞助。这几种赞助方式的比例相对平衡，没有太大的差距。到了 15、16 世纪，学生社会层次出现新的变化。剑桥大学的学费收缴记录表明，当时的大学把学生分为三类：贵族生、自费生和减费生。②出身贵族的学生交纳高昂的学费，但是可以只走走参加考试的形式、手续，就能够获得学位；自费生指的是那些必须得向学校缴纳住宿和吃饭费用的学生；减费生是那些因手头拮据，依靠干粗活维持生计的人。

在中世纪，牛津大学和剑桥大学的学生辍学率也是比较高的。以牛津大学新学院为例：从 1386 到 1547 年间，共有 1350 人通过入学考试，成为本科学习者，其中三分之一的人中途退学，没有拿到学位。另外，其间还有 254 人(包括学生及教师)死亡，其中 124 名是本科生。据赖特估计，1390 年到

① G.F. Lytle, "Patronage Patterns and Oxford Colleges (1300—1530)", in Lawrence Stone, *The University in Society*, Vol.1, Princeton, Princeton University Press, 1974, p.128.

② [英]伊丽莎白·里德姆-格林：《剑桥大学简史》，李自修译，65 页，济南，山东画报出版社，2007。

1510 年间，包括死亡人数在内的牛津大学新学院辍学率高达 35%。①

最终能拿到学位可能是大学生一生的事业。即使那些毕业时未得到任何学位的学生，作为他们学习的结果，也将比较容易地得到教区神职或中、小学教师的职务。而学完了全部课程的那些学生，也就可能谋取国家某些最高级的职务，如主教、教长、校长、大使等职务。

（五）伦敦的四大律师学院

具有高等职业教育功能的伦敦的四大律师学院（The Inns of Court）②通常被视为 19 世纪前英国的可与牛津大学、剑桥大学并列的大学形式，是培养法律专业人才的高等教育机构。

一般认为，英国的律师学院起源于 13 世纪被称作"法律学徒"（Apprentices）的特殊社会集团，这些学习法律的学生为方便业务学习，基于自由结合原则，寄宿在伦敦位于威斯敏斯特和伦敦城之间的客栈或酒馆。③他们聘请开业律师讲课或提供辅导。居住在一起的学徒逐渐自发组成一所所具有自治团体性质的、行会式的简易法律学院（Inn）。到 14 世纪，这样的学院已达到十多个。15 世纪以后，在爱德华三世（Edward Ⅲ，1327—1377 年在位）统治期间，四大律师学院脱颖而出。四大律师学院是指林肯律师学院（Lincoln's Inn，1422 年成立）、中殿律师学院（The Middle Temple，1501 年成立）、内殿律师学院（The Inner Temple，1505 年成立）、格雷律师学院（Gray's Inn，1569 年成

---

① G.F. Lytle, *Oxford Students and English Society：c.1300-c.1510*, Oxford, Oxford University Press, 1962, pp.191-192.

② 关于英国的"Inns of court"在当前学界有不同的翻译，如译成"律师会馆""律师学院""律师公会""法学院"等。英国的"Inns of court"不仅仅是一个行会式的机构，更是一种法律教育和法学知识传播的载体，从其职能上来讲更接近法律学校的性质。

③ 在 12、13 世纪，伦敦城（City of London）有很多大大小小的律师学习班，主要由神父授课；但是在 13 世纪发生了两件事改变了这一传统：一是 1234 年 12 月，国王亨利三世（Henry Ⅲ，1216—1272 年在位）颁布禁令，不允许有法律教育机构存在于伦敦城（City of London）；二是来自罗马的教皇诏书，责令神父只能传授教会法，而不能涉及普通法。在这两件事的影响下，普通法的律师们纷纷出逃伦敦城，去往隔壁的威斯敏斯特区（City of Westminster）和霍本（Holborn）附近。

立)。四大律师学院互不隶属，其成员包括正在各院学习的学生及已从各院毕业的大律师。学院由英王或王族担任名誉院长，院长由资深的大律师通过互选产生。

在中世纪大学，经院哲学和神学代表了这一时期最高的知识成就，但并不代表中世纪最广泛传播和最具实际影响的学习，法律才是中世纪大学中最为普及的科目。"法学院因涉及公众利益的问题，与社会当局保持更为直接的联系。国王、王子和主教在法学院毕业生中为其领地的日常管理事务挑选议员、法官和公务员，召集所有法学院成员就国内外事务中的棘手问题和政策疑问提供建议"①，因此大学都设有法学院。成为法学人才是获取社会地位的重要途径。但这个过程比较艰难，它首先需要在大学中经过一段纯理论的研究，然后在此基础上进行严格的训练。但大学完全用拉丁语进行教学，因为拉丁语是适用于教会法规和罗马法(民法)的一种更具有理论性和学术性的、更通用的语言。但在国家的习惯法法庭中进行诉讼则使用英语和法语，因为诉讼涉及源于生活中实际的日常问题的争端。因此，产生了"法律学徒"群体。

律师学院采取一种完全自治的管理模式，基本上是个自由的社会团体，它们自定章程和行业规则，决定大律师资格的授予和免除，国王或任何人都无权干涉。律师学院的组成人员主要包括学院监督、出庭律师或称为外席律师、学生或称内席律师、代办人以及法院书记官等。整个律师学院由资深出庭律师或成名法官所组成的学院监督予以管理，学院监督主要负责招收新学员以及轮流为学员讲课。他们在授课的时候被称作讲诵师，授课内容主要包括重要法规的讲解、典型案例分析以及自己的从业经历等。他们在整个律师界享有较高的权威，其讲课内容常常被辩护律师在法庭上引用。

---

① Walter Rüegg, Hilde de Ridder-Symoens (ed.), *A History of the University in Europe. Volume II: Universities in Early Modern Europe* (1500-1800), Cambridge, Cambridge University Press, 1996, p. 455.

在这四大律师学院中生活费用是特别昂贵的，因此要成为一名法官、高级律师，即使是当一名外席律师或等级较低的内席律师，除了最有钱的人或者得到有力支持的人之外，越来越成为不可企及的事情。所以最终能获得律师职位的几乎都是贵族或贵族门第出身的人，贵族及其他权贵把他们的子弟安置在这些协会中，尽管这些子弟不一定需要依靠成为法律人才来谋生。所以，相较于大学招收的学生多来自自由民和手工艺者阶层，四大律师学院则是年轻贵族士绅子弟的时髦去处。[①] 律师学院卒业的出庭律师逐渐成为英国社会的领袖，他们不但领导法律界的事务，还引领各种生活时尚。

到中世纪末在这四大律师学院中也讲授与贵族及王室事务管理中相类似的习俗和练习，并且成为一种制度。这四大律师学院履行着法律方面的职业训练和普通高等教育的双重职能。最初只不过是按照典型的行会方式组织起来的四大律师学院，不但为英国历史上最可靠的职业打下了基础，而且在提供高等教育方面也发挥了广泛的作用。

二、16—17 世纪英国高等教育的发展

16—17 世纪英国的高等教育因宗教改革、经济发展、资产阶级革命等社会因素的影响，发生了巨大的变革。1534 年的宗教改革导致英国国王与罗马教廷决裂，使得天主教堂学校、天主教托钵修会这些曾经的高等教育形式不复存在。因为律师职业越来越为社会发展所需要，四大律师学院在 16—17 世纪发展良好。16—17 世纪英国的高等教育结构呈现出以牛津大学和剑桥大学为绝对主体的态势。经济发展促使绅士阶层发展壮大，绅士阶层和试图跻身于绅士阶层的家庭子弟对高等教育的需求增长，大学的入学人数有较大规模的增加。相应地，两所大学的学院数量也在扩大。英国资产阶级革命从某种

---

① Gordon Home & Cecil Headlam, *The Inns of Court*, London, Adam and Charles Black, 1909, p.16.

意义上讲是 16 世纪宗教改革的延续。在宗教改革时期,大学在王室与教权、国教与非国教斗争的旋涡中发展。大学的古典课程越来越不适应社会发展,1642 年内战后保守的牛津大学和剑桥大学陷入衰退之中。在此期间还有在牛津大学和剑桥大学之外再建立一些高等教育的中心、新学院或大学的计划,但多数都因遭到抵制和反对而落空。

(一)牛津大学与剑桥大学

1. 学院

从 1500 年到 1640 年,是牛津大学和剑桥大学发展的"黄金时代"。大学的发展主要表现为学院数量增加和入学人数增长上。

1500—1750 年牛津大学和剑桥大学一共建立了 14 所学院。其中剑桥大学建立了 5 所学院,即基督学院(Christ's College,1505)、圣约翰学院(St John's College,1511)、三一学院(Trinity College,1546)、伊曼纽尔学院(Emmanuel College,1584)、西德尼·苏赛克斯学院(Sidney Sussex College,1596)。牛津大学新建了 9 所学院,即布雷奇诺斯学院(Brasenose College,1509)、基督圣体学院(Corpus Christi College,1517)、基督教堂学院(Christ Church College,1546)、圣约翰学院(St John's College,1555)和三一学院(Trinity College,1555)、耶稣学院(Jesus College,1571)、沃德姆学院(Wadham College,1612),以及伍斯特学院(Worcester College,1714)和赫特福德(Hertford College,1740)学院。①这 14 所新建的学院中,有 12 所建立于 1642 年英国内战以前。此后 200 年,剑桥大学和牛津大学新建的学院很少。

1640 年以前两所大学新学院的数量增长,非常有力地反映了 1642 年内战前大学入学人数增加的事实。"大学发展的一个重要表现是进大学的人数增加,1500 年两所学校每年各有 150 人入学,到 1600 年时变为每年各有 600 人

---

① Helen M Jwell, *Education in Early Modern England*, London, Macmillan Press Ltd, 1998, p. 111.

入学。"①

　　16 世纪上半叶大学入学人数增加到每年大约 300 人，16 世纪下半叶每年 700 多人。16 世纪 90 年代有过短暂的回落，到 17 世纪 20 年代和 30 年代出现新的增长，牛津大学和剑桥大学每年新生达到 1000 人。17 世纪 30 年代的 10 年是英国大学人数最多的时期，进入大学的年轻人所占人口的比例比 20 世纪以前任何一个时期的都高。②

　　(1642 年)内战前，接受大学教育的男性青年所占比例比以前 2 个世纪中任何一个时期的都要高，进入牛津大学、剑桥大学和四大律师学院的新生约占青年人总数的 2.5%。也就是说在当时有 2.5% 的男子能接受大学教育。而 1931 年进入大学的男子只占成年男子的 2.3%。③

　　对这一期间大学入学人数的相关研究表明了这样一个事实：从 1500 年到 1640 年，英国高等教育至少在规模上有重大的发展。

　　1660 年王政复辟后，大学教育发展陷入迟滞。17 世纪末到 18 世纪，这一时期以古典文化教育为主的两所传统大学学生人数减少。在牛津史上，这一段时间被称为"大萧条"时期。牛津大学每年新生入学平均人数："17 世纪 60 年代为 460 人，17 世纪 90 年代为 310 人，18 世纪 50 年代为 200 人以下，19 世纪以后为 250 人以下。"④虽然这一时期学生入学人数呈减少趋势，但仍

---

　　① Hugh Kearney, *Scholars and Gentlemen: Universities and Society in Pre-Industrial Britain* (*1500-1700*), London, Faber & Faber, 1970, p.22.

　　② David Cressy, *Education in Tudor and Stuart England*, London, Edward Arnold, 1975, p.9.

　　③ Lawrence Stone, "Social Mobility in England(1500—1700)", *Past and Present*, 1966 (28).

　　④ Helen M Jwell, *Education in Early Modern England*, London, Macmillan Press Ltd., 1998, p.112.

"基本与 17 世纪初期入学人数的水平持平"①。入学人数减少与宗教政策、政局动荡、教育费用上涨、大学教育目标与社会经济发展脱节等因素相关。

总的来说,近代早期英国大学教育机构中,学生入学人数变化分成明显的两个阶段:1642 年内战前接受大学教育的人数大幅度增加;内战后有所下降,但是较中世纪大学学生入学情况而言,其绝对数字并不低。整个近代早期大学入学人数还是呈上升趋势。②

到 16 世纪中期以后,学院已发展成牛津大学和剑桥大学的教学中心。学院开设的课程和辅导课几乎完全取代了大学开设的讲授和辅导课,能够提供完整的课程。英国学者科班说:

> 这些学院已经发展成适合教学和对学生个别指导的教学场所。到 16 世纪中期,大多数英国和巴黎的学院已经发展成向本科学生和研究生提供教学的自给自足的教学单位。这种教育上的革命,使巴黎大学、牛津大学和剑桥大学从趋于集中的大学转变成趋于分散的大学。③

17 世纪以后,学院成为大学的主宰力量。学院组织健全,其控制权掌握在学院院长手中,而院长往往都是思想保守之士,不但对改革不感兴趣,有些人甚至还极端排斥改革。在这些抱残守缺的学术寡头的控制下,17 世纪后的英国大学的管理越来越落后于时代的要求。学院对教学和考试的管理极为松散,虽然这一时期新知识和新学科不断涌现,拉丁文和希腊文已经在现代

---

① J.A.Sharpe, *Early Modern England: a Social History* (*1550-1760*), London, Edward Arnold, 1987, p.257.

② 刘贵华:《近代早期英国的大学教育与社会流动》,硕士学位论文,武汉大学,2004。

③ Walter Rüegg, H. De Ridder-Symoens, *A History of the University in Europe*, Vol. II: *University in Early Modern Europe* (*1500-1800*), Cambridge, Cambridge University Press, 1996, p.58-66.

社会中失去了实用价值；但是，牛津大学和剑桥大学并没有将新知识、新学科、新教法以及现代英语的教学引入大学，为培养绅士服务的古典学科和经院知识在大学的课程里依然占据着支配地位。固守古典学科和经院哲学的做法，不但没有遭到人们的指责，相反，依然受到推崇。考试制度也很松散，及格的要求非常低，牛津大学、剑桥大学的考试更像是一种仪式。大学的毕业考试内容，往往只要花两个星期死记硬背就能应付。有些学生还可以通过作假的方式得到学位。当时对教授职位的要求不很严格，教授选聘中的徇私舞弊现象屡见不鲜。在这样的教授指导下，高质量的教学很难得到保证。

2. 课程

宗教改革后，为了使大学摆脱教皇的控制，自亨利八世后，都铎王朝的历任国王都曾向大学派出巡视员，通过颁布法令、法规的方式加强对大学的管控。除了加强对师生宗教信仰的控制外，在课程上也进行了较大的调整。

随着马丁·路德"因信称义"教义的传播，以及希腊文和希伯来文原版《圣经》的发现，教徒们希望学习和提高希伯来文和希腊文的水平，通过阅读原版《圣经》，实现与上帝之间的直接对话和交流。政府为了打破教会对《圣经》解释权的垄断地位，清除教皇对大学的影响，要求大学开设希腊文和希伯来文讲座。亨利八世先后于 1540 年和 1546 年在剑桥大学和牛津大学设立了神学、民法、医学、希伯来语和希腊语 5 个钦定教授席位。1535 年王室巡视后，剑桥大学的冈维尔与凯斯学院、基督学院、王后学院和国王学院设立了希腊语讲座；16 世纪 40 年代初，国王学院增设了希伯来语讲座；圣约翰学院开设了希腊语和希伯来语讲座。牛津大学的新学院、万灵学院、莫德林学院、默顿学院和王后学院设立了希腊语讲座。1535 年王室巡视委员会禁止剑桥大学师生学习中世纪经院哲学家如邓斯·司各脱（Duns Scotus）的著作。隆巴德（P. Lombard）的《格言集》被禁止学习，因为它被看作是支持教皇权威的堡垒之一。1549 年，爱德华六世王室委员会任命了 10 名视察员分别到牛津大学和剑桥大学进行巡视，对大学课程再次进行了调整。例如，取消拉丁语法在大学中的教授，鼓励民法的学习而取消教会法的研习。

16—17 世纪英国大学的教学内容仍以古典文科与神学为主。但 17 世纪末18 世纪初，英国逐渐成为欧洲科学研究的中心，自然科学的发展，特别是培根的唯物主义哲学和牛顿的物理学、数学成就对大学教学内容的变革产生了一定的推动作用。这两所大学开始关注自然科学教学，并设立自然科学讲座。最初，反映近代自然科学的新课程是通过收费的课外讲座设置的，后来则逐渐得到大学的正式认可。1663 年，剑桥大学设立了"卢卡斯数学教授席位"（Lucasian Chair of Mathematics）①。牛顿 1669—1702 年担任了第二任"卢卡斯教授"。学院条规要求所有本科生完成第二年学业后需要参加这个讲座的学习。1675 年前后，牛津大学与剑桥大学都已经开始讲授培根的《新工具》；1700 年前后，牛津大学已开始用牛顿的物理学代替亚里士多德的著作，而剑桥大学则已经成为数学研究的中心，其数学已经取代了中世纪以来逻辑学的地位。

3. 学生

16—17 世纪在英国大学中接受教育的主要是绅士和平民子弟。"1560—1660 年英国大学受教育者中绅士和平民子弟占据主体地位，两者合计所占比例平均高达 90% 以上。"②

近代英国社会发展形成了绅士阶层。绅士是近代英国社会的新贵族。绅士的标识是：财富、权力和良好的教养、优雅的生活方式。新贵族对于知识非常渴求，知识不仅被提升为塑造美德和获得公职的手段，而且自身就是一

---

① 卢卡斯数学教授席位依据亨利·卢卡斯（Henry Lucas）的遗嘱而创设。卢卡斯曾于 1639—1640 年担任剑桥大学选区选出的国会议员，与剑桥大学渊源深厚，因此他的遗嘱除了捐出 7000 英镑以设立养老院及医院之外，还将他 4000 册以上的藏书捐给剑桥大学图书馆，并设立每年资助 100 英镑的卢卡斯数学教授席位。1663 年 12 月卢卡斯数学教授席位设立，1664 年 1 月 18 日得到国王查理二世的认可。

② John Lawson & Harold Silver, *A social education in England*, London, Methuen and Co Ltd., 1973, p.116.

种目的。"知识对于一名绅士而言，就像是在一枚金戒指上镶嵌钻石：两者交相辉映、相互美化。"①重古典和人文知识的大学教育成为绅士身份的象征。

据 1602—1641 年牛津大学布雷奇诺斯学院学生的家庭出身的统计表明，家庭出身为绅士以上的有 733 人，平民 539 人，前者占总人数的 50.1%，后者占总人数的 36.8%，两者合计为 86.9%。② 16 世纪 60 年代剑桥大学冈维尔与凯斯学院的学生，家庭出身为绅士阶层以上者为 40%，到 17 世纪 30 年代内战前，这一比例上升为 56%，而非绅士阶层所占比例由 60% 降至战前的 44%。③

1500—1640 年，迅猛涌入英国大学导致入学人数大幅增长的学生在社会阶层上主要是平民阶层或者说非贵族家庭。这里的平民阶层并非贫民阶层，他们是商人、医生、律师、非贵族出身的小土地者、约曼中上层等有较高收入的人士，因此从严格意义上说，他们都属于中等阶层。他们是非土地贵族的精英。这个阶层的人士在近代早期的特定历史阶段，往往处于贵族与贫民两个社会阶层的边缘；他们属于非贵族阶层的"核心身份团体"人士，既有可能沦落到社会下层，成为本阶层"表层身份团体"人士，也有可能爬升到社会上层，拥有贵族"表层身份团体"，甚至是"核心身份团体"身份。④在英国资本主义工商业发展时代，成为新贵族就是要跻身于"绅士阶层"。

　　一个人要进入到绅士阶层，有多种途径，但最廉价、最便捷的方式是进入大学或者是四大律师学院至少学习 1~2 年。15 世纪白手起家的人

---

① Lawrence Stone, *The Crisis of the Aristocracy* (*1558-1641*), London, Oxford University Press, 1966, p.677.

② Lawrence Stone, *Social Change and Revolution in England*(*1560-1640*), London, Longman, 1965, p.68.

③ Lawrence Stone, *Social Change and Revolution in England* (*1560-1640*), London, Longman, 1965, p.65.

④ 刘贵华：《近代早期英国的大学教育与社会流动》，硕士学位论文，武汉大学，2004。

可以在16世纪成为绅士，这样的例子有许多。如尼古拉斯·培根的父亲是一个约曼，但是在1523年尼古拉斯进入剑桥大学以后他就把自己作为绅士看待。在1558—1642年有102名约克郡人进入了绅士阶层，其中有一半的人是约曼，其他的人是律师和商人。①

为了获得绅士身份，改变自身现有的社会地位，实现向上的社会流动，在经济条件允许的情况下，平民之子往往被送往大学接受教育。斯通对1575—1639年牛津大学学生人数和社会出身进行统计得出："这一时期牛津大学41%的学生来自平民家庭。1552年布雷奇诺斯学院毕业生中平民自费生占40%。"②17世纪初牛津大学有一半以上的学生来自平民家庭。"1564年以后大学中平民自费生人数增加。1577—1579年，平民自费生的比例为55%，16世纪末人数急剧增加，他们在大学中所占的比例总是相当大。"③

然而，1640年前后，平民家庭出身学生的比例开始持续下降，而绅士子弟在学生总体中的比重则相应升高。牛津大学新生注册登记中的平民学生：1637—1639年下降为37%，1711年再次下降为27%，1760年仅占17%，到1810年时仅占1%。④ 出现这种现象，主要有两个方面的原因：一是16、17世纪的价格革命和普遍的经济危机导致大学学习费用不断上涨，许多平民子弟不能再作为减费生完成学业；二是由于商业扩张、海外殖民和贸易带来丰厚的利润，牧师和教师作为一种稳定的职业失去了吸引力，而商业贸易却日

---

① Hugh Kearney, *Scholars and Gentlemen: Universities and Society in Pre-Industrial Britain* (*1500-1700*), London, Faber & Faber, 1970, p.27.

② Helen M Jwell, *Education in Early Modern England*, London, MacMillan Press Ltd., 1998, p. 112.

③ Rosemary O'Day, *Education and Society* (*1500-1800*): *The Social Foundations and Education in Early Modern England*, London, Longman Group Ltd, 1982, p.197.

④ Rosemary O'Day, *Education and Society* (*1500-1800*): *The Social Foundations and Education in Early Modern England*, London, Longman Group Ltd., 1982, p.197.

益成为重要的职业之一。即便传统上历来看不起商业活动的贵族，在这一时期也大量从事商业贸易。而大学还保留着古典课程和绅士教育的目标，非功用性教育在丰厚的经济利润面前，对于平民逐渐失去了吸引力。

当然，在大学里还有比例极小的贫民阶层子弟。在中世纪的大学里，由于教育资助且又实行免费教学原则，家庭出身贫穷者可以相对容易地通过学习而获得高级学位。但自 15 世纪开始，获取高级学位的费用逐渐增长。特别到 16 世纪后，大学在住宿、典礼、服饰等方面追求奢华排场的风气日益浓厚，日益贵族化，家庭贫穷者很难在神学院、法学院和医学院找到位置，只好去选择学习时间短、名气小的课程。上述原因在相当大的程度上影响了贫困者的入学，因而这部分学生在大学占有的份额很小。

(二)四大律师学院

16 世纪英国资本主义商业经济的发展，社会的快速流动，导致法律纠纷和诉讼日益增多，政府和社会对律师的需求增加。律师职业在高等教育和社会中的声望与日俱增。16 世纪下半叶，四大律师学院在高等教育中的声望达到了顶峰，它们得到威廉·塞西尔和尼古拉斯·培根的庇护和资助。[①]律师学院也培养出了许多杰出人才。

至亨利六世时期，四大律师学院都保持着各家 200 人左右的学徒规模。16 世纪后，四大律师学院中的学生人数在逐渐增加，相应地获得律师资格的人数也在增长。在 1590—1639 年，四大律师学院有 12163 名学生，其中 2138 人获得律师资格。[②]

律师成为社会新贵族，人们习惯上把律师称为"伦敦的绅士"。许多律师成功地跻身于上流社会。1563 年议会下院 420 个议员中，有 108 人曾在四大

---

① 威廉·塞西尔和尼古拉斯·培根是伊丽莎白一世在行政和法律上的得力干将。见[英]奥尔德里奇：《简明英国教育史》，诸惠芳等译，159 页，北京，人民教育出版社，1987。

② Rosemary O'Day, *Education and Society*(*1500-1800*)：*The Social Foundations and Education in Early Modern England*, London, Longman Group Ltd., 1982, p.163.

律师学院中学习过；1584年460个议员中有64人曾是四大律师学院会员，而到了1593年，有197人曾是四大律师学院会员。①在律师职业结构中，处于最高地位的是御用律师(serjeant)，他们是在皇家法庭具有特许状的大律师，是律师中的精英人物。1486年，这样的大律师在英格兰有8位，在1463—1521年有64名，平均一年才有一个人获得这种资格，这种状况持续到伊丽莎白一世统治时期。1590—1603年，伊丽莎白一世时期只有13名律师获此殊荣，而到斯图亚特王朝早期，御用律师人数飞涨，詹姆士一世统治的第一年就任命了14名御用律师，到他统治结束时有57名御用律师。②

除御用律师外，还有出庭律师(barrister)和事务律师(solicitor)。从1578年到1633年，在高等民事法院登记的出庭律师人数从342人增加到1383人。③事务律师的地位次于出庭律师，他们是法律从业人员中最大的群体，人数增加更为明显。1560—1640年事务律师的人数从300人上升到1500人。他们大多数生活在乡村，从事法律工作，如德文郡、哈特福郡和瓦立克郡3个郡，1580年的法律从业人员是1560年的3倍，到1640年又增加了4倍。④

在律师职业结构中处于不同层次律师，收入相差较大。16世纪中期到17世纪中期，出庭律师中的佼佼者年收入平均在1000英镑，他们位于英国最富有的人士之列。⑤资历不深的出庭律师和事务律师年平均收入却只有400英镑左右。

要在律师学院学习出庭技能成本很高，且对入学者有着严格的血统要求。

① [英]奥尔德里奇：《简明英国教育史》，诸惠芳等译，159页，北京，人民教育出版社，1987。

② Wilfrid R. Prest, *The Rise of the Barristers*, Oxford, Clarendon Press, 2001, p.136.

③ Lawrence stone, "Social Mobility in Early Modem England, 1500-1700", *Past and Present*, 1966(1).

④ Wilfrid Prest, *Lawyer in Early Modern Europe and America*, London, Croom Helm, 1981, p.51.

⑤ Wilfrid R. Prest, *The Rise of the Barristers*, Oxford, Clarendon Press, 2001, p.151.

詹姆士一世曾下令，不允许非绅士出身者入学律师学院，因而能入学者非富即贵。1596 年，四大律师学院的学制被规定为 7 年。1617 年，学制又被增加至 8 年，且严格禁止外界干预四大律师学院的授予执业资格的行为。凡有通过外界"打招呼托关系"谋求卒业者，将被终身剥夺授予资格的机会。①

17 世纪下半叶以后，四大律师学院作为普通高等教育的中心和作为有组织的职业教育的场所，其重要性都降低了。以后打算成为高级法庭出庭律师的人，"都需要熬过在大厅中吃足规定的餐饭次数这一难关"②。

(三)17 世纪发展其他高等教育机构的构想与实践

16—17 世纪的英格兰依然只有牛津大学和剑桥大学两所大学。大学固守古典课程，把教育目标定位在为英国国教会培养神职人员和为政府培养文职官员上，教育目标和教育内容已不能满足即将登上历史舞台的新兴资产阶级的需要。因此，牛津大学和剑桥大学遭到的批判很多。17 世纪的一些激进派认为，解决大学问题的最简单的办法就是消灭牛津大学和剑桥大学。杰拉德·温斯顿莱在 1649 年发表的题为《新的正义法》的一本小册子中，作为结论性的意见提出："大学象一潭死水的臭池塘，它让那样的一些树生长，使对无知、混乱、奴役的诅咒从此处蔓延到全国。"③

在牛津大学和剑桥大学范围之外再建立一些高等教育的中心、新学院或大学的计划也在被一些人热烈地讨论着。在 17 世纪的英国，其实也有发展其他高等教育的构想，而且曾部分地付诸实践，尽管不太成功。

由于大学及其学院都集中分布在英格兰南部，而英格兰北部地区教育却

---

① Gordon Home & Cecil Headlam, *The Inns of Court*, London, Adam and Charles Black, 1909, p.18.

② [英]奥尔德里奇：《简明英国教育史》，诸惠芳等译，159 页，北京，人民教育出版社，1987。其意可能是：随着时间的推移，四大律师学院毕业生的身份开始下降，不像早期那样受欢迎。高级律师资格的获得，更多地是靠历练及经验的积累。

③ [英]奥尔德里奇：《简明英国教育史》，诸惠芳等译，148 页，北京，人民教育出版社，1987。

特别落后，1590—1604年在里彭开办大学和17世纪40年代在曼彻斯特和约克开办大学的这3项计划，都反映出了人们对此问题的关切。但这种在牛津大学和剑桥大学范围之外再建立一些高等教育的中心、新学院或大学的计划，在16和17世纪遭到了与中世纪时同样的反对。①

1623年，弗朗西斯·培根写作《新大西岛》(*The New Atlantis*)，设想了一所教学和科研机构"所罗门宫"，其目的是"探讨事物的本原和它们运行的秘密，并扩大人类的知识领域"②。"所罗门宫"聚集大批科研人才，分别从事天文、气象、地质、矿藏、动物、植物、物理、化学、机械、情报等学科的研究工作。培根以文学形式，表达他所倡导的科学"伟大复兴"的思想，提倡科学教育，努力扩大学科范围；力图打破经院哲学的束缚，超越宗教信仰的界限，解放自然科学。但"所罗门宫"只是一种乌托邦式的憧憬。

受塞缪尔·哈特利布的邀请，1641年夸美纽斯来到英国，实验他的受政府资助的建立"泛智学校"的宏大构想，也因1642年英国内战后动荡的局势而搁浅。1644年，人文主义者弥尔顿在《教育论》中设想在每个主要城市中建立履行中学和大学职能的兼具文科和实用学科的新型学校——学园(Academy)。在1662年最严厉的《统一法案》颁布后，17世纪末在英国也有"非国教者"创办学园的实践，但主要还是偏重中等教育。

剑桥大学伊曼纽尔学院的毕业生威廉·德尔在1649年出版了一本名为《根据福音正确地改革学习、中小学和大学》的小册子，力图打破牛津大学和剑桥大学的垄断。德尔赞成国家资助大学：在国内每一个大城镇中，如在伦敦、约克、埃塞克斯、希里斯托尔、埃克塞特、诺威奇等地，至少应有一所大学或学院，这样将更有利于全体人民的利益；对国家来说，应该使学院有

---

① [英]奥尔德里奇：《简明英国教育史》，诸惠芳等译，146页，北京，人民教育出版社，1987。

② [英]培根：《新大西岛》，何新译，28页，北京，商务印书馆，1959。

能力维持那些虔诚的、博学的教师的生计。①

1642 年内战后，在护国公克伦威尔的支持下，1657 年在英格兰东北部的达勒姆(Durham)创办了一所学院，由于不能授予学位，在 1660 年王政复辟后被解散。

随着近代英国海外贸易和殖民扩张的发展，社会急需测量、绘图、枪炮制造、航海等技术人才和商贸人才，而大学对此无能为力。17 世纪的英国高等教育"最需要的和最经常讨论的一个问题是在伦敦建一所大学，该大学要利用城市的财富，反映城市在商业、科学和技术学科方面的利益，成为培养从事各种职业人才的手段"②。在伦敦新建一所大学困难重重，"主张以现实主义来改造英国教育，并用尽毕生精力和财力来推广科技和教育"③的哈特利布把希望寄托在对格雷欣学院(Gresham College)的改造上。

格雷欣学院建立于 1597 年，它是根据托马斯·格雷欣的遗嘱而建的。托马斯·格雷欣④是英国皇家交易所的创建者，他将自己的遗产留给了伦敦市法团(City of London Corporation)和绸布公司(Mercers' Company)。托马斯·格雷欣在遗嘱中表明要捐赠神学、天文学、几何学、音乐、法律、物理学和修辞学的教授席位，并为这些教授提供住宿和研究空间。后来根据其遗嘱将他的豪宅改建成了一个教学设施，并由这些教授组建了格雷欣学院。格雷欣学院

---

① [英]奥尔德里奇：《简明英国教育史》，诸惠芳等译，147 页，北京，人民教育出版社，1987。
② [英]奥尔德里奇：《简明英国教育史》，诸惠芳等译，148 页，北京，人民教育出版社，1987。
③ [英]博伊德、金：《西方教育史》，任宝祥、吴元训主译，269 页，北京，人民教育出版社，1985。
④ 托马斯·格雷欣(Thomas Gresham)，英国金融家。早年就读于剑桥大学。1543 年进入默塞尔公司工作，1551 年受雇为"国王的商人"，驻安特卫普，负责管理国王的外债。面对英镑不断贬值的困难，采取强迫商人按官方汇率兑换外币和降低银币面值的措施，恢复和稳定了英镑的汇价。他还向国王提议将外贸垄断权授予冒险商人公司。同时还开办炼铁、造纸等企业。1559 年封为爵士，1566—1568 年投资兴建伦敦的皇家交易所。

有 7 个教授教席，分别是神学、民法、修辞学、音乐、物理学、几何学和天文学 7 门学科。最初聘请的 7 位教授都来自牛津大学和剑桥大学。鼓励用英语授课，法学、几何和物理课与实际问题有关，而教天文学的同时还要教地理、航行学，还要教如何使用星盘和标尺以及当海员所需要学会使用的其他通用仪器。获得教授教席的亨利·布里格斯、埃德蒙·冈特和亨利·吉利布兰德等都是很有才能的教授，在 17 世纪的前 30 年，他们在数学和航海仪器的发展方面作出了重要贡献。这些人可以为学者、绅士、商人、海员、造船人、零售商、工匠和其他人提供咨询。数学家、测量员、海员和仪器制造者对格雷欣学院举办的讲座和咨询深表感谢。

不过在 1635 年之后，格雷欣学院开始走下坡路。1647 年哈特利布成为该学院教授，1649 年威廉·配第成为该学院的教授，他们拟订了一份激进的改革方案。这份改革方案想要进行纯科学的教学，还要增加磁学、光学和工艺学教授。但这些建议未取得任何结果。

但至少从 17 世纪 40 年代开始，一批热爱科学的数学家、物理学家，如约翰·威尔金斯、乔纳森·戈达德、罗伯特·胡克、克里斯托弗·雷恩、威廉·配第和罗伯特·波义耳等，经常在私人住宅和格雷欣学院举行团体小聚会，当时称作"无形学院"。1660 年 11 月一次重要的团体集会在格雷欣学院克里斯托弗·雷恩的一次讲课后举行，会上讨论要建立一个促进"物理-数学实验研究"的研究院，并起草了一系列规则。最终这个团体否定了建立专门研究院的倡议，但仍同意团体成员定期会见，辩论和讨论有关事情。1662 年查理二世为这个团体签发了皇家特许证。这个简陋的科学家俱乐部遂成为英国皇家学会(The Royal Society)，全称为"伦敦皇家自然知识促进学会"。成立之初有会员近 100 人。

1666 年 9 月 2 日，伦敦发生大火，连烧三天，大火造成格雷欣学院校舍损毁严重。市政当局接管了学院地产，它后来成了英国皇家学会的会址。皇家学会在促进英国近代自然科学和技术发展方面发挥了重要作用。

（四）贵族的家庭高等教育

除了以上描述的中世纪英国高等教育的 5 个分支及其在 16、17 世纪的发展，我们也不能忽视还有一种高等教育是完全通过家庭教育来实现的，这就是贵族的家庭教育。自中世纪以来，王室及贵族主要是在宫廷或家庭中聘请教师来教育自己的子弟（主要是长子）。宫廷或家庭教师承担着贵族子弟从幼小到成年参与社会政治生活的全部教育，或者说是涵盖初等、中等和高等三阶段的教育。当然家庭教育并没有类似于学校机构那样的明显的阶段性特征，而是更具备个体针对性。在 16 世纪和 17 世纪之初，这种做法在贵族家庭中依然很流行。如爱德华六世这位被称为"上帝之子"的王子出生后，亨利八世为他设计了良好的教育计划。当时的剑桥大学学者理查德·考克斯正式负责爱德华的教育，剑桥大学的希腊语教授约翰·切克则被任命为指导教师。[1]

文艺复兴时期意大利人文主义者卡斯底格朗（B. Castiglione，1478—1529）撰写的《宫廷人物》描写了时代需要的完美的新绅士、朝臣（侍臣）形象。其培养目标不是中世纪擅长军事体育、具礼仪风度而只粗通文墨甚至不通文墨的骑士，也不是前期文艺复兴精通古典文化的学者型人物，而是二者精华的凝练与综合，体现了新的"文雅骑士"精神，反映了新时代对富于开拓精神的人的需要。[2]这本书在 1561 年被译成英文，受到贵族家庭的欢迎。1531 年英国人文主义者埃利奥特写作了《行政官之书》，可以说是卡斯底格朗《宫廷人物》的英国版。他重点关注了如何对贵族青年进行绅士教育以培养适合新时代需要的经世致用之才。托马斯·莫尔爵士的家庭教育提供了关于家庭如何起教育作用的最好的范例。这些都激发了贵族通过家庭培养人才的信念：聘请好

① ［英］安东尼娅·弗雷泽编：《历代英王生平》，杨照明、张振山译，233 页，武汉，湖北人民出版社，1985。

② 吴式颖、李明德主编：《外国教育史教程》，112 页，北京，人民教育出版社，2015。

的家庭教师完全可以胜过修道院或者文法学校及大学教育。这种家庭高等教育最终是以家庭教师陪贵族的长子到欧洲大陆进行旅行宣告结束。用旅行来代替朝圣和中世纪的军队生活,其一般目的是增长实际知识和扩大人生的经验。通常文艺复兴和人文主义者学问的策源地意大利是欧洲旅行的特定目的地。这是英国上层社会的子弟结束其高等教育的一种独特方式。

第五节　女子教育的发展

一、中世纪英国的女子教育

(一)基督教的女子教育

基督教会虽然也宣扬男女平等,但更多是灌输女性比男性低贱的思想——比如宣传人类女性的始祖夏娃是亚当的肋骨的产物。再加上等级森严的封建制度、农业社会的经济结构,使得女性的社会地位、身份角色总是依附于男性,受教育的权利和所接受教育的内容与男性也有极大的差异。

不过全体社会成员须普遍接受基督教教育,这一点上倒没有男女性别的差异。基督教传入英国后对女子教育也产生了重要的影响。宗教像空气一样弥漫和渗透到女性生活的方方面面。成为一个虔诚的基督教徒是对贵族和平民家庭女子共同的要求。从出生后受洗的那一刻起,基督教的礼仪和知识就成为她们日常生活的重要组成部分,成为虔诚的基督徒是她们一生的精神追求。基督教的女子教育主要通过 3 种形式开展。

(1)教会宗教活动。教会通过名目繁多的宗教节日和宗教仪式如"圣诞节""受难节""复活节""感恩节""洗礼""婚礼""葬礼""礼拜""忏悔""祷告"等形式向女子宣传和灌输基督教道德观念和知识。正是通过繁复的宗教活动,女孩在耳濡目染中接受了基督教的影响,贵族与平民子女概莫能外。

爱德华三世的女儿伊莎贝拉和琼的两个女儿，分别在 7 岁和 8 岁时在 1340 年的 12 月 27 日的圣约翰节在伦敦塔的教堂里举行弥撒。她们奉献祭品，并向 4 名在她们面前的弥撒上演唱的奥古斯丁修士支付祭品。在 1341 年的圣主日，她们和斯特拉福的修女们住在一起，并给在她们面前讲道的多米尼加修士发了祭品。一个星期后，她们在纳尼利教堂的高十字架上又奉献了祭品。贵族的孩子，像其他贵族成年人一样，经常参观神龛。①

（2）在家庭教育中，信仰基督的父母从女儿很小时起就对她们进行宗教道德和知识灌输。比如，人生来就带着"原罪"来到世间，人活着就是不断赎罪，要在身心上经受无尽的苦难，禁绝各种欲望，无条件地服从、忍耐，虔诚地信仰上帝。这样就可以消除罪孽，得到上帝的宽恕，灵魂深入天堂，享受来世的幸福。

父母经常告诫女儿：

我亲爱的女儿们，我比你们大得多，在世界上看到的时间比你们长，所以我要根据自己的知识来告诉你们，这个世界并不大。因为我对你们的爱，我要你把你的心和思想都转向上帝，敬畏他，为他服务。这样做不仅会给你在这个世界上带来幸福和荣誉，在另一个世界上也一样。当然，所有真正的幸福、荣誉和所有人的好名声都来自上帝、来自他的圣灵的恩典。所有的事情都是根据他的快乐和规则发生的，因此他得到了百倍的侍奉。我亲爱的女儿，服侍这样一位主是一件好事。②

---

① Nicholas Orme, *From Childhood to Chivalry: The Education of the English Kings and Aristocracy（1066-1530）*, London & New York, Routledge Kegan & Paul, 1984, p.131.

② Emilie Amt, *Women Lives in Medieval Europe : A Sourcebook*, New York, Routledge, 2010, p.127.

从对上帝的服务中得到灵魂的拯救，每一个好女人都是注定要这样做的。①

(3)通过修道院对女子进行宗教教育。在中世纪早期，教唱圣诗、圣歌，教诵《圣经》段落的任务通常由开设于村落的堂区学校和大教堂附设的歌咏学校承担，一般只招收男童。平民家庭的女子是在家庭教育和简陋的教堂活动中受到宗教影响的，而贵族家庭的女子则可以进入修女院接受教育。第一所修女院是在约 630—640 年，由肯特国王伊德鲍尔德的女儿埃斯比尔在福克斯通创建的。她拒绝了与诺森布里亚的异教国王的婚姻，自愿成为一名修女。此后，英格兰各地陆续建立了几所修女院。600—1099 年，英格兰有 76 所修女院。② 11—13 世纪是英格兰修女院发展的高峰时期。

因为进入修女院必须缴纳"入院捐赠"的经济限制和修女院要求其成员必须是贵族出身的血统限制，能进入修女院修行的多数都是贵族女子。1138 年吉尔伯特修会则主要为下层平民女子提供了一个实现其宗教理想的机会和场所。

女子进入修女院修行一般基于以下几个方面的原因。

(1)教会宣扬贞女观，鼓励女子修道。教会对贞洁的颂扬导致贵族女子追求"超凡脱俗"的生活。早期教会和各个修会的鼓励，更为她们提供了实现修道理想的机会。

(2)世俗需要。贵族在政治、经济和军事上的高贵地位，需要树立比常人更虔诚的姿态。她们需要女子为之代祷。在中世纪，政治权力分散、经济发展和社会稳定的时代有利于女子修道的发展。在这样的时代，修女院代表的

① Ward Jennifer, *Women of the English Nobility and Gentry*(*1066-1500*)，Machester, Machester University Press，1995，p.209.

② Tudith M.Bennett & Elizabeth Clark, *Sisters and Workers in the Middle Ages*，Chicago, The University Of Chicago Press，1989，p.213.

是和平秩序、人身安全、物资充足。

(3)家庭因素。中世纪西欧的女性在家庭中处于附属地位，受男性亲属的控制，这在贵族家庭中表现得尤其明显。在女子修行这个问题上，家长的意见最为重要。有时，贵族家庭的女子通常在毫无自主权的情况下从幼年就被家长以"神圣供奉"的名义送进修女院。还有贵族家庭出于各种现实目的安排女子进入修女院，包括经济考虑、安置残疾孩子、接受教育和抛弃妻子等。此时，名义上修炼精神的修女院，成为解决家庭生活难题的途径。

(4)女性的处境。由于教会对妇女的限制，贵族妇女只有两条合法的生活出路：一是结婚为人妻，二是修道成修女。所以因各种原因不婚的贵族妇女只能选择进入修道院修行。成为修女可以让妇女超越性别限制，摆脱束缚，与男子平等，一些杰出的修女甚至可以通过施展才华，以超人的学识、崇高的精神境界和强大的权势超越男性。[①]

无论出于什么原因进入修女院修行，不可否认的是贵族女子在修女院中也学到了知识、提升了能力、纯化了信仰。因为修女院是当时西欧社会文化水平较高的机构，要学习知识，进入修女院是一个可取的选择。很多贵族们通过向修女院捐助而让自己家的女性进入了富有浓厚古典文化、知识氛围的修女院。[②]许多贵族女性在修女院中承担一些管理的角色。通过对修女院日常事务的料理，贵族女性得到了能力上的锻炼。当她们结婚以后，便成了丈夫的得力帮手。英法百年战争(The Hundred Years' War, 1337—1453 年)期间，许多贵族都为国王服兵役，出去参战，贵族女子则代替父亲或丈夫管理家庭的职责。一些女子能够管理好贵族大家庭的纷杂事务，与她们掌握的文化知识、受教育状况的改善有着密切的关系。修女在修女院过着严格的宗教生活，

① 李建军：《从贵妇到修女——西欧中世纪贵族妇女修道原因初探》，博士学位论文，首都师范大学，2007。

② 刘新成主编：《西欧中世纪社会史研究》，215 页，北京，人民出版社，2006。

参加各种宗教礼拜仪式，以及读经、唱诗、背诵祈祷文，阅读《圣经》的部分章节、拉丁教父的作品、圣徒和修会创始人的生平事迹、修会会规，抄写和整理基督教经典作品，这纯化了修女的宗教道德思想。

(二)贵族女子的世俗教育

在中世纪英国的贵族家庭，女性的地位虽然不如男性高，但是对女性的要求却并不比男性低。中世纪理想中的贵族女子形象是：虔诚的基督徒；诚实、谦逊、温柔、慷慨等美德的化身；顺从的妻子。

首先，女性要成为虔诚的基督信徒。贵族阶层的女性从出生后受洗以来，宗教便伴随了她们的一生，对基督教的信仰渗透到她们生活中的方方面面，成为一个虔诚的基督徒是贵族女性需要花费一生来践行并努力实现的目标。

其次，女性要成为诚实、谦逊、温柔、慷慨等美德的化身。在12世纪，参加十字军东征的英国骑士们把叙利亚、拜占庭等国对圣母玛利亚的崇拜带回了大不列颠岛。英国掀起了对圣母的广泛崇拜，一时间出现了大量的玛利亚的殿堂，出现了专门记载圣母事迹的书籍。圣母在西欧流行的重要原因之一就是她是神与人的中介。圣母崇拜的流行在一定程度上改变了人们传统的女性观，圣母玛利亚所具有的一切善良品德使她近乎是完美的化身。

最后，女性要成为顺从的妻子。中世纪英国贵族女性与男性比较，处于低等和从属的地位。除了教会的相关宣教，中世纪的欧洲法律也强调，女儿和妻子由其父或夫为其作决定。她的社会地位来源于她的丈夫和她的家庭，并且她也被期待表现得如此。因此，恭顺地对待她的丈夫成为中世纪英国上层贵族中大力赞扬的价值取向。

要成为贵族社会中完美的女性需要贵族女子不断的努力，在她们的一生中，要经历女儿、妻子、母亲角色的转变，每个时期对她们也有明确的规范和教育。

中世纪英国贵族女子有两种教育方式，一种是在修女院接受修女教育，另一种就是在家庭中接受教育。大贵族，如国王和公爵，通常是在自己的宫廷中由父母或者教父、教母或者专门聘请教师来对女子进行教育。中小贵族更多是把女儿送到大贵妇人家去当女仆从并接受她们的训导。

贵族女子的世俗教育中依然充满着宗教教育内容，内容主要涉及宗教礼拜仪式、禁忌、参与宗教活动等方面。①祷告。带着虔诚的心不知疲倦与辛劳地每日祷告，是中世纪英国贵族阶层女子所学到的基本的宗教教育之一。②禁食。在中世纪英国贵族阶层女孩的宗教生活中，禁食是必须遵守的规则。③忏悔。1215年第四次拉特兰宗教会议颁布法令规定，所有的基督教徒必须去忏悔，至少一年一次。在没有忏悔的情况下死去，罪恶将会使人徒步在一条痛苦的道路上，让人在炼狱中度过无数的岁月。除此之外还要参加弥撒，聆听布道，慷慨捐赠。

家庭礼仪是贵族女子学习的重要内容：

> 她在衣着、举止、餐桌礼仪上都有要求。女人应该给客人适当的座位，她应该避免把手指粘着酱汁，把食物扔到嘴里，或者塞得太多。在喝东西之前应该仔细擦她的嘴唇，从她的杯子中小口饮用，避免醉酒。①

同时也要留心说话，并且在衣着和举止方面要适合她自己的性别。

社会交际礼仪和技能也是贵族女子的必修课。社交礼仪包括在社交场合的言谈举止、待人接物、穿着打扮、礼貌修养等。诸如骑马、驯鹰、打猎、下棋、讲故事、背诵、唱歌、演奏乐器和跳舞也是贵族女子应掌握的社交技能。

---

① Nicholas Orme, *From Childhood to Chivalry: The Education of the English Kings and Aristocracy(1066-1530)*, London & New York, Routledge Kegan & Paul, 1984, p.139.

如果将来贵族女子嫁为人妇，则必须扮演好贤惠能干的妻子、女主人的角色。所以在家庭教育中她们还必须学习管理家务的知识与技能。她们需要精通英语，掌握一些阅读和数学知识，接受家庭和地产管理方面的学习，甚至了解一些有关物权法的知识。在具体的技能上，她们必须学会对许多人行使权力，并且在她的家庭中作为女主人获得大量的主动权同时不违反她们的从属地位。贵族阶层的女孩们通过观察和模仿她们的母亲和她们所在的其他贵族家庭中的成年女性来学习这些技能。

> 埃莉诺在1265年的春夏之际主要就是她自己掌管她的家庭；伊丽莎白，赫里福德的女伯爵和爱德华一世的女儿，当她丈夫在苏格兰打仗时就是她自己住在她的王室里；伊丽莎·伯克利，理查德·伯查的妻子，当她的丈夫被卷入亨利的法国运动时，是她负责管理她的家庭和土地。13世纪中期白金汉宫的公爵夫人安，在她嫁给她第二任丈夫蒙特乔伊贵族之前，王室是在她的名下被运营和监管的。①

> 在那些没有领主管辖权的小封地上，贵族妇女要处理地产商的各种事务：出租地、收取租金、听取庄园管家的汇报、出卖剩余的谷物、维修房屋。②

对于拉丁语学习，阅读、写作这些较高级文化知识的学习一般并不被贵族女子(或者说安排贵族女子教育的人)看重。有人甚至声称：如果她们能够读书写字，阅读一些浪漫的爱情诗和相关的一些作品，会使她们的心绪放浪、沉溺于爱情和淫乱当中而不能自拔；如果她们能够写这类的诗歌或情书，无

---

① Ward Jennifer C, *English Noblewomen in the Later Middle Ages* , New York, Routledge, 2014, p.7.

② [以色列]苏拉密斯·萨哈:《第四等级——中世纪欧洲妇女史》，林英译，165页，广州，广东人民出版社，2003。

疑是对这种心绪观念的传播。但也有教会人士从女子能阅读宗教典籍有益于宗教生活的角度，以及一些贵族从女子学会读写有益于家务管理的角度，主张女子应该学习简单的拉丁语，掌握基本的阅读能力。

总之，培养有贵族气质的贤妻良母是贵族女子世俗家庭教育的重要目标。

(三)平民女子的普通教育

在中世纪的英国，平民阶层的女子所受的普通教育主要有宗教道德教育、行为规范教育和持家能力教育。

在宗教道德教育方面，平民阶层的女子也从教会举办的各种宗教仪式和活动中，以及在父母的言传身教中学习基督教的知识和道德要求：虔敬上帝、服从父母、安贫贞洁。

在行为规范教育方面，要养成良好的道德行为规范。从流行于15世纪的英国诗歌集《好主妇如何教育女儿》的诗中可知一个女孩的良好行为是：行为举止端庄、言语和达、处事不惊；与异性谨慎相处，对丈夫尽心相爱；不酗酒，不参加不合适的娱乐活动；等等。①

在持家能力教育方面，平民阶层的女子要学会烹饪、缝纫、纺纱、织布、梳羊毛，学会饲养鸡、鸭、鹅、牛、羊，还要学挤牛奶、种收庄稼等。培养女子勤劳的品质及管理才能也是许多家庭十分注意的。在前工业时代的英国乡村社会，平民阶层的年轻女子也有被父母送到乡绅家庭，充当"女仆从"的，在为雇主家庭服务的生活中也接受宗教道德、行为规范、女工等各方面的教育。而在英国中世纪前期，没有为平民女子提供教育的学校。

随着生产力的发展，11、12世纪城市在英国兴起。城市手工业者和商人为扩大生产，除招收男性学徒外，有时也需要自己的妻子和女儿作为帮手。如白伦内商会的行规规定："除自己的妻子和女儿外，行内人员无须妄招其他

---

① Medbh McGuckian, "How the Good Wife Taught Her Daughter", *Poetry*, 2007(4), pp. 278-279.

妇女到行里工作。"①女子市民从小作为学徒跟随自己的父亲或母亲学习手工业或商业技术，如面包、酒、毛纺织品的制作与交易。学徒制的发展使女子也学习到了专门的职业技能。在中世纪的许多行业中都可以看到女性的参与，甚至部分行业由于女子学艺而被她们占据。黑死病瘟疫之后，劳动力锐减，手工场主和商人则大量雇佣妇女，并给予她们和男子差不多的工资待遇。在行业学徒制教育中，女子除了学习本行业的专门技术和行规外，还要接受基督教知识与道德、礼仪、日常生活习惯等教育。

当城市学校兴起后，城市学校也招收市民的女儿。她们会和她们的兄弟们一起被送到城市读写学校，学习英语、书写和基础算术，还有宗教祈祷和礼仪知识的课程。但女子的教育期限一般比男子要短，因为她们不需要接受专门的职业教育。对于中世纪的女子来说，言谈举止更为重要，这是她们赢得良好的婚姻的必要条件。

在中世纪后期，随着资本主义经济发展，富有的城市商人和手工业者即社会中产阶级对于自己女儿接受教育的要求提高，以便她们能够在必要的时候料理家中的经济活动和财政收支的项目，更为重要的是培养她们的礼仪举止，可以获得良好的婚姻。所以他们也像贵族那样，把女儿送到贵族家庭或者修女院中去学习知识、礼仪，或者聘请家庭教师来教育自己的女儿。

二、16、17 世纪英国女子教育的发展

在中世纪，英国的女子是没有多少受教育的权利的。进入 16、17 世纪，英国女子教育的情形与中世纪相比有了一定的发展。宗教改革后，教区学校开始招收平民家庭的女子入校，接受 2~3 年的读、写、教义问答等基础知识教育。城市学校在宗教改革后进一步发展，市民家庭的女子进入城市学校中

---

① Thomas Tusser, *Five Hundred Points of Good Husbandry*, London, Lackington, Allen & Co., 1812, p.278.

也接受了读写算等基础知识的教育。贵族家庭的女子主要还是在自己的家庭中由父母或家庭教师进行教育，或被送到其他贵族家庭充当仆从，跟随贵族主妇学习上流社会礼仪，练习社会交往技能，培养操持家务能力。

女子能接受到的文化知识水平稍高的教育主要是修女院的教育。但在1534年英国宗教改革后，政府解散了天主教修道院，致使修女院教育的发展停滞。

> 到16世纪修道院解散时，在普利斯沃斯修女院中有34名被称为"绅士的孩子"的女子在接受教育；在温彻斯特的圣玛丽修女院也培养过26名女子；在诺福克的卡罗修道院一度平均每年培养6名女子，46年中培养了280名。[①]

这组数据依然说明，英国女子教育的发展是滞后的。虽然16世纪文法学校蓬勃发展，但文法学校从传统上就很少接受女子入学。根据爱德华六世颁布的歌祷堂证书所言，当时的文法学校很少招收女生，一些女孩除了在修道院里接受一点中等教育之外，便没有别的学校可入了。

但在15、16世纪，英国的教育也受到了发源于意大利的文艺复兴运动的影响。人文主义教育思想家对女子教育的论述和关注对英国宗教改革和资产阶级革命时期女子教育的发展产生了一定的推动作用。

英国人文主义教育家、空想社会主义思想家托马斯·莫尔在其著作《乌托邦》(Utopia) 中对女子教育进行了构想。乌托邦的妇女受到人们的尊重，并且享有同男子一样的受教育权利、从事科学文化工作的权利以及当选为僧侣的权利；乌托邦的男女儿童在成年以前，都有接受道德、文化和技术教育的权利和义务。托马斯·莫尔主张国家应重视女子教育，并提倡女子终身教育。

---

① 王承绪主编：《英国教育》，83页，长春，吉林教育出版社，2000。

他认为国家对女子应该进行良好的培养，引导她们学习和阅读有益的图书，女子应把"体力劳动后的剩余时间一辈子花在学习上"①。

捷克人文主义教育家夸美纽斯对女子教育的重要性、目的、内容、方法进行了详细的论述。夸美纽斯在《大教学论》《泛智学校》等作品中提出了普及教育的响亮口号。夸美纽斯主张在一切教区、城镇和村落都建立学校，使男女青年都能接受普及教育。他说：

> 不仅是富人和有权势的人的孩子，而是一切孩子，不分男女，不分出身高贵或出身平民，不分富裕或贫穷，而是生活在一切城市和小镇、村落和小村庄中的孩子，都应该上学。②

夸美纽斯反对当时流行的轻视女子教育的现象。他强调指出：

> 为什么要把女性完全排除在知识的追求之外？这是拿不出任何充足理由的。她们也是按神的形象造成的，她们在未来世界的王国里也分享神的恩惠，她们赋有同样敏锐的头脑和认识能力(往往比另一性别的人更多)。③

在《大教学论》中，夸美纽斯还拟订了母育学校、国语学校、拉丁语学校、大学这四级具有民主色彩的单轨学制，为每一阶段的学校教育设计了包含自然科学和新兴实用学科的教学内容。1641 年，夸美纽斯被邀请去英国从事"泛

① [英]托马斯·莫尔：《乌托邦》，戴镏龄译，64 页，北京，商务印书馆，1982。
② [捷]夸美纽斯：《大教学论·教学法解析》，任钟印译，65 页，北京，人民教育出版社，2006。
③ [捷]夸美纽斯：《大教学论·教学法解析》，任钟印译，66 页，北京，人民教育出版社，2006。

智"研究，终因英国内战的爆发难遂其愿。但夸美纽斯的普及教育、重视女子教育的思想对英国人产生了一定的影响。17 世纪英国近代女权主义者玛丽·阿斯泰尔（Mary Astell，1666—1731）在其《对女士的严肃的建议》（1694）、《反思婚姻》（1697）等作品中提出：男女两性有同样的理性能力，应该受到同等的教育，从而发挥各自的才能和智慧。①

英国在 16 世纪处于宗教改革冲突的激烈旋涡之中，17 世纪又处于政治革命动荡的时代，教育并没有一个相对稳定的发展环境，故人文主义者重视女子教育的这股思想清流终究难以对传统观念根深蒂固的英国教育产生实质性影响。不过宗教改革时期，英国的清教徒对女子受教育则持比较积极的态度，他们甚至主张政府当局应建立女子学校，这算是其中一丝亮色。

从 12 世纪直到 18 世纪，英国女子给人们留下的整体印象是：她们从任何现代意义上来讲几乎都是无知的，为了长大后结婚成家，操持家务，她们学习一些优雅的特长（弹琴、唱歌等）、宗教和操持大家庭所需要的各种实际技能。像男孩一样，女孩子也常常被送到贵族家庭中学习这些技能。这样做还有一个重要的辅助原因，即她们应当与外界接触，这种接触最终可能导致有利的婚姻。几百年来，婚姻与家庭生活被认为是适合中上层阶级妇女的唯一角色。她们所接受的任何教育都要适合这些角色。虽然英王亨利八世的导师也曾认为"妇女应当发展智力，这将指导她们的举止并使她们的生活更加充实"②，但"妇女学文化"仍得不到社会的提倡。

但是从 17 世纪初期开始，一些面向女孩的私立寄宿学校相继开办，都出于慈善济贫的需要。在曼彻斯特、牛津、莱斯特等重要城镇，尤其是在伦敦附近、在哈克尼、切尔西和帕特尼等地，以向女孩传授"技能"为目的的私立

---

① V. Bryson, *Feminist Political Theory*, London, The Macmillan Press, 1992, pp.15-16.

② R. Boyd, *Independent Schools-Law, Custom and Practice*, Bristol, Jordan Publishing Limited., 1998, p. 9.

寄宿学校纷纷建立起来。这些学校要求女孩掌握被认为是"有闲女士"所需的知识。学校课程包括阅读、写作和宗教,但也包括大量的针线活、音乐、舞蹈、家政和法语等内容。①1660 年查理二世的君主制复辟时期对于教育强调必须将学术学习与女孩的"技能"分开,并且认为关注学术问题并非女士所为。自此,传授技艺的女子寄宿学校方兴未艾,1700 年前后,已经出现了多所这样的学校。这一时期,还有一些慈善性女子寄宿学校也已存在。其中最早的并且是独立于教会的学校是位于布里斯托尔(Bristol)的红衣女仆学校(The Red Maid School,或译瑞得梅德学校)。该校是由当地商人约翰·惠特森(J. Whitson)于 1621 年捐赠设立的,学校有 1 个主妇和 40 个女孩,孩子们学习阅读、女红以及其他技能,学习 8 年。在普利茅斯、埃克塞特、诺威奇等地也有类似机构,这些机构通常建在大城市。②这些专门为女子设立的私立慈善寄宿学校,逐渐成为伦敦和一些大城市教育系统的一个固定组成部分。

---

① R. Boyd, *Independent Schools-Law, Custom and Practice*, Bristol, Jordan Publishing Limited., 1998, p. 9.

② E.M. Leonard, *The Early History of English Poor Relief*, London, Frank Cass & Co. Ltd., 1965, p.219.

第七章

培根的教育思想

　　弗朗西斯·培根（Francis Bacon，1561—1626）是近代英国经验论哲学的第一位代表。16 世纪末 17 世纪初，在英国资本主义迅速发展和资产阶级革命拉开序幕的时期，培根提出"知识就是力量"的思想，赞美科学技术知识，提倡发展实际学问，主张全面改造人类知识，使整个学术文化从经院哲学中解放出来，得到"伟大的复兴"。为此，他提出唯物主义经验论，注重认识论和方法论的研究，尖锐批判了经院哲学的种种弊端，揭露了认识上产生的许多重要错误的根源，并制定了科学的归纳法，对促进实验科学的发展产生了积极影响。培根的唯物主义经验论，对经院主义的批判，对科学知识的崇尚，以及对于教育问题的具体主张，对以后的教育思想产生深刻的影响。马克思曾指出："英国唯物主义和整个现代实验科学的真正始祖是培根。"①

第一节　培根的生平和著作

　　培根出生于英国都铎王朝的一个新贵族家庭，其父曾任英国女王伊丽莎

---

　　①《马克思恩格斯文集》第 1 卷，331 页，北京，人民出版社，2009。

白一世(Elizabeth I)的掌玺大臣达 20 年之久。在严格的家庭教育下，培根自幼就表现出非凡的智力，养成了喜爱读书的习惯。1573 年 4 月，年仅 12 岁的培根进入剑桥大学三一学院读书。在校期间，他广泛阅读了柏拉图、亚里士多德和西塞罗等人的著作，并进行了独立的思考。培根对经院主义的课程内容极为厌恶，而感兴趣于对自然现象的观察。一位英国学者曾这样写道："他在那里看来学到了两件事：对个人荣誉的热望和对经院哲学的蔑视。他的天赋和机遇都超常，前者导致他身败名裂，后者使他成为反中世纪精神的先锋而名垂青史。"① 1575 年圣诞节，培根带着对英国教育制度不满的心情结束了剑桥大学三一学院的学业。此后，培根担任过英国驻法大使的随员。在巴黎的两年半里，他接触了许多具有新思想的学者，在思想上受到了启发和影响。1579 年，培根进入格莱法学院开始学习法律，后成为一名正式律师。1586 年，他被选为英国国会议员。他曾想在政界谋求职位，但未能成功。1588 年，培根担任格莱法学院讲师，并居住在那里，潜心于各种知识的研究和著述。

1603 年，斯图亚特王朝的詹姆士一世(James I)即位。此后，培根因力主苏格兰和英格兰合并而受到英王的宠信，得到多次擢升，曾担任过检察长、掌玺大臣和全国大法官等职务。但他的真正兴趣在探求科学真理上，从未放弃研究和写作。当然，政界生活与研究和著述之间在时间上显然是有矛盾的，以致培根晚年在回顾往事时，曾对他自己把才能误用到不适宜从事的事业上而感到惋惜。1621 年，正担任全国大法官的培根被人控告贪污受贿，后被定罪并失宠，以致不得再担任国会议员和任何官职，并被终生逐出宫廷。从此，培根被迫放弃政界生活，隐居在格莱法学院的寓所里。自此他更加专心致志地从事自然科学研究，并埋头著述。1622 年，培根完成了政治历史著作《亨利七世》(Henry VII)。1623 年，他又开始撰写《新大西岛》(New Atlantis)一书，

---

① [英]沃尔夫：《十六、十七世纪科学、技术和哲学史》，周昌忠等译，706 页，北京，商务印书馆，1985。

描绘了一个由科学主宰一切的理想社会。1626 年 4 月 9 日，培根因风寒去世，享年 65 岁。

除《亨利七世》和《新大西岛》外，培根的主要著作还有《培根论说文集》(*Bacon's Essays*，1597)、《论学术的进展》(*Advancement of Learning*，1605，旧译《崇学论》)、《论古人的智慧》(*On the Wisdom of the Ancients*，1609)和《新工具》(*Novum Organum*，英文为 *New Method*，1620)等。《论学术的进展》以人类知识为研究对象，论证了人类知识的巨大效用，提出了推动学术进展的方法。《论古人的智慧》通过对古代寓言的解释，阐述了对政治、哲学和科学的深刻见解以及唯物主义自然观。《新工具》论述了一种新的方法论，提倡科学和科学研究方法。《培根论说文集》则收集了培根所撰写的许多文笔优美和含意深刻的短篇论文。

第二节　现实主义科学观及对经验哲学和"假象"学说的批判

14—16 世纪，欧洲处在从封建社会向资本主义社会过渡的历史时期。资本主义生产方式的兴起，为近代自然科学的发展准备了良好的社会条件。在培根生活的时代，英国资本主义迅速发展，资产阶级同封建主之间的矛盾日益激化。资产阶级革命的序幕已经拉开。资产阶级为了发展资本主义经济，完成其革命的任务，要求冲破传统思想的各种束缚，迫切需要开拓知识领域和迅速发展科学技术。培根作为英国资产阶级和新贵族的代表，适应了时代的要求。"他凭着自觉的力量与政治家的辩才，所提出的见解远远超过他的时代。经院哲学不但已经过时而且陈腐了，哲学思想界正在震动，期待着变化，就在这时，培根提出了一条更广泛地正确地认识自然界的大致上正确的康庄道。"①

一、现实主义科学观

(一)"知识就是力量"

培根认为,他生下来就是要通过 3 个目标的落实来为人类服务,即发现真理、造福他的国家和改革宗教。其中第一个目标在他的思想上总是占着最高的位置。1592 年,他在致信财政大臣伯利伯爵时说:"我认为我有一些广大的思想方面的目的,犹如我有一些适度的公民社会方面的目的一样,因为我已经把一切知识当作我的研究领域了。"②在同一封信中,他表明了自己对现有的知识领域的不满,认为在该领域里有两种"游民"必须清除出去。一种人以轻浮的争辩、互相驳斥的废话行事;另一种人以盲目的试验,用耳闻的传说和欺骗的手段行事。培根在此指的是当时仍盛行于科学研究领域中的经院哲学和炼金术等迷信事物。在培根生活的时代,自然科学虽然随着社会生产力的发展而取得很大进步,但总的来说,由于人们在思想上受到宗教神学和经院哲学的束缚,易于迷信盲从、脱离实际,方法也不得当。因此,对自然界的认识仍然落后于生产力的发展。培根以复兴科学为己任,并为此制订了庞大的计划。

在《论学术的进展》一书中,培根以极大的热情讴歌了知识的巨大力量。在他看来,古往今来,知识是高于一切、胜过一切的东西,知识是幸福的源泉,只有知识才是不朽的。培根论证了学问或知识对于人间的好处。

(1)人们认为,只有在国王是哲学家或者哲学家当了国王的时候,人民才有幸福。历史事实也证明了有学问的国王执政的时代都是大治时代。

---

① [英]W.C. 丹皮尔:《科学史及其与哲学和宗教的关系》上册,李珩译,192 页,北京,商务印书馆,1975。

② [英]索利:《英国哲学史》,段德智译,20 页,济南,山东人民出版社,1992。

（2）知识对于私德也有很大的好处。它能提出许多疑难问题祛除人们的轻浮、鲁莽和傲慢。它也能挖掉人们一切弱点的根源——对任何东西的空虚羡慕。

（3）知识给人的天性增添了力量。它甚至还给某些人带来了幸福；我们很难肯定武力和知识到底哪一个更强。

（4）学问使人胜过了其他动物，也使一个人胜过另外一个人。知识最可贵的地方，就是它能永世不朽。

在论证知识功用的基础上，培根提出了科学复兴的思想。在1620年出版的《伟大的复兴》中，他论述了知识及其改进的重要性。他在序言中指出：

> 知识的状况既不景气，也没有很大的进展。必须给人类的理智开辟一条与向来完全不同的道路，并且给它提供别的一些帮助，以便人的心灵能够在事物的本性上行使它所固有的权威。[1]

培根批评人们故步自封，满足于既有知识，而不愿向前深入。他尖锐地指出："我们主要从希腊人得来的那种智慧只不过像知识的童年，具有儿童的特性而已：它能够谈说，但它不能够生产；因为它只富于争辩，而没有实际效果。"[2]培根把现有的学术状况描述为古希腊神话中的斯居拉女神，她有处女的头脸，却不能生育。在他看来，哲学和理论科学就如同神像一样，受到崇拜和礼赞，却不会移动和前进。没有人能够正确地和成功地在事物本身中来研究事物的性质。即使有人决心自己来进行试验，把自己的力量贡献给推进科学领域的工作，他们也还是没有胆量使自己完全从一般人所接受的意见

———————

[1] 北京大学哲学系外国哲学史教研室编译：《十六—十八世纪西欧各国哲学》，1页，北京，商务印书馆，1958。

[2] 北京大学哲学系外国哲学史教研室编译：《十六—十八世纪西欧各国哲学》，2页，北京，商务印书馆，1958。

中解放出来，或者从根源上去寻求他们的知识。

培根在《新工具》中更加明确地提出了"知识就是力量"的思想。他指出："人类知识和人类权力归于一。"①"通向人类权力和通向人类知识的两条路途是紧相邻接，并且几乎合而为一。"②上面两句话通常被后人简要概括为"知识就是力量"，并成为一句脍炙人口的名言。罗素(B. A. W. Russell，1872—1970)指出：

> 一般认为他是"知识就是力量"这句格言的创造者；虽然以前讲过同样话的也许还有人在，他却从新的着重点来讲这句格言。培根哲学的全部基础是实用性的，就是借助科学发现与发明使人类能制驭自然力量。③

罗素的上述分析是非常深刻的，揭示了培根精神的全部实质意义所在。

培根在《新工具》中进一步提出了科学革命的主张。他认为，现有的科学不能帮助我们找出新事物，而不过是把若干已经发现的事物加以妥善调整并提出一些体系。因此，

> 若期待用在旧事物上加添和移接一些新事物的做法来在科学中取得什么巨大的进步，这是无聊的空想。我们若不愿意老兜圈子而仅有极微小可鄙的进步，我们就必须从基础上重新开始。④

在培根看来，要想实现科学变革必须注意两点：一是目标，二是方法。从目标方面来说，培根确立了科学研究的现实主义和功利主义的原则。他指

① [英]培根：《新工具》，许宝骙译，8页，北京，商务印书馆，1984。
② [英]培根：《新工具》，许宝骙译，108页，北京，商务印书馆，1984。
③ [英]罗素：《西方哲学史》下卷，马元德译，62页，北京，商务印书馆，1976。
④ [英]培根：《新工具》，许宝骙译，16页，北京，商务印书馆，1984。

出，科学过去之所以仅有极小的进步，有一个重大的和有力的原因，就是目标本身没有摆正。"科学的真正的、合法的目标说来不外是这样：把新的发现和新的力量惠赠给人类生活。"①从方法方面来说，培根从对知识的功用和价值的论证，转向了对获得新知识的新方法的探讨。他的哲学认识论正是从论述作为对自然认识结果的科学知识本身的价值开始的，是为使科学造福于人类的目的服务的。

培根强调科学的任务在于发现自然规律。他关于"知识就是力量"的口号实际上蕴藏着服从自然和征服自然相互关系的合理思想。培根首先肯定"人作为自然界的臣相和解释者"②，认为人类要征服自然就必须先服从和认识自然。在他看来，人类支配自然的范围和程度和人类活动的方式都将受到所获知识的范围和程度的制约，亦即"要支配自然就须服从自然"③，人类有多少知识，就有多少支配自然的力量，而真正的知识乃是根据原因得到的，是以掌握自然规律为内容的。因此知道了事物的原因，掌握了自然规律，才能征服自然，两者是统一的。

综上所述，培根清楚地看到了科学技术的发明创造在人类征服自然和统治自然的过程中所具有的无比巨大的威力。他坚信知识是改变物质世界和人类社会的强大力量，能给人类生活带来利益和帮助，这是任何政权、任何学派、任何杰出人物对人类事业的影响都不能与之比拟的。培根的天才就在于他敏锐地感受到新时代的脉搏跳动，深刻地理解和把握了新时代的精神，并勇敢地对阻碍科学知识发展的权威和偏见提出挑战。当然，培根关于"知识就是力量"的主张也存在着局限性。他把知识夸大为一切社会生活的决定力量。

---

① ［英］培根：《新工具》，许宝骙译，58 页，北京，商务印书馆，1984。
② ［英］培根：《新工具》，许宝骙译，7 页，北京，商务印书馆，1984。
③ ［英］培根：《新工具》，许宝骙译，8 页，北京，商务印书馆，1984。

(二)近代科学分类的先导

第一,培根在《论学术的进展》的第二卷中论述了科学分类的原则,并据此提出了人类知识体系的新结构,它们对后世产生了重大影响,在科学史、哲学史和教育史上都占有一定的地位。他被认为是在真正意义上的科学诞生后提出科学分类的第一人,对近代科学分类起了先导作用。培根认为,弄清人类已有的知识遗产,将有助于为国家对科学事业的发展提供指导,也有助于为学者个人的研究提供方向。而要达到此目的,就有必要进行科学分类,建立一个全新的人类知识分类系统,从而为分门别类的科学研究创造良好的条件。培根关于科学分类的原则或指导思想有以下几个方面。

(1)相信科学的统一性。他的科学分类不仅考虑到它们的差异,也考虑到它们的本质的统一。他认为,各门知识就像相会在树干上的一棵树的诸多树枝一样。它们应当被当作"毋宁是标明分野而不是划分开、分割开的片段"①。培根强调要把知识的连续性与完整性永久保存起来。

(2)根据人类的理性能力来分类。培根认为科学是人类的一种精神活动。人类知识的各部分必然与作为知识根基的人的精神相关联。如历史与记忆有关,诗歌和想象有关,哲学和理性有关,宗教的学问也是一样。所以,神学包括教会史、寓言(圣诗)和教义(或称戒律)。培根根据上述科学分类原则建立起统一的知识体系的新结构,但他并不认为他所提出的原则是绝对的、唯一的。在他看来,人们的目的不同,分类的原则也随之不同,人们可以依照自己的需要,采取其他分类原则。

培根以人类理性能力进行科学分类的原则在今天看来可能是不科学的。但是,培根在他的自然统一性的哲学信念的启迪下,看到了知识各部分的相互联系,认为自然是统一的,科学是一个整体,并且他的分类原则也有利于当时零散的认识成果的清理、集中和保存,从而为科学的进一步发展奠定

---

① [英]索利:《英国哲学史》,段德智译,24页,济南,山东人民出版社,1992。

基础。

第二，培根提出了知识体系的结构。在《论学术的进展》中，培根按照自己确定的科学分类的原则，建立起统一的知识体系的新结构。他在历史、诗歌和哲学这三大类下，又划分了许多子科目。

(1)历史。历史包括自然史、人文史、宗教史和文学史。自然史可分为3种：生物史，讲述自然的常轨；奇迹史，讲述自然的误差和变异；艺术史(指工艺技术)，讲述自然的变换或改造。人文史有三种：第一种是记录，第二种是完整的历史，第三种是古迹。培根认为，它们的区别可以拿画来比喻，它们相当于未完成的画、已完成的画和褪色的画。第一种叫编年史，第二种叫传记，第三种叫纪事。宗教史的分类和人文史相同，但可以进一步分成教会史、寓言史和神道史。

(2)诗歌。在培根看来，诗歌实质上反映的是一种想象的历史。按照性质，诗歌可以分为叙事诗、描写诗和讽喻诗。

(3)哲学。培根认为，人类的玄想有3个方向：一是深入神之中，二是环绕自然，三是内省自身。因此便产生3种知识：宗教哲学、自然哲学、人生哲学或人道主义。自然哲学包括两部分，即原因的探讨和结果的产生。前者是纯理论的，也就是自然科学。后者是应用性的，也就是自然实践。培根把两者并列在一起，被认为是"科学的革命"。自然科学分为物理学和形而上学。前者考察物质因和动力因，后者研究形式因和目的因。人生哲学最基本的是关于人性的一般研究，也就是关于协调心灵和身体的研究。身体的完备性质有4种：健、美、力、乐。因此，关于身体的知识也有4种，即医学、美容学、体育和享乐术。关于心灵官能的知识共有两种：一种是讲悟性和理性的，另一种是讲意志、欲望和情感的。想象在两方面都可以活动。培根认为，心智的艺术有4种：探讨、发明、讲解、传授。在这四者当中，每一种都可以分出许多科学和艺术。在培根看来，人们在社会上的生活都需要舒适、应用

和防卫，因此人们也相应地需要 3 方面的知识：对话、商讨和管理。培根把
宗教知识分为 4 个方面，即信仰、礼仪、祷告和管理。

综上所述，培根在当时的科学发展水平下，以其渊博的学识和深刻的洞
察力，为近代提供了第一个最为详尽的人类知识体系的结构。他提出的这个
科学知识体系的全图实际上也就是一个完整的百科全书的提纲。其基本特点
就在于强调知识必须为现实生活服务。此外，他的知识体系综合了以往历史
上那些偶然和零散的研究成果，并将杂乱无序的认识资料大致理出一个头绪，
从而为科学的进一步发展指明了方向。培根是近代最早提出编撰百科全书的
人。在《论学术的进展》中提出了百科全书的大纲以后，他又在《伟大的复兴》
《新工具》以及《自然与实验历史的准备》等著作中明确提出了编撰百科全书的
问题，拟定了具体计划。①培根的有关思想对后世编撰百科全书的工作产生了
重大影响。18 世纪法国著名的百科全书派在编撰百科全书时不仅采用了培根
的科学分类原则，也基本上采用了培根的整个知识体系结构。

(三)所罗门宫

《新大西岛》是培根晚年的一部未完稿，通过该书可以更好地把握其关于
科学哲学的思想和社会伦理观。与莫尔的"乌托邦"和康帕内拉的"太阳城"不
同，培根无意揭露和批判现存社会制度，而是从自己的政治立场出发，向人
们展示了科学治国的美好图景，充分表述了科学技术在社会发展中所具有的
伟大作用，以及如何促进科学技术发展的种种构想，尤其集中体现在"所罗门
宫"的兴建和创办上。

根据培根的描述，所罗门宫首先是一个科学研究机构，其"目的是探讨事
物的本原和它们运行的秘密，并扩大人类的知识领域，以使一切理想的实现
成为可能"②。"所罗门"本是《圣经·列王记》中所载的一个以智慧著称的希伯

---

① 参见余丽嫦：《培根及其哲学》，155~156 页，北京，人民出版社，1987。
② ［英］培根：《新大西岛》，何新译，28 页，北京，商务印书馆，1959。

来国王的名字。培根以此给该机构命名，意在强调它是一个智慧之所。它拥有十分完善的设施，人们在里面进行着广泛的科学实验和科学研究活动。

所罗门宫的第一个近代特征是对科学仪器的重视。科学实验离不开仪器，所罗门宫拥有非常完善的设施，例如，广学馆可以制造各种光学仪器，有望远镜和显微镜等。培根已敏锐地意识到近代科学的一个主要特征，即科学仪器的使用。科学仪器对近代科学提供极其重要的帮助，而且成为其与以前科学的主要区别之一，以前科学仅仅使用极其简陋的仪器。

所罗门宫的另一个近代特征是对世俗的科研组织的推崇。培根认为，为了培育新的精神，使之能够发现自己，就必须有新的、本质上真正世俗的组织。他构想出理想的世俗性的科学研究组织——"所罗门宫"及其工作程序，从而使知识的探求世俗化，走出了中世纪的修道院而进入近代世界。

根据培根的设想，在探索一切事物的本质及其运行秘密这个大目标下，所罗门宫的科学研究工作被分解为若干个不同的环节，由不同的工作人员分工协作去完成。有人专门做资料收集工作，有人直接从事实验并进行初步的整理概括工作。在全体人员举行各种会议和讨论并研究了以前的工作和搜集的各种材料之后，一些人从事新的深入自然奥秘的实验，并提出报告。最后，由几位被称为"大自然的解说者"的人，把以前在实验中所发现的东西提升、抽象为经验、定理和格言。培根的上述设想显然是当时先进的生产方式即手工工场的生产方式在科学组织工作上的再现。培根因此而被誉为"科学的社会性事业的结构的现代研究的先驱"。

培根非常重视科学组织管理问题。在他看来，这正是王者的事业，而非科学家的事情。因此，他希望在政府中取得较高权力和地位来促进科学的发展。在《论学术的进展》中，就专门研究过历代帝王促进学术的组织措施。他主张区别政治问题与学术问题，强调学术自由，并要求为学术研究提供必要的条件，其中包括提供从事学术活动的场所、印行学术书籍和提高学者的地位及待遇等。后来，他在《新工具》中进一步探讨了有关问题，提出了使研究科学的人直接拥有权力的问题。他深刻地认识到，科学的复兴有赖于权力的扶持，否则将十分困难。

培根的后继者在一定程度上受他的远见的激励，目睹了他的梦想变为现实。科学社团正是顺应新时代的新需要而诞生的。最早的科学院是 1560 年出现在那不勒斯的"自然秘奥学院"。1657 年，在意大利佛罗伦萨建立了西芒托学院。看来，英国皇家学院是从培根的实验哲学的追随者们的一个非正式社团发展而成的。①

二、对经院哲学和"假象"学说的批判

培根在大力提倡科学知识的同时，开展了对经院哲学和诸"假象"的批判。他认为，为了获得真正的而又富有成果的知识，需要做到两件事，即摆脱成见的束缚和采取正确的探索方法。培根称前一件事为"伟大的复兴"的"破坏部分"，而把后一件事称为"建设部分"。他认为，只有经过"破坏"，"刷洗、打扫和铲除了心的地面"，即先为人心作好准备，才能使人理解正确的方法。

(一)对经院哲学的批判

培根指出，造成欧洲学术界的落后状况和不务实弊端的根源，在指导人们从事科学知识研究的理论和方法——经院哲学那里。他认为，"就现在情况而论，由于有了经院学者们的总结和体系，就使得关于自然的谈论更为困难和更多危险"②。他指责经院哲学与其说是用无数的文章增加了科学的力量，不如说是摧毁了科学。在他看来，经院哲学的弊端主要表现在以下几个方面。

(1)经院哲学是僵死的神学体系，以神学为其探讨对象，而不是以自然界

---

① James Bowen, *A History of Western Education*, Vol.3, London: Methuen & Co. Ltd., 1981, pp.43—70.

② [英]培根:《新工具》，许宝骙译，69 页，北京，商务印书馆，1984。

和现实生活为其研究对象。因为它"深怕在对于自然的研究中会找到某种东西来推翻或者至少动摇宗教的权威"①。经院哲学把知识只当作教条和偶像来崇拜，要求人们严格尊奉教条的观念行事，不许有半点逾越。培根深刻认识到神学与科学是完全对立的，他严厉地批判了经院哲学压抑科学使之屈服于信仰和教会的权威，把科学和哲学变成了神学的婢女。

（2）培根揭露了经院哲学脱离自然、脱离实际生活的抽象思辨的性质。他指出，经院哲学家们不但身子被关在僧院和学院中，而且智慧也封闭在少数几个作者的洞穴中。尤其对亚里士多德顶礼膜拜。这样一来，他们对自然史和人类史知之甚少，只能凭着为数不多的材料和极度的智慧活动来织就那些表现在他们的书籍中的烦难的学问之网。在培根看来，这些学问之网看似精致细腻，可是风一吹就破裂了。他认为，这种闭目塞听、只凭主观臆想的理论对人的实际生活毫无用处。它不能帮助人们认识自然、发现真理，而只会玩弄抽象的文字游戏。

（3）培根批评经院哲学使人们盲目崇拜古代的哲学体系，盲从传统权威，阻碍了科学的发展。他尖锐地指出："人们之所以在科学方面停顿不前，还由于他们象中了蛊术一样被崇古的观念，被哲学中所谓伟大人物的权威，和普遍同意这三点所禁制住了。"②于是人们就变得虚弱无力，就像中了魔魇的人一样，不能追伴事物的性质。在培根看来，时代在前进，科学技术在发展，"而我们智力的地球若仍自封于旧日一些发现的狭窄界限之内，那实在是很可羞的了"③。

（4）培根指责经院哲学家极力宣扬蒙昧主义，贬低人的理性能力，散布对自然的不可知论，从而阻碍了人们认识自然和征服自然，成为科学发展的

①　北京大学哲学系外国哲学史教研室编译：《十六—十八世纪西欧各国哲学》，37页，北京，商务印书馆，1958。

②　[英]培根：《新工具》，许宝骙译，61页，北京，商务印书馆，1984。

③　[英]培根：《新工具》，许宝骙译，62页，北京，商务印书馆，1984。

最大障碍。经院哲学家们妄图以信仰代替理性。他们断言人们在上帝创造的自然面前是无能为力的，因为"自然之难知，生命之短促，感官之富于欺骗性，判断之微弱无力，实验之难于进行"，是人们难以逾越的障碍。①培根认为，要鼓动人们的希望之心的最有力的办法，就是消除他们的畏难情绪，勇于从事科学实验，打破不可知论的神话。

培根还把批判的矛头指向经院主义教育。他尖锐地批评了当时教育中的保守状况。他指出：

> 在学校中、学园中、大学中，以及类似的为集中学人和培植学术而设的各种团体中，一切习惯、制度都是与科学的进步背道而驰的。在那里，讲演和实习都排定得如此严整，致使任何人都难在这常经以外去思想或揣想什么事物。②

培根指责学校不仅没有致力于促进科学的发展，反而扮演了严厉限制科学发展的可耻角色。在这种情形下，若有一两人有勇气来使用一点判断的自由，那他们只能自己去独立探索，而得不到任何有益的帮助。在学校里，"一般人的研究只是局限于也可说是禁锢于某些作家的著作，而任何人如对他们稍持异议，就会径直被指控为倡乱者和革新家"③。培根还批评当时的教学把青年人引入歧途。经院哲学家们矫揉造作地虚夸和卖弄既有知识，把它们加以装扮和粉饰，好像科学的各部分已经齐全、完备，而不需要再向前发展了。"人们既把传给他们的东西当作早臻完美全备，就不复在其中寻求进步，那是

---

① ［英］培根：《新工具》，许宝骙译，72 页，北京，商务印书馆，1984。
② ［英］培根：《新工具》，许宝骙译，71 页，北京，商务印书馆，1984。
③ ［英］培根：《新工具》，许宝骙译，71 页，北京，商务印书馆，1984。

并无足怪的。"①

培根是近代哲学史上较全面、较深刻地批判经院哲学的第一人。他击中了经院哲学脱离实际、烦琐思辨、无助于发现科学真理的要害，揭露了经院哲学的神学性质。培根对经院主义教育的批判也是发人深省的。他的批判给予早已腐朽的经院主义教育以沉重的打击。但我们也应看到，培根对于经院哲学和经院主义教育的批判是不彻底的。他坚持二重真理论，甚至宣称自然科学有助于宗教神学，有助于论证上帝。正如马克思所指出的那样，培根的世界观充满了神学的不彻底性。

(二)四种"假象"学说

1. 产生"假象"的原因

认识涉及主体与客体的关系。他重视理清发源于主体而容易产生的错误，详细地分析了错误的根源和性质，特别是有关理智所受的影响。对待错误，自古即众说纷纭，莫衷一是。例如，柏拉图曾在《泰阿泰德篇》中提出过所谓"蜡板说"和"鸟笼说"，以说明现实中确有虚假的判断存在。前者产生于感觉和思想的错误结合，即心灵的蜡板上已知道的东西，与现在感觉到的东西不相符合时便会产生错误。"鸟笼说"是指人的思想本身有时也会产生错误。人的心灵犹如鸟笼，其中各种知识好比各种鸟。我们并没有直接把它们抓在手中。结果，想捉鸽子而误捉了斑鸠。人们在心灵的笼中也会出现应索取此相知识而误得他相知识的情况。在柏拉图看来，虚假的判断就是这样产生的。普罗泰戈拉(Protagoras)则认为一切经验都是真实的，人不可能做出错误的判断。培根以唯物主义的态度对待错误。他首先肯定人在认识过程中是会发生错误的。错误只在于主体的感觉、思维和判断同客观事物的真实情况之间存在着差距，即主体认识同客观实际不相符合，没有反映客观真理。培根断定，

---

① [英]培根：《新工具》，许宝骙译，65~66页，北京，商务印书馆，1984。

错误来源于两个方面，即感官感觉和心智活动。

关于感官感觉这个错误来源，培根指出：

> 人类理解力的最大障碍和扰乱却还是来自感官的迟钝性、不称职以及欺骗性；这表现在那打动感官的事物竟能压倒那不直接打动感官的事物，纵然后者是更为重要。由于这样，所以思考总是随视觉所止而告停止，竟至对看不见的事物就很少有所观察或完全无所观察。①

由于感官本身就是一种虚假而多误的东西，而那些放大或加锐感官的工具也不能多所施为，所以，一种比较真实的对自然的解释只能靠恰当而适用的事例和实验才能做到。因为在那时，感官的裁断只触及实验，而实验则是触及自然中的要点和事物本身的。

在培根看来，与感官感觉所带来的错误相比，心智活动所导致的错误更为举足轻重。事物复杂隐晦或变化多端，人类感官能力有限，难免要受欺骗。但在许多情况下，感官之所以有错觉，并非生物或物理的原因，而是心智活动所致。这时，可以出现视而不见、充耳不闻或歪曲所见所闻的状况。因此，培根着重探讨了心智活动所导致的错误。他对心智的倾向性进行了分析，提出了4种"假象"的学说。这4种假象是：族类假象、洞穴假象、市场假象和剧场假象。四假象说是培根哲学中著名的部分之一。他很明显地把这个部分作为申述他的哲学新方法的前提，是使人们能够更好地接受他的哲学新方法的必备工作。

培根所讲的"假象"是指人在认识过程中的主体心理障碍，即人类产生谬误的重要根源，是人类普遍存在的状况。要建立起科学的新方法，必先扫除

---

① [英]培根：《新工具》，许宝骙译，26页，北京，商务印书馆，1984。

人们认识道路上的障碍。

2. 四种"假象"学说

(1)"族类假象"

第一，培根指出："族类假象植基于人性本身中，也即植基于人这一族或这一类中。"[1]人们常把人类的本性混杂到事物本性中，因而歪曲了事物的真相。在他看来，"人类理解力则正如一面凹凸镜，它接受光线既不规则，于是就因在反映事物时掺入了它自己的性质而使得事物的性质变形和褪色"[2]。它们或则起源于人类元精本质的齐一性，或则起于它的成见性，或则起于它的狭窄性，或则起于它的不知罢休的运动，或则起于情感的注入，或则起于感官的不称职，或则起于感受的式样。培根认为，人的理智常有一种先入为主的偏见。人们一旦接受了某种意见，总是试图把别的一切都拉来支持这种意见，从而阻碍了人们对事物的正确认识。一切迷信莫不如此。

第二，"人的理解力不是干燥的光，而是受到意志和各种情绪的灌浸的"[3]。在培根看来，意志和感情是影响人的认识活动的重要因素。

第三，培根把不休止的玄想看成人类思维的一个特点。知性本身超经验使用，必然会产生"先验假象"。

(2)"洞穴假象"

洞穴假象与族类假象相同的地方是，它也来自理智的本性。不同的地方是，它只为个人所有，并主要是后天获得的。这种假象因个人心智和身体的特殊性而起，也可能在个别人的教育、习惯和偶然原因方面有其根源。

"洞穴"的比喻来自柏拉图。不过，柏拉图所说的洞穴是指物质世界。培根称颂柏拉图的"洞穴"为美妙的表征，但却一反柏拉图的原意，把洞穴看成

---

① [英]培根：《新工具》，许宝骙译，19 页，北京，商务印书馆，1984。
② [英]培根：《新工具》，许宝骙译，19 页，北京，商务印书馆，1984。
③ [英]培根：《新工具》，许宝骙译，25 页，北京，商务印书馆，1984。

脱离现实、纯属思辨性质的场所。每个人都坐在他所特有的洞穴之中，因为受到狭窄天地的限制，不能正确地认识事物的本来面貌，致使自然之光发生曲折和改变颜色。在培根看来，由于受洞穴假象的影响，人们常有所蔽而怀有偏见。他鼓励人们投入大自然的怀抱，寻求事物本身所固有的规律性，以消除洞穴假象。①

(3)"市场假象"

"市场假象"涉及语词对人的认识的影响。语言文字是人类思维、交际乃至行动必不可少的工具。正是语言的产生、文字的发明，才标志着人类摆脱了蒙昧状态而进入发达的文明社会。然而，如果文字这一项本身不完善或运用不当，则会影响人类的认识能力的进步，阻碍正确认识的形成和真理的获得。

在中世纪，经院哲学家们为建立玄妙的神学体系，玩弄辞藻，生造术语，滥用词语，使语词的消极一面的影响不断扩大。而他们所做的语词意义的分析工作却微乎其微。因此，分析语词消极一面的工作历史地落到了近代哲学家的身上。"不清理中世纪经院哲学所产生的语言垃圾，科学不能进步，哲学不能发展，培根是近代意识到这一问题的严重性的第一人。"②培根发现了语词的惰性，即语词一经形成，成为思想观念的载体，进入思维活动之中，既定的语词会使人的思维产生某种定式，对人的思维对象、思维的深度和广度都会产生影响。如果进入理智的语词是混乱不堪的，这种惰性便会被扩大，严重影响思想的表达、传播和交流。

(4)"剧场假象"

这种假象是就各种错误的哲学体系和乖谬的论证规则而言的。培根认为，人们由于盲目信仰权威和教条，以及盲目崇拜历史上和现存的各种哲学体系，

① [英]培根:《新工具》，许宝骙译，30页，北京，商务印书馆，1984。

② 陈德荣:《洛克意义理论研究》，43页，长沙，湖南教育出版社，1992。

因而思想受到束缚，认识发展停滞。在他看来，流行的哲学体系都不过是舞台戏剧，以一种不真实的幻景来表现哲学家自己所创造的世界罢了。他把古往今来毒害人们的各种"虚幻哲学"分成 3 类：①诡辩派或理性派；②经验派；③神学迷信派。他举出亚里士多德、炼金术士和柏拉图分别为 3 派的哲学代表人物。培根进一步分析了产生剧场假象的原因。在他看来，剧场假象不是天然的，也不是隐秘地潜进理智的，而分明是传授和注入人心的。权威来自外界，和教育、习惯一样，关系到社会环境，属于社会影响；而且正是教育和习惯导致人们相信权威的力量。因此，第四种假象实际上和第二种假象的关系十分密切，甚至很难区分。

培根关于 4 种"假象"的学说明确反对盲从权威，反对脱离实际的空谈和诡辩，在近代哲学史上第一次从认识论根源的角度对经院哲学的各种弊端给予揭露和批判，在当时解放思想的重大作用下，推动了科学的发展。

第三节 科学研究方法

认识论问题是培根哲学的中心问题。他深刻认识到，要促进科学的发展，就必须改变认识脱离事实的弊端，从根本上研究主客体之间的关系问题。在讨论认识过程的时候，培根接触到一些重要的问题，诸如感觉经验的来源问题，人类认识的感受性和理性的作用，归纳法与演绎的关系，等等，从而确立了他在近代哲学史上的重要地位。认识论的发展改变了人们看问题的方法，促进了科学的进步，进而也更新了人们的教育观念，推动了教育实践和教育理论的发展。

一、英国近代唯物主义的始祖

英国是近代经验论的发祥地。这种情况的出现与这个民族的理论传统和自然科学的发展状况有直接的关系。13—14 世纪,欧洲唯名论思潮的主要阵地是英国。此外,英国素有自然科学实验的风气与崇尚工匠学问的传统。罗吉尔·培根(Roger Bacon)曾是欧洲 13 世纪风靡一时的实验风气的代表人物。而把认识论问题作为哲学研究的中心问题,则是从弗朗西斯·培根开始的,重视方法论研究是他的认识论的根本特征。

培根哲学的目的是要复兴科学,突出地表现出务实精神。在批判阻碍科学发展的经院哲学和"假象"的过程中,他继承了前人的一些思想,总结了当时的科学发展成果,创立了近代唯物主义经验论。

(一)关于物质的学说

培根明确承认物质世界的客观性,表明了他的本体论的唯物主义性质。在他看来,在自然中真正存在的东西,只是按照一定的规律进行活动的个别物体。除此之外,就再没有别的了。物质是自然万物的本原,世界在本质上是物质的。世界的存在既不依赖于什么抽象的"本质",也不依赖于人的意志。培根进一步从物质结构的角度说明物质是实在的。在他看来,构成物质的最小粒子应当是分子,它们各有其性质,并按照不同的排列构成各种事物,具有我们在自然事物中所能感觉到的各种质的规定性,如密度、温度、重量、体积、颜色和运动等。用分子来说明物质,"意味着用质的观点看待事物,就能体现物质的实在性"①。

(二)关于形式的学说

培根以形式的研究作为认识的基础和目的。他所说的"形式",是指事物本身的内在规律。培根明确指出:"在自然中真正存在的东西,虽然除掉个别物体按照一定的规律进行纯粹个体的活动之外,没有什么别的,但是在哲学里面,就是这种规律以及对于这种规律的研究、发现和解释构成知识与活动的基础。而当我说到形式的时候,我的意思指的也就是这种规律及其所包含

---

① 徐瑞康:《欧洲近代经验论和唯理论哲学发展史》,100 页,武汉,武汉大学出版社,1992。

的部分。"①培根还明确指出，发现物质的形式正是人类知识的工作和目的。在他看来，"由于形式的发现，我们就可以在思想上得到真理而在行动上得到自由"②。培根没有止于对事物的可感性质的认识，而是要求深入事物的内在根据的形式，即规律。这也是他对于"知识就是力量"的论断的进一步说明。

（三）关于运动的学说

培根把运动看作物质固有的性质，明确主张物质与运动不可分，体现了辩证法的思想。第一，培根认为物质运动的形式是多种多样的。他在《新工具》中提出和阐述了 19 种性质最普遍的运动，例如"抗拒运动""连接运动""自由运动""物质运动""逃避运动""同化运动""感染运动"和"自我增殖运动"等。③培根关于运动形态的划分、阐述及例证无疑是在当时自然科学水平下，对自然界中事物的存在和运动变化的理论概括，涉及物理运动、化学运动和生命运动。第二，培根还进一步探讨了运动的规律和原因。他认为，自然界事物的运动是有规律可循的。在科学中，认识的基础即在于对规律的研究发现和解释，这是自然哲学的根本任务。此外，科学的基础还在于探讨物质运动的原因，否则，就不能揭示自然界的规律，因而也就无法支配自然。

综上所述，培根关于物质、形式和运动相统一的观点，是近代英国和欧洲唯物主义的最早表现。"唯物主义在它的第一个创始人培根那里，还以朴素的形式包含着全面发展的萌芽。"④就这一点而言，他的任何一位同时代的哲学家都无法与之媲美。但是，培根的唯物主义也有一些局限性。

其一，尚未摆脱"朴素性"。朴素性不是近代哲学的特征。近代哲学之为

---

① 北京大学哲学系外国哲学史教研室编译：《十六—十八世纪西欧各国哲学》，46 页，北京，商务印书馆，1958。

② 北京大学哲学系外国哲学史教研室编译：《十六—十八世纪西欧各国哲学》，47 页，北京，商务印书馆，1958。

③ ［英］培根：《新工具》，许宝骙译，249~271 页，北京，商务印书馆，1984。

④ 《马克思恩格斯文集》第 1 卷，331 页，北京，人民出版社，2009。

近代哲学，就在于其原则上是以近代自然科学的总的观点和基本概念为基础的。而培根的唯物主义显然还保留着文艺复兴时期乃至古希腊和古罗马时代哲学的不少朴素性的痕迹，未能与近代自然科学的发展水平相适应。

其二，缺乏系统性。培根没有独立地、系统地阐述其唯物主义原理的专著，其唯物主义原理仅作为阐述其经验主义认识论的逻辑前提而散见于他的著作中。

其三，充满了神学的不彻底性。他的唯物主义还容忍上帝的存在，持"两重真理"说。显然，近代经验主义哲学是不能长久地建立在这样一种唯物主义基础上的。

二、经验论的认识原则

黑格尔在《哲学史讲演录》中指出：

培根的哲学，一般说来，是指那种基于对外在自然界或对人的精神本性(表现为人的爱好、欲望、理性特点、正义特点)的经验和观察的哲学体系。它以经验的观察为基础，从而作出推论，以这种方式找到这个领域内的普遍观念和规律。这种方式或方法首先出现在培根这里，不过还不很完善，虽说他被称为这种方法的鼻祖和经验哲学家的首领。①

培根探讨了认识论的本体论基础。他的经验哲学的前提是以感性的自然为认识对象的。培根强调"人是自然的仆役和解释者"，鼓励人们以自然现象为科学认识的对象，以取得改造自然并且造福于人类的胜利。他宣称："凡值

---

① [德]黑格尔：《哲学史讲演录》第四卷，贺麟、王太庆译，16页，北京，商务印书馆，1978。

得存在的东西，就值得知道。"①这种以自然作为人们认识对象的坚定信念，反映和代表了近代科学精神的开端。

培根着重论述了认识的起源问题，认为一切知识起源于感性经验。除非人们发狂，否则一切自然的知识都应当求助于感官。人的认识只能来自感官对外部世界的感受。在培根看来，在认识的进程中人们应当先求助于经验，然后形成判断和公理，而不是相反。他说：

> 钻求和发现真理，只有亦只能有两条道路。一条道路是从感官和特殊的东西飞越到最普遍的原理，其真理性即被视为已定而不可动摇，而由这些原则进而去判断，进而去发现一些中级的公理。这是现在流行的方法。另一条道路是从感官和特殊的东西引出一些原理，经由逐步而无间断的上升，直至最后才达到最普通的原理。这是正确的方法，但迄今还未试行过。②

值得注意的是，培根所说的"经验"，并非自然获得的幼稚的、原始的和自我论证的简单的生活体验，而是在通过观察和实验收集正反面事实材料的基础上，从许多个别具体事物中找出其共同规律的方法求得的。这是培根与以前时代的经验概念的相异之处。他突破了以往经验论的狭隘界限，赋予经验以更丰富的内涵和更科学的形态。他强调观察在科学认识中的作用，但更为重视实验方法。培根的历史贡献就在于，在近代科学初兴之时，新的方法刚刚产生，人们尚未理解其性质、特点和意义之时，能够高瞻远瞩，以极其敏锐的洞察力，抓住了科学发展的趋势和要求，对观察和实验方法进行了哲

---

① 余丽嫦：《论培根经验主义的特点》，见《外国哲学史研究集刊》第 5 辑，122 页，上海，上海人民出版社，1982。

② ［英］培根：《新工具》，许宝骙译，12 页，北京，商务印书馆，1984。

学上的论证,展示了其在认识自然中的巨大作用。

培根是近代试图把经验方法同理性方法结合起来的第一人。他强调认识来源于经验,确信感觉经验的可靠性,但并未陷入狭隘经验论的泥坑。他在一定程度上看到了纯主观经验的弊端,而主张将其上升到理性认识的高度,认为只有这样,才能把握事物的本质。培根多次声明:"我并不十分看重感官的直接本有的知觉。"他认为理性和普遍哲学才是补救感官缺陷的唯一有效的途径,因为只有经过理性的归纳,才能把握事物的一般规律,即"形式"。在《新工具》中,他明确主张将"实验的和理性的这两种机能,更紧密地和更精纯地结合起来"①。培根形象地把单纯的经验主义者比作蚂蚁,把先验的理性主义者比作蜘蛛,而把正确的科学家比作蜜蜂。他说:

> 历来处理科学的人,不是实验家,就是教条者。实验家象蚂蚁,只会采集和使用;推论家象蜘蛛,只凭自己的材料来织成丝纲。而蜜蜂却是采取中道的,它在庭园里和田野里从花朵中采集材料,而用自己的能力加以变化和消化。哲学的真正任务就正是这样,它既非完全或主要依靠心的能力,也非只把从自然历史和机械实验收来的材料原封不动、囫囵吞枣地累置在记忆当中,而是把它们变化过和消化过而放置在理解力之中。②

培根提出:要使经验能力与理性能力之间永远建立一个"真正合法的婚姻"。

综上所述,培根从唯物主义立场出发,大体上正确解决了人的认识对象、认识来源和认识过程问题。他之所以成为近代经验论的奠基人,就在于他确

---

① [英]培根:《新工具》,许宝骙译,75 页,北京,商务印书馆,1984。
② [英]培根:《新工具》,许宝骙译,75 页,北京,商务印书馆,1984。

立了一切正确的科学知识都必须起源于经验这一原则，即必须从对自然的观察和实验出发，而非像经院哲学那样从《圣经》或亚里士多德的权威体系出发。在上述原则的基础上，培根系统地制定了经验的归纳法，建立起一个崭新的学派，即英国经验主义。

培根所确立的经验主义原则在当时反对经院哲学的斗争中所起的进步作用是完全应该肯定而不应低估的。它的进步作用首先表现在反对经院哲学所代表的封建意识形态，有利于新兴资产阶级的反封建的斗争；其次，在推进人类知识的发展，帮助自然科学的进步方面具有更为巨大的作用。

三、新工具

把方法论作为认识论的组成部分来看待是在近代才得到确立的，对"新工具"和"方法论"的研究成为近代哲学冲破中世纪思想禁锢的一个突破口。在培根的时代，随着自然科学的发展，提出了寻求科学发现的艺术问题。以亚里士多德的简单枚举归纳和三段论演绎为主体的经院哲学方法虽已遭到普遍的怀疑和抛弃，但还没有人像培根那样对认识方法的改造系统地提出建设性的具体方案。培根在盲目探索的道路上点燃了第一盏明灯，制定了与亚里士多德的"工具论"不同的"新工具"，即新的归纳法。他第一个把逻辑与科学方法结合起来，使逻辑也成为探求科学的艺术。

(一)论创制"工具"的必要性

培根首先论证了创制"心灵的工具"的必要性。他认为，要发展科学，认识自然，就必须建立正确认识自然的理论。但是，正确地认识理论，还只是一种可能性，要使其变为现实，还必须要有正确的认识方法，才能发现事物的本质，完成认识自然的任务。在培根看来，理性如果没有正确方法的指导，就好像黑夜行走缺乏烛光，大洋航行缺少罗盘一样，无论人的才智有多高超，都将收效甚微。他说：

赤手做工，不能产生多大效果；理解力如听其自理，也是一样。事功是要靠工具和助力来做的，这对于理解力和对于手是同样的需要。手用的工具不外是供以动力或加以引导，同样，心用的工具也不外是对理解力提供启示或示以警告。①

因此，他不畏艰难险阻，立志要为人类的理智开辟一条新的道路，为当时的科学发展创立一种新的认识方法。

(二)对传统逻辑的批判

在着手制定新的科学认识方法之前，培根先对传统的逻辑进行了批判。其中心论点是：现有的逻辑并不能帮助我们发现新科学。他尖锐地指出：

正如现有的科学不能帮助我们找出新事功，现有的逻辑亦不能帮助我们找出新科学。

现在所使用的逻辑，与其说是帮助着追求真理，毋宁说是帮助着把建筑在流行概念上面的许多错误固定下来并巩固起来。所以它是害多于益。②

培根对三段论法给予了严厉批判。第一，"三段论式不是应用于科学的第一性原理"③。这一点亚里士多德也是承认的。因为三段论据以进行推理的大前提自身，并不能用三段论予以证明。这在培根看来，三段论只是徒劳地应用中间性原理罢了。结果，"它是只就命题迫人同意，而不抓住事物本身"④。第二，培根认为："三段论式为命题所组成，命题为字所组成，而字则是概念

① [英]培根：《新工具》，许宝骙译，7~8页，北京，商务印书馆，1984。
② [英]培根：《新工具》，许宝骙译，10页，北京，商务印书馆，1984。
③ [英]培根：《新工具》，许宝骙译，10页，北京，商务印书馆，1984。
④ [英]培根：《新工具》，许宝骙译，10页，北京，商务印书馆，1984。

的符号。所以假如概念本身(这是这事情的根子)是混乱的以及是过于草率地从事实抽象出来的，那么其上层建筑就不能坚固。"①因此，为钻入自然的内部和深处，必须使概念和原理都通过一条更为确实和更有保障的道路从事物中引申而得。我们的唯一希望在于有一个真正的归纳法。

(三)论科学归纳法

培根在《新工具》第二卷中，详细地论证了科学归纳法。它作为在认识中运用的逻辑方法，是以其认识论为基础的。这是一种经验方法，主要说明如何对由实验和观察所获得的感性材料进行归纳，从而实现由个别到一般的过渡，以期最后得出科学的结论，求得对规律的认识。这种方法强调在进行归纳之前，先要做"适当的拒绝和排斥"的工作，这是培根归纳法的一个特点。

培根的归纳法的全部过程大致包括 3 个具体的步骤：

(1)"三表法"。在这个阶段只是为进行真正的归纳做好准备。要求在对感性材料进行分析、比较之前，首先通过观察尽可能全面地搜集各种各样的经验事实，并且把搜集来的材料分别列举在本质和存在表、相似情形下的缺乏表和程度或比较表 3 种例证表中。以"热"的研究为例，在确定了所要研究的性质以后，就尽可能地搜集具有"热"的属性的一切事物作为例证。培根一共列举了 28 种具有热的性质的正面例证，称之为"肯定的例证"，把它们放在"本质和存在表"里。其次，还必须搜集该属性在其他一些相似事物中不存在的事例，培根一共列举了 32 种缺乏热的性质的反面例证，称之为"否定的例证"。由"否定的例证"构成的表，培根称之为"相似情形下的缺乏表"。最后，还必须搜集同一属性在不同事物中的程度不同的事例，放在"程度或比较表"里。他一共列举了 41 种在不同程度下出现的热的例证。以上"三表法"里所列举的各种不同的例证是给运用归纳法提供准备，借助这些例证，就可以对它们进行分析和比较。

---

① ［英］培根：《新工具》，许宝骙译，10 页，北京，商务印书馆，1984。

(2)对三表中所列举的例证进行"适当的拒绝和排斥",即对热的大量例证加以分析、比较。在排斥的过程中,把否定的、非本质的东西剔除,留下肯定的、本质的东西。培根认为:"人只能从否定的东西出发,最后在穷尽了排斥之后,才能够达到肯定的东西。"①在他看来,这一步是整个归纳法过程中最关键的一环。培根说:

> 真正归纳的首要工作(就形式的发现来说)乃是在于拒绝或排斥这样一些性质,这些性质是在有给定的性质存在的例证中找不到的,或者在给定的性质不存在的例证中找到的,或者是在这些例证中给定的性质减少而它们增加,或给定的性质增加而它们减少的。②

(3)在对一切例证加以分析、比较的基础上,最后进行归纳和概括,使其达到合乎自然事物的内在规律的结论。培根说:"在拒绝和排斥的工作适当完成之后,一切轻浮的意见便烟消云散,而最后余留下一个肯定的、坚固的、真实的和定义明确的形式。"③例如,经过对热的性质的分析、比较之后,得出了最后的结论:热的本质属性就是运动。这就完成了对感性材料的整理,归纳法的全部程序大致就结束了。培根称之为"初次的收获",是试探着解释自然。他并不认为自己的归纳法是完备无缺的,也就是说,它不是最终的结论。他所获得的只是一个尚待证明的假设。在培根看来,由于科学知识在不断进步,科学研究方法本身也必须随之向前发展。他指出:"我亦不说我的那些条规是再不容有所改进的了。恰恰相反,我既是不单就心本身的机能来论

① 北京大学哲学系外国哲学史教研室编译:《十六—十八世纪西欧各国哲学》,55页,北京,商务印书馆,1958。

② 北京大学哲学系外国哲学史教研室编译:《十六—十八世纪西欧各国哲学》,55页,北京,商务印书馆,1958。

③ 北京大学哲学系外国哲学史教研室编译:《十六—十八世纪西欧各国哲学》,55页,北京,商务印书馆,1958。

心，而且要就其与事物的联系来论，那么我当然就必须主张：发现的方术是会随着发现之前进而前进的。"①另外，培根承认他的归纳法只是在于帮助人的理解力，而不是去代替人的理解力。因此，并不一定要借助他的归纳法才能从事科学研究。

培根是近代归纳法的奠基者。他的归纳法在历史上对科学认识的发展曾经起过积极的作用。他的归纳法使得当时经院哲学在方法论上的地位受到极大的动摇，使人们的思想从经院哲学的束缚下解放出来，并提供了崭新的唯物主义世界观和方法论，对于推动和促进事实材料的积累和整理，起了很好的作用，这对于正处在积累材料阶段的自然科学具有重要意义，对当时及后来的科学家都产生过重大影响。

培根归纳法的意义还在于其问世意味着西方哲学界思维方式开始转变。归纳法的大量工作是分析的工作，借此从个别抽象出一般。它使人习惯于把自然事物和现象看作孤立的、静止的和固定不变的东西，并逐渐成为哲学领域中有广泛影响的思维方式。但培根制定的归纳法大部分已经陈旧了并存在许多缺陷。

(1)他要求收集齐全的例证，在穷尽一切经验材料之后再进行归纳工作，这显然是难以做到的。

(2)他的归纳法并不能成为真正的科学方法，并不能真正地去把握事物的内在本质和规律。

(3)他没有看到演绎法在理论原理本身形成过程中的作用，把归纳法看作唯一正确的认识方法，从而把归纳和演绎割裂开来。

(4)他的归纳法本身具有形而上学的片面性，把因果关系的复杂性简单化了。

---

① [英]培根：《新工具》，许宝骙译，105 页，北京，商务印书馆，1984。

第四节　论教育

　　培根并未留下论述教育问题的专著，但他对于复兴科学的热情以及对人类伦理问题的关注，必然导向对教育的重视。培根的诸多作品，都论及天性、习惯与教育的关系问题，教学思想道德教育问题，以及知识的传授，等等，从中反映了他的教育观点。

一、论天性、习惯与教育

　　培根在《培根论说文集》中的《论人的天性》《论习惯与教育》和《论学术的进展》等作品中都论及人的天性与教育的关系问题。

　　何为"天性"？培根认为，那是一种"天然的倾向"，指人的天然特质和心理的癖好。在这个方面，培根深受当时流行的星相学的影响。他相信人的爱恬静、爱活动、爱胜利，或是爱尊容、爱享乐、爱艺术和爱变化等，都与人们的星座相关。在培根看来，天性有善亦有恶。在有些人的本性之中，有一种向善的心理趋向，另一些人则有一种"天生的恶性"，天生不关心他人的福利。培根热情地赞美"性善"是"一切德性及精神的品格中最伟大的"，因为它是上帝的特性，缺乏这种德性，人就成为一种忙忙碌碌的、为害的、卑贱不堪的东西，比一种虫豸好不了许多。他相信，"向善的倾向是在人性中印得很深的；怎样深法？就是如果这种倾向不发向人类，也要及于别的生物的"[1]。而那些性恶者，即所谓"恨世者"，则是靠别人的灾难而繁荣的，并且是落井下石的，"这样的心性正是人性底溃疡，然而他们却正是造大政客的材料；他们就如同曲木一样，造船最好，船是无疑要颠簸的，但是这种木材却不适于

---

　　[1]　[英]弗·培根：《培根论说文集》，水天同译，43~44 页，北京，商务印书馆，1983。

造房屋，房屋是要站得牢的"①。

　　培根把天性和命运看成"人的能力以外"的东西。除人的天然特质和心理的癖好以外，所谓"外力"还包括自然给予人的特质，如性别、年龄、地域、健康和疾病、美丽和残缺等，以及身外的运数，即统治权、尊贵、卑贱、富贵和穷乏等。在培根看来，在上述诸方面，人们都是不能随意支配的，只能忍受。但他所说的"忍受"并非消极的，而是极力调剂它、适应它。至于"人的能力以内的"方面，培根列举了许多，如习俗、游艺、习惯、教育、榜样、模仿、竞争、团体、朋友、称赞、惩责、劝导、名誉、法律和书籍等。他认为，在一定范围内，这些方面都是可以支配心理、影响意志和欲望、改变人性的。

　　培根着重阐述了习惯和教育等在改变人性方面的力量。他充分肯定了习惯的重要性，称"习惯是人生底主宰"②。他认为，人们的思想多依从他们的愿望，他们的谈论和言语多依从他们的学问和从外面得来的见解，但是他们的行为却依从他们平日的习惯。在培根看来，"天性底力量和言语底动人，若无习惯底增援，都是不可靠的"③。习惯真能变化气质，约束天性。他指出："既然习惯是人生底主宰，人们就应当努力求得好习惯。习惯如果是在幼年就起始的，那就是最完美的习惯，这是一定的，这个我们叫做教育。教育其实是一种从早年就起始的习惯。"④培根把习惯又进一步分为"个人的习惯"和"团体的习惯"，并认为团体的习惯大于个人的习惯。因为在团体中，人们彼此激励和模仿，习惯的力量便因此得到提高和增强，发挥出最大的效用。他更进一步认为，秩序井然和纪律良好的社会有助于天性中美德的繁殖。

　　培根重视由教育和环境养成的习惯，但未像后来的洛克那样倾向于教育万能。在他看来，"天性常常是隐而不露的，有时可以压伏，而很少能完全熄

---

①　[英]弗·培根：《培根论说文集》，水天同译，45~46页，北京，商务印书馆，1983。

②　[英]弗·培根：《培根论说文集》，水天同译，145页，北京，商务印书馆，1983。

③　[英]弗·培根：《培根论说文集》，水天同译，143页，北京，商务印书馆，1983。

④　[英]弗·培根：《培根论说文集》，水天同译，145页，北京，商务印书馆，1983。

灭的。压力之于天性，使它在压力减退之时更烈于前"①。培根把天性比喻为《伊索寓言》中的猫变的女子。她端端正正地坐在餐桌的一头，可是一旦有一只小鼠在她面前跑过时，她就按捺不住了。因此，人们应当或者躲避这种机会，或者常常与这种机会接触以便少被牵动。培根重视练习的作用，相信通过所获得的习惯可以改变天性。但他又认为，一个人不可强加给自己一种不断地继续的习惯，而应当稍有间歇。一是因为这种休息或间歇对于新的尝试不无裨益；二是对于一个德行不完全的人来说，如果不断练习的话，他不仅练习了他的优点，连谬误也一定要练习了，并且使优点与谬误将同具一种习惯。除了合适的间歇和休息，这种情形没有别的补救之策。

天性亦与学问的获得相关。培根认为，凡天性与职业适合的人是有福之人。在学问方面，一个人对于与他的天性不合而勉强去学的学科，应当规定固定的学习时间。但凡与天性相合的学科，那就不必有什么规定的学习时间，因为他的思想会自行做主，飞到那方面去。只要别的事情或学科所剩下来的时间足够研究这些学问就行。总之，在培根看来，一个人的天性如果不长成药草，就会长成莠草，所以，他应当灌溉前者而芟去后者。

综上所述，培根关于天性和人性学说有一些明显的缺陷。首先表现在其迷信的、宿命论的色彩。他把人的天然倾向和命运都看成是与人的星座相关的。其次，他谈论的是抽象的人性。由于阶级与时代的局限，他还不可能理解人性的重要特征是阶级性。但培根关于人性的思想有其深刻的内涵，涉及教育观念，富有启发意义。第一，已认识到人性受多方面因素的影响，如习俗、教育、习惯、团体、社会、法律和榜样等。第二，重视主观努力在人的形成中的巨大作用。他强调练习的作用，鼓励人们征服自己的天性。培根理论的实践性格在这里再次显现出来。他反对空洞的口头说教，认为通过练习养成的习惯更有力量，这是与他的唯物主义经验论相联系的。后来，洛克继

① [英]弗·培根：《培根论说文集》，水天同译，141 页，北京，商务印书馆，1983。

承和发展了培根的有关思想，不仅为习惯培养的重要性奠定了心理学的基础，还更为详细地研究了习惯的意义及养成问题。

二、教学思想

(一)功利主义学问观

培根明确地从功利主义的立场出发来看待学问。他指出："读书为学底用途是娱乐、装饰和增长才识。"①在他看来，从娱乐上说，学问的主要用途是幽居养静；在装饰上，学问的用处是辞令；而在增长才干上，学问的用处是对于事物的判断和处理。培根重视学问，认为虽然"富于经验的人善于实行，也许能够对个别的事情一件一件地加以判断；但是最好的关于大体的议论和对事务的计划与布置，乃是从有学问的人来的"②。另外，培根反对过于依赖学问，认为完全依学问上的规则来断事是书生的怪癖。他说："学问锻炼天性，而其本身又受经验底锻炼；盖人底天赋有如野生的花草，他们需要学问底修剪；而学问底本身，若不受经验底限制，则其所指示的未免过于笼统。"③在培根看来，重要的问题是人们应当学会如何运用学问。多诈的人藐视学问，愚鲁的人羡慕学问，聪明的人运用学问；因为学问本身并不教人如何用它们；这种运用之道乃是学问以外和学问以上的一种智能，是由观察体会才能得到的。读书是为了权衡轻重，审察事理。因此，不应为了辩驳、为了信仰与盲从、为了言谈与议论去读书。培根进一步认为：

> 精神上的缺陷没有一种是不能由相当的学问来补救的：就如同肉体上各种的疾患都有适当的运动来治疗似的。

---

① ［英］弗·培根：《培根论说文集》，水天同译，179 页，北京，商务印书馆，1983。
② ［英］弗·培根：《培根论说文集》，水天同译，179 页，北京，商务印书馆，1983。
③ ［英］弗·培根：《培根论说文集》，水天同译，179 页，北京，商务印书馆，1983。

史鉴使人明智；诗歌使人巧慧；数学使人精细；博物使人深沉；伦理之学使人庄重；逻辑与修辞使人善辩。①

在培根看来，如果一个人心智不专，他最好研究数学。因为在数学的证理之中，如果他的精神稍有不专，他就非从头来做不可。如果他的精神不善于辨别异同，那么他最好研究经院学派的著作，因为这一派的学者是条分缕析的人。如果他不善于推此知彼，旁征博引，他最好去研究律师们的案卷。如此看来，人的精神上的各种缺陷都可以有一种专门的补救之方了。

培根对如何读书也提出了自己的建议。他认为，书可以分为四类：①只要读读它们的一部分就够了；②可以全读，但是不必过于细心地读；③此类书(只有不多的几部)则应当全读、勤读，而且用心地读，咀嚼消化；④可以请代表去读，并且由别人替我们做出节要来，但这种办法只适合次要的议论和次要的书籍。培根指出："阅读使人充实，会谈使人敏捷，写作与笔记使人精确。"②

(二)论知识的传授

在《论学术的进展》的第二卷中，培根花了相当的篇幅来探讨知识的传授方法。他认为，这个问题已在当代人中引起了争论，但由于人们只顾互相争执，而没有去深入研究，所以在这个方面的知识还太粗陋。培根论述了研究知识传授方法的意义。他认为：

这种传授方法，不止在知识的运用方面，是重要的，即在知识的发展上讲，亦一样重要；因为一个人的生命同精力，既然不能达到完全的

---

① [英]弗·培根：《培根论说文集》，水天同译，180页，北京，商务印书馆，1983。
② [英]弗·培根：《培根论说文集》，水天同译，180页，北京，商务印书馆，1983。

知识；所以传授的妙处，即能使学者得到线索，以求发挥光大。①

培根主张系统地研究有关传授的学问。他仔细考察了当时流行的各种传授知识的方法，指出了其中存在的问题，并提出了自己关于知识传授方法的许多新见解。他实际上把知识传授的方法分为两个部分：一曰"传授法"，适用于成年人；二曰"讲解法"，适用于未成年人的基础教学。

关于知识传授的方法，培根有以下主张。

（1）最好按照发明时的方法，把知识传递出来。他批评当时知识传授的方法存在的一个问题就是教者使人易于信从，学者只希望当下的满足，双方都不希望精到的考察和耐心的研究。教师不肯暴露自己的弱点，学徒由于懒惰也不求知道教师的根据。在培根看来，"如果我们要把知识当做一条线，传授给人，让人继续纺绩，那么顶好是按照发明时的方法，把知识传递出来。由归纳所得的知识，确系可以如此传授的"②。

（2）培根认为："以格言或论文来传授知识；这种方法，效果很为重要。"③但两相比较，他认为格言式的著述更好，其有许多妙处，是论文式的著述所不及的。在培根看来，除那些可笑的格言外，所有格言都是从科学的精髓、科学的中心才能得出来的，并且格言只是零碎的知识，其好处在于能使人继续研究。相比之下，论文的缺陷是它们只适合赢得人的信仰，不适合指点人的行动，因为它们只是循环论证，各部分互相阐明、互相解说的。此外，论文好像体系完整，使人觉得心满意足，以为已经到达最远的地步了。

（3）培根主张"依照所传授的题材，来变化其传授法。因为各种题材既然不同，传授法当然亦是不同的"④。例如，数学是极其抽象的知识，政治学是

---

① ［英］培根：《崇学论》，关琪桐译，177页，长沙，商务印书馆，1938。

② ［英］培根：《崇学论》，关琪桐译，178页，长沙，商务印书馆，1938。

③ ［英］培根：《崇学论》，关琪桐译，179页，长沙，商务印书馆，1938。

④ ［英］培根：《崇学论》，关琪桐译，180页，长沙，商务印书馆，1938。

极其具体的知识。如用单纯方法千篇一律地去处理复杂事物，则对于学问是不相称的，因为这种方法只会把学问归类成一些空洞荒芜的总概念，只把科学的糟粕或躯壳留下，而以那种方法"拷打压榨"以后，科学的精华就荡然无存了。

(4)培根主张新旧知识的传授方法应有所不同。他认为，那些囿于常识的人对人讲起话来只需要证明和争辩，而传授新见解的人则要费双重的力气。他们既要让人了解他们的意见，又要加以证明和解说。因此，他们还必须用"比喻"和"翻译"的方法。

除了上述各种方法以外，培根也表示很赞成世俗通用的分析法和综合法等。"虽然我曾经论说过别人所不曾研究不曾观察的方法。而我所以提到它们，亦正是企图对于传授的学问，建立一套完整的研究，因为那种研究，在我看来，是阙略了的。"①培根还强调在传授知识时考虑其"经度和纬度"。他所谓的"经度"是指一门科学和其他科学之间的联系；而"纬度"指一门科学自身内部的程序或体系。培根不仅认为在传授知识时应考虑该门科学与其他科学的关系，更主张重视某门科学的"特殊的情节"。他认为，应从实际问题研究起，而不能满足于渺茫浮泛的总括概念，这样才能有助于实用、有助于人生。

根据培根的论述来看，上述各种方法是针对成年人的，而适用于未成年人的知识传授方法，他称之为"讲解式的知识传授法"。在此方面，培根亦提出了在他看来非常重要的几个问题。

(1)要划分知识的传授时期。例如，在初学时应以什么教儿童？在某个时期内，应当使他们免除哪一种学习？

(2)要研究何处是最容易的地方，以便循序渐进，达到繁难的程度。或者是要研究如何可以强学繁难的地方，从而把它们转换成比较容易的。

---

① [英]培根：《崇学论》，关琪桐译，181页，长沙，商务印书馆，1938。

（3）要按照儿童的心理特性，教以适当的学问。如前所述，培根似乎有某种程度的"形式训练说"和"能力迁移说"的倾向，认为不同的学科在能力训练上有不同的价值。因此，在这里他进一步肯定，在智能方面无论有什么缺陷，好像都可以在一些学问中找到它的治法。例如，一个儿童不能集中注意力，则可以用数学来治疗他的这种毛病。但是，培根也注意到儿童在智能方面存在着个别差异。他指出："各种科学对于人心机能，固然有特别救药的力量，但是各人的心智才力，亦有时特别宜于某几种科学，学起来，又容易精通，又容易进步，因此，要研究：某种心理特别适合于某种科学，乃是一种极聪明的办法。"[①]

（4）课程的排列关系极大，有损有益，全看人的运用而定。因为人们在运用自己的才能时，如果不经人指导，则不免运用了自己的错误，而所养成的习惯，亦是优劣兼有的。因此，我们在用功时，要特别研究应该继续多久、休息多久。在培根看来，这一类的研究，从表面上来看虽属琐屑，但实际上却有重要功效。"因为种子或幼小植物，将来能否发荣滋长，全看它们现在所受的……培育陶冶，作用虽然隐微难见，究其实亦是大莫于此的，后来虽有长期的努力亦是不能除掉的。"[②]

综上所述，我们不难看到，培根关于知识的传授方法的思想是与他的知识论和方法论相一致的，是为其发展服务的。他主张务实，提倡脚踏实地的具体研究，反对局限于空泛的概念。与此相联系，他要求考虑一门科学的特殊需要，并主张将归纳方法运用于知识的传授。与此同时，他也意识到学习的面不能太窄，应考虑到一门科学与其他相关科学的联系而适当扩大知识面。培根的这些思想是与当时科学发展的状况相适应的。

在培根生活的时代，经过文艺复兴和宗教改革，欧洲的学校教育已有显

① ［英］培根：《崇学论》，关琪桐译，189 页，长沙，商务印书馆，1938。
② ［英］培根：《崇学论》，关琪桐译，189~190 页，长沙，商务印书馆，1938。

著的发展,在教育实践中积累了丰富的经验。因此,如何在吸取前人有关理论的基础上,根据新的情况对这些经验加以总结,使其上升为理论的形式,进一步推动学校教育的发展,已成为教育理论发展有待解决的课题。培根敏锐地把握了时代发展的需要,非常重视教学方法的研究,他的建立系统理论的主张具有十分重要的意义。他从实验科学发展的需要出发,也考虑到年轻一代心理发展的一般特征和个别差异,提出了许多很有见地的建议,为建立科学的教学方法理论体系作出了积极的贡献。在他的影响下,配第和拉特克等人在此方面也作出了不懈的努力,并在夸美纽斯的《大教学论》中得到了集中的体现。

三、论道德教育

培根在《论学术的进展》中,对于道德及其教育问题做了较为详尽的阐述。与前面关于知识的传授方法的问题一样,他是在他的知识体系新结构中来进行有关讨论的。在培根看来,伦理道德问题是他的知识体系的重要组成部分。

(一)论善的本质

与强调实践和人生实用的哲学思想相联系,培根认为,伦理学的研究对象不仅要给人们提供应该遵行的规范和准则,更要提供如何控制自己的意志和情欲以达到符合这些规范、规则的途径。因此,伦理学不仅要研究善及其本源,还应为人们描述善的楷模,为人们提供行为的规范;也应研究如何培植善,亦即向人们指明达到善的途径。培根批评从事伦理学著述的人:

> 只作出一些良好的模范,美丽的样本,把善行、德行、责任、幸福,等等的草本同图样指给人看;并且把它们解释成人类意志同欲望的真正目的。但是要说到如何达到这些美满的目的,如何可以支使人的意志,降服人的意志,以求契合乎真道,以求适应这些企图,他们是完全不提

的，纵然提到，亦是粗疏忽略，不能有助于人的。①

培根强调伦理学应"能指导人生行为"，应能告诉人们处理日常事务的善良方法。

培根认为，所谓"善"就是利人、爱人的意思，和宗教道德所讲的"仁爱"是相通的、一致的。后来，他进一步拓宽了"善"的观念的内涵，而把一切事物源于自然属性的自爱也包括进去了。他认为，包括人在内的一切事物都是"自爱"的。由于自爱而产生了 3 种欲望，进而也相应地产生了 3 种善：从促进和发展自身的欲望就产生个人积极的善；从保存维持自身的欲望则产生个人消极的善；而为了保存和维持一个普遍的、体现和包括了人类天性的全部形式的欲望则产生社会的善。

在关于个人善的方面，培根把维持生命的食、色等视为消极的善，而把发挥个人的聪明才智、求得才能和事业上的发展与进步视为积极的善。培根反对禁欲主义，认为它违反人性；但他不主张恣情纵欲，并认为积极的善优于消极的善。在培根看来，各种生物皆有两重天性，一种是要保持自身、维系自身，另一种是要扩展自身、繁殖自身。后一种天性比前一种天性更为有价值，即在日常生活中，人的心理都很强烈，都愿意达到心中的希望，而不愿安于肉欲的享受；我们如果再想到人生的无常、幸运的变化，则更能感到"积极的善"的优越确实很多。培根认为，个人的善与社会的善相比，后者是更高层次的、更伟大的和更有价值的善。在培根看来，个人的善与社会的善是可以相一致的，但有时也会发生矛盾。因为扩张自身的善，其目的往往在于自己的权利和光荣，在于提高自己的荣誉和地位，因而它与社会的善也常发生矛盾，甚至远离社会的善。

培根的伦理观是以他的唯物主义经验论为其哲学依据的。他把道德问题

① ［英］培根：《崇学论》，关琪桐译，191~192 页，长沙，商务印书馆，1938。

置于现实社会中加以考察，反映了那个时代道德观念进一步世俗化的趋势，并为日后资产阶级功利主义伦理道德观念奠定了基础。

(二)论善的培植

在培植善亦即道德教育的方法或途径方面，培根着重阐述了培养良好的习惯、掌握真理和确立善的人生目标这3个方面的巨大作用。

第一，培根认为对习惯加以很好的指导和训练，是培养良好德行的一条重要途径。培根不同意亚里士多德关于自然所确立的事物是不能借由习惯加以改变的观点，而认为其论断在自然允许的事物里未必适用。培根举例说：

> 一副狭窄的手套，用得久了，亦可以上下自如；一条竿子，用得久了，亦可以比它长就的样子，变得弯曲些；我们常用高声说话，可以说得洪亮些；常常忍受寒热，亦可以变得耐心一点，此外还有许多例子，亦是举不胜举的。①

培根进一步讨论了教人以养成习惯的方法，认为关于心理练习的途径，前人给我们留下了许多聪明的"教条"。培根总结了以下几条。①我们的调子不可以太高或太低。"如果太高了，则在犹疑成性的人，固然会遭沮丧，而在自信过强的人，又会浮躁用事，因轻生懒；而且在一般人，亦都会期望太过，结局终于不能满足。如果调子太低了，则你亦不能希望人们成功任何大事，胜任任何大事。"②②要在两个不同的时期来练习各种事情。一是在心理最爱工作的时候，二是在心理最厌恶工作的时候。培根认为，用前一种方法你可以得到很大的进步；而用后一种方法，你可以战胜心理的阻力和困难，使你在中间状况时，感觉到畅快容易。③如果我们照着天性相反的一个极端来行

---

① [英]培根：《崇学论》，关琪桐译，213页，长沙，商务印书馆，1938。
② [英]培根：《崇学论》，关琪桐译，213页，长沙，商务印书馆，1938。

事，就如逆流而驶，或者背着竿子屈曲的方向，强迫它归于正直一样。④如果你的企图是间接的而非直接的，则比较容易改良自己的心理，并觉得轻松自如，乐意有加。因为人心是天然憎恶那种毁灭自由的"必然"和"约束"的。"总而言之，我们的习惯若有适当的指导，诚然可以变成第二天性；但是如果只受机遇的控制，则势必变成仿效自然的猿猴，而产生出许多支离虚伪的现象。"①

第二，培根将知与德密切联系起来，认为善德来自真理。在培根看来，学习掌握真理，是达到善行的重要途径。他认为，一切善德都来自真理，而一切恶行则都来自谬误。他指出："真理同善的区别，就如印章同印纹的区别一样，因为真理能够印出善德，而谬误却正如乌云给人降下激情和纷扰的暴风雨。"②培根坚信，知识学问对于人心的一切弊病的治疗都有帮助。它可以打开心灵的阻碍，帮助领悟，增加心灵的欲望，愈合心灵的伤痕。一句话，知识学问可以使人不会停滞在已有的缺憾里，而会使人不断地改良和完善。与此相反，没有知识学问则会使人轻佻、犷悍、傲慢，不知考察和反省自身，不会因自己每天的进步而感到快乐。

第三，培根强调德育的最简明、最有效而又最高尚的方法是使人献身于良善的目标。他说：

> 我们如果能假定两件事，假定人不但志在忠实良善的目的，而且能一往不懈，忠实于这个目的，那么结果他一定会立刻使他自己就范于一切德性。这种工夫，正好像自然的工作；至于其余的途径，正好像人为的工作。③

---

① ［英］培根：《崇学论》，关琪桐译，214 页，长沙，商务印书馆，1938。
② 参见余丽嫦：《培根及其哲学》，386 页，北京，人民出版社，1987。
③ ［英］培根：《崇学论》，关琪桐译，216 页，长沙，商务印书馆，1938。

334 | 外国教育通史 ◎ 第六卷 16—17世纪的教育(上)

在培根看来，所谓"人工"，就如一个雕刻塑像的人，用力到什么部分，就造成了那个部分。在雕刻脸的时候，将来做身的地方，在动手以前，仍不过是一块粗糙的石头。但是所谓"自然"则不同，它在创造一个生物的时候，同时就把一切部分的雏形造就。

> 因此，人们要只以习惯来获得德性，则虽实行节欲，克致刚毅，究亦无甚补益；但是他如果能献身于良善的鹄的，你看，他在追求寻获那些目的的时候，需要什么德性，他就能先立乎其大，以使自己从容不迫地拍合于那些德性。①

那么，究竟什么是"良善的目标"呢？培根认为是"仁慈"。在他看来，虽然别的优点亦可以助进人性，但是他们却是容易过度的。"只有仁慈，是不会过度的。"②培根认为它是神圣的基督教在人的灵魂上所印入的，是可以融合众德和统摄诸善的。由此可见，培根在以人性取代神性方面已前进了一大步，但仍保留了浓厚的宗教道德的痕迹。

四、论体育与养生

培根重视人的健康，在他看来，所谓"健康"的概念包括两个方面，即身体健康和心理健康。身体健康应是就那些最能忍受变故和困苦的身体而言的；心理健康则是就那些能抵挡住极端诱惑和纷扰的心理而言的。否则，一生不做任何事情，专来保持自己的健康，像这样的人，其健康是不值得祝贺的。培根实际上指明了获得健康的目的是积极进取地生活。因此，那种冲破障碍

---

① [英]培根：《崇学论》，关琪桐译，216 页，长沙，商务印书馆，1938。
② [英]培根：《崇学论》，关琪桐译，217 页，长沙，商务印书馆，1938。

和排除纷扰的生活才是值得称道的。对于养生之道，培根亦有研究。在他看来，"养生有道，非医学底规律所能尽。一个人自己底观察，他对于何者有益何者有害于自己的知识，乃是最好的保健药品"①。

首先，在吃饭、运动和睡觉的时候，心中坦然，精神愉快，乃是长寿的秘诀之一。心中的情感及思想，应避免嫉妒、焦虑、愤怒、悲哀和放纵。涉及对人们健康有益的事情，应当长存着的是愉快，而非狂欢；应变换不同的乐事，而非过餍的乐事；应保持好奇与仰慕，以保持新鲜的情绪；应致力于以光辉灿烂的事物充满人心的学问，如历史、寓言和自然研究等。

其次，培根反对过分依赖药物，而代之以食疗和活动。他指出，如果一个人在健康的时候完全摒弃医药，则在生病时会感到医药对于自己的身体过于生疏不习惯。但另一个极端，即平日过于惯用医药，则疾病来时，医药将不生奇效。在培根看来，与其常服药物，不如按季节变更食物，除非服药已经成了一种习惯。因为那些不同的食物是可以变更体气而不扰乱它的。培根还认为，对于身体上任何新的症候都不可小视，需要向人求教。在病中主要的是注意健康，在健康的时候主要的是注意活动。因为那平日使自己的身体习于劳动的人在大多数不很厉害的疾病中只要调节饮食、多调养就可以了。

最后，培根认为："教人养生长寿之道，重要的一端就是一个人应当把各种相反的习惯都变换着练习练习。"②但应注意方式方法。例如，禁食和饱食都应当练习，但是宁可稍重饱食；警醒与睡眠都应当练习，但是宁可偏重睡眠；安坐与运动都应当练习，但是宁可着重运动；等等。在饮食的重要部分上不可骤然变更，以便配合得宜。"因为在自然界的事体和国家的事务上都有一种秘诀，就是变一事不如变多事的安全。"③因此，最好的办法是把一个人

① ［英］弗·培根：《培根论说文集》，水天同译，116 页，北京，商务印书馆，1983。
② ［英］弗·培根：《培根论说文集》，水天同译，118 页，北京，商务印书馆，1983。
③ ［英］弗·培根：《培根论说文集》，水天同译，117 页，北京，商务印书馆，1983。

平日饮食、睡眠、运动、衣服等习惯自省一下，把其中有害的习惯逐渐戒绝。但一个人若由于这种变更而感觉不适时，就应当回到原来的习惯。因为把一般认为有益卫生的习惯和于个人有益、于自己的身体适合的习惯分别开来是不容易的。

五、对大学教育的若干意见

在《论学术的进展》第二卷中，培根考察了历代统治者推进学问、培植学问所采取的方法和步骤，认为"助进学术的工作可以分为三种：一种是建筑学术的处所，一种是印行学术的书籍，一种是提高学者的待遇"①。

(1)关于建筑学术的处所，可分为 4 项工作：一是建筑屋宇，二是给予经费，三是享受特权，四是厘定章程。"四者都意在使人安享寂静闲逸的生活，免除世虑烦嚣的纷扰。"②

(2)关于印行学术的书籍，应有两件工作：其一，建立图书馆，以保存贮藏各种书籍；其二，要印行古书，不但要有正确的印本、更信实的翻译，而且要有更清晰的解说、更详细的注释。

(3)关于学者的待遇，除了普遍地提升奖励以外，还需要做两种重要的工作：一是奖励或任命那些能讲授已经发明、已经通行的科学的人，二是奖励和任命能论说尚未精到的学问的人。在这里，培根实际上较系统地提出了学术发展的外在条件。他极力主张提高大学教授的地位，尤其是经济地位。在他看来，不论在学术方面或职业方面，许多地方对于教授们的薪金报酬规定得太低微，

---

① ［英］培根：《崇学论》，关琪桐译，98 页，长沙，商务印书馆，1938。
② ［英］培根：《崇学论》，关琪桐译，98 页，长沙，商务印书馆，1938。

因为要想促进科学的发展，而不专事暂时的实用，讲授的人们，一定要天才卓越，能力出众，才能使科学有所发明，有所进展。但要想达到这个目的，才智之士一定要有安适的生活状况，丰厚的生活费用，才能竭其精力，尽其一生，专心从事学术的探讨，学子的培植；所以他们的薪俸，必须要抵得住普通执业操作的人们所得的平均报酬。①

培根把提高教授经济待遇看作是各种科学得以繁荣的重要条件。

培根又从大学内部发展的角度提出了若干意见：

(1)应处理好专业知识和基础知识的关系。培根虽然主张学以致用，但并非目光短浅。他批评当时欧洲人把许多学术机关都用来培植职业人才，而不用以研究一般的艺术和科学。培根主张重视哲学和基础学科的研究，认为其他职业都要取材于哲学，否则会阻碍学问的进步。因此，

要是把建筑同学款，专用于准备职业的学问上，那不但对于科学的进步，发生一种不吉的朕兆同影响，而且对于国家同政府亦是很不利的。因为，教育机关要是不能容纳高等的文艺，要是不能让各人按上自己的性之所长，或研究历史，或研究近代语言，或研究政治学说，或研究其他有关国务的学艺：君主们在政治方面，一定会感受到人才的缺乏的。②

(2)培根认为，要想对于各种科学尤其是物理学和医学进行有效果的研究，则不仅需要书籍，还需要实验设备，如浑天仪、观象仪和地图等工具。他指出："概括地说来，要想发现自然的秘密，只有筹拨巨款，实地试验，才能有极大的进步。"在他看来，无论是化学、物理或其他科学，"离了实验，都是

---

① ［英］培根：《崇学论》，关琪桐译，100 页，长沙，商务印书馆，1938。
② ［英］培根：《崇学论》，关琪桐译，99~100 页，长沙，商务印书馆，1938。

不成功的"①。

(3)培根主张对大学的制度和章程进行改良。培根认为,一个国家的学术的进展是靠着大学的条规和制度的,但在他看来,当时大学的管理制度存在缺陷,一是管理大学的人疏于考察,二是君主们或名人们懒得巡视。他们都不认真研究和甄别从古相传的读法课程以及关于学问的其他习惯是否规划得完善。他指出:"现代大学中的惯例同条规,大部分既然都是从古传来的,所以都应当重新受一层考验。"②例如,有一种错误就表现在一般大学生身上:不到成熟时期,就躐等地来学习逻辑和修辞学。培根认为,这种学问只适合毕业生,而不适合儿童和初学者。因为这些学科只是教人如何铺陈材料和如何排列内容。所以,当学生的心理仍处在空虚无物的时候,只能堕落成儿童的诡辩和可笑的做作。培根对大学中那种把机警和记忆分开的辩论竞赛不以为然,认为那种做法或事先准备、无须机警,或立时登台、不事记忆,所以不能有完善的效果。实际上,在人生实际行动中,单凭事先预想或专恃临机应付都是不中用的,必须才具敏捷、记忆准确和成竹在胸,然后才能交互为用,否则所谓练习难以发展智慧。

(4)培根主张学术研究不应有国别之分,而应实现跨国交流。他认为,既然许多团体和社会能不分国别地互定条约、互存友谊、互通信息,甚至还可以有属员、有领袖,那么我们为什么不能在学问上、智识之光上,本着一脉相传的宗旨,互定友好呢?

(5)培根指出,那些尚未精确、尚未完善的知识,政府一向没有指定专家来进行研究。因此,人们最好是预先细心考察一下,学问的哪些部分已经完成,哪些部分尚告阙如。

---

① [英]培根:《崇学论》,关琪桐译,101页,长沙,商务印书馆,1938。

② [英]培根:《崇学论》,关琪桐译,101页,长沙,商务印书馆,1938。

第五节　历史地位

人们对于培根的是非功过历来褒贬不一，但大都比较一致地肯定了他在那个特定的历史时期的确作出了重要贡献。他以其机智和透彻的智慧，高瞻远瞩，敏锐地把握了时代发展的脉搏，指明了正确认识自然界的康庄大道，在推动近代科学的发展和近代科学教育的兴起方面，是功不可没的。

一、实验科学的先驱

培根被视为"英国哲学的创始人"和"英国哲学精神特殊性格的代表"。[①]他的前辈无论是在科学还是哲学方面，都使用当时学者共同的语言即拉丁语从事写作，而他是用英语写重要的科学或哲学论文的第一人。在培根生活的时代，传统观念已被在文艺复兴中产生出来的力量所削弱，而日益增长的民族意识逐渐导致了民族文化风格的较大分化，导致了学术界在诸学科中运用民族语言的兴趣。培根的做法使他成为这个运动的一位领袖，而他所阐述的思想模式与英国精神的重实际和实证的成就密切相关。黑格尔曾经指出："培根一直被赞扬为指出知识的真正来源是经验的人，被安放在经验主义认识论的顶峰。事实上，他确实是英国所谓哲学的首领和代表，英国人至今还没有越出那种哲学一步。"[②]但在黑格尔看来，其实培根的名声大于可以直接归给他的功绩，"从事实出发，并依据事实下判断，当时已经成为时代的趋势。由于他把这个方向表达出来了，人们就归功于他，好像全然是他把这个方向给

---

① ［英］索利：《英国哲学史》，段德智译，16 页，济南，山东人民出版社，1992。

② ［德］黑格尔：《哲学史讲演录》第四卷，贺麟、王太庆译，18 页，北京，商务印书馆，1978。

予了认识似的"①。

培根首倡现实主义的科学观。他关于"知识就是力量"的观点体现了科学观上的一次革命。据现代科学奠基人贝尔纳(J. D. Bernal)的观点,培根是现实主义科学观的提出者,而这种科学观到现在一直占统治地位。此前,则是"理想主义科学观"占据统治地位。"理想主义科学观"忽视乃至否定科学的实用的、社会的功能,认为作为一种纯粹的精神活动,"科学仅仅同发现真理和观照真理有关,它的功能在于建立一幅同经验事实相吻的世界图景"②。培根强调科学的实用性,认为科学的真正目标无非是要把新的发现和新的力量惠赠给人类生活。在近代初期,自然科学的发展还处于酝酿和准备的时期,其价值尚未充分显示出来,在这种情况下,培根明确提出并郑重强调科学知识的实用性和社会性是富有远见的,他揭示了时代发展的必然趋势。继培根之后,近代许多思想家如康德、黑格尔、马克思和恩格斯等人,将其有关思想加以继承并发扬光大。马克思和恩格斯不仅把科学视为改造自然的有力武器,更看作推动社会历史前进的巨大杠杆,认为科学自始至终都是进步的、革命的因素。

二、教育观的影响

美国教育史家鲍恩认为,贯穿17世纪的强有力的教育探究和改革运动来源于两个方面:一是由一些思想家逐步建立起来的经验主义学说,二是新的高等教育体制的建立。③培根在上述两个方面的贡献都是较为显著的。他是西方17世纪教育革新运动的著名先驱。

---

① [德]黑格尔:《哲学史讲演录》第四卷,贺麟、王太庆译,19页,北京,商务印书馆,1978。

② [英]J. D. 贝尔纳:《科学的社会功能》,陈体芳译,37页,北京,商务印书馆,1982。

③ James Bowen, *A History of Western Education*, Vol. 3, London, Methuen & Co. Ltd., 1981, p.35

在培根生活的时代，近代科学革命已经拉开了序幕，资本主义经济在英国有了一定发展，资产阶级革命正在酝酿之中。与此同时，旧的势力仍然较为强大。西欧教育中，从中世纪继承下来的传统仍占据统治地位，人们的思想观念受到严重的束缚。培根的重要贡献在于他认清了时代发展的趋势，并奋起冲破旧观念的条条框框，敢于向人们顶礼膜拜的权威提出挑战，有利于解放人们的思想，扫清科学及其教育发展道路上的障碍。培根在批判经院哲学和各种"假象"的时候，对旧的教育观念和体制也予以抨击，要求进行教育改革，使之与社会和科学发展的状况相适应。"重要之点在于培根的一个坚定信念，即科学发明得以发展的首要条件是要廓清观念和理论。这种知识论对以后 3 个世纪科学和教育的发展产生了持续的影响。"①

培根的经验主义学说成为 17 世纪新教育理论的哲学依据。他在继承前人有关思想并总结当时科学发展成果的基础上，创立了近代唯物主义经验论，确立了一切正确的科学知识必须起源于经验这一原则，必须从对自然事物的观察和实验出发，才能获得真知识。正如一位现代学者指出的：

> 培根的经验论是革命性的，并很快成为一种理智的风尚，尤其是在英国，成为科学研究的主要刺激因素。在 17 世纪，它被一些人，特别是约翰·洛克运用到教育理论方面，并经过修改之后渐渐成为实践的指导，一直持续到今天。②

从经验论出发，培根重视"练习"的作用，认为智力必须"练习"，如意志和身体必须锻炼一样。他指出："练习应适合于生活，也就是说，以这种形式

---

① James Bowen, *A History of Western Education*, Vol.3, London, Methuen & Co.Ltd., 1981, p.45

② James Bowen, *A History of Western Education*, Vol.3, London, Methuen & Co.Ltd., 1981, p.45

来训练才能，人的理智在行为中才最有效用。"①这种把教育看作智能训练的观点，是其最具特色的现代思想之一。继培根之后，洛克发展了有关思想，使之系统化了。

培根在《论学术的进展》中对大学教育提出了较多意见。后来，他又在《新大西岛》中描述了新大学的理想模式。正如此书的编辑罗莱(W. Rawley)博士在该书的前言中所指出的那样：培根"设计这个虚构故事的目的，在于可能以'所罗门王室'即'六日制大学'的名义来展示或描述大学的模式，并说明这种大学做出巨大而惊人的工作是为了解释自然和为了人们的利益"②。在培根的时代，大学教育仍被亚里士多德主义和古典内容的烦琐的书本学习约束，注重科学研究的学院几乎还不存在。因此，培根关于所罗门宫的描述是对旧大学教育的激进的背离。

相对培根对教育的任何具体建议来说，他的哲学对教育的影响要广泛得多。然而培根对于旧教育的批判，对知识的功用及其研究方法的探究，成为17世纪教育改革运动的前奏曲。它启发和激励人们积极从事教育理论的研究和教育改革的实践活动，在促进西方教育由中世纪神学教育向近代世俗教育的转变过程中，占有非常重要的地位。

---

① [英]博伊德、金:《西方教育史》，任宝祥、吴元训主译，234页，北京，人民教育出版社，1985。
② [英]博伊德、金:《西方教育史》，任宝祥、吴元训主译，235页，北京，人民教育出版社，1985。

第八章

夸美纽斯的教育思想及教育实践

夸美纽斯(Johann Amos Comenius, 1592—1670)①是 17 世纪捷克杰出教育家。堪称欧洲封建社会的最后一位教育家,同时也是资产阶级新时期的最初一位教育家。夸美纽斯继承了前人的尤其是文艺复兴时期人文主义教育家的成果,总结了宗教改革时期丰富的教育实践经验,经过潜心探索研究,上升为理论。在他的众多著述中,特别是在其教育代表作《大教学论》中,对教育的作用、目的、主导原则,对教学理论、学制、学校管理以及德育、教师等问题均做了比较系统的论述。夸美纽斯的教育思想奠定了近代教育理论体系的基础,从而在教育史上矗立起一座巍巍的丰碑。

第一节 生平、著作、思想特点及教育活动

一、生平活动和著作

夸美纽斯于 1592 年 3 月 28 日出生于波希米亚王国(或称捷克王国)东部

---

① 夸美纽斯的姓名的捷克文为 Jan Amos Komenský,拉丁译名则为 Johannes Amos Comenius。

莫拉维亚地方的尼夫尼兹城。父亲是一个手工业者,并参加了隶属于加尔文教派,主要由农民和城市平民组成,并在教派内崇尚民主和原始共产主义原则的莫拉维亚兄弟会。12岁时,父母先后病故。由于得到兄弟会及亲友的资助,夸美纽斯才免除冻饿之虞,并得以继续完成其学业。在投亲靠友期间,夸美纽斯曾在贫穷简陋的乡村学校学习,后来也到较正规的拉丁语学校学习过。早在少年时代,通过亲身经历,他对当时的学校教育就产生了强烈的反感,认为不管是哪种学校,其教育内容、组织及方法均存在诸多弊病。他后来曾沉痛地回顾道:"在我们进过学校与大学的人中,有几个稍有一点真正学问的影子呢!我,我是一个不幸的人,我便是数以千计的人们中的一个,悲惨地丧失了一生一世的最甜美的青春,把生气勃勃的青春浪费在学校的无益的事情上面。"①他还激愤地指责当时学校的教学方法烦琐,令人厌倦,仿佛是故意跟人作对,以致"学校变成了儿童恐怖的场所,变成了他们的才智的屠宰场"②。鉴于此,夸美纽斯立志改革教育,献身教育事业。

中学毕业后,夸美纽斯就读于拿骚公国的赫尔波恩学院,专攻神学③。在赫尔波恩学院学习时,年轻的夸美纽斯勤奋好学,博览群书,除神学外,还研究过许多古代思想家的著作,哲学和教育思想日趋成熟。在此处他结识了热心于教改的加尔文教派神学家阿尔斯泰德(J. H. Alsted)。通过阿尔斯泰德的介绍,夸美纽斯了解了德国教育家拉特克的教育思想以及尼德兰教育的成就。在赫尔波恩学院学习两年后,夸美纽斯又转入海德堡大学学习。在此处,他接受了德国学者安德里亚及马内乌斯(David Pareus)的影响,设法借阅了哥白尼的《天体运行论》,还如饥似渴地阅读了同时代许多教育改革家的著作,

---

① [捷]夸美纽斯:《大教学论》,傅任敢译,63页,北京,人民教育出版社,1984。
② [捷]夸美纽斯:《大教学论》,傅任敢译,61页,北京,人民教育出版社,1984。
③ 夸美纽斯年轻时,因品格端庄,聪明伶俐,被所在教派(捷克兄弟会)遴选为教派领袖接班人,并提供求学经费。因此大学攻读神学是自然的。

从中吸取了丰富的思想养料。在大学学习时，夸美纽斯还产生了用捷克语编写百科全书，在人民群众中普及科学知识的强烈愿望。

大学期间，夸美纽斯进行了两次长途旅行，遍访当时的学术文化中心，并结交了许多思想新颖、见地不凡的朋友，其中有许多是站在时代前列的改革家，从而进一步受到时代新思潮的强烈熏陶和影响。

夸美纽斯在 1614 年回到了莫拉维亚，担任了兄弟会的牧师，同时主持了一所兄弟会学校的工作。从此以后，他始终以极大的热情从事兄弟会争取民族独立的爱国活动，同时献身于教育事业。1618 年，捷克人民举行了反对哈布斯堡王朝天主教贵族统治的起义，成为"三十年战争"的开端。两年后，捷克新教势力战败，天主教会和封建贵族对捷克居民进行了残酷的屠杀和抢劫，夸美纽斯居住的城市在兵燹中被夷为废墟，他所有的藏书和手稿也化为灰烬。不久，他的妻儿又死于战后的瘟疫。

就在国破家亡的痛苦日子里，夸美纽斯于 1623 年用捷克语写了政治、文学著作《世界迷宫》(*Labyrinth of the World*) 与《心的天堂》(*Paradise of the Heart*)。这两部书的写作明显受到了安德里亚的《基督城》一书的影响。在《世界迷宫》一书中，夸美纽斯将现实世界比喻成一个令人眼花缭乱、无所适从的迷宫，放眼所见，皆是虚伪与罪恶。面对如此腐败的人类社会，作者时时流露出悲观、迷茫的情绪；但他又号召人们不要束手待毙，要如同安德里亚在《基督城》中建议的：必须在迷宫般的生活中发现一条光明之路。在《心的天堂》一书中，夸美纽斯正面描述了他对真理的探求。从新教徒的立场出发，他指出人们不是通过世俗的学习，而是通过基督徒的信仰去发现真理的。与此同时，他又强调了理性的重要，认为人们有"两重清晰的内在之光，一为理性，一为信仰，二者皆由圣灵指导"①。夸美纽斯批驳了教会宣传的欲按基督

---

① 转引自 James Bowen, *A History of Western Education*, *Vol.3*, London, Methuen & Co. Ltd., 1981, p.84.

徒的方式行事就必须摒弃理性的主张，认为正是"圣灵将净化与精制过的理性
还之于民"①。这是夸美纽斯在特定的历史条件下，运用宗教语言宣扬新思想
的大胆尝试。这种手法自始至终贯穿在夸美纽斯的著作中，成为他著作的一
大特色。

在"三十年战争"中，捷克沦为奥地利哈布斯堡王朝的一个省，统治者对
新教徒的迫害有增无减。1627 年 7 月 31 日，当时统治捷克的斐迪南一世下
令：以天主教为捷克的唯一合法宗教，所有捷克新教徒均须在 6 个月内公开
皈依天主教，否则就要财产充公，并被驱逐出境。在此情况下，夸美纽斯和
不愿改变宗教信仰苟且偷生的 3 万多捷克新教徒不得不在 1628 年 2 月的一个
春寒料峭的日子离开世代居住的家园，从此踏上终身流亡、客死他乡的不
归路。

夸美纽斯离开祖国后，定居在波兰的列什诺。在此处他主持了一所兄弟
会办的古典中学，并亲自讲授物理等课程，通过教学实验发展了新的教学方
法。繁忙的工作之余，他开始系统地总结前人、同时代人及本人的教育经验，
并诉诸文字。

1628—1630 年，夸美纽斯写成《母育学校》(*Mother School*，或译 *Mother
Knee's School*、*Infant School*)。这部书是历史上第一部论述学前教育的专著。美
国教育家威尔·孟禄(Will Monroe)在评价这本书时说道：

> 夸美纽斯所写的《母育学校》一书，是母亲教育启蒙(智慧发蒙)期的
> 儿童的指南，但是在这本珍奇古老的书中，人们找到的不仅是母亲教育
> 儿童的指南，而且也是所有教师和一切担负着培养幼儿这一崇高神圣使

---

① James Bowen, *A History of Western Education*, *Vol.3*, London, Methuen & Co. Ltd.,
1981, p.84.

命的人们的指南。①

这部书是用捷克语写的，后译成德文，并于 1630 年（一说 1633 年）在列什诺第一次印刷发行，次年又在莱比锡出版。接着波兰文版、捷克文版、拉丁文版、英文版相继问世，广为流传。

1631 年，夸美纽斯写成并出版了一部教科书，名曰《语言入门》（*Gate of Tongues Unlocked*）。这部书是在充分吸取了德国教育家巴底乌斯、卢比勒斯及拉特克等人革新拉丁语教学经验的基础上写成的，特别是从巴底乌斯的著作中获益甚大，夸美纽斯在书中对此表示了特别的感谢。《语言入门》是一部为准备学习拉丁语的学生提供的入门教科书，但涉及知识内容极为广泛，堪称一部百科全书式的教科书。它在编写方法上颇为新颖，不仅内容丰富，可谓天文、地理无所不包，而且完全打破了传统拉丁语教科书的编写模式。学生通过阅读、理解，有"一石三鸟"之效，即了解拉丁语结构规律、掌握拉丁语基本词汇、获得广博的知识。这是一本用大胆创新的指导思想及教学体系编写的教科书。

《语言入门》出版后，短期内即广泛流传，十几种译本相继问世。17 世纪中叶后，几乎所有西欧国家都采用此书作为学习拉丁语的课本。1635 年，该书在莱比锡出版时，取名《金书》（*Golden Book*）。甚至连耶稣会学校也采用此书作为教材。美国教育学者认为，《语言入门》"是夸美纽斯最著名的一部书，如果他一生仅出版了这一部书，也足以使之成为所在世纪的杰出人物"②。

虽然《语言入门》一书得到社会广泛的欢迎和采用，但对初学者来说仍显得艰深，于是夸美纽斯又在 1633 年编写了《拉丁语初阶：语言入门的预备课

---

① 任钟印选编：《夸美纽斯教育论著选》，任宝祥等译，7 页，北京，人民教育出版社，2005。

② Paul Monroe, *A Text-Book in the History of Education*, New York, The McMillan Company, 1906, p.490.

本》(*Entrance Hall as an Easy Introduction to the Gate*)。如书名"初阶"所表示，这部书是启蒙书。在编排上，根据初学儿童的能力更进一步简化，分段安排教学，教授每个单词时都联系有关的事物，以帮助儿童把事物与拉丁语词汇融为一体。

1632年，夸美纽斯在经过了约5年的酝酿及写作后，完成了其教育思想的代表作《大教学论》(*Great Didactic*)。此后又用5年的时间修改、扩充，并改写成当时学术界通用的拉丁文。

《大教学论》从书名上看，似乎是一部关于教学法的著作，实际上它远远超出了教学论的范围。该书的主要内容有：人生和教育的目的(1~9章)，改革旧教育的必要性与可能性、设立新学校的基本原理(10~14章)，体育、保健理论(15章)，教学理论(16~22章)，德育理论(23~25章)，儿童教育年龄分期及相应学制、各级学校素描和学校管理(26~33章)。从上述内容不难看出，《大教学论》已涉及现代普通教育学的各个方面，是以前的任何同类论著都不可企及的。夸美纽斯在书中明确指出，他写作此书的目的就是实现青年时代的理想，即探索一种教导的方法，使教员可以少教，学生可以多学，使学校成为更少喧闹、更少令人厌恶的事、更少无效的劳作的场所，而让学生有更多闲逸、更多乐趣和扎实进步，通过它使社会可以少些黑暗，少些困扰和纷争，而是增加光明、秩序、平和与安宁。①

《大教学论》在夸美纽斯的所有著作中占有特殊的地位。美国教育史学家保罗·孟禄(Paul Monroe)在20世纪初即已指出：

> 夸美纽斯的教育观及其全部教育活动之基础很早即已确立。他后来的一系列著述及教育活动只是早年信念的具体化与发挥而已。尽管夸美

---

① [捷]夸美纽斯:《大教学论·教学法解析》，任钟印译，6页，北京，人民教育出版社，2006。

纽斯的著述(包括论文及教科书)数以百计，但却全部可在其早期教育论著之一——《大教学论》中得到体现。①

保罗·孟禄还认为："毫无疑问，这部著作是有史以来最杰出的教育论著之一。尽管历史上已出版的教育论著汗牛充栋，《大教学论》以其基本的风格而独树一帜。"②这一基本风格就是：书中所体现的理想、原则及结构有令人惊讶的现代人意识，而与此矛盾的是理想的表述、所用方法的表述等又充满了所处时代固有的神学色彩。

1632 年，夸美纽斯担任了捷克兄弟会的长老。在处理繁重的兄弟会工作之余，他仍以极大的精力，孜孜不倦地从事教育科学的研究。这时，他积极进行"泛智"问题的研究。所谓"泛智"(Pansophia)，就是广泛的、全面的智慧及科学，其含义有两个方面：一是要求人们应该掌握现实生活所必需的、一切有用的知识；二是主张"把一切有用的知识教给一切人"。这一思想集中体现了 17 世纪生产发展与科技进步对人提出的新要求。这一思想早已具体体现在他的代表作《大教学论》及他所编辑的教科书中。但夸美纽斯并不满足，拟编写一部全面介绍当时科学知识成果的、百科全书式的著作《泛智论》。夸美纽斯的想法得到哈特利布的大力支持。在哈特利布的支持下，英国于 1637 年出版了他的《泛智论写作计划》。哈特利布还将此书寄送欧洲各国知名学者和各教派的领袖，征求意见，以便引起更多人的兴趣，帮助实现他的计划。

夸美纽斯得知上述消息后甚感欣喜，在对《泛智论写作计划》加以修改、充实后，于 1639 年以《泛智的先声》为名再次出版该书。该书的出版引起了当时学术界的注目，不少社会名流及著名学者(包括英国诗人弥尔顿、法国学者

① Paul Monroe, *A Text-Book in the History of Education*, New York, The McMillan Company, 1906, p.494.

② Paul Monroe, *A Text-Book in the History of Education*, New York, The McMillan Company, 1906, p.496.

笛卡儿等)均对此书表示了浓厚的兴趣。笛卡儿曾对该书写过评论,称赞夸美纽斯是"具有深湛的理智和博大的思想的人,而且对社会福利显示了高贵的热情"①。

1641年,英国国会通过了一项关于组织学术委员会专门研究泛智论的决议,并邀请夸美纽斯前来领导这一拟由多国学者组成的学术委员会,并创办能将其理想付诸实施的教育机构。夸美纽斯接受邀请后欣然前往伦敦。但不幸命蹇时乖,他刚刚抵英,就碰上了爱尔兰人的叛乱。动乱中,英国国会无暇顾及原先对夸美纽斯的任何承诺以及夸美纽斯的任何提议。

在英国逗留数月后,眼看英国内战短期内结束无望,这时,旅居瑞典的荷兰人盖尔(Ludevic de Gear)邀请夸美纽斯到瑞典从事研究工作。1642年8月,夸美纽斯来到瑞典。瑞典政府希望他为瑞典学校编辑系列教科书,并答应给捷克兄弟会以常年补助。当时,夸美纽斯的兴趣集中在泛智论的研究,而不是编教材;但他基于兄弟会的利益,同时期望瑞典政府能帮助他的祖国获得独立,因此考虑再三,终于被迫放弃了自己的爱好,接受了编写教科书的工作。

按照和瑞典政府签订的合同,夸美纽斯在瑞典工作了6年,圆满完成了瑞典政府委托的工作。此时,夸美纽斯成为在全欧洲备受欢迎的教育家。法国首相黎塞留邀请他赴法国协助建立一所科学院,其他国家的领导人也请求夸美纽斯给予帮助。欧洲大陆的学者与教育家大多与他建立了通信联系。

1648年,"三十年战争"终于结束。在签订和约时,捷克仍被哈布斯堡王朝管辖,新教派别的信仰自由也未得到承认,捷克民族独立的希望破灭了。沮丧的夸美纽斯于同年回到了波兰列什诺。

1650年5月,捷克兄弟会在原大主教去世后,举行代表会议,深孚众望

① 引自魏泽馨选编:《傅任敢教育译著选集》,595页,长沙,湖南教育出版社,1983.

的夸美纽斯被推选为大主教。经再三推辞不允后，夸美纽斯毅然担起了兄弟
会领袖的重任，但他钟情于教育工作的决心并未改变。

就在同年 10 月，夸美纽斯接受了匈牙利一位贵族的邀请，到沙罗斯-帕特
克（Sáros-Patak）创办一所泛智学校。夸美纽斯为他的理想学校拟定了一份计
划，名曰《泛智学校蓝图》。这是一个内容甚为丰富的教育实验计划，但并未
能完全付诸实施，拟创设的 7 个年级实际只办起了 3 个即告终止。在匈牙利
工作期间，夸美纽斯构思并完成了著名教科书《世界图解》(*The World Sensible
Thing Pictured*)。这是世界上第一本依据直观原则编写的课本，全书共 150 课，
由插图及对插图加以解说的拉丁语、民族语课文组成。150 篇插图及课文构成
了一部颇具特色的小型百科全书，包括了比较重要的拉丁语词及民族语词。
夸美纽斯想用它来对初学儿童进行家庭教育和启蒙教育。他在此书序言里说：
"展现在诸君面前的这部书篇幅不大，但它是整个世界和整个语言的鸟瞰，里
面充满了插图、事物的名称和描述。"①此书集中体现了夸美纽斯"泛智"的教
育思想和直观性教学原则。此书出版后，由于图文并茂，生动有趣，不仅受
到儿童的喜爱，也博得许多学者的赞叹。

1654 年，夸美纽斯离开匈牙利回到列什诺。1656 年，列什诺在波兰与瑞
典的战争中变成废墟，他的所有财产及大批手稿、书籍均毁于战火。最令人
痛心的是，他几十年来所搜集和研究的关于泛智论的材料及许多尚未出版的
手稿也付之一炬。列什诺被毁后，年迈的夸美纽斯来到了荷兰首都阿姆斯特
丹，这里是他流亡生涯的最后一站。荷兰政府对夸美纽斯这位杰出的教育家
和爱国志士给予了很高的礼遇。1657 年，根据阿姆斯特丹元老院的决议，荷
兰出版了他的教学论全集。全集印刷与装帧极为精致。但过分考究的形式使
很多人只注重欣赏其华美的外表，视之为荷兰印刷艺术的杰作，而忽略了

---

① 　Ян. Амос Коменский, С Латинского Ю. Н. Дрейзина, *Мир ЧувственныlхВешей в Картинках*,
Государственное Учебник Педагогнческое Издательство, Москва, 1957, стр. 26.

它那博大精深的内容，其中包括对作者呕心沥血之作，在本书中首次公开刊印的《大教学论》反应冷淡，这使夸美纽斯在欣慰之余又感到莫大的痛苦和失望。

夸美纽斯晚年最重要的但未完稿的作品名为《人类改进通论》（General Consideration Concerning Human Improvement）。这是一部以拉丁文写作的7卷本巨著。夸美纽斯从1644年开始构思，试图在本书中全面规划改造世界及人类的蓝图。全书高屋建瓴，气势恢宏，与其过去的思想相比，达到一个新的高度。

1668年，76岁高龄的夸美纽斯病倒了，感到生命的历程即将结束，缠绵病榻之际，他写下了最后一部自传性的作品——《信仰的必要》，其中写道："我整个一生不是在祖国，而是在流浪中度过的，我的住所时时变动，没有一个地方我永久居住过。"①但他对自己能终生矢志不渝，做一个追求理想的人而感到欣慰。1670年11月15日，夸美纽斯与世长辞，结束了坎坷动荡、奋斗不息的一生。死后，遗留在世的各类著作达260余种。

二、思想特点

作为一个新旧交替时代的产儿，夸美纽斯的世界观打上了时代的烙印，显得异常复杂，并充满矛盾。其思想可概括为4个特点。就其世界观中进步的、反映时代精神的一面而言，大致具有以下3个特点。

（1）具有人文主义思想。夸美纽斯从青年时代起，阅读了许多人文主义者的著作，受到人文主义思想的熏陶。他表面上承认而实际上摒弃了中世纪天

---

① 引自［苏］克腊斯诺夫斯基：《夸美纽斯的生平和教育学说》，杨岂深等译，106页，北京，人民教育出版社，1957。

主教会鼓吹的"原罪说"①，高度赞美人的力量，对人所具有的智慧和创造力具有极大的信心。《大教学论》第一章标题是"人是造物中最崇高、最完善、最美好的"，即反映了这一思想。此外，夸美纽斯重视人的现世生活、现世幸福、现世利益；他崇拜自然，重视科学知识的作用，主张通过教育使人得到和谐发展，通过教育，认识万物，并利用万物享受人生乐趣。这些思想充分反映了上升时期的资产阶级企图利用科学知识去控制自然，追求幸福生活的合理要求，与文艺复兴以来人文主义的优良传统一脉相承。

(2)具有唯物主义感觉论思想。早在1613年，当时夸美纽斯还在赫尔波恩学院学习。就在这时的私人日记中，他曾以问答的形式写道："一切认识是否都起源于感觉？""头脑里的一切没有不起源于感觉的。"②这一论断实际上否认了天主教会宣传的知识来源于《圣经》、来源于神启的传统观念。过去学术界一般认为，夸美纽斯的感觉论思想是承袭自英国唯物主义哲学家弗朗西斯·培根。苏联学者克腊斯诺夫斯基(А. А. Красновский)对此提出异议，并指出：反映培根唯物主义（感觉论）思想的重要哲学著作(如《新工具》等)1620年以后才陆续出版；1613年的时候，夸美纽斯不可能了解培根的哲学，因而可以认为夸美纽斯并没有依靠培根而独自提出了感觉论，走上了经验论哲学的道路。③ 然而，我们也不应因此否认作为17世纪先进哲学思想旗手的培根

---

① 夸美纽斯在《大教学论》中曾写道："我们必须承认，自从亚当作恶以后，人类向往作为至高的善的上帝的本性已经败坏了，已经误入歧途了。"([捷]夸美纽斯：《大教学论》，傅任敢译，36页，北京，人民教育出版社，1984。)"因为我们的天性腐败，所以邪恶易靠近我们。"(同上书，第183页)但又认为上帝赋予人的善良的"根底"仍在(同上书，第36页)，"基督教徒的儿女是圣洁的"(同上书，第37页)。加上夸美纽斯对人性肯定的言论，故我们可认为夸美纽斯表面上承认而实际上抛弃了"原罪"说。不过他在此问题上确实存在自相矛盾之处。产生矛盾的原因可见本章下面的分析。

② [苏]克腊斯诺夫斯基：《夸美纽斯的生平和教育学说》，杨岂深等译，8页，北京，人民教育出版社，1957。

③ [苏]克腊斯诺夫斯基：《夸美纽斯的生平和教育学说》，杨岂深等译，8~9页，北京，人民教育出版社，1957。

对夸美纽斯的重要影响,夸美纽斯本人也曾一再提到这一影响。如在1633年发表的《物理学概论》一书序文中,夸美纽斯以赞赏的语气提到了培根的著作,誉之为刚出现的"新世纪的灿烂之光"①。在《泛智的先声》一书中,夸美纽斯认为,培根在其名著《新工具》一书中"揭示了探讨自然事物的正确方法",还称赞培根的实验归纳法包含着"探求自然秘密的道路"。总之,我们不妨认为,夸美纽斯在其早年即已初步具有了唯物主义感觉论思想,而后来接触到的培根的著作丰富了他的思想,并给他提供了论证这一问题的理论根据。唯物主义感觉论思想构成了夸美纽斯教学认识论基础。

(3)强烈的爱国主义和民主主义思想,构成了夸美纽斯进步世界观的另一重要特点。作为信奉民主与平等的莫拉维亚兄弟会的成员及领袖,夸美纽斯从教派传统中接受了民主主义精神;作为一个备受欺凌的弱小民族的成员和教派的成员,夸美纽斯自发地具有强烈的爱国主义思想。总之,夸美纽斯的出身、经历和社会地位,注定了他必然站在新兴的市民阶级、手工业者及平民的立场上,对现实生活中的种种不合理现象表示愤慨,对劳动人民的不幸抱有深切的同情,并在其整个一生中,为了民族的独立、宗教信仰自由而不辞劳苦,辛勤奔波。夸美纽斯的民主主义思想充分反映在他的一系列教育主张中。

(4)在夸美纽斯的世界观中,除了进步的一面外,也有落后的一面。神学在当时占统治地位,夸美纽斯从幼年时代就接受了宗教的深刻影响,成年以后又长期担任教职,因此,他并没有也不可能挣脱宗教唯心主义世界观的束缚,起码在形式上他必须借用宗教与神学的外衣来发表他的新思想、新见解。其世界观中唯心与唯物的因素及形式与实质的冲突导致许多矛盾。例如,他一方面确认现实世界的客观存在,另一方面又归之于上帝的创造;一方面重

---

① [苏]克腊斯诺夫斯基:《夸美纽斯的生平和教育学说》,杨岂深等译,38页,北京,人民教育出版社,1957。

视现世生活，另一方面却又宣称人生的终极目的是为来世作准备；在对现实世界的认识上，他一方面正确地提出感觉经验是认识的基础，另一方面又承认"神启"的作用，认为《圣经》也是智慧的源泉。在夸美纽斯的晚年，由于受到别人怂恿，他还一度严重背离过平生的信念，出版过宣扬迷信的预言集。此外，在社会政治观点上，他虽然揭露、斥责了社会上的种种黑暗现象，对劳动人民怀有深切的同情，但并不反对社会的等级区分和君主制度，甚至将恢复民族独立、复兴祖国的希望寄托在统治者的恩赐上；他还把净化道德，使人心皈依上帝当作解救人类的主要手段。凡此种种，都反映了时代和阶级的局限。

夸美纽斯世界观中进步与落后的因素、内容与形式的矛盾，都充分反映在他的教育思想中。

第二节　论教育的目的、功能及主导原则

一、教育的目的

教育的目的问题是任何教育家所不能回避的，这个问题反映了一个教育家的立场、世界观及为哪个阶级服务的问题。夸美纽斯世界观的复杂性与矛盾性异常明显地反映在他的教育目的论中。

夸美纽斯从宗教中引出了教育的目的。他说："世间的生活也只是永生的一种预备。"[①]教育的目的就在于协助达到这一目的。保罗·孟禄指出：这一提法是夸美纽斯时代以前的教育家都会认可的，从表面上看与基督教会的教

---

① ［捷］夸美纽斯：《大教学论》，傅任敢译，21 页，北京，人民教育出版社，1984。

义和宣传一致；但若从实质上看，二者则不可同日而语。①中世纪的天主教会把人看作奴隶，看作被原始罪孽污损的存在，要准备来世的生活，就得摒弃理智，忽视现实生活，实行禁欲主义。教会提倡人们把自己关在修道院的密室中，诚心祈祷，研究圣书，并用各种苦行来折磨自己，以便死后灵魂得救。与这种因袭的见解相反，夸美纽斯却认为，人并非带着所谓"原罪"来到人间。他不赞同教会宣传的所谓"肉体是灵魂的监狱"的观点，认为"身体不仅是作为推理的灵魂的住所，而且也是作为灵魂的工具"②，人不过是身体与心灵方面的一种和谐而已。③ 他认为，教育的目的就是通过灌输知识，培养道德和信仰，使人所具备的知识、德行和虔信的"种子"得到发展，从而为来世的永生做好准备。换言之，现实的人只有使自己的德、智、体等诸方面都得到和谐发展，才能为来世的永生做好准备。显然，夸美纽斯所谓"为来世做准备"和中世纪天主教会所谓"为来世做准备"，其含义在实质上是根本不同的。

过去许多学者在评论夸美纽斯时指出，夸美纽斯所提出的教育目的带有浓厚的宗教唯心主义色彩。诚然，从形式上看确实如此，而且他在论述此问题时所提到的所谓先天"种子"说，虽然也带有一点儿我们现在通常所谓遗传素质的含义，总的来说，也带有唯心主义色彩。但是只要我们进一步剖析，透过他所使用的宗教语言，就不难看到，夸美纽斯的教育目的实际反映了新兴资产阶级要求摆脱封建桎梏和天主教会的精神枷锁，渴望在德、智、体各方面都得到发展，以享受现世幸福的愿望；也反映了新兴资产阶级在进行反封建斗争的初期阶段就反对宗教蒙昧主义，力图按照资产阶级的利益去培养人，使教育为发展资本主义服务的要求。归根到底，夸美纽斯的教育目的还是为现实生活服务的，所谓"为来世"之说，不过是虚晃一枪，他的教育目的

---

① Paul Monroe, *A Text-Book in the History of Education*, New York, The McMillan Compang, 1906, p.482.

② [捷]夸美纽斯：《大教学论》，傅任敢译，86 页，北京，人民教育出版社，1984。

③ [捷]夸美纽斯：《大教学论》，傅任敢译，34 页，北京，人民教育出版社，1984。

论，用的是"旧瓶装新酒"的手法。

诘之者曰：夸美纽斯为什么不直截了当地提出教育目的是为现实服务，而要使用如此隐晦曲折的宗教语言？这是特定的历史条件决定的。由于西欧封建社会的特殊历史条件，宗教神学在整个中世纪占有统治地位，成为社会精神生活中渗透一切、支配一切的力量。在 18 世纪末法国资产阶级革命以前，资产阶级在政治、哲学、文化、教育等一切领域的反对封建专制的斗争几乎都披上了宗教的外衣，采取了神学争论的形式。因此，夸美纽斯的世界观具有宗教神学色彩，他每每要借用宗教和神学的外衣来发表和支持他的教育新见解，是不足为奇的。

二、教育的功能

夸美纽斯还高度重视教育的社会功能以及教育在人的发展中所发挥的功能。

（一）教育的社会功能

夸美纽斯把教育看作改良社会的手段。他说："教会与国家的改良在于青年得到合适的教导。"[①]在《论天赋才能的培养》一文中，他从多方面对比了所谓有教养的民族和没有教养的民族之间的差别，以说明良好的教育所能产生的积极成果。他还特别指出，一个民族如受到良好的教养，就会善于利用自然力量和地下的宝藏，把土地耕种得"像在天堂里"那样好。他还认为，受到良好教养的民族，扫除了愚昧和贫困，身体健康，德行优良，富有智慧，爱好艺术，生活得富足、幸福。显然，上述观点反映了夸美纽斯渴望祖国复兴、繁荣的愿望及其世界观中的人文主义色彩。

（二）教育在人的发展中的作用

夸美纽斯对于教育在人的发展中所发挥的功能给予了更高的评价。夸美纽

---

① [捷]夸美纽斯：《大教学论》，傅任敢译，257 页，北京，人民教育出版社，1984。

斯认为,通过教育,任何人的德行和才智都能得到发展。假如要去形成一个人,那就必须由教育去形成;"只有受过恰当教育之后,人才能成为一个人"①。夸美纽斯在《大教学论》中首次以狼孩为例,来说明教育、环境与儿童发展的关系。他指出,脱离了正常的人类环境和教育,儿童只会成为人形的动物。但与现代人研究结论不同的是:他认为狼孩一旦回归人类社会,通过精心教育,仍然可望恢复人性。②这多少带点理想主义色彩,但也反映了他对教育的坚定信念。他还以形象的比喻来说明教育的作用与意义:"富人没有智慧岂不等于吃饱了糠麸的猪仔?贫人不懂事岂不等于负重的驴子?美貌无知的人岂不只是一只具有羽毛之美的鹦鹉,或是一把藏着钝刀的金鞘?"③

夸美纽斯分析了人可接受教育的原因。

第一,他确信人具有接受教育的基础。他认为人是上帝"最崇高、最完善、最美好的"创造物,学问、德行与虔信的种子自然存在我们的身上,由此决定了"智慧在人身上生了永恒的根基"④。他认为,人的智慧是无穷的,人心的能量是无限的,能够上天入地,无所不至,因此它能够领悟万事万物,这是不可否认的事实。

第二,夸美纽斯还着重从唯物主义感觉论的角度进行了论证。他说:人之所以可接受教育,还因为"宇宙中的事物是没有一件不能够被一个具有感觉与理性的人所达到的"⑤。他引证亚里士多德的观点,认为可将人心"比作一张白板,板上什么都没有写,但是什么都能写上"⑥。也可以把人脑比作一块蜡,"蜡能变成各种形状,能照任何方式再三加以铸范,人脑也是一样,它能

---

① [捷]夸美纽斯:《大教学论》,傅任敢译,39 页,北京,人民教育出版社,1984。
② [捷]夸美纽斯:《大教学论》,傅任敢译,42 页,北京,人民教育出版社,1984。
③ [捷]夸美纽斯:《大教学论》,傅任敢译,42 页,北京,人民教育出版社,1984。
④ [捷]夸美纽斯:《大教学论》,傅任敢译,29 页,北京,人民教育出版社,1984。
⑤ [捷]夸美纽斯:《大教学论》,傅任敢译,30 页,北京,人民教育出版社,1984。
⑥ [捷]夸美纽斯:《大教学论》,傅任敢译,31 页,北京,人民教育出版社,1984。

接受万物的影像，能够接纳整个宇宙中的任何事物"①。他还说：人具有"记忆的深渊，它能收尽万物，又能重新显现，却从不充溢，也不枯竭"②，"我们的心理较之宇宙还要大"③。总之，夸美纽斯认为：通过感觉、记忆、归纳、组合，人可以把外界的种种事物反映到头脑中来。这是人可接受教育的另一个原因。

夸美纽斯在谈到上述人可接受教育的原因或基础时，列举了两项理由，前者带有唯心主义色彩，后者则具有完全的唯物主义性质。

夸美纽斯认为人不仅有受教育的可能，也必须受教育。因为人们领悟事物的能力只是一个"虚空的形式"，如同一块没有刻上文字的石碑，只是"潜伏地存在"着，需要通过教育的手段加以发展。④

在《大教学论》中，夸美纽斯为了说明教育的作用，还提出了以下观点并进行了论证。

（1）一般人的先天素质差异不大，都具有领悟事物的能力。夸美纽斯反对历代统治阶级污蔑劳动人民智力低下，以及"要他们去求知识是不可能的"之类的观点。他认为："事实上智力极低的人是很少的，正如生来便完全没有手脚的人一样地少见。"还提出：

> 我们差不多找不出一块模糊的镜子模糊到了完全反映不出任何形像的地步，我们也差不多找不出一块粗糙的板子粗糙到了完全不能刻上什么东西的地步。此外，假如镜子是被灰尘或斑点弄脏了，镜子首先就应打扫干净；假如木板粗糙，木板就应磨光；那时它们便能实践它们的功

---

① ［捷］夸美纽斯：《大教学论》，傅任敢译，32 页，北京，人民教育出版社，1984。
② ［捷］夸美纽斯：《大教学论》，傅任敢译，33 页，北京，人民教育出版社，1984。
③ ［捷］夸美纽斯：《大教学论》，傅任敢译，28 页，北京，人民教育出版社，1984。
④ ［捷］夸美纽斯：《大教学论》，傅任敢译，41 页，北京，人民教育出版社，1984。

用了。同样，假如教员肯充分卖力气，人是可以被琢磨好的。①

(2)教育对于所谓天资愚钝的人不仅可能，而且"更加刻不容缓"。因为一个人的心性"愈是迟钝孱弱，他便愈加需要帮助，使他能尽量摆脱粗犷和愚蠢"②。夸美纽斯还指出，有许多例子说明：勤能补拙，通过接受教育和刻苦学习后，天资愚笨的人领悟科学，甚至可胜过天资较好的人，因此对这类人不能丧失信心。他把通过刻苦求学，晚出成就的人比喻为结果迟的树，认为同样值得赞美，不应受到排斥。

(3)聪明的人则更加需要接受教育。因为"一个活泼的心理如果不去从事有用的事情"，就会被歪门邪道所困扰，"会自己毁掉自己"。③

(4)要重视女子教育。夸美纽斯驳斥了历史上轻视女子教育或认为女子不可受教育的观点，认为女子和男子一样"具有同等敏锐的心理和求知的能力"④，甚至常常比男子还要强。

通过上述分析，夸美纽斯说明人人可以受教育，也必须受教育。夸美纽斯深信教育具有改造社会、促进个人发展的巨大力量和广泛的可能性，并做了详细的分析论证，这是他对教育学理论的宝贵贡献，也为其普及义务教育的思想提供了理论依据。在夸美纽斯之前，虽然也有不少教育家论述过教育的重要作用，但若与他相比，就论述的深刻、全面而言，则少有人可望其项背。但是我们也应看到，夸美纽斯的论述含有教育万能论的趋向。教育固然具有巨大作用，但并非万能，不管是教育本身或是教育的对象——人，都要受社会生产关系的制约，因而试图仅凭教育去改造世界的理想是不可能实现的空想，这一点是夸美纽斯没有认识到。

---

① [捷]夸美纽斯：《大教学论》，傅任敢译，68~69页，北京，人民教育出版社，1984。
② [捷]夸美纽斯：《大教学论》，傅任敢译，52页，北京，人民教育出版社，1984。
③ [捷]夸美纽斯：《大教学论》，傅任敢译，42页，北京，人民教育出版社，1984。
④ [捷]夸美纽斯：《大教学论》，傅任敢译，53页，北京，人民教育出版社，1984。

三、教育的主导原则

教育要适应自然(自然适应性)是夸美纽斯提出的教育的主导原则，我们甚至可视之为夸美纽斯教育(尤其是教学)理论的立论基础或教育原理，其他具体的教学原则、规则，从形式上看，均从这一原则演绎出来，或者说是以此原理为依据的。

在西方教育史上，早在古希腊，哲学家德谟克利特(Democritus，前460—前370))就谈到了自然和教育的相似之处；亚里士多德还明确提出了教育必须"效法自然"，即与自然(人的本性及机体发育的生理特征)相适应的思想①；古罗马的一些教育家(如西塞罗等)继续倡导这一思想。夸美纽斯显然受到了前人的影响，但根据时代的特点和需要，他对自然适应性原则作了有别于前人的新的解释。

在夸美纽斯的词汇中，"自然"的含义非常广泛，不仅包括外在的自然界(不妨认为这是他"自然"一词含义的重点)，同时也包括人类社会乃至人的本性。夸美纽斯认为，自然界存在着普遍的"秩序"(法则)，这些法则无论在动植物生活中以及人类的活动中都发生着作用，人作为自然界(客观世界)的一部分，必须服从自然界的普遍法则；以培养人为主要任务的教育工作，也必须遵循自然法则，才合理可靠，并发挥出应有的效力。②此即夸美纽斯自然适应性原则的主要含义。

自然适应性原则在夸美纽斯的代表作《大教学论》中得到充分体现。在此书中，他反复强调："改良学校的基础应当是万物的严谨秩序。"③"教导的严谨秩序应当以自然为借鉴。"④他还引用西塞罗的话说："在自然的指导之下，

① 参阅[古希腊]亚里士多德：《政治学》，吴寿彭译，405页，北京，商务印书馆，1965。
② 参阅[苏]米定斯基：《教育史中教育的自然适应性原则》，载《教育译报》，1957(4)。
③ [捷]夸美纽斯：《大教学论》，傅任敢译，75页，北京，人民教育出版社，1984。
④ [捷]夸美纽斯：《大教学论》，傅任敢译，79页，北京，人民教育出版社，1984。

迷途是不可能的。"①

根据自然适应性原则,夸美纽斯论证了学校工作制度、教学组织形式、教学原则、方法以及教学用书等一系列问题。在论述有关问题时,他往往分4段说明:

(1)找出自然界的基本法则(或称"原理");

(2)从动植物或人类生活中举出运用这种法则的例子;

(3)指出当时学校的教学与自然的基本法则相悖谬之所在;

(4)指出正确的教学原则或规则(似乎是以最初所提的基本法则为依据的)。

例如,在《大教学论》第17章,在论证教学的"便利性"原则时,夸美纽斯提出:

(1)自然不性急,它只慢慢前进;

(2)所以鸟儿在小鸟幼小时并不会为了使其加快成长而用过多的食物去填喂,而只是小心地选择食物,慢慢地按照其脆弱的消化能力所能支持的分量给予它们;

(3)在教学上,贪多求快则必然导致欲速则不达;

(4)正确的教学方法是适合学生的能力,循序渐进。

《大教学论》的16~18章几乎都是根据这一模式来论证的。

众所周知,科学的教育理论主要来源于教育实践,是教育实践经验的总结与升华。夸美纽斯充分吸取、借鉴了前人及同时代人的教育成果,在亲身改革学校和教育的过程中也积累了丰富的教育经验,因此,他的教育理论(特别是教学理论和学校管理理论)绝不是"自然原理"或者哲学概念的演绎或诠释,也不是在观察植物和动物生活基础上的简单类推或比附,而是教育实践经验的总结。夸美纽斯为了不将各种经验罗列在一起,为了把过去人们孤立

---

① [捷]夸美纽斯:《大教学论》,傅任敢译,81页,北京,人民教育出版社,1984。

的、零散的、直观的经验上升为具有联系的、严谨的、可在更大范围内发挥指导作用的教育原理，并为批判及改革旧的学校教育提供锐利武器，必须寻求一个理论依据作为立论基础。过去人们总是引用《圣经》或宗教教条来论证每一个教育原理。夸美纽斯虽然不能完全摆脱旧传统的窠臼，这表现在他也时时引用《圣经》（即使是"旧瓶装新酒"，也反映了他和旧传统决裂的不彻底性）；但在引用《圣经》之余，他也力图寻找一个新的理论依据和论证方式，来说明自己的新观点。经过摸索（包括向前人借鉴），夸美纽斯终于找到了一个依据，这就是引证自然。夸美纽斯之所以以自然适应性作为理论依据，与文艺复兴以来自然科学的发展也有着密切的关系。在夸美纽斯生活的时代，自然科学、生产技术的长足进步，激发、增强了人们研究自然的兴趣，也促使人们去了解自身的奥秘；此时，自然主义的思潮开始萌芽，研究自然的方法，也开始渗透到社会科学研究的领域之中，所谓自然法则，在当时是有可能和宗教教条相抗衡，并使人们信服的依据之一。所以，夸美纽斯力求以自然法则作为理论依据，来论证教育观点，是可以理解的，在当时条件下也是进步的。①

值得注意的是，在夸美纽斯的著作中，如果说涉及人生目的、教育目的及德育等较为抽象的问题时，夸美纽斯往往引证《圣经》，宗教色彩较为浓厚，那么一旦涉及教学等务实性的问题时，夸美纽斯则将《圣经》及宗教教义弃之不顾，而总是引证自然，来作为理论依据。这一做法在历史上是具有积极意义的。

(1)表明了夸美纽斯探求教育工作规律的可贵意图。他试图将过去人们零星的教育经验上升为理论。尽管他的依据并不完全正确，但提出问题本身很有价值，在历史上是一个重大的进步。

(2)这一主张进一步打破了教会宣传的"《圣经》包含一切真理"的教条，

① 赵祥麟主编：《外国教育家评传》第一卷，433页，上海，上海教育出版社，2003。

使人们的注意力从《圣经》转向实际，转向现实世界，有利于教育工作摆脱神学的束缚。

(3)引证自然，在当时是个进步的主张，今天看来也含有积极因素。因为教育和自然虽属两个不同的领域，但二者不乏相通之处，自然发展的某些规律对于教育有可资借鉴、可供比喻之处，从而使人们得到启发，这是不容否定的。

(4)我们还应承认，夸美纽斯提出的少数自然法则有一定的深度。例如，在自然的一切作为里，发展都是内发的，夸美纽斯以此说明要发展学生的学习主动性，带有内发论的色彩，加以引申，无疑含有一些较为深刻的思想。有人认为，夸美纽斯思想中所包含的内发论思想为后来的卢梭、裴斯泰洛齐(J. H. Pestalozzi, 1746—1827)等人所提倡的内发论提供了先导。[①]由此发展而来的"发展论"已成为现代儿童心理学上的一大潮流。皮亚杰(J. Piaget, 1896—1980)也指出，夸美纽斯是教育必须适应于学生所到达的发展阶段这一进步体系的创建人。此外夸美纽斯的所谓"自然"还包括受教育者本身。他对儿童的年龄、心理特点提出了不少宝贵建议，至今仍可资借鉴。不少现代教育家认为，要求适应儿童自然本性及身心发展规律进行教育，这是夸美纽斯的自然适应性最有价值的内容之一。

夸美纽斯的自然适应性理论也存在一些明显的缺陷。由于时代的限制，他不可能找到真正的自然界和人类社会发展的普遍规律；他也不了解教育是人类特有的社会现象，和自然现象存在本质区别。此外，尽管他提出了少数有一定深度的法则，但总的来说，他所提出的所谓自然法则是肤浅的、简单的，往往只是事物的表面现象，而非事物的本质。如前所列举的法则("自然并不性急，它只慢慢前进")即属此类。又如他以"自然先预备材料，然后再给

---

① [美]克伯雷选编：《西方教育经典文献》下卷，任钟印译，428页，北京，人民教育出版社，2016。

它形状"①来说明先有例证，再有规则，未免牵强附会。有些所谓法则甚至连表面现象都不是，如"自然从容易的进到较难的"②。还有一些"法则"是错误的，例如，"自然并不跃进，它只一步一步地前进"③，按辩证法的观点看来，这否定了质变。

夸美纽斯世界观的复杂性与矛盾性也在他的自然观中显露出来。他曾说："所有事物按照自己的基础来说，是彼此相同的，只是形式上不同，因为上帝是它们的原型，自然是它们的反映，艺术是它们的反面形象。"④这样，他就使自己的自然观蒙上了一层宗教神学色彩，而这是与他自然观反宗教神学的实质极不协调的。

综上所述，夸美纽斯的自然适应性理论尽管并非完善，然而他的教育探索的胆略、不懈的努力及重要成果却为后世"树立了教育研究的光辉范例，实为近代教育科学研究的先声"⑤。

第三节 教学理论

教学理论是夸美纽斯教育思想中重要的部分之一。在夸美纽斯的著作中，尤其是他的代表作《大教学论》中，在批判传统教育弊病的基础上，总结了大量极有价值的教学经验。

一、教学内容及课程设置

① ［捷］夸美纽斯：《大教学论》，傅任敢译，93页，北京，人民教育出版社，1984。
② ［捷］夸美纽斯：《大教学论》，傅任敢译，110页，北京，人民教育出版社，1984。
③ ［捷］夸美纽斯：《大教学论》，傅任敢译，101页，北京，人民教育出版社，1984。
④ 转引自曹孚、滕大春、吴式颖等编：《外国古代教育史》，201页，北京，人民教育出版社，1981。
⑤ 任钟印：《东西方教育的覃思》，152页，北京，人民教育出版社，2017。

(一)课程设置的标准

1. 实用

夸美纽斯针对时弊,对于学校的教学内容和课程设置,提出这样一个原则性要求:它们必须对于实现人们的"实际目的",亦即实际生活有用。他说:"如果这些知识对于实际目的没有用处,那是再无用不过的。"聪明的人并不一定是饱学多识之士,"而是知道什么是有用处的人"①。夸美纽斯指责传统旧学校教学内容空洞,无实用价值;学科体系烦琐,像座"巨人的迷宫",令人晕头转向,无所适从。儿童在这种学校里与其说是受教育,还不如说是受摧残,根本学不到任何有用的东西。因此,他主张对现行学校的教学内容进行重大改革。

2. 广博

在改革旧的教学内容和课程设置时,当教学内容的实用性与多样性发生矛盾时,夸美纽斯毫不犹豫地取前者而舍弃后者,但这绝不意味着他反对学生广博地求取知识。相反,"泛智论"是夸美纽斯课程设置的基本指导思想。前面已述,所谓"泛智论",有两层含义:①人应掌握一切有用的知识;②把一切有用的知识教给一切人。这一思想充分反映了时代新精神。他将获得包罗万象的知识作为教育目的的一个重要部分,认为:"人要成为一个理性的动物,就要能唤出万物的名字并推考世间的一切事物"②,学习"一切可以使人变成有智慧、有德行、能虔信的科目"③。

3. 精要

夸美纽斯认为人人应当力求博学,同时又指出:

① [捷]夸美纽斯:《大教学论》,傅任敢译,152 页,北京,人民教育出版社,1984。
② [捷]夸美纽斯:《大教学论》,傅任敢译,24 页,北京,人民教育出版社,1984。
③ [捷]夸美纽斯:《大教学论》,傅任敢译,64 页,北京,人民教育出版社,1984。

但是，不要以为我们要求所有的人都具有一切艺术的和科学的、准确而彻底的知识。这种要求不仅对知识本身无益，而且因为人生短促，也没有人能够做到。我们希望每一个人学习的是：关于世界的一切主要的事实的原理、原因和意义。我们尽力确保每一个人在人生的旅途中，即使遇到任何陌生的事物，他能够作出正确的判断，而把它纳入正当用途而不犯严重错误。①

他还十分推崇古罗马学者辛尼加（Lucius Annaeus Seneca，约前 4—65）的意见："执行教导要与撒布种子一样，不要重量，要重质。"他声称，一个人的口袋里与其有 120 磅铅，当然不如有几块金子来得有用。② 根据上述要求，夸美纽斯提出，教给学生的东西既要广博，又要精炼，应是最基本的、最重要的东西。他说：一个军事家要想迅速战胜敌人，绝不会攻打不重要的据点，白白耗费时间，而首先应直接攻打大本营。主要堡垒攻克后，次要据点便会不攻自破。同样，假如我们精通了任何科目的要点以后，次要的细节便很容易知道了。夸美纽斯的这一思想和后来裴斯泰洛齐的"要素教育"乃至现代的知识结构学说不无相通之处。

(二)改革课程的具体意见

根据实用、广博、精要的原则，夸美纽斯对当时学校的教学内容和课程提出了不少改革设想。

1. 改革语文教学

当时的学校以语文为学习重点，儿童入学伊始，就得学习同祖国语言毫无联系的陌生的拉丁语。学习时，又须把精力集中在背诵文法上面，结果耗

---

① 引自[英]博伊德、金：《西方教育史》，任宝祥、吴元训主译，242 页，北京，人民教育出版社，1985。
② [捷]夸美纽斯：《大教学论》，傅任敢译，148 页，北京，人民教育出版社，1984。

费了一二十年时间，所获甚少，甚至未必能写一篇像样的拉丁语作文。夸美纽斯认为，语言文字是事物的"外壳"，不能离开事物而存在；文字应当和事物一道教授、一道学习，绝不能死记硬背文法。他指出，根据儿童特点和实效，语文教学应以本民族语言为基础，兼学外语，小学阶段尤其应强调学习本民族语言及用本民族语言教学。针对当时教材的烦琐无用，夸美纽斯提出要删减一切不必要的、不合适的教材。

2. 只教真正有用的科目

夸美纽斯规定了各级学校的课程设置。在课程设置中，他主张扩大各级学校的教学内容，加强新兴的自然科学知识的教学。在《母育学校》及《大教学论》中，夸美纽斯为 6 岁以下儿童的智育提出了一个广泛而详细的教学计划。在《大教学论》中，他拟订的国语学校课程除当时流行的"4R"(读、写、算、宗教)和唱歌外，增加了自然、历史、地理常识。拉丁语学校除了沿用神学和"七艺"，还增设了物理、地理、历史等学科。他认为大学的课程更应该是"周全"的，应研究人类知识的所有学科、所有领域，把有天分的学生培养成具有百科全书式知识的人。夸美纽斯的上述课程改革主张不仅打破了中世纪早期"七艺"的局限性，也打破了宗教改革以来拉丁语学校、文科中学或专门学校(College)①等学校课程的局限，反映了当时新兴资产阶级要求发展近代科学文化，促进工商业发展的需要。

为了改革教学内容，夸美纽斯对于教材的改革、编写也提出了许多宝贵意见，并亲自编写了许多教科书，来体现他的有关思想。《语言入门》《物理学概论》《世界图解》等，就是其中有影响的代表作。这些教科书成为近代学校教科书的先驱者，其编写原则或示范意义给后人以诸多启示。

---

① 此处，college 译为"专门学校"，指的是加尔文教派创办的一种中学。其课程特点是宗教教义与人文学科结合。

二、教学原则

在《大教学论》中，"原则"一词出现很多，其中教学原则出现达 30 余条。细考夸美纽斯的所谓"原则"，大致有 3 个层次的基本含义："自然适应性原则"为最高层次，他称之为"主导原则"，这里的原则相当于原理；最低层次则并不是原则，而是具体规则（如 16~18 章中所列的众多的"原则"）；只有介于二者之间的中间层次才是我们今天通常意义上的教学原则。夸美纽斯对教学原则的提法和今人很不一样，如他提出了"便利性""彻底性""简明性及迅捷性"原则等。这些原则的提法今天已不多见，但是其中所包含的观点都在现在流行的一些教学原则中有所体现。他在阐述教学原则时，也论证了与之适应的教学方法。

（一）启发诱导原则

夸美纽斯认为，儿童具有发展的极大可能性。他将儿童的心理比作"种子"或者"谷米"，认为"植物或树木实际已经存在种子里面，虽则它的形象实际上看不出来。……所以，我们不必从外面拿什么东西给一个人，只需要把那暗藏在身内的固有的东西揭开和揭露出来"①。此外，他反复强调，儿童的发展是由内向外的。他提出，儿童的教育应当以他的自然素质为起点，除了发展儿童的自然素质以外，教育不能提出任何其他的目的；重要问题是使儿童得到发展的机会与动力，并循循善诱。夸美纽斯这里所表述的"内发论"的思想显然受到了亚里士多德的影响，但较内发论的宗师卢梭则早了一个多世纪。

夸美纽斯严厉批评了旧学校经院式的教学方式。他斥责旧学校只教学生呆读死记，不让学生接触实际、独立思考，是"教我们用别人的眼睛去看，用别人的脑筋去使自己变聪明的。因为这类方法并不教我们去发现源泉，去从

---

① ［捷］夸美纽斯：《大教学论》，傅任敢译，30 页，北京，人民教育出版社，1984。

源泉引出流水"①。他提出，人作为理性的动物，应由自己的心智去领导，而不是由别人越俎代庖："他要亲自钻研事物的根源，获得一种真能理解且真能利用所学的东西的习惯。"②

为了调动儿童学习的自觉性、积极性，他坚决反对强迫学生学习，认为必须启发学生热爱学习的愿望。他说，对于渴望学习的人，学习好比"一个人饿了，他就急于要吃食物，立刻可以把食物加以消化，容易把它变成血肉"，因此他要求"用一切可能的方式把孩子们的求知与求学的欲望激发起来"。③在此问题上，他并未将儿童的主动性与教师的主导作用对立起来，认为正是需要教师采用正确的教学方法，才能充分调动儿童的主动性，使儿童自内向外的发展得以实现。他对教师提出了很高的要求，一再强调指出：教学如果不成功，不能归咎于学生，而要归咎于教师无能，"假如学生不愿学习，那不是别人的过错，而是教师的错处"④。

夸美纽斯还十分重视教育中的兴趣，并认为儿童的兴趣一旦被激发出来，则每一个儿童都有足够的动力去学习。他指出：儿童希望学习，这是与生俱来的遗传性能，符合自然。儿童呱呱坠地后，就有天生的愿望，想看、听、触摸一切新奇的事物，他想知道一切，教师必须理解儿童，知道是什么供给儿童动力去学习，并娴熟地使用这些力量。夸美纽斯认为，吸引学生爱好学习的方法很多，如在上新课时，用一种吸引人的方式向学生提起问题，指出那门课是如何美善、有用、快意，或是如何能满足需要，并把那门课的轮廓、目标、界限和结构告诉学生。他说学生如对课程一无所知但又好奇，则会产生强烈的求知欲望。这些话的意思与孔子所谓"不愤不启，不悱不发"含意相近。又如，在教学中，教师还可以介绍一些有趣的和实用的知识，以激发学

① [捷]夸美纽斯：《大教学论》，傅任敢译，125页，北京，人民教育出版社，1984。
② [捷]夸美纽斯：《大教学论》，傅任敢译，64~65页，北京，人民教育出版社，1984。
③ [捷]夸美纽斯：《大教学论》，傅任敢译，107页，北京，人民教育出版社，1984。
④ [捷]夸美纽斯：《大教学论》，傅任敢译，116页，北京，人民教育出版社，1984。

生的兴趣。此外，还可采用直观教具、表扬、奖励等多种方式，去激发学生求学的欲望。在采用各种教学方法和措施时，夸美纽斯强调要遵循自然，"因为凡是自然的事情就都无需强迫。水往山下流是用不着强迫的……我们用不着劝说一只鸟儿去飞；樊笼开放之后它立刻就会飞的"①。

（二）直观性原则

直观教学在文艺复兴时期已有人文主义教育家如莫尔、拉伯雷、蒙田等人提倡过。夸美纽斯则用唯物主义感觉论对此原则进行了充分论证，并做了进一步的发挥。

夸美纽斯从 3 个方面论证了直观教学的必要性和可能性。②

（1）"知识的开端永远必须来自感官"，存在心理里面的事情没有不先存在感觉里面的，所以心智所用的一切思想的材料全是从感觉得来的。

（2）科学的真实性与准确性，主要依赖于感觉的证明，"从感觉得来的知识，我们立刻就相信"。

（3）感官是"记忆的最可信托的仆役……可以使知识一经获得之后，永远得以记住"。

总之，夸美纽斯认为知识从感觉而来，人只有通过外感觉器官，才能得到真实可靠、不会遗忘的知识。由于夸美纽斯如此推崇直观的重要作用，因此他强烈谴责经院主义旧学校只让学生死读书本，不接触事实的做法，要求"文字应当永远和事物一道教授，一道学习"③，如同酒同酒桶、剑同剑鞘、树同树皮、果实同果皮永远在一道一样。他还宣布，可以为教师们定下一条"金科玉律"，即"在可能的范围以内，一切事物都应该尽量地放在感官跟前"④，并尽可能用多种感官去感知事物。

---

① ［捷］夸美纽斯：《大教学论》，傅任敢译，109 页，北京，人民教育出版社，1984。
② ［捷］夸美纽斯：《大教学论》，傅任敢译，156~157 页，北京，人民教育出版社，1984。
③ ［捷］夸美纽斯：《大教学论》，傅任敢译，149 页，北京，人民教育出版社，1984。
④ ［捷］夸美纽斯：《大教学论》，傅任敢译，156 页，北京，人民教育出版社，1984。

夸美纽斯还指出，对于某些不可能直接感知、观察的事物，则可以采用其他方式取代。其原则是："高级的事物可以由低级的去代表，不在跟前的可以由在跟前的去代表，看不见的可以由看得见的去代表。"①他认为，诸如制作模型、范本，绘制图画、表格等都不失为一种可行的取代方式。

夸美纽斯关于直观教学的论述在历史上具有重要意义，主要表现在他将这一原则建立在唯物主义感觉论的基础上，企图将文艺复兴以来的与此有关的零星经验系统化，加强教学与生活的联系，使之走出经院哲学的迷宫。不足之处是，他过于夸大直观的意义和作用。他没有认识到：感性知识只是认识的初级阶段，并不一定可靠，也并不一定马上能被人理解；感性认识只有上升到理性认识，才能认识事物的本质。他基本上不了解感性认识与理性认识的辩证关系。

(三)量力性原则

夸美纽斯要求教学应适合儿童的年龄特征。对于初学儿童，他更强调选择学习材料要适当："一切学科都应加以排列，使其适合学生的年龄，凡是超出了他们的理解的东西就不要给他们去学习。"②如果学生"受到不适合他们的年龄、理解力与现状的材料的过分压迫"，"他们便会在和影子搏斗上耗掉他们的时间"。③ 如果使学生"过度受到默述，练习和需要记忆的功课的压迫"，就会使学生"产生恶心甚至痴癫"，这对他们不啻"是一种酷刑"。④

夸美纽斯曾借用昆体良(Marcus Fabius Quintilianus, 约 35—约 100)的一个比喻，来集中说明其量力性原则：

　　　　如果我们拿一只仄口的瓶子(因为我们可以把它比作一个孩子的才

---

① 魏泽馨选编：《傅任敢教育译著选集》，517 页，长沙，湖南教育出版社，1983。
② [捷]夸美纽斯：《大教学论》，傅任敢译，93 页，北京，人民教育出版社，1984。
③ [捷]夸美纽斯：《大教学论》，傅任敢译，167 页，北京，人民教育出版社，1984。
④ [捷]夸美纽斯：《大教学论》，傅任敢译，113 页，北京，人民教育出版社，1984。

智），把大量的水猛烈地倒进去，而不让它一滴一滴地滴进去，结果会是什么呢？毫无疑问，大部力的水会流到瓶子外边去，最后，瓶子所盛的水比慢慢地倒进去的还少。有些人教学生的时候，不是尽学生所能领会的去教，而是尽他们所愿教的去教，他们的作法也一样蠢；因为才力是要加以支持的，不可负累过度，教师和医生一样，是自然的奴仆，不是自然的主人。①

与课程论的思想一致，夸美纽斯提出，应当要求学生"只记最重要的事情；对于其余的，他们只须领会大意就够了"。他认为："假如一切事情都按学生的能量去安排，这种能量自然就会同学习与年龄一同增长。"②

夸美纽斯的量力性思想反映了教学必须适合儿童身心特点的规律。但由于他的许多议论是针对当时教学的弊病而发的，因此不无偏颇之词。比如，他提出："若不是绝对有把握，知道孩子具备了记忆某件事情的力量，不可要求他去记忆"；"无论什么事情，除非已经把它的性质向孩子们彻底讲清了，又把进行的规则教给了他们，不可叫他们去做那件事情。"③这些话容易被理解为对促进儿童的发展估计不足。

（四）循序渐进原则

夸美纽斯根据"自然并不跃进，它只一步一步地前进"的法则，以及幼鸟慢慢学飞的事例，引出教学要循序渐进的原则。他指出："各个班级的一切功课都应该仔细分成阶段，务使先学的能为后学的开辟道路，指出途径。"④教师教学、儿童学习要严格遵守时间和科目的划分，不能"省略或颠倒"。他还要求练习应从基本的做起，不能好高骛远，一开始就去从事野心勃勃的工作。

---

① ［捷］夸美纽斯：《大教学论》，傅任敢译，113~114 页，北京，人民教育出版社，1984。
② ［捷］夸美纽斯：《大教学论》，傅任敢译，114 页，北京，人民教育出版社，1984。
③ ［捷］夸美纽斯：《大教学论》，傅任敢译，115 页，北京，人民教育出版社，1984。
④ ［捷］夸美纽斯：《大教学论》，傅任敢译，102 页，北京，人民教育出版社，1984。

他曾举学绘画的例子：一个画家并不是一开始就教他的学生画人像。他只教学生调颜料、握笔、画线条，然后再教学生画粗糙的轮廓。这样按部就班地发展下去，到一定时候，水到渠成，学生就可以掌握娴熟的绘画技巧了。他说："假如有人对于任何一种艺术都能够按照这里所指示的，一步一步前进，他是不会得不到进步的。"①其他课程的教学也是同样道理。他要求"学生首先应当学会理解事物，然后再去记忆它们，在这两点经过训练之前，不可强调言语与笔墨的运用。"②

(五)巩固性原则

夸美纽斯在《大教学论》第 18 章提到的"教与学的彻底性原则"，即巩固性原则。针对旧学校的弊病，夸美纽斯指出，绝大部分学生离校时并未掌握真正的知识，他们掌握的只是真正知识的一种阴影。究其原因，一方面是由于学校专教无意义、对人生无用的知识；另一方面是由于知识只通过了学生的脑子，却没有固定下来。他形容这种情况就像不断地把流水泼到一个筛子上去一样。③

夸美纽斯认为，他找到了一些办法，不仅可使学生对自己学过的东西清楚明白，而且能烂熟于心，长期不忘。为此，他提出了以下措施。④

(1)教给学生的知识必须是有用的。

(2)要激发学生的求知欲望，使所学概念彻底印入学生脑海。

(3)从事物本身去获得知识，即从实践中获得知识；不仅会分析，而且要善于综合。

(4)课程的排列要有系统，先学的课程要成为后学的基础，后学的课程要能巩固前面的知识。

① [捷]夸美纽斯：《大教学论》，傅任敢译，167 页，北京，人民教育出版社，1984。
② [捷]夸美纽斯：《大教学论》，傅任敢译，99 页，北京，人民教育出版社，1984。
③ [捷]夸美纽斯：《大教学论》，傅任敢译，119 页，北京，人民教育出版社，1984。
④ [捷]夸美纽斯：《大教学论》，傅任敢译，121~132 页，北京，人民教育出版社，1984。

(5)要训练、培养记忆力。

(6)努力将学过的东西教给别人，或复述给别人听。

(7)所教的科目要有适当反复与练习。

从夸美纽斯的上述意见可以看出，他的巩固性原则与其他教学原则有着密切的联系。应当指出的是，在夸美纽斯提出的各种措施中，他非常强调实践在巩固地掌握知识、技巧中的作用。他认为，教师传授，学生听讲、阅读固然重要，不可忽视，但最深刻、牢固的知识却是学生通过实践得来的。因此他要求学生"从书写去学书写，从谈话去学谈话，从唱歌去学唱歌，从推理去学推理"①。这种思想被一些学者称作一种"做中学"的思想。夸美纽斯要求将这种方法不仅贯彻在教学中，也贯彻在德育中。

(六)因材施教原则

夸美纽斯强调人的自然的平等及可受教性，但这绝不意味着他不重视人的个别特征。在长期的教育实践中，他深切地感受到，儿童们以不可言喻的方式，显示了他们的个体差异。在谈到这种差异时，夸美纽斯指出：

> 人心的不同和植物、树木或动物之各不相同一样大……有些人的心理能力确乎是很大的，他们能在每门学科上面有成就；但是也有许多的人，连某些基本的东西都极难掌握。有些人对于抽象的科学显得很有能力，但是对于实用的科学，才力很小就象一匹驴子不会玩七弦琴一样。有些人除了音乐以外，什么都能学会，有些人却不能够精通数学、诗词或逻辑学。②

---

① S. E. Frost, *Historical and Philosophical Foundation of Western Education*, Columbus, Charles Merrill Publishing Company, 1966, p.228.

② [捷]夸美纽斯：《大教学论》，傅任敢译，153页，北京，人民教育出版社，1984。

面对儿童的个体差异，夸美纽斯认为，教育者不应厌弃某些儿童，也不可按自己的主观意愿去试图改变儿童的天性及能力，因为这样做不是没有结果，便是结果远抵不上所费的精力。①他强调："教师是自然的仆人，不是自然的主宰"，依照自然行事，顺应儿童天生倾向发展，这是教育工作者必须遵循的基本原则。因此，他要求教师必须研究儿童、了解儿童、掌握不同儿童的特点，并根据不同特点，有的放矢，对儿童采取不同的教育方法与措施，这个必须这样去对付，那个又须那样去对付，同样的方法是不能够用在所有的人身上的。夸美纽斯认为，只要教师坚持这样去做，儿童在某一方面缺少的东西多半会由另一方面去补足，最后，不论儿童的资质如何，都会达到相当的发展，从而实现"为上帝与人类服务"的目的。②这些话颇具当代意识，让现代教育工作者听听，都会有醍醐灌顶之感，反映了这位教育家的远见卓识。

夸美纽斯还十分重视教育中的兴趣，深信教学中的强制与暴力无异于教学的失败，并认为儿童的兴趣一旦激发出来，则每一个儿童都有足够的动力去学习。

第四节　论学制及学校管理

一、论学制

夸美纽斯承袭了昆体良的观点，对学校教育推崇备至，认为诸种教育形式中，学校教育具有特别重要的意义，学校的产生乃是人类社会进步的结果。此外，他还从 17 世纪日益发达的社会分工得到启示，指出：一个做家长的人为了维持家庭生活，没有时间独自操办一切，而必须利用各种工匠的劳动成

---

① [捷]夸美纽斯：《大教学论》，傅任敢译，153 页，北京，人民教育出版社，1984。
② [捷]夸美纽斯：《大教学论》，傅任敢译，153 页，北京，人民教育出版社，1984。

果；同样，在子女教育问题上，父母往往既没有时间，也缺乏能力，因此，应充分利用以教育青少年为己任的教师及学校。夸美纽斯还指出：即使做父母的人有时间、有能力教育自己的子女，但是儿童最好还是进学校，一同在大的班级里接受教导。因为通过榜样和彼此激励、竞争、刺激，可以产生更好的教育效果。他说："骏马有敌手要赛过或有先导马可追随的时候，才是它跑得最快的时候"[①]；对儿童来说也一样，"用榜样总比用训条容易领导，容易管束"[②]。

夸美纽斯虽然肯定了学校教育的必要性和优越性，但他严厉批评了当时学校普遍存在的管理、结构、教学等方面的不合理、效率差等弊病，有时甚至发出了现实学校是儿童"才智的屠宰场"之类的愤激之言；还声称"在此以前没有一所完善的学校"。[③] 为了改革旧学校，使之真正发挥积极的效能，夸美纽斯提出系统的学制及学校改革构想。

(一)《大教学论》中提出的四级教育学制

夸美纽斯依据自然适应性原则及泛智与民主的思想，在《大教学论》中提出了一个统一的单轨学制，共 24 年，从出生直至成年。其间又分为婴幼儿期、儿童期、少年期和青年期 4 个发展阶段，各为 6 年，与之相应的是母育学校、国语学校、拉丁语学校和大学 4 级学制。夸美纽斯认为，每一个发展阶段及相应教育机构都有自己专门的教育任务，同时，它们之间又存在着联系，前一个阶段都是为后一个阶段打基础的，后一个阶段又是前一个阶段的合乎逻辑的发展，最终实现教育所要达到的目的。

1. 母育学校

从儿童出生至 6 岁为婴幼儿期。夸美纽斯认为，教育从儿童出生即开始，

---

① ［捷］夸美纽斯：《大教学论》，傅任敢译，50 页，北京，人民教育出版社，1984。
② ［捷］夸美纽斯：《大教学论》，傅任敢译，50 页，北京，人民教育出版社，1984。
③ ［捷］夸美纽斯：《大教学论》，傅任敢译，60~61 页，北京，人民教育出版社，1984。

母亲是儿童的第一位教师，家庭是儿童的第一所学校，可称之为"母育学校"。他认为，这一阶段教育的主要任务是为儿童奠定体力、智慧和道德发展的基础。

2. 国语学校

当儿童满 6 岁后，夸美纽斯主张他们应进入国语学校，接受初等教育，学习 6 年国语。夸美纽斯极力主张普及初等教育，声称要模仿"把光、暖与生气给予整个的世界"的太阳，在每个城市及大小村庄都建立起国语学校，招收每一个儿童，不问其社会地位或性别，并且混合编班，让所有儿童接受同样的教育。他甚至认为：这种教育带有义务性质。夸美纽斯说："国语学校的目的与目标是应当把对青年人终生有用的事物教给一切六岁到十二岁的青年。"①具体而言，就是通过以本国语言进行的读、写、算及音乐、宗教、通史、天文、地理、自然、经济学、政治学及技艺的学习，训练感觉器官、想象力及记忆力。

3. 拉丁语学校

当儿童结束了国语学校的学习，则可进入具有中等教育性质的拉丁语学校学习。这类学校分为 6 个年级，每年级以 1 种学科为主，并以此学科作为该年级的名称，分别为文法班、自然哲学班、数学班、伦理学班、辩证术班、修辞学班。这种学校应为学生提供百科全书式的知识，或为以后接受更高等的教育做好准备。夸美纽斯主张拉丁语学校应设在每一个城市，并为所有志向"在工场之上"、愿意学习更多知识的人开放。

4. 大学

青年在将近 18 岁时，结束了拉丁语学校的学习，更高一级的机构是大学，设在每个王国或省。夸美纽斯认为，大学旨在培养牧师、律师、医生、教师以及国家领导人，只有极少数才智过人，且有良好德行的人才可在进一

---

① ［捷］夸美纽斯：《大教学论》，傅任敢译，231 页，北京，人民教育出版社，1984。

步的教育中获益。他建议举行公开考试，以便从拉丁语学校的毕业生中挑选适于进一步深造的青年。他指出：大学的"课程应该真正是普遍的，应有学习人类知识的每一部门的准备"①。与此同时，夸美纽斯还提出：大学还应是研究机构，通过提供"人类知识的每一分支"，供学生学习、研究之用。

夸美纽斯提议，以广泛的长途旅行来结束大学生活。他根据切身体会，认为这种旅行对于常年侧重于书本知识学习的青年获得直接经验，了解民情风俗，开阔眼界是大有裨益的。

在夸美纽斯的上述学制构想中，其杰出贡献突出表现在他的单轨学制及体现在初等教育、中等教育为一切人开放的主张。如果我们考虑到他是置身于等级及教派森严的 17 世纪，这些主张更是难能可贵。诚如有的美国教育学者指出的：夸美纽斯所提出的学制，类似于美国的现行学制，而完全不同于后来在欧洲逐渐形成的双轨制。②这是与他的力图维护平民利益的民主主义思想分不开的。

如果我们单就夸美纽斯拟定的学制本身的科学性来作些分析，也可以发现它的很多优点。

（1）此学制系统一改以前学校设置上的分散、孤立状态，既分段又连贯，同时呈宝塔型，可满足不同条件的人的不同教育要求。

（2）小学阶段由当时流行的两三年延长为 6 年，其用意可能是为了提高面向平民普及的义务教育的质量（当时只有初等教育可能义务化）。加强初等教育的要求显然是合理及必要的，并在后世流行。

（3）采取考试及甄别制度选拔中高等学校学生在西方亦属一创举。

总之，夸美纽斯的学制构想为近现代各国学校教育制度奠定了基础。法

---

① ［捷］夸美纽斯：《大教学论》，傅任敢译，243 页，北京，人民教育出版社，1984。

② E. P. Cubberley, *The History of Education*, New York, Houghton Mifflin Company, 1920, p.412.

国大革命时期著名的孔多塞(M. Condorcet, 1743—1794)教改方案及美国近代单轨学制等的提出或形成都明显受到了他的影响。

（二）《泛教论》中提出的七级终身教育制度

在 20 世纪 30 年代新发现的夸美纽斯的晚年著作《人类改进通论》7 卷本之一的《泛教论》(Pampaedia)手稿中，夸美纽斯对上述学制作了进一步的发展，声称教育应从妇女妊娠乃至男女婚配开始，直至进入坟墓方告结束。基于这一认识，他将人的教育划分为 7 个阶段：胎儿期、幼儿期、童年期、少年期、青年期、成年期、老年期，并为上述各阶段规定了相应教育机构及教育任务。由于第 2 至第 5 阶段与《大教学论》中的有关构想(前述的 4 级学制)大体相同，故此处仅讨论第 1、6、7 个阶段。

1. 胎儿学校

夸美纽斯提出，与人生的第 1 个阶段(胎儿期)相应，应设立胎儿学校。他对优生优育的问题进行了讨论，甚至提出设立"婚姻指导委员会"及"产前诊所"来对准备结婚的青年男女及孕妇提供咨询，以便养育健康的婴儿。在《母育学校》中，他也讨论过优生和胎教等问题。

2. 成人学校

与人生的第 6 个阶段(成年期)相应，夸美纽斯主张设立"成人学校"。他指出，成人应当放弃继续接受教育训练的观点是愚蠢的。在人生的这一阶段，不但不应抛弃书本，还应更广泛地使用，只是在方式上，成人以自我教育为主。他也依据泛智的原则为成人教育开列了内容广泛的大纲和书目，涉及完善身心及认识世界两大方面。他认为，加强道德的及技术的学习可使一个人更好地从事其本职工作。此外他还谈到理论联系实际，按照人的天性选择职业，在人们之间开展竞争以使人们最大限度地发挥潜力，以及如何享受生活乐趣等问题。

3. 老年学校

与人生的第 7 个阶段(老年期)相应,夸美纽斯主张在有老人聚集的地方成立"老年学校"。他认为,老年是人生的一部分,不应无所事事,而应继续行动（学习、工作），有时还可承担某些重任。他还提出,老人应总结自己丰富的人生阅历,尽量过好这一段平静而仍然积极的生活,并以安详的态度对待死亡,以使人生有一个完满的终结。

夸美纽斯在阐述上述人生阶段及相应教育机构时还提出,与人生的前两个阶段(胎儿期、幼儿期)相应的教育机构是"私立学校"①;与第 3 个阶段、第 4 个阶段、第 5 个阶段(童年期、少年期、青年期)相应的是"公立学校";与最后两个阶段(成年期、老年期)相应的是"个体学校"。但不论哪类学校,他都要求国家、教会或社团向它们提供必要的书籍、教具及合格的教师。他极为强调教师提供帮助的价值,主张挑选品格高尚、热心勤勉、精明能干的人来任教或提供咨询。夸美纽斯声称他倡导这一教育体系的目的是改造人类,使所有的人都变为"真正理性的、真正道德的、真正虔诚的"人,使人类社会成为开放的幸福的天堂。②

从上述粗略的介绍我们可以看出,夸美纽斯在其晚年已以高屋建瓴的恢宏气势提出了一个从优生(甚至早于今天所谓的从"摇篮"开始)到坟墓的终身教育体系。就其严谨完整而言,不仅前无古人,数百年间也无来者。我们有理由认为,夸美纽斯是历史上比较系统的终身教育思想的最早阐述者和倡导者。

---

① 在夸美纽斯晚年的作品《泛教论》中,他的 1~6 岁学前儿童教育的思想开始由"个体学校"发展为提倡建立以 4~6 岁幼儿为教育对象的"母亲督导的班,第一个共同和积极的教学班"。这是"一种特殊的半社会学校",带有一些集体教育的特点。这发展了他早期的观点。

② 参阅:[捷]夸美纽斯:《人类改进通论》,吴式颖译,见任钟印主编:《世界教育名著通览》,327~343 页,武汉,湖北教育出版社,1994；Rober R. Rusk and James Scotland, *Doctrines of the Great Educators*, HongKong, Mcmillan Press Ltd., 1982, p.73.

二、论学校管理

在中世纪，欧洲各国的学校杂乱、松散。教师对学生个别指导，或以高压迫其就范，缺乏统一的教学计划和科学的教学组织管理形式。文艺复兴以后，特别是宗教改革时期，由于教育规模扩大，受教育人数增多，不少教派的教育家为了收到较好的教育效果，开始探索新的教学组织管理形式，分班、分级教学制度开始形成。例如，在耶稣会和路德教派所创办的中学中，分别把学校划分为9个年级或10个年级。耶稣会还制定了《课程计划》，对所有年级的教学做了详细规定，并按年、月、周规定了工作进程。夸美纽斯总结了前人的经验，并予以完善和发展，在《大教学论》中第一个从理论上提出并详细论述了包括班级授课制和与此配套的学年制在内的学校管理理论，后来又在其他著作(包括《泛智学校蓝图》《创建纪律严明的学校的准则》等著作)中，对此问题进行了更深入的探讨及规定。

(一)班级授课制

夸美纽斯用太阳以它的"光亮给予万物"而"不单独对付任何单个的事物、动物或树木"做依据①，提出班级授课制是必要的和可行的，并对此做了详细论证。

第一，夸美纽斯论述了班级授课的作用和重要性。他认为，班级授课是对师生产生激励作用、提高教学效率的有力手段。他说：

> 教师看到跟前的学生数目愈多，他对于工作的兴趣便愈大(正同一个矿工发现了一线丰富的矿苗，震惊得手在发抖一样)；教师自己愈是热忱，他的学生便愈会表现热心。同样，在学生方面，大群的伴侣不仅可以产生效用，而且也可以产生愉快(因为人人乐于劳动的时候有伴侣)；因为他们可以互相激励，互相帮助。②

① [捷]夸美纽斯：《大教学论》，傅任敢译，137页，北京，人民教育出版社，1984。
② [捷]夸美纽斯：《大教学论》，傅任敢译，139页，北京，人民教育出版社，1984。

第二，夸美纽斯论述了班级授课的具体办法。他要求根据儿童年龄特点、知识水平，将他们分成不同班级，作为教学的组织单元。每个班级有 1 个专用教室。在国语学校中，从低到高分别设 6 个班(年级)，学生逐步升入高一级的班(年级)中学习。在拉丁语学校中也有 6 个班(年级)，从低到高，它们分别称为文法班、自然哲学班、数学班、伦理学班、辩证术班、修辞学班。每个班级有一位教师，他同时面对全班所有的学生进行教学，或者说全班学生在教师指导下学习同样的功课。夸美纽斯在讨论班级授课时提到：一个教师同时教一百甚至几百个学生是可能乃至必要的(这一主张显然与当时合格教师稀少有关)。为了使教学切实可行，他提议在班级内将学生分组，十人一组，每组挑选 1 个承担管理职责的组长，即"十人长"。"十人长"的职责是协助教师督促其他学生，管理学业；必要时，还可代替教师主持若干教学活动。夸美纽斯认为，采取上述做法的结果是："1. 教师的工作可以减轻。2. 没有一个学生会被忽略。3. 学生会比以前更用心。4. 对一个学生所说的话会对全体学生同样有益。"①

(二)学年制及学日制

为了改变中世纪学校工作的无计划以及学生在 1 年中可以随时入学的管理混乱无序的状况，夸美纽斯制定了统一的学年、学日制度，以保证合理支配时间。按照他的构想，除特殊情况外，各年级应在每年的秋季开始，并在下一年秋季结束学年课程，除此时间之外，不应接收任何儿童入校，务使全班同学的学习进度一致，都能在学年底结束相同课程的学习，经过考试，升入更高的年级。此外 1 个学年还被划分为月、周、日、时，每日有 4 小时用于上课。他建议在从事 1 小时紧张的学习后，要休息半小时，每天要保证 8 小时的睡眠，每周三、六的下午是学生自由活动时间。每年有 4 次较长的休假日，每次 8 天。在宗教节日(如圣诞节、复活节等)的前后一周、葡萄收获

① [捷]夸美纽斯：《大教学论》，傅任敢译，144 页，北京，人民教育出版社，1984。

季节的 1 个月也是学生休息的时间。这样，学生的学习、休息和生活就有了合理的安排。①

(三)考试及考查制度

为了提高教学的效能，与班级授课制及学年制配套，夸美纽斯还制定了一套比较完整而严密的考试及考查制度，共分为 6 种。

(1)学时考查。由任课教师主持，在上课时进行。这种考查目的之一是观察学生学习是否专心。有时是通过提问进行检查。

(2)学日考查。由十人长主持，在每天学校全部课程结束之后进行。形式是：由十人长与其组员一起复习，检查所学内容。十人长应力求使小组的成员熟练掌握已经正确理解的材料。

(3)学周考查。这是一种自我考查，在每周星期六午休时进行，提倡进行互换名次的比赛。任何一个名次较低的学生有权对本组名次较高的学生进行挑战(甚至可以跨组竞赛)。如果后者比赛失败，就应让位给对手，改为低名次；否则仍保持其原来的名次。

(4)学月考查。每月一次，由校长到各班例行视察时进行。

(5)学季考试。由学校校长和某个主任一起主持，以便了解谁的记忆力、语言表达能力更强，学习更勤奋，表现更佳，以此作为公开表彰的依据。

(6)学年考试。这是学校最隆重的考试，通常在学年结束时举行，学校所有主任均需要参加。形式是：将全校学生集中在操场上，通过抽签，采取口试的形式。合格者及其 10 人小组均可升级，不合格者则须重修或被勒令退学。②

上述考试及考查制度并不完全是现代意义上的考试制度，只是一种非书

① 任钟印选编：《夸美纽斯教育论著选》，任宝祥等译，251、252、317 页，北京，人民教育出版社，2005。

② 任钟印选编：《夸美纽斯教育论著选》，任宝祥等译，320~321 页，北京，人民教育出版社，2005。

面的检查学习的方法，并且缺乏规范化。但它将对学生学业的检查作为学校工作中的一项常规，时刻关心学生的成长，并从每天、每节课抓起，这对保证教学质量和教学效果仍不失为一种良好的管理方法。

（四）督学制度

夸美纽斯是历史上最早倡导国家设置督学的教育家。他认为，任命督学是国王和当权者的权力；他们应将那些"受人尊敬的、贤明的、信教的和积极的"，同时具有丰富的教学经验、自愿从事该项工作的明达之士推举到督学的工作岗位上去。①

夸美纽斯还论述了督学的职责。

（1）对未来的管理者进行培训，使之学会领导学校、制定规章制度，从而将各自管理的学校组织成一只有秩序运行的精良的"钟"。

（2）对各类学校人员进行管理。包括检查校长、教师的工作，并依照其工作表现建议发给恰当的薪金。他认为这样按劳付酬无疑可调动校长、教师的工作积极性，提高教育效果和质量。督学还具有解雇和重新聘用教师的权力。

（3）对学校的各项教学工作进行检查。夸美纽斯指出，督学可通过听课和直接参加学校具体工作的方式来检查学校教学的优劣。尤其是听课可直接感受到师生的教与学，从而为公正地评估教师的教学提供了依据。

（4）监督学校规章制度的执行。

（5）督学还要到社会上去巡视，了解家长和监护人如何对孩子进行教育，并予以指导，以便使学校教育与家庭教育协调一致，相得益彰。夸美纽斯赋予督学的这一项任务大大地拓宽了督学的工作范围，表明督学须承担起全方位的对教育（包括学校教育及社会、家庭教育）的监督之责。

夸美纽斯督导思想的提出是教育管理思想史上的一个里程碑。

---

① 任钟印选编：《夸美纽斯教育论著选》，任宝祥等译，421 页，北京，人民教育出版社，2005。

（五）学校工作人员的管理职责

夸美纽斯在《创建纪律严明的学校的准则》中，将学校人员分成3类："一部分是那些学习知识的人，即学生和他们的十人长；一部分是传授知识的人，即学校的（社会的）教师；还有一部分是管理学校工作的人，即校长和主任。"①值得注意的是，在夸美纽斯的著作中，出现了校长、主任这些学校专门的管理人员。他还对校内管理者的职责作了明确的阐述。

1. 校长

夸美纽斯认为，作为学校总管理者的校长，是全校的核心和支柱。他不承担直接的教学工作，其职责是对学校各项工作进行领导和协调，包括以下几方面。

（1）对教师的管理。校长应了解教师的生活和教学状况。为此，他可私下或公开地对教师进行了解和检查。固定的检查有学月检查和学季考试。校长还须承担指导教师之责，帮助教师掌握教学方法和策略。

（2）对学校规章制度的管理。校长须监督学校各项制度和规章的执行，预防违纪现象发生，确保学校一切工作都有条不紊；一旦发现脱离常轨之事，则须及时予以纠正。为了预防违纪现象发生，他应向每一个将要入学的学生宣读学校规章，并询问他们是否能恪守无误，学生只有作出保证遵守的承诺并签上名后，方能入学。②

（3）对学校档案的管理。校长应对学校的档案材料，包括学校的年鉴、规章制度、学生的花名册等承担保管之责。学校的年鉴宜由秘书记录，所记内容有学校创建及发展变化的情况、历年校长和教师名单及其变动情况、学校各个时期发生的重大事件等。

---

① 任钟印选编：《夸美纽斯教育论著选》，任宝祥等译，315页，北京，人民教育出版社，2005。

② 任钟印选编：《夸美纽斯教育论著选》，任宝祥等译，341~342页，北京，人民教育出版社，2005。

2. 教师

教师应明确执教班级的目标和任务，并据此安排一切活动。在教学中，教师首先应该教会学生笃信宗教，其次培育学生待人接物方面的美德，最后教授学生生活的外部装饰品——科学知识。教师应成为学生"美德的活生生的楷模"①。

3. 十人长

十人长是学生 10 人集体的管理者。其职责除管理学业、主持每天的学习考查外，还须在智慧、德行、虔信 3 个方面对其他学生进行管理。十人长还要注意同学在校外是否有礼貌，敦促每位学生认真地祷告。②

(六)学校纪律及规章制度

夸美纽斯非常重视纪律在学校管理中的作用，认为为了维持正常的学校秩序，纪律是必不可少的；声称"学校没有纪律犹如磨盘没有水"③。他认为，学校所制定的各种规章制度和行为准则必须严格执行，并确保其严肃性，任何人不得擅自违反破坏。他说："要经常地、高度警惕地维护准则，否则没有任何规章和有章不循这两者之间就没有区别了。"④

夸美纽斯提出：维护纪律的办法有 3 种，即监督、谴责、惩罚。他指出，在学校中，从上至下，无论谁都不得有任何违纪行为，为此，必须及时监督。但一旦有了过失，则宜根据过失的轻重程度给予惩罚，包括训斥、用树条赤身抽打乃至开除等。不过他反对在教学中使用暴力，主张"只有在道德受了违犯的时候"，如发生"语侵神明""淫秽""顽梗和蓄意的恶行""骄傲与轻蔑"

---

① 任钟印选编：《夸美纽斯教育论著选》，任宝祥等译，337 页，北京，人民教育出版社，2005。

② 任钟印选编：《夸美纽斯教育论著选》，任宝祥等译，331~332 页，北京，人民教育出版社，2005。

③ [捷]夸美纽斯：《大教学论》，傅任敢译，215 页，北京，人民教育出版社，1984。

④ 任钟印选编：《夸美纽斯教育论著选》，任宝祥等译，347 页，北京，人民教育出版社，2005。

"嫉妒与懒惰"等性质恶劣的不端行为时，才能采用一种比较严酷的纪律。夸美纽斯指出：体罚是执行纪律的"极端的方法"，学校不能完全放弃，"不过我们总该格外当心，这种极端的方法不可用得太随便、太热心，因为倘若我们滥用了，那么责打所当对付的不服从的极端的情形还没有发生，我们早已智穷力竭了"①。

此外，他还要求在对学生处罚时要做到既严格又温和，以利于错误行为的纠正。

综上所述，夸美纽斯在继承、总结 16 世纪宗教改革时期各教派教育管理实践经验的基础上，提出了有独创性的教育管理思想，包括由国家设置督学来监督管理学校教育及社会教育；建立统一的学校制度；从理论上阐述班级授课制的作用和意义，并对这一制度进一步予以完善；制定学校的各项规章制度；等等。从总体上看，夸美纽斯的教育管理思想，不论是对国家教育行政还是对学校管理都提出了比较细致和全面的要求；这种管理改变了过去仅凭校长或其他管理者的个人经验决定学校事务的状况，使学校各项工作有章可循，有法可依，从而使得学校就如一架运转灵活的机器，一切人的一切行为都协调配合，井然有序。这与过去的经验型的教育管理相比，无疑是一个很大的进步。

夸美纽斯是教育史上第一个较为系统地论述了教育管理问题的教育家。他的有关论述对于教育管理学的形成作出了宝贵的贡献。正如有的研究者指出的，如果我们称宗教改革时期的教育实践家为西方学校管理学的先驱者，夸美纽斯则堪称"西方学校管理学的奠基人"②。

---

① [捷]夸美纽斯：《大教学论》，傅任敢译，63 页，北京，人民教育出版社，1984。
② 任钟印：《〈夸美纽斯教育论著选〉简介》，见任钟印选编：《夸美纽斯教育论著选》，任宝祥等译，11 页，北京，人民教育出版社，1990。

第五节　论德育与体育

一、德育

与教学理论相比较，德育在夸美纽斯的教育体系中占据次要地位，而且保留了较多宗教色彩，但在夸美纽斯心目中，德育绝非不重要。他曾明确表示：他写《大教学论》的目的之一就是要使社会能"减少黑暗、烦恼、倾轧，增加光明、整饬、和平与宁静"①。他还说他写《泛智论》的目的也是要使之成为医治全人类的医术；这种医治的重要方面就是拯救人类道德。② 在晚年，他将毕生心血的结晶命名为《人类改进通论》，道德的改观及德育是其中不可或缺的重要内容。

作为新兴资产阶级的代表，夸美纽斯在教育目的问题上采取了"旧瓶装新酒"的手法：一方面宣称教育的目的是为来世作准备，似乎是超现实的；另一方面又将其落实在重视现实利益、追求现实幸福的基础之上，认为宗教不应妨碍一个人走向幸福和富裕。夸美纽斯在建立其德育理论时也基本上是从这一立场出发的。因此，尽管在他的著作中，存在着大量关于虔敬上帝的说教，但就总体而言，仍反映出他所处时期新兴资产阶级重视现实、积极向上、奋发进取的精神。此处着重就此问题做些评述。

（一）德育的内容

在《母育学校》中，夸美纽斯详细阐述了学前儿童的道德教育问题，强调必须在人生的头几年就奠定良好德行的基础。在德育内容方面，夸美纽斯强调让儿童学习有关德行的初步知识，特别重视对节俭和勤劳等良好品质的培养。他认为节制和俭朴是健康和生活的基础，是其他一切品德的根本。

---

① ［捷］夸美纽斯：《大教学论》，傅任敢译，2 页，北京，人民教育出版社，1984。
② ［苏］克腊斯诺夫斯基：《夸美纽斯的生平和教育学说》，杨岂深等译，328 页，北京，人民教育出版社，1957。

在《大教学论》中，夸美纽斯引证并发挥了柏拉图的思想，提出学校应培养的道德是"持重、节制、坚忍与正直。"①

(1)持重，指有理智。夸美纽斯认为："对于事实问题的健全判断是一切德行的真正基础。"他还引用微夫斯(Juan Luis Vives，1492—1540)的话说："人生最不幸的事情是无过于缺乏判断，以致对事实作出错误的评价，估计错了。"他主张儿童从幼年时起就要不断地练习，发展判断力，以便长大后成为一个有健全理性的人。

(2)节制。指要求儿童在饮食起居、游戏、谈话、工作等各方面要适量，一切不可过度。

(3)坚忍。指要求儿童自我克制，能用意志力抑制不适时、不合理的欲望。夸美纽斯强调指出："我们应当使孩子习于根据理性去行动，不要受冲动的指挥。"因为人类是一种理性的动物，所以应当服从理智的领导，在行动之前应当仔细想：每种作为应该怎样去做，才能使自己真正成为自己行为的主宰。

(4)正直。指避免虚伪欺骗，坦诚待人，乐于为他人、为社会服务。

夸美纽斯的上述思想虽是取自柏拉图，但经其发挥后，却俨然成了新教伦理。他的上述思想与新教的信仰得救、不盲信盲从及过节制生活等观点是相似的。此外，他对"正直"的推崇及解释还反映了他对所处现实中世风日下的强烈不满及敦风化俗的良苦用心。

(二)德育的方法

在教育方法上，夸美纽斯也提出了不少意见。

(1)预防。夸美纽斯提出："假如你不把优良的种子撒在地上，它便生不出别的东西，只会生出最坏的莠草。"但是教师如果早做准备，对儿童加以良好的训练，则可杜绝邪恶的滋长。因此，他强调："德行应该在邪恶尚未占住

---

① [捷]夸美纽斯:《大教学论》，傅任敢译，179~181 页，北京，人民教育出版社，1984。

心灵之前，早早就教。"①

（2）榜样。要求教育者、父母、保姆及品性优秀的学生等儿童经常接触的人为儿童树立"整饬生活的榜样"；教师也可在书本中选取典型，供大家仿效。但前者尤为重要。他认为"孩子们和猿猴一样，爱去模仿他们所见的一切"②。夸美纽斯认为诸榜样中，教师的形象最重要，教师应是诚实、积极、顽强的德行的活的榜样，"除非他能这样作，否则他的一切工作都将是白费"③。

（3）实践。指在行动中练习。夸美纽斯认为，"德行是由经常作正当的事情学来的"④。因此他要求如同在行动中求知和巩固书本知识一样，"从服从学会服从，从节制学会节制，从说真话学会真实，从有恒学会有恒"⑤。

（4）恩威并用。为了取得良好的教育效果，夸美纽斯主张对学生应有"父亲般的慈爱"⑥。教师对学生既可利用赞扬、榜样等正面教育形式，必要时也应话语严厉，甚至进行训诫，两种方法相辅相成，运用得当，会有显著成效。

（5）教训与规则。夸美纽斯认为，为了补充与强化模仿，教师应从《圣经》与"哲人"的著作中收集"人生的规则"，供儿童执行。但他指出：教训与规则的内容主要是如何"反抗嫉妒""防备人生的忧患""节制快乐""控制愤怒"及具有理智感等。

二、体育与保健

在中世纪的教会学校中，由于受基督教摧残肉体、拯救灵魂等禁欲主义荒谬说教的影响，完全取消了以强身健体为目的的体育。文艺复兴产生后，这种局面开始改观，许多人文主义教育家倡导和谐发展的教育，要求恢复古

① ［捷］夸美纽斯：《大教学论》，傅任敢译，182 页，北京，人民教育出版社，1984。
② ［捷］夸美纽斯：《大教学论》，傅任敢译，183 页，北京，人民教育出版社，1984。
③ ［捷］夸美纽斯：《大教学论》，傅任敢译，217 页，北京，人民教育出版社，1984。
④ ［捷］夸美纽斯：《大教学论》，傅任敢译，182 页，北京，人民教育出版社，1984。
⑤ ［捷］夸美纽斯：《大教学论》，傅任敢译，183 页，北京，人民教育出版社，1984。
⑥ ［捷］夸美纽斯：《大教学论》，傅任敢译，217 页，北京，人民教育出版社，1984。

代雅典的体育制度;在一些人文主义教育家的教育实践中,如在维多里诺 (Vittorino da Feltre,1378—1446)创办的"快乐之家"中,军体训练重新占有重要地位。作为一位面向天国,但脚踏实地,带有两重性的教育家,夸美纽斯在正式议及教育任务时,只提到智育、德育及宗教教育,而未曾将体育及与此有关的保健列入其中。他有时甚至声称:如果上帝将"健康""力量""长生""给了某人,那也只是人生的一种附带的装饰"①。但我们不可由此断定夸美纽斯否定体育与保健,在此问题上与中世主义者毫无差别。事实上,夸美纽斯对于体育与保健还是相当重视的,因为这是过好现实人生的必要条件之一。在《大教学论》中,他还专列一章(第 15 章,名为"延长生命的基础"),深入探讨了保健养生问题。

夸美纽斯提出了以下重要观点。②

(1)批判了岁月无情、人生苦短的观点。认为人生并不短促,只要好好安排,善加利用,不致蹉跎在无用的目标上,足以成就最伟大的事业。

(2)一般人生来具有最充分的活力,足以享尽天年。只有"纵容或忽略了生命的自然需要"的人,才会提前死亡。

(3)为了过好现实人生,就应该使一个健康的心灵存在于一个健康的身体里面。为此应采取的措施有:①使身体避免疾病与意外的侵袭;②过一种有规律、有节制的生活,遵守 3 个原则——饮食有节制,身体有运动,按照自然的方式生活起居、休息娱乐。

(4)在学校教育中,应有张有弛,将工作与休息分配得当。每天 24 小时可做如下安排:8 小时睡眠、8 小时工作,剩下的 8 小时则用于健身、进食及娱乐等活动。

上面介绍的是夸美纽斯在《大教学论》中阐述的观点。此外,他在《母育学校》一书中,也对幼儿的体育、保健作了许多论述。总的来看,夸美纽斯的体

① [捷]夸美纽斯:《大教学论》,傅任敢译,26 页,北京,人民教育出版社,1984。
② [捷]夸美纽斯:《大教学论》,傅任敢译,84~89 页,北京,人民教育出版社,1984。

育、保健理论语焉不详，还不够完善；他未将体育正式作为教育的任务之一，这也是一个缺憾。然而，夸美纽斯的有关意见中仍有许多弥足珍贵之处，在历史长河中也具有承上启下的作用。半个世纪后，英国教育家洛克在其名著《教育漫话》中，正式将体育作为教育的主要任务之一，并首次对体育、保健理论做了详细阐述。《教育漫话》的开卷语是："健康之精神寓于健康之身体，这是对于人世幸福的一种简短而充分的描绘。"[1]这句话几乎就是对夸美纽斯原话的重复。[2]

第六节 论学前教育

在西方教育史上，论述过学前教育的人在古希腊就已出现。例如，古希腊的柏拉图、亚里士多德，古罗马的昆体良，文艺复兴时期的伊拉斯谟、蒙田及稍早于夸美纽斯的康帕内拉等人在此领域都有所建树，留下不少金玉良言。但夸美纽斯的贡献则远远超过了前人。

一、儿童观及幼儿期教育的意义和任务

夸美纽斯在《母育学校》中，以满腔的热情，把儿童比作"上帝的种子"，比作比金银珍宝还要珍贵的"无价之宝"，并警告那些欺侮儿童的人，要他们像尊敬上帝那样去尊敬儿童。夸美纽斯还把儿童比作一面镜子，在它里面，人们"可以注视谦虚、有礼、亲切、和谐以及其他基督徒的品德"[3]。夸美纽斯的儿童观虽然尚未摆脱宗教思想的束缚，但毕竟已从根本上不同于中世纪的性恶论的儿童观，表达了他的人文主义思想以及将实现新社会的理想寄托

---

① [英]洛克：《教育漫话》，傅任敢译，24 页，北京，人民教育出版社，1985。

② 这句话在夸美纽斯之前也可能有人说过。他在《母育学校》一书中曾提及。

③ 任钟印选编：《夸美纽斯教育论著选》，任宝祥等译，17 页，北京，人民教育出版社，2005。

于新生一代的热切愿望。

夸美纽斯的幼儿教育思想是立足于深信幼儿期教育的重要意义这一基础之上的。他从教育适应自然的原则出发，把儿童比作种子、嫩芽等，声称："任何人在幼年时代播下什么样的种子，那他老年就要收获那样的果实。"①为此，夸美纽斯呼吁父母们都要承担起孩子的教育责任。他还指出：人比其他动物更高贵，对人不能像对待动物那样，只需注意身体的养护和外表的装饰。人要更注意灵魂的塑造，要以教育去滋补、抚爱和照管其心智，施以全面的训练。

前面已提及，夸美纽斯依据儿童年龄特征，在《大教学论》中构筑了一个4级单轨学制，其中第1级从出生到6岁，儿童可进入母育学校。在夸美纽斯看来，每一个家庭都可成为一所学校，孩子的母亲便是主要教师。夸美纽斯从普及教育的角度和儿童心理发展的连续性和阶段性的角度，考虑学前阶段教育的重大任务，认为母育学校乃是前后衔接、统一学制系统的第一阶段，也是必不可少的阶段。他把为儿童奠定体力、道德和智慧发展的基础，作为人生第一个阶段教育的主要任务。

二、学前教育的内容

(一)体育与保健

夸美纽斯在《母育学校》中引用一位作家关于"健康的精神寓于健康的身体"的忠告，提醒父母们首先应注意的重要事情是保持其子女的健康，宜从胎儿时期就加以注意。他强调孕妇的心理状态对于胎儿的影响，指出如果孕妇不注意控制自己的感情，经常处于突然的恐惧、过度的愤怒或怨恨与感伤一类不良的情绪状况，就可能生育一个怯弱的、易动感情的和沮丧的婴儿，严重时甚至可造成死胎。夸美纽斯还非常重视锻炼和娱乐对儿童身心发展的重

①　任钟印选编：《夸美纽斯教育论著选》，任宝祥等译，24页，北京，人民教育出版社，2005。

要性。主张不要让儿童习惯于用药，要使他们生活有规律并保持愉快的心情。他引用过几句格言："一种愉快的心情就是一半的健康。""精神快乐是人的生命的泉源。"①

(二)德育

夸美纽斯十分重视幼儿的道德教育，因为儿童生下来不是要做一头小牛或一匹小驴，而是要成为一个有理性的人。他强调必须在儿童幼年生活头几年，就奠定其每种良好德行的基础；犹如箴言所说的："成年时还未受过管教的，到老年就会没有德行。"儿女幼年未受到管教，以后就会使父母蒙羞。②

在道德教育的内容方面，夸美纽斯强调要让儿童学习有关德行的初步知识，包括节制、整洁、礼节、尊敬长辈、诚实、不损害他人、不嫉妒、落落大方和爱劳动。在上述一系列品质中，夸美纽斯特别重视节俭和勤劳等良好品质的培养。他认为节制和俭朴是健康和生活的基础，是其他一切良好品德的根本。夸美纽斯鄙视懒惰，称之为"撒旦的蒲团"，认为当一个人闲散、无所事事时，就会想入非非，进而有不道德的行为。因此，一个有见地的儿童教育者的主要任务之一就在于不让任何人懒惰，甚至从儿童的幼年时起，就要用各种方法训练他勤勉地从事各项劳动。

道德教育的方法和手段主要有3种：训斥、榜样和练习。其中练习尤为重要，宜多运用。例如，在吃饭、穿衣服和玩玩具的过程中练习整洁；在帮助别人的过程中练习助人为乐；在与人们的日常交往中练习礼貌；等等。

夸美纽斯在倡导温和的纪律及积极的方法的同时，对中世纪以来家庭教育实践中广泛采用的体罚持反对态度，主张在万不得已时才使用鞭笞。

(三)智育

夸美纽斯幼儿教育思想中最有特色的部分是智育。在西方教育史上，他

---

① 任钟印选编：《夸美纽斯教育论著选》，任宝祥等译，36 页，北京，人民教育出版社，2005。
② 任钟印选编：《夸美纽斯教育论著选》，任宝祥等译，53 页，北京，人民教育出版社，2005。

第一次为 6 岁以下儿童的智育提出了一个广泛而详细的教学大纲。根据幼儿的年龄特点，夸美纽斯认为这一时期智育的主要任务是训练幼儿的外部感觉、观察力，以及获得各类知识，同时发展语言、思维，为他们以后在初等学校里的系统学习作好准备。

夸美纽斯为母育学校制订的智育计划包括：自然、光学、天文学、地理学、年代学、历史学、家务、政治学、辩证法、算术、几何学、音乐、语言等学科。他强调，"必须把一个人在人生的旅途中所当具备的全部知识的种子播种到他(儿童)身上"①。夸美纽斯相信，通过这种启蒙性质的教育，就可以为儿童奠定各门科学知识的最初步的基础。

例如，在物理学方面，应该知道什么是火、空气和土，并且学会说出雨、雪、冰、铅、铁等名称；在天文学方面，应当辨别日、月、星；在地理学方面应当认识他出生和生活的地方，以及乡村、城市，还有要塞或城堡。此外，他还应当知道什么是时、日、周、月、年，什么是春、夏、秋、冬等。夸美纽斯对于自然科学知识给予高度重视，力图使儿童在获得有关知识的"种子"的同时，教会他们辨别和称呼那些东西，亦即发展语言。

夸美纽斯要求以易于理解的形式，使儿童认识历史、经济和政治的初步原理。具体做法是：要儿童记住昨天、今天、过去一年发生的事情；知道谁是自己家庭的成员，谁不是；具有关于各种政府官员(如市长和法官)的概念等。学习社会知识时，夸美纽斯也力求教会儿童能知、能言、能行。

夸美纽斯重视训练儿童的"体外感觉"及分辨外界事物的能力。其中，他尤为重视视觉的培养。夸美纽斯受弗朗西斯·培根的唯物主义感觉论的影响，认为感觉是知识的主要源泉，所以，他为发展儿童的视觉，培养儿童的观察力，提出了相当细致的意见。例如，他建议在儿童 2~3 岁时，即向他们展示涂过颜色的东西，并让他们看天空、树木、花朵和河流等。4 岁后，为扩大儿

---

① [捷]夸美纽斯：《大教学论》，傅任敢译，224 页，北京，人民教育出版社，1984。

童的视野，可带他们到户外去观察各种动植物，或让他们欣赏书中的图画。夸美纽斯认为，通过不断扩展观察的范围，儿童的视觉和观察力将有发展，他们将会获得关于天文、地理和自然等方面的初步知识。发展外感觉能力时，他强调要循序渐进。

三、学前儿童的游戏及玩具

在夸美纽斯的教育体系中，游戏得到很高的评价，被认为是在母育学校时期对儿童进行全面教育的手段。

夸美纽斯从幼儿的年龄特征出发，强调多给幼儿活动的机会。他认为，儿童天性好动，他们血气旺盛，这使他们不能静止，所以，对儿童不应加以限制，而应让他们常常有事可做，像蚂蚁一样不停地忙碌。他甚至规定了这样一条原则：凡是儿童喜欢玩的东西，只要对儿童没有什么损害，那么就应该让他们通过玩，让他们得到满足，而不应加以阻止。因为儿童不活动比起不得闲，对身心两方面的损害更多。①夸美纽斯认为，给儿童以活动的自由有三大好处：一是可锻炼身体，增进健康；二是可运用和磨炼思想；三是可练习四肢五官，使之趋于灵活。

至于活动的方式，夸美纽斯认为游戏是最适合幼儿的。他指出：游戏的时候，儿童的精神专注于某种事物，自然本身在激发他们去做事情。用这种手段，儿童就可以受到一种积极生活的锻炼而没有任何困难。但这并不是说儿童的父母可以让儿童自由玩耍，自己却袖手旁观；他们应积极行动起来，帮助和指导儿童游戏，甚至直接参加游戏，就像当年雅典的一位执政官地米斯托克利②以芦苇当马和儿子共骑那样。

---

① 任钟印选编：《夸美纽斯教育论著选》，任宝祥等译，45 页，北京，人民教育出版社，2005。

② 地米斯托克利（Themistocles，约前 524—约前 460）是古代雅典政治家、军事家，也是在公元前 480 年萨拉米海战中从波斯帝国的统治下拯救希腊的主要救星。

夸美纽斯对玩具也提出了详细意见。他认为真的工具常会给孩子带来危险，所以必须找些取代工具的玩具，例如，小的铁刀、木剑、锄头、车、滑板、踏车、建筑物等。儿童也可以用自己所喜欢的泥土、木片、木块或石头搭起小房子，这样可以显示他们建造房屋的一种初步建筑术。夸美纽斯还提议要为儿童的眼、耳及其他感官提供一些小的作业，认为这些作业对增强他们的身心力量将是大有裨益的。从上述主张中，我们可以看到夸美纽斯提出了涉及游戏教育意义的一些重要问题：游戏是符合儿童天性的能量的散发；游戏是组织愉快的幸福童年的手段，是儿童生活不可缺少的伴侣；游戏是使儿童的一切力量和才能得以发展的重要的智力活动，是扩大和丰富儿童观念的有力手段；游戏是生活的预备；成年人领导或参与儿童游戏是有必要性的；等等。夸美纽斯的这些思想在儿童游戏理论的发展史上有着重要的意义。

四、学前儿童的劳动教育和语言发展

夸美纽斯鄙视懒惰，视之为"撒旦的蒲团"，主张从小培养儿童的劳动习惯，让他们逐年获得劳动技能。例如，在儿童出生后的前3年，应当学会倒水和把东西从一处移到另一处；学会卷起、展开、折弯、弄直、戳穿等。在儿童4~6岁时，应当从事手工劳动，包括各种建造活动。为了发展手的技能，夸美纽斯主张利用幼儿易懂的图画和习字，用粉笔或炭黑教他们画直线、钩弯、十字、圆圈，并建议这些课业用游戏形式进行。他认为幼儿若习惯于拿粉笔写字母，以后可减轻小学教师的气力。

为了发展儿童的语言，夸美纽斯认为首先必须教会他们清楚准确地发出字母、音节和全字的声音，然后说出他们在家中所见的以及作业用的一切东西的名称。夸美纽斯也建议采用游戏的方式来发展语言。母育学校除了培养儿童正确地使用本民族语言说话的技能外，还应奠定思维发展的基础。他认为这个阶段的儿童已表现出这方面的萌芽。

五、学前儿童的集体教育

夸美纽斯在《母育学校》中也强调了幼儿集体教育的必要性。他认为同龄儿童在对待事物的态度和思维方面的进步是相同的，与成人对儿童的教育相比，儿童能更有效地相互促进智力的发展。因为某个儿童的发现对于其他儿童来说，不会是太高的；在他们中间，既没有某个儿童对其他儿童施加控制，也没有强制，更没有恐怖，相反，有的是情感、公正以及对所发生问题的自由讨论。所有这一切，都是成人对待儿童时易掉以轻心之处。由于同龄儿童可能比其他任何人更宜于提高伙伴的才能，所以每天都应让他们聚集在一起追逐嬉戏。与此同时要教育他们分辨善恶，防止同坏人交往。

在夸美纽斯晚年的作品《泛教论》①中，他的学前儿童集体教育的思想开始发展为提倡建立以4~6岁幼儿为对象的"母亲督导的班，第一个共同和积极的教学班"。这是"一种特殊的半社会学校"，是为邻近的孩子们开设的。在那里，孩子们在各家母亲们的照管下，相互交往、共同游戏、唱歌、数数儿，培养良好的习惯和信仰；在尚未进行读写的时候，锻炼情感和记忆。②夸美纽斯的这一构想超越了其早年倡导的幼儿家庭式及个别化教育主张，为约一个半世纪后问世的幼儿社会及公共教育机构提供了思想资料。③

六、学前教育与初等教育的衔接

夸美纽斯还详细论述了儿童应在何时入小学以及入学前应作些什么准备的问题。他认为，儿童6岁前入学是不合适的。一方面，6岁前的儿童需要更

---

① 《泛教论》属于夸美纽斯最后的未全部完成的鸿篇巨著《人类改进通论》(七卷本)中的一卷。作者生前未曾正式出版，仅存手稿。《人类改进通论》于1644年开始构思，1666年出版第一、二卷。(参阅赵祥麟主编：《外国教育家评传》第一卷，423页，上海，上海教育出版社，2003。)

② [捷]夸美纽斯：《人类改进通论》，吴式颖译，见任钟印主编：《世界教育名著通览》，340页，武汉，湖北教育出版社，1994。

③ 一般认为，近代第一所幼儿社会教育机构是由法国人奥柏林(J. F. Oberlin)于1770年创办的(参见杨汉麟：《外国幼儿教育史》，125页，北京，人民教育出版社，2011)。

多的监护和照顾，这远非一位教育许多儿童的小学教师力所能及；另一方面，6 岁前的儿童，头脑还是不凝固的，故对于该年龄的儿童来说，使其在游戏中自然地、不自觉地感知事物也就足矣。但是，

> 六岁以后的儿童，若非把他们立即送入学校受较高一级的教育，他们将会始终如一地变为有害无利的懒散，而最终将变得像一匹"野驴驹"。另外，还会有令人更可担心的事发生，就是从那不注意的懒散中沾染恶习，这会像一种毒草一样，以后是很难连根拔掉的。①

考虑到儿童的发展存在差异，夸美纽斯提议，任何人一旦有一个异乎寻常的儿童，他就应该去请教教师或学校的督学。判断一个儿童是否适宜进入公共学校的标志有 3 点：

(1)该儿童是否真正获得在母育学校所应学会的东西；

(2)他对问题是否有注意和辨别、判断的能力；

(3)他是否有进一步学习的要求或愿望。

夸美纽斯指出，父母没有准备就将其子女送往学校是不智之举，教师将会为这样的孩子所困扰。更为糟糕的是一些父母所做的错误准备。这些父母用对教师和学校的恐惧惊吓、刺激儿童，其结果使儿童沮丧，对学校和教师持有更加憎恶和奴隶般恐惧的情绪。他指出，正确的做法如下。第一，在儿童接近入学的时候，父母、家庭教师和监护人应当以快乐的心情尽力鼓舞儿童，好像节日和收获葡萄的季节快到时那样；要告诉儿童入学获得学问是何等美好的事情。第二，应当努力激发儿童对于未来教师的信心和爱戴。

---

① 任钟印选编：《夸美纽斯教育论著选》，任宝祥等译，69 页，北京，人民教育出版社，2005。

七、父母教育指导书和儿童教材

夸美纽斯在《大教学论》第 28 章中，专门讨论了幼儿父母教育指导书和儿童读物的问题。他认为，要想帮助父母和保姆有效地教育好孩子，必须考虑为他们编写一部手册。手册应包括以下内容：

（1）父母及保姆的教育责任；

（2）儿童所应当学习的各种科目的教导大纲；

（3）教学方法：主要是指出教导每一种科目的最合适的时间和灌输它们所应当采用的最佳言语和姿态。

夸美纽斯的上述思想在其幼教专著《母育学校》里得到了详尽阐述。

夸美纽斯还认为，应当为儿童编写一本可直接供其观赏的图画书。他已意识到，在幼儿阶段，教育的主要媒介应当是感官的知觉，而视觉又是感觉里面最主要的，所以应把各门学问中最重要的事物以图像形式输送给儿童，包括物理学、光学、天文学、几何学等知识。这本书还应当画出高山、低谷、树木、鸟、鱼、马、牛、羊和各种年龄、高度的人等。总之，图画书中的内容正好和《母育学校》中提出的教学大纲相对应，可以配套使用。

夸美纽斯也重视儿童语言的发展。他提出每张图画的上端应写出它所代表的物体的名称，如"屋""牛""狗""树"等。夸美纽斯认为，这种图画书有 3 个用处[①]：

（1）让事物在儿童心里留下一个印象；

（2）使孩子们形成一种观念，认为从书本上面可以得到快乐；

（3）帮助儿童学习阅读，掌握语言文字。

综上所述，夸美纽斯对学前教育的贡献主要表现为：详细论述了幼儿期教育的意义；首次深入"研究了在家庭条件下学前教育的完整体系，规定了它

---

① ［捷］夸美纽斯：《大教学论》，傅任敢译，229 页，北京，人民教育出版社，1984。

的目的、内容和基本方法"①；在历史上第一次把学前教育纳入其充满民主色彩的单轨学制；撰写了历史上第一部幼儿教育专著《母育学校》，以及与其配套的著名的看图识字课本——《世界图解》。

夸美纽斯的幼儿教育思想影响深远。不仅在他之前，甚至在他之后的近200年中，都没有一个人对学前教育做过当时条件下所允许的系统研究，更没有人写过全面论述学前教育的专著。近代著名幼儿教育家福禄培尔(F. Fröbel，1782—1852)、蒙台梭利(M. Montessori，1870—1952)在创立自己的理论时都明显受到了他的影响。有人甚至认为："福禄培尔学说的每一个重要细节差不多都是建立在那位摩拉维亚主教(即夸美纽斯)所奠定的基础之上。"②

《世界图解》是夸美纽斯所编众多教材中对后世影响最大的一部。自该书于1658年正式出版后，被迅速译成欧洲各国的文字，流行达200多年之久，启迪了一代又一代幼儿。歌德在其自传里称此书为他童年时代儿童们"唯一的一本书"③。夸美纽斯所提出的要求适应幼儿的认知特点为他们编绘图画教材的观点及《世界图解》的成功范例也为后人所接受和仿效。如18世纪德国泛爱主义教育家巴泽多(J. B. Basedow，1723—1790)仿效夸美纽斯的原则编写了一本《童蒙读本》，被人们称作"18世纪德国的《世界图解》"④。当代儿童心理学的研究成果进一步证明了夸美纽斯有关思想的合理性和正确性。如皮亚杰和维果茨基(Lev Vygotsky，1896—1934)都把幼儿以自我为中心的语言占主导地位的直观思维期，看作向逻辑思维过渡的时期，看作表象思维的时期。因此对幼儿来说，直观教材具有丰富词汇、增强表达力、活跃形象思维，进而

① [苏]沙巴耶娃：《教育史》，邱爽秋等译，69页，北京，人民教育出版社，1955。
② [美]克伯雷选编：《西方教育经典文献》下卷，任钟印译，428页，北京，人民教育出版社，2016。
③ Robert Ulich, *History of Education Though*, New York, American Book Company, 1945, p.196.
④ [美]克伯雷选编：《西方教育经典文献》下卷，任钟印译，522页，北京，人民教育出版社，2016。

有利于培养逻辑思维能力之功效。今天，儿童看图识字的出版物已普及千家万户，它们的"前辈"就是《世界图解》。

第七节　论教师及培养

一、对教师的要求

夸美纽斯基于对教育的深刻信念，对教学中居于主导地位的教师的作用估价甚高，并对教师提出了许多严格要求。

(1)每一位教师应了解自己在社会中所承担的重要任务，并充满自尊心。

(2)对教育对象充满信心。夸美纽斯指出，一个懂得教学艺术的教师"容易把一切事物刻画在人心上"[1]。由于人心没有限度，因此教师"可以不断书写、不断雕镂"，永无止境。他曾列举过6种不同类型的儿童，认为教师只要教育得法，都会收效。[2]

(3)为学生树立良好的榜样，即要求教师要以身作则，身体力行，身教重于言教。他提出教师应是诚实、积极、顽强的德行的活的榜样，"除非他能这样作，否则他的一切工作都将是白费"[3]。

(4)对学生显示"父亲般的慈爱"，即具有严格意味的爱或恩威并用。他认为教师在与学生相处时，赞扬及忠告、劝诫、谴责都可运用。但是即使话语严厉，他的本意也应是为了学生好，而不是蓄意压制或夹磨学生。他反对在教学中施用暴力，声称："假如我们的技巧不能把印象印在悟性上面，我们的教鞭是不会发生效力的。事实上，施用任何强力的结果，我们反而只能使

---

① [捷]夸美纽斯:《大教学论》，傅任敢译，31 页，北京，人民教育出版社，1984。

② 6 种类型的儿童可参见 [捷]夸美纽斯:《大教学论》，傅任敢译，70~72 页，北京，人民教育出版社，1984。

③ [捷]夸美纽斯:《大教学论》，傅任敢译，217 页，北京，人民教育出版社，1984。

人厌恶学问,不能使人爱好学问,所以,我们每逢看见有人心灵受了病,不爱用功,我们就当用温和的疗法去除掉它的毛病,绝对不可采用粗暴的方法。"①夸美纽斯还提出,如果学生不明白教师的良苦用心,"他是会轻视一切纪律,存心反对纪律的"②。

(5)善于掌握儿童的心理,因材施教。夸美纽斯在这方面的有关意见,我们已在前面的因材施教原则中做了介绍。他认为,由于许多儿童在学习各门功课上能力常有显著差异,故教学一定要顺应儿童天性,不应使任何一个儿童的智力受到压抑,以致厌恶学习。

(6)要掌握教育技巧。夸美纽斯指出:"教师应该知道一切可以使悟性变锐敏的方法,应当熟练地应用那些方法。"③他还说:一个教师如果懂得教学艺术,很容易把学生造就成人;如果不成功,不能归咎于学生,而要归咎于教师无知无能。④在《大教学论》中,夸美纽斯对此做了深入的探讨。

二、怎样上好一堂课

课堂教学是教师工作的中心环节。在夸美纽斯的时代之前,欧洲的学校实行个别教学,班级授课制在宗教改革后才出现。在对全班学生集体授课的情况下,如何上好课是一个新的问题。在此问题上,夸美纽斯除了向他人借鉴外,更多地总结了自己的经验。

(1)夸美纽斯认为,上好课的关键是抓住学生注意力。"有了注意,学生才能使他的心理不跑野马。"⑤因此教师如"想用知识去照耀一个置身在无知之中的学生",首要任务便是激起儿童的注意,使他能用一种贪婪的心理去吸取

① [捷]夸美纽斯:《大教学论》,傅任敢译,216页,北京,人民教育出版社,1984。
② [捷]夸美纽斯:《大教学论》,傅任敢译,217页,北京,人民教育出版社,1984。
③ [捷]夸美纽斯:《大教学论》,傅任敢译,99页,北京,人民教育出版社,1984。
④ [捷]夸美纽斯:《大教学论》,傅任敢译,31页,北京,人民教育出版社,1984。
⑤ [捷]夸美纽斯:《大教学论》,傅任敢译,158页,北京,人民教育出版社,1984。

知识。①他把教师的嘴比喻为"源泉"，学生的耳朵比喻为"水槽"，源泉开放时，水槽要在下面接着，一点也不准流跑。他还说，除非全体学生都在静听，否则教师绝不可施教；教师不应对风说话，应对人的耳朵说话。

（2）教师的教学语言要朴实、准确、流畅；不要哗众取宠，夸夸其谈，故作惊人之语，也不可晦涩难懂，佶屈聱牙。②

（3）教学要从原因到结果，也可从一般到个别。③ 通过归纳、演绎等方法，揭示事物的本性。

（4）令学生明白事物的差异。为此可采用分析综合的方法。这样获得的知识，才会更加清晰、明白、准确。夸美纽斯认同一句著名的话："凡是善于辨别的人就是一个好教师。"④

为了上好一堂课，夸美纽斯还对教师提出以下具体要求。⑤

（1）教师要站在高台上，俯视全班，严密掌握学生动向。

（2）开始任何新的科目的时候，能用一种吸引人的方式向学生提出问题。夸美纽斯说，学生如对课程一无所知，但又好奇，则自会产生学习、精通的热情。

（3）教师在教学中要介绍一些有趣的和实用的知识，以激发学生兴趣。

（4）在一切可能的时候都去利用感觉，尤其是视觉，以帮助注意。

（5）在讲课中，时时要学生重复教师刚才所说的话，责备不用心的学生。假如一个学生不能回答教师的问题，就问另一个人，直到问到所有人；表扬回答得好的学生。

（6）功课完毕后，要让学生有提问的机会。

---

① ［捷］夸美纽斯：《大教学论》，傅任敢译，159 页，北京，人民教育出版社，1984。
② ［捷］夸美纽斯：《大教学论》，傅任敢译，160 页，北京，人民教育出版社，1984。
③ ［捷］夸美纽斯：《大教学论》，傅任敢译，161 页，北京，人民教育出版社，1984。
④ ［捷］夸美纽斯：《大教学论》，傅任敢译，163 页，北京，人民教育出版社，1984。
⑤ ［捷］夸美纽斯：《大教学论》，傅任敢译，141~142 页，北京，人民教育出版社，1984。

在班级授课的情况下上好一堂课，涉及许多因素。夸美纽斯以上所说的意见侧重于如何抓住学生注意力，也许并不十分全面，但确属经验之谈，不乏借鉴意义。

三、论教师的培养

在古代西方，总的来看，教师，尤其是小学教师，社会地位及素质十分低下，也从未形成正规的教师培训制度。柏拉图在《法律篇》中指定应由外国人来从事初等教育。古罗马学者琉善(Lucian，约125—180)声称：没有一种惩罚比起因穷困所迫而到小学执教更为令人沮丧。因为古罗马的小学(通称"基础学校")教师的报酬远低于普通工匠的收入。①到了夸美纽斯生活的17世纪，这种状况仍未改观，当时相当多的小学教师是由教堂的低级神职人员，甚至是由教堂的差役乃至残疾军人、鞋匠等来担任的，将教书作为其谋生的辅助职业。不难看出教师地位之窘及素质之局限。夸美纽斯基于其对教育作用的重视，同时也明显受到马丁·路德等人重视教师工作观点的影响，强调了教师工作的崇高，提出了"太阳底下没有比教师更优越的职业"②这一激动人心的名言。但目睹教师的现状，他不无感慨地说："我们非常缺乏有方法的、能主持公立学校并能产生我们所望的结果的教师。"③他甚至抱怨说，他煞费苦心编写的教科书，在大多数地方缺乏适当的教师去掌握运用。显然，当时教师素质的普遍低下极大地阻碍了他心中理想的教育的实施。夸美纽斯在《大教学论》中之所以稍微夸大教师的作用，如他提出一所学校，一个班只

---

① 参阅 S. F. Bonner, *Education in Ancient Rome, From the Elder Cato to the Younger Pliny*, Berkeley, University of California Press, 1977, p.150.
② 引自[苏]米定斯基：《世界教育史》上册，叶文雄译，155页，北京，生活·读书·新知三联书店，1950。
③ [捷]夸美纽斯：《大教学论》，傅任敢译，254页，北京，人民教育出版社，1984。

需要一个教师，一个教师可"同时教几百个学生"①，乃至设计出"十人长"制，以及赋予十人长以如此之多的职责，恐怕都与当时合格教师稀少有关。鉴于此，他一方面提议大学的主要任务之一是培养教师（值得注意的是，他所规定的大学须培养教师的任务是与大学须培养学者及领袖人物的任务相提并论的），这足以反映他对教师培养的重视；另一方面，为了更有针对性地、行之有效地培养合格教师（特别是小学教师），他在《大教学论》中提议设立"学校之学校"（school of schools）或"教学法学院"（didactic college）来专门从事师资培训，并指出，这类学校如能设立，"那种好处是无待指陈的"②。虽然夸美纽斯对于师范学校（他所提倡的"学校之学校"或"教学法学院"）的具体操办语焉不详，但这一提议是石破天惊的，开创了近代师范教育的先声。还应指出的是：在夸美纽斯提出上述建议半个世纪后，即 1672 年，一个叫德米亚（Demia）的基督教兄弟会神父在法国里昂创立了近代欧洲第一所教师培训学校（Training School for Masters），将夸美纽斯的构想付诸实施；之后，德国虔信派牧师弗兰克（A. H. Francke）于 1696 年又在哈勒创办了德国第一所师范学校。③ 近代师范教育的较大发展则在 19 世纪以后。师范教育的发展及制度化，对于提高初等教育质量的意义是毋庸赘言的，在对近代师范教育追根溯源时，我们则不能不回到夸美纽斯。

第八节　历史地位

作为历史上一位杰出的教育家，夸美纽斯无论在教育理论还是在教育实

---

① ［捷］夸美纽斯：《大教学论》，傅任敢译，139 页，北京，人民教育出版社，1984。
② ［捷］夸美纽斯：《大教学论》，傅任敢译，246 页，北京，人民教育出版社，1984。
③ E. P. Cubberley, *The History of Education*, New York, Houghton Mifflin Company, 1920, p.348.

践上都作出了不朽的贡献，并且具有深远的影响。这些贡献及影响主要表现在以下方面。

（1）他具有民主主义、人文主义以及唯物主义的进步思想，尊重人权，热爱儿童，企图打破阶级、等级及教派的畛域，普及教育、普及科学文化。泛智论的提出是上述思想的集中体现之一，代表了一位站在时代前列者的远见卓识，并给后人以诸多启迪。

（2）他对教育的作用、教师的作用和人接受教育的广泛可能性持有深刻信念并作了深入论证。他强调施教事物和教材的编排均应适合儿童的年龄和心智能力，教育是"内发"的思想使他成为后世的卢梭、福禄培尔、蒙台梭利等教育家倡导的内发论思想的先驱；而他将人心比作"白板""蜡块"，以及通过感觉获取知识的观点也为后来洛克、赫尔巴特（J. F. Herbart）等倡导的"白板"说及外铄论的教育观提供了先导。

（3）他努力探讨教学工作规律，善于总结前人和自己的经验，并使之上升到理论；以泛智论及自然适应性为指导，针对时弊，提出了改革旧教育的课程体系及一系列教学工作原则和方法，从而奠定了近代教学理论的基础。在教科书编写及分科教学法领域，他也作出了独特贡献。

（4）他拟定了历史上第一部完整的从学前到大学的单轨学制，在晚年更将其发展成为一个从优生教育开始到死亡教育为止的系统的终身教育体系，从而成为近现代单轨学制及终身教育的先驱者。

（5）他推进了学校内部工作制度的发展，创立了班级授课制、学年制，提出了系统的学校管理制度及督学制，从而大大推动了学校运作的规范化，堪称学校管理学的创始人。

（6）他首次将学前教育纳入学制，是历史上第一部学前教育学著作的作者及第一部看图识字教材的编写者及倡导者，对学前教育的发展居功甚伟。

（7）在德育、体育及师范教育等领域内，他也进行了认真的探索，提出了许多有价值的见解。

(8)他热爱教育事业，不屈不挠，毕生为之奋斗，堪称一代师表、万世楷模。

由于夸美纽斯的卓越贡献，德国教育学者劳默尔(Karl von Raumer)在其著名的《教育学史》(*History of Pedagogy*)中称他是"教育科学的真正奠基人"①。19世纪末，有人在评论夸美纽斯时也指出："就其思想之深邃，见识之卓越，涉及领域之广泛乃至实践经验之丰富及其理论的可行性而言，在所有撰述教育论著的作者中均是无与伦比的。"②

20世纪20年代，美国教育史学家克伯莱更明确指出："夸美纽斯在教育史上居于首屈一指的地位。"他还指出：

夸美纽斯引进了全套关于教育的现代概念，并多方面勾勒了现代教育改革运动的轮廓。夸美纽斯与教育实践及思想的关系犹如彼特拉克(F. Petrarca)与文艺复兴、威克里夫与宗教思想、哥白尼与现代科学，以及培根和笛卡儿与现代哲学的关系。几乎所有18及19世纪教育理论的萌芽均可在他的著作中发现。此外，不仅在他之前，而且在他死后的至少两个世纪内，没有一个人作过认真的努力去将新的科学学科引入学校。③

然而，夸美纽斯远非完人。他作为新旧交替时代的一位历史人物，可以说身子的一半(甚至一大半)已沐浴在新时代的阳光下，然而另一半却依然被

① Rober R. Rusk and James Scotland, *Doctrines of the Great Educators*, Hong Kong, McMillan Press Ltd., 1982, p.78.

② M. W. Keatinge, *The Great Didactic of John Amos Comenius*, London, Adam and Chales Black, 1894, p.38.

③ E. P. Cubberley, *The History of Education*, New York, Houghton Mifflin Company, London, 1920, p.415.

旧时代的阴影笼罩,因而新旧痕迹奇特地在他身上交织着。他的世界观和教育观具有宗教神学色彩,充满了形式与实质的矛盾。他往往在宗教的外衣下来阐述自己的新思想。由于夸美纽斯在他的著作中采用了许多宗教语言,因此过去也有些学者认为夸美纽斯的思想是保守的,有的甚至指责他"在理性主义不断上升的年代,仍将捍卫基督徒的信仰放在首位"①。尽管这一结论并不妥当,但毫无疑问,宗教神学色彩浓厚确实是夸美纽斯教育理论的一大缺陷(虽然有其特定的历史原因)。此外,他的局限性还表现在:不能正确理解社会现象和人类自身,不懂得教育的社会性与阶级性;他对劳动人民虽然深刻同情,但对他们受苦受难的根源并不理解,因而幻想依靠教育去改变世界在当时是注定要失败的。

夸美纽斯生活的17世纪上半期是一个社会动荡、教派对立、战祸绵延的历史时期,不是可供一个雄心勃勃、情绪高昂、思想解放的教育改革家施展身手的年代。其结果是,夸美纽斯倡导的极富远见、具有强烈民主主义色彩的教育方案犹如流星划过夜空,在发出一道炫目的光彩后就湮没在无边的夜幕之中了。在他逝世后的近两个世纪中,尽管他编辑的教科书仍在不断流传,在某些方面产生了一定影响②,但总的来说,很少有人对他的思想进行认真的探究及推广,他的民主色彩极浓的教育理论及教育方案显然不符合资本主义制度确立初期的当权者的口味。直至19世纪中叶后,在资本主义各国普及教育的高潮声中,通过德国教育家的宣传,他的教育思想才重新引起人们的重视,并得到高度评价,从而确立了他在教育史上应有的崇高地位。

---

① James Bowen, *A History of Western Education*, *Vol.3*, London, Methuen Co.Ltd, 1981, p.84.

② 有人指出,以弗兰克(A.H.Francke)为代表的"虔信派信徒在德国贯彻了夸美纽斯的工作"。哈特利布、弥尔顿及配第等人也都是"夸美纽斯在英国的追随者"([美]R.K.默顿:《十七世纪英国的科学、技术与社会》,范岱年等译,185页,成都,四川人民出版社,1986)。此外,18世纪的法国百科全书派除受到培根的影响外,也明显继承了夸美纽斯的泛智论思想。福禄培尔也曾从夸美纽斯那里获得启迪。这些都可视为夸美纽斯的影响。

最后，我们引用国内学者对夸美纽斯历史地位的评价：

毋庸讳言，作为一位处于新旧交替时期的，集爱国者、群众领袖和教会领袖、教育家等多重身份于一身的历史人物，夸美纽斯的思想有其局限性，他不可能完全摆脱基督教的框架探索前进的道路，并不得不常常采用"旧瓶装新酒"的手法来隐晦曲折地表达自己的新观念。然而我们应注意的重点不是在于某个历史人物的思想在多大程度上带有旧传统的斑痕，而是在于历史人物的思想在多大程度上突破了旧的传统，提出了适应新形势、开创新局面的新见解。在这方面，我们完全可以说，在极大程度上，夸美纽斯是旧传统的叛逆、新思想的鼓吹者、放眼未来的预言家、新教育的设计师，是站在时代前列、推动历史前进的人物。①

① 任钟印：《东西方教育的覃思》，163~164 页，北京，人民教育出版社，2017。

第九章

英国教育革新思潮

　　17 世纪后，英国教育界异常活跃。弗朗西斯·培根奏响了教育革新的序曲，英国出现了受培根学说影响而形成的以清教徒教育家哈特利布为中心的英国革新教育家群体及革新教育思潮。英国革新教育思潮的主要特点是：对脱离生活发展的教育内容强烈不满，要求扩充有实用价值的教学内容；要求改进教育、教学方法，通过感知获取知识，使教育更好地适应儿童身心发展的特点。此外，还有不少人严厉抨击了政府不过问教育的旧传统，要求国家加强对国民教育的投入及领导。以哈特利布、弥尔顿、霍布斯、配第、贝勒斯为代表人物的英国教育革新思潮反映了近代英国教育发展的趋势。

第一节　以哈特利布为中心的一批教育革新思想家

一、哈特利布其人

　　塞缪尔·哈特利布(Samuel Hartlib，约 1599—1670)之父是波兰商人，其母则是一位英国富商的女儿。他年轻时曾在哥尼斯堡和剑桥大学接受教育，早年侨居普鲁士，1628 年赴英国定居。17 世纪中叶，哈特利布一方面作为社会名流及小有成就的实业家，同时又作为科学保护人及教育家，成为"按照现实主义路线来改革英国教育的信徒们的领袖"①，并以毕生精力和财产来推行以发展科学与教育为主的各项计划。

哈特利布对儿童教育问题颇感兴趣，曾在契彻斯特为绅士子弟办过一所私立学校。此外，他还发表过《学习拉丁语的正确和容易的方法》，力求改进古典文的教学。在克伦威尔统治英国时期，他积极参与了许多活动，得到克伦威尔青睐，赠给他一所公寓作为奖励。但王政复辟后，他又失去了这所公寓。

哈特利布的主要工作之一是力图将新教各教派团结起来。他相信，如果各派别不团结，不齐心协力，不共同工作，那么所有新教所得均将会失去。为了使这种观点深入人心，他写了《新教中基督教的和平》(*Ecclesiastical Peace among Protestants*)，并设计了空想国家计划——《著名的马卡利亚王国之描绘》(*A Description of the Famous Kingdom of Macaria*)。

在英国历史上，长期存在着一种关于教育的旧传统及旧观念，即认为儿童的教育是其父母、家庭或监护人的事务，而不是国家的事务。针对这种旧传统与旧观念，哈特利布于 1647 年发表了《论英国教会和国家改革后的可喜成就》(*Considerations Trending to the Happy Accomplishment of England's Reformation in Church and State*)。在该文中，他提倡在英国各地设立由地方政府支持和掌管的学校。1650 年，哈特利布又向英国国会提出名为《扩大伦敦的慈善事业》(*London's Charity Enlarged*)的提案，其主要内容是要求准许贫苦儿童受教育。所有这些论文的宗旨就是力图唤起民众改变国家不管教育的旧传统。哈特利布最著名的论文是《政府演说词》(*Office of Address*)，涉及劳工、宗教团体、教育、科学发明以及学术进步等内容。他在文中提出了发展教育，传播

---

① ［英］博伊德、金：《西方教育史》，任宝祥、吴元训主译，269 页，北京，人民教育出版社，1985。

科学发明及推动学术进步等建议。

二、以哈特利布为中心的革新教育家

哈特利布是一个具有实业家身份的科学教育的积极倡导者与实践者,是当时推动英国革新教育思潮的中心人物。但他"最出色的工作,是鼓励朋友们撰写教育著作,并帮助出版发行"。哈特利布通过自己的广泛社会关系,与许多社会名流保持接触,甚至对英国国会也产生影响。由于他的支持,他们的观点闻达于政府和公之于大众。在受到哈特利布赞助和支持并与其交往甚密的教育家中不仅有英国教育家,还有欧洲其他国家的著名教育家,其中比较重要的有以下几人。

1. 夸美纽斯

夸美纽斯是 17 世纪捷克教育家。哈特利布在获悉了夸美纽斯的教育思想(尤其是泛智论的思想)后,极为赞赏。在哈特利布的帮助下,1637 年在荷兰出版了由哈特利布作前言的夸美纽斯的著作《夸美纽斯思想导论:智慧入门或基督教泛智论讨论》(再版时改名为《泛智的先声》)。哈特利布还将夸美纽斯的研究计划寄送欧洲各国学者和各种派别的宗教领袖,力图引起他们的兴趣,找到更多赞助者,以便帮助夸美纽斯实现他的宏伟计划。由于哈特利布的努力推动,以致当时"欧洲的每一角落都燃起了研究泛智论或最好的教育论的愿望"[1]。在哈特利布的推动下,英国国会还在 1641 年通过了一项关于组织学术委员会专门研究泛智论的决议,并向夸美纽斯发出了一封措辞极为热情的邀请信,请他前来领导这一拟由多国成员组成的学术委员会,并创办能将其理想付诸实施的教育机构。虽然由于各种原因,这一计划未能付诸实施,但哈特利布的良苦用心及努力是值得肯定的。

---

① [苏]克腊斯诺夫斯基:《夸美纽斯的生平和教育学说》,杨岂深等译,54 页,北京,人民教育出版社,1957。

2. 伍德沃德

希西家·伍德沃德(Hezekiah Woodward，1592—1675)是英国清教徒教育改革家。早年曾亲自开办一所私立学校，后又到一所文法学校任教，从而积累了丰富的教育经验。伍德沃德是培根及夸美纽斯唯物主义感觉论哲学及方法论的坚定支持者。作为唯物主义感觉论者，伍德沃德相信，教师在课堂教学中应尽可能多地依靠感官，包括利用实物、图表、图片、模型和其他直观教具辅助教学，这样是大有裨益的。他指出："除了通过感知大门，任何东西都无法以自然方式加以理解。"① 此外他还提出，教师应研究和理解儿童的心理，并使教学适应儿童智力发展的规律。伍德沃德的主要著作有《儿童的命运》(*The Child's Portion*，1640)及《语法启蒙及科学入门》(*A Light to Grammar and a Gate to Science*，1641)。为了感谢哈特利布对他工作的关心支持，伍德沃德在《语法启蒙及科学入门》一书的扉页中，宣布将此书献给他的朋友哈特利布。

3. 杜里

约翰·杜里(John Dury，1596—1680)，英国清教徒教育家、培根主义者，亦为哈特利布的亲密朋友。杜里是一个世界主义者，毕生主要目标是使欧洲所有新教组织重新团结起来。但他也曾从事教学研究，并撰写过教育论著。其中最著名的一部是在哈特利布的影响下写成的，名为《改革后的学校》(*Reformed Schools*)，于1650年出版。他在书中大力提倡在学习上运用感官、口传和推理，将宗教排除在课程之外。他还提出以下教育原则：

(1)教学要适应儿童的智力水平；

(2)对9岁前的儿童不宜进行正规教育；

(3)为儿童提供内容丰富而广博的课程，并随着儿童水平的不断提高而扩大；

---

① 转引自徐辉、郑继伟：《英国教育史》，99页，长春，吉林人民出版社，1993。

(4)必须公费开办教育。

此外与他的世界主义思想紧密联系,他还提倡在欧洲的新教徒之间建立亲密、融洽的合作关系。①

4. 弥尔顿

约翰·弥尔顿(John Milton,1608—1674),英国文学家及教育家。有人称之为哈特利布"最要好的朋友和赞赏者","一个与众不同的唯实论者"。②如果说夸美纽斯及其同伴因为特别强调通过感官进行学习而可被称为"感觉唯实论者",那么,弥尔顿则必须被称为"人文主义唯实论者"。③弥尔顿曾和哈特利布讨论教育改革问题。哈特利布对弥尔顿在谈话中发表的有关改革教育的见解深表钦佩,并要求弥尔顿将自己的见解诉诸文字。于是弥尔顿在 1644 年给哈特利布写了一封讨论教育的长信,并在同年以"论教育"(On Education)为名发表。

5. 配第

威廉·配第(William Petty,1623—1687),英国新教徒教育改革家及经济学家,哈特利布的密友。配第首次运用培根、霍布斯所倡导的自然科学研究的新方法(以事实和感性材料为根据的归纳法、抽象法)研究社会科学及经济问题,并提出劳动创造价值的观点。此外,对于增加财源、节省开支、充分利用闲散劳动力、提高劳动者的素质及劳动生产率等问题都提出了颇有价值的建议。在 1648 年,时年 25 岁,正在牛津大学就读的配第慕名写信给哈特利布,讨论教育改革问题。此信后以"威廉·配第向哈特利布先生提出《关于促进学问的某些特殊部分的建议》"(*The Advice for Advancement of Some Particular*

---

① 参见[美]佛罗斯特:《西方教育的历史和哲学基础》,吴元训等译,270 页,北京,华夏出版社,1987。

② [美]佛罗斯特:《西方教育的历史和哲学基础》,吴元训等译,270 页,北京,华夏出版社,1987。

③ [美]佛罗斯特:《西方教育的历史和哲学基础》,吴元训等译,270 页,北京,华夏出版社,1987。

Parts of Learning)"的题目发表。他在信中提出了普及初等教育、改革并扩充教育内容、实现劳教结合、先学习感性实物后学习文字等改革意见。在他的课程体系中，神学、读经、祈祷难觅踪迹，而培根的《新大西岛》中的所罗门宫及夸美纽斯泛智论的影子却随处可见。

6. 胡尔

胡尔(C. Hoole，1609—1667)，英国教育家。早年曾在拉丁语学校及私立学校任教。他通过长期教学实践经验的积累以及对其他人教育经验的借鉴，包括对夸美纽斯文章的广泛阅读，从而使自己的教育思想及改革现行教育的建议具有了坚实的基础。他翻译了欧洲其他国家的许多教育著作(包括教科书)，其中之一便是夸美纽斯的《世界图解》。胡尔自己也创作或编写了一些儿童故事以及有关拉丁文语法和英拉词汇的书籍。使胡尔获得殊荣的著作是《旧教学艺术的新发现》(*A New Discovery of the Old Art of Teaching School*)。此书写于 17 世纪 30 年代，在学者中流传了 20 余年后，于 1659 年正式出版。此书是他多年教学和研究的总结。他在书中，针对英国绅士子弟通过雇请家庭教师完成初等教育的传统，建议儿童先上小学，然后再过渡到文法学校，要求所有儿童的教育都遵循此程序。他还对小学及文法学校的教学与管理做了详细规定。

第二节　弥尔顿的教育思想及教育活动

约翰·弥尔顿(John Milton，1608—1674)是英国资产阶级革命时期的杰出诗人、政治家，也是教育革新思潮的热心传播者。有的英国学者认为，在英国文学史上的排名，"莎士比亚是第一位，其次是弥尔顿"①。在政治思想上，

① ［英］马克·帕蒂森：《弥尔顿传略》，金发燊、颜俊华译，247 页，北京：生活·读书·新知三联书店，1992。

他反对封建专制以及争取自由民主权利的精神对后世美国的独立运动和法国大革命都有很大的影响；在教育思想上，他对英国近代教育的发展作出了开创性的贡献。

一、时代、生平及著作

在弥尔顿生活的17世纪上半期，英国资本主义迅速发展，资产阶级雄心勃勃，图谋取代原有的统治者而成为社会的主宰。积极进取的新贵族和上层资产阶级急欲把自己的子弟培养成熟谙现实事务的能文能武的干练人才。然而，英国的宗教改革并没有带来教育上的改革，经院主义、古典主义、形式主义仍然是教育上的痼疾顽症。这样，改革旧教育、培养熟谙现实事务的能文能武的干练人才，以适应新时代的新社会势力的需要势在必行。为实现这一愿望而大声疾呼的著名代表人物之一便是弥尔顿。

弥尔顿的祖父是个富有的自耕农。他的父亲因皈依国教，在家乡无法容身，来到伦敦，开设了名为"展翅鹰"的事务所，当了公证人，并很快致富。1608年，弥尔顿就出生在其父任职的事务所中。父亲非常关心子女的教育，弥尔顿从小就受到包括音乐熏陶等内容的良好的家庭教育，父亲的反抗精神对弥尔顿也感染极大。到了入学年龄，弥尔顿便就读于离家很近的圣保罗学校，同时其父聘请了当时有名的大学者托马斯·杨(Thomas Young)做他的家庭教师。在这样的环境下，弥尔顿从小就爱好读书和写诗，并打下了扎实的语言文字功底。他自己后来在回忆童年时曾写道："从12岁那年起，我就如饥似渴地抓紧学习，我不曾半夜以前睡过觉。"①

1625年，弥尔顿进入剑桥大学基督学院学习。渴望知识的弥尔顿对学校里充满中世纪经院主义的课程非常不满。他曾愤愤不已地说，自己被学究式

---

① [英]马克·帕蒂森：《弥尔顿传略》，金发燊、颜俊华译，6页，北京：生活·读书·新知三联书店，1992。

的"研究给拖了后腿，被迫忙于写作某种无聊的八股高调"①！但他学习勤奋，才华出众，于1628年(一说1629年)获学士学位，1631年(一说1632年)获硕士学位。这一时期的学习为他以后的创作和事业奠定了基础。毕业时，弥尔顿谢绝了学校的挽留，回到了父亲的乡间别墅，埋头读书和写诗。

1638年，为了体验生活，获得创作灵感，并考察社会实际和拓宽视野，弥尔顿开始了他的意大利之行。旅途中，他广交文人学者，并拜访被天主教迫害的大科学家伽利略。此时的伽利略已双目失明，老态龙钟，但其斗志不减。这次会面给弥尔顿留下了不可磨灭的印象。伽利略具备为捍卫真理而宁死不屈的精神，因而成为弥尔顿终生的榜样。失明后的弥尔顿就常以伽利略的事迹鼓舞自己。这从他热情地把伽利略的名字和成就镶嵌在《失乐园》中得到证实。

1639年，弥尔顿旅行后返回英国，寄居在伦敦圣布莱德教堂，把他姐姐的两个孩子接来同住，并担任这两个孩子的教师。1643年，他又开始招收别的学生。此后几年，他一直担负儿童教育工作，直到1647年秋。弥尔顿在这一段教育工作中，给孩子们开设的课程和教法与当时盛行的习惯大异其趣，其教育实践在他后来的教育论文中有明显的反映。

从大学毕业到1640年，这期间弥尔顿创作了大量优美诗歌，其中较为著名的有《快乐的人》和《幽思的人》。这两首诗体现了人文主义者对生活乐趣的追求。而挽诗《黎西达斯》则对当时的社会生活表示了强烈不满，并斥责了教会。

从1640年起到1660年，弥尔顿直接投身于激烈的社会和政治斗争，为英国革命和共和政府作出巨大贡献。

1644年，弥尔顿发表了两篇重要论文：一是《论出版自由》(*Areopagiti-*

---

① ［英］马克·帕蒂森：《弥尔顿传略》，金发燊、颜俊华译，7页，北京：生活·读书·新知三联书店，1992。

ca)，二是《论教育》(*On Education*)。

1643 年，在国会中占绝对优势的保守势力——长老会派通过立法，规定未经官方检察官批准，不得印刷和出版任何书籍。显然，这不符合弥尔顿的自由共和国中思想言论自由的想法。他在一篇文章中指出："扼杀一本好书几乎十足像是杀死一个人。"①"扼杀一本书则是毁灭理性……一本好书是主的精神的宝贵的活的血液，它珍藏着生不朽的生命之外的生命。"②他认为出版自由是必需的，压制出版自由并不能阻止真理的最终胜利，因为真理的力量之强大仅次于万能的上帝，真理的胜利不需要任何政策、谋略和特许。弥尔顿的一般政治观点反映了当时独立派的要求。

《论教育》是弥尔顿写给哈特利布的一封信。17 世纪中期，英国许多新教育改革家大都在不同的角度、不同的侧重点受到培根的影响。哈特利布便是其中的中心人物。哈特利布原籍波兰，1628 年定居伦敦。1640 年，哈特利布曾建议"创办一所规模不大的学园(Academy)，以教育本国的绅士子弟，并促进虔信、学识、道德和勤劳的训练，这些训练在现时普通学校里通常是没有的"③。弥尔顿和哈特利布讨论了教育问题，并把讨论中阐述的意见在《论教育》中作了系统表达。

1649 年 1 月 30 日，英王查理一世(Charles Ⅰ)被议会送上断头台后，弥尔顿任职于共和政府。1660 年 5 月，封建王朝复辟，他离开政界。这期间，他以失明的状态(1650 年，左眼失明；1652 年，右眼亦失明)写成了《破帝王之相》《为英国人民辩护》和《再为英国人民辩护》等战斗檄文，批判了保王派的各种论调，这对于澄清是非，稳定政局，维护革命和人民利益都有重大

① [英]马克·帕蒂森：《弥尔顿传略》，金发燊、颜俊华译，93 页，北京：生活·读书·新知三联书店，1992。

② [英]弥尔顿：《致国会意见书——为出版自由不受检查而辩护》，见吴元训编：《中世纪教育文选》，611 页，北京，人民教育出版社，1989。

③ John William Adamson, *Pioneers of Modern Education*(*1600—1700*), Cambridge, Cambridge University Press, 1905, p.182.

意义。

弥尔顿绝不与封建势力妥协，他拒绝在复辟的封建王朝任职。1660 年以后，弥尔顿闲居在家，过着艰难的生活。但他愈挫愈奋，老而弥坚，盲而弥明，从此致力于文学创作活动，力图用艺术形式表达他的革命理想和对封建王朝的仇恨。《失乐园》(*Paradise Lost*)、《复乐园》(*Paradise Regained*)和《力士参孙》(*Samson Agonistes*)3 部不朽的史诗正是他这一时期的心境和思想的写照。他在《力士参孙》中写道：

> 我深深觉得我才力已江河日下，
>
> 希望全渺茫，我内在的本能似乎与
>
> 自身的全部机能已精疲力竭；
>
> 我光荣的旅程到了尽头，
>
> 可耻的旅程啊，
>
> 我将很快跟他们一起安息。①

这是弥尔顿的个性和最后的决心，只要有可能，他是愿意像参孙一样拉倒大厦的柱子，跟饮宴狂欢中的敌人同归于尽的。

1674 年，弥尔顿因痛风病逝世，终年 66 岁。1737 年，伦敦威斯敏斯特大教堂建立了弥尔顿的纪念碑。

马克·帕蒂森在其所著的《弥尔顿传略》中认为弥尔顿一生是个三幕的戏剧。第一幕显示出他潜居霍顿平静安宁的生活，《快乐的人》《幽思的人》和《黎西达斯》便是这一幕的表演。第二幕中他呼吸着党派激情与宗教仇恨的猛烈炽热的空气，产生了那闪耀在他散文小册子战斗号角中的令人惊骇的火焰。

---

① ［英］马克·帕蒂森：《弥尔顿传略》，金发燊、颜俊华译，前言 8 页，北京：生活·读书·新知三联书店，1992。

而三部伟大的诗作《失乐园》《复乐园》和《力士参孙》则是他只身孤影的普罗米修斯般伟大的最后一幕的产物。那时候他双目失明，贫病交加，无依无靠，独自在堕落的世界面前，证实公道、节制和审判即将来临。①总之，弥尔顿一生在政务、文学、教育等方面均卓有建树。首先，他在英国资产阶级革命中功绩卓著。恩格斯在1847年撰文说：“我们决不能因为密尔顿(第一个为弑君辩护的人)……有了更为出色的法国继承者便忘记了他。”②其次，他的政治思想不但代表17世纪英国新兴资产阶级民主思想，而且是18世纪法国启蒙思想家的先驱。最后，他的伟大诗篇也是世界文学的珍品。在英国近代教育思想的发展中，弥尔顿是教育中的古典教条主义向现实主义过渡的人物。他上承培根的新思想，又受到同时代人的教育改革设计的影响，却从未抄袭他们，而是自成一家之言，并对后来洛克教育思想的形成和17世纪中叶以后英国中等教育的变革都有重要影响。

二、论教育的作用

弥尔顿生活在这样的一个时代里，社会的变革需要人们具有广阔的眼界，而一个人的无知总是和他思想上的守旧联系在一起。在他看来，反对无知，追求新知，通古今之变的任务便落到了那个时代年轻人的身上。

也许是英国的传统的原因，也许正是由于资产阶级的个人主体价值观的驱使，弥尔顿首先从功利主义角度概览了现在和未来的教育价值。他在一次讲演中指出：“学习比无知更能给人类带来幸福”，甚至断言“学习将给人们带来最大的幸福”。③接着他进一步指出，不管是为“永恒生活”，还是为“普通生

① [英]马克·帕蒂森：《弥尔顿传略》，金发燊、颜俊华译，16页，北京：生活·读书·新知三联书店，1992。
② 《马克思恩格斯全集》第42卷，393页，北京，人民出版社，1979。
③ [英]弥尔顿：《论维护学习》，见吴元训编：《中世纪教育文选》，580、583页，北京，人民教育出版社，1989。

活",都非通过教育活动不可。人们只有通过接受教育,认真学习,才可能避免行尸走肉式的生活。因为"如果我们既不考虑永恒的生活又不考虑我们在地球上的普通生活,那么也就没有什么东西可以指望成为我们幸福生活的目标了。这种永恒的生活,几乎每个人都承认,只有在学习沉思中才能找到"①。

弥尔顿还从各个不同的角度论述了教育的作用。他指出教育可推动良好的社会风尚的形成。教育的结果导致

> 大量的缺乏知识的人忠于他们的职守。而且确实,只要一个家庭、甚至只要一个人受到了文学艺术和智慧的教育就足以引导一个国家走上正义。但是,哪里没有文学艺术的繁荣……你就在那里连一个好人的踪迹也找不到,除了野蛮就是到处笼罩着暴行。②

可见,要想使社会风气好转且得以保持,办好教育是一个不可缺少的条件。

弥尔顿还认为一个民族要存活于世界,一个国家要长治久安,人类文明的传播和保持都离不开教育。他回顾历史时说道:

> 如果我们回到古代社会,我们将发现一些国家的存在不仅仅是由于他们的法律,而且还由于他们有坚固的文化基础。据说每个种族的祖先最早都是生活在深山纵林之中……在古代社会生活的丰富的土壤中生长了文学艺术和科学,知识本身逐渐武装了人们的头脑,使人类逐渐进入了文明的社会生活。③

---

① 吴元训编:《中世纪教育文选》,582 页,北京,人民教育出版社,1989。
② 吴元训编:《中世纪教育文选》,584 页,北京,人民教育出版社,1989。
③ 吴元训编:《中世纪教育文选》,588~589 页,北京,人民教育出版社,1989。

可见，教育与法律一样，是维系国家的支柱，而人类从野蛮到文明离不开教育，离不开文学艺术和科学。单靠军队和暴力是无法使国家长治久安，天下太平的。弥尔顿还从他很熟悉的历史领域提供了例证：

斯巴达人几乎对文雅教育没有一点儿兴趣，而罗马人在很长时间以后才允许哲学进入他们的城市生活。但就是斯巴达人也在列库尔戈斯那里找到了一个法典制定者。……罗马人，在城市里爆发了无数次的起义和动乱之后，已无法维持他们的统治，于是只好派出使节到雅典求助于十二铜表法。①

显然，充当传播文明和创造文化的教育是任何形式的国家不能不重视的。弥尔顿指出，教育是促进科技发展和科技更新的手段，正确的教育将引导人们开阔视野，引起人们对大自然奥秘探索和研究的兴趣。他说：

当普遍的学习一旦形成了一种社会风气，人们的精神就不会只局限在这种监狱般的黑房子里了，而将伸展到无限广阔的世界中去……世界大部分的变革和可能性都将很快地被拥有这种强大智慧的人观察到，在生活中所发生的事几乎没有一个能超出他的预料和想象。②

因此，教育环境是人定胜天能力的培养场，"学习就是他们获取力量的源泉"③。

弥尔顿还指出，人的发展离不开教育，因此必须提倡终身教育。如果一

① 吴元训编：《中世纪教育文选》，587页，北京，人民教育出版社，1989。
② 吴元训编：《中世纪教育文选》，586页，北京，人民教育出版社，1989。
③ 吴元训编：《中世纪教育文选》，585页，北京，人民教育出版社，1989。

个人排斥教育，必将导致无知，结果这些人将都是"盲人和聋人"。①由于社会在不断进步，时代的变化使知识日新月异，因此，人们应树立终身教育的观点。他说："学习是青年人最美的装饰，是成年人的有力后盾，是老年人的安慰和荣誉。"②

三、教育目的及对传统教育的批判

教育问题始终是一个对革新者和理论家都具有吸引力的问题。一旦教育落后于时代，不能满足新的历史条件下社会向教育提出的要求，教育改革便势在必行。而充当改革急先锋的必然是站在时代前列的思想家。

弥尔顿对学校教育的不满情绪是时代潮流的反映。文艺复兴不仅是一场重新发现古代文学和学术的运动，而且伴有一场持续同样久，甚至更长久的教育改革运动。教育改革的矛头主要指向中世纪的经院教育，它不仅是一个破坏性的运动，也是一个建设性的运动。欧洲中世纪教育的主要目标是培养僧侣，英国也不例外。从文艺复兴开始直到英国资产阶级革命这一百年左右的时间里，教育也处在一个从旧到新的过渡时期。也就是说，学校教育在反对中古经院教育的同时，正在走向以人文主义为内容的新世俗性教育，其教育目标正处在逐步从主要是培养僧侣过渡到主要是培养官吏的过程。弥尔顿就生活在这个过渡时期的后段。在人们对一切传统都表示质疑、对一切制度都要加以改造的时代潮流面前，接受过长期传统教育而又亲自进行过教育(实验)工作的弥尔顿就注意到教育改革在社会变革中的巨大作用，因而以天下为己任的他不能不发出教育改革的呼声。与历史上的教育改革家一样，弥尔顿也是在披露、分析、批判旧教育诸种缺陷时提出教育改革新思想的。

在《论教育》中，弥尔顿就谈到教育改革在一个国家、民族生生不息中的

① 参见吴元训编：《中世纪教育文选》，589 页，北京，人民教育出版社，1989。
② ［英］弥尔顿：《论维护学习》，载《内蒙古教育》，2000(3)。

伟大作用,指出"没有它(指教育改革——引者注)我们的国家就会灭亡"①。弥尔顿的论调并非耸人听闻。在英国资产阶级革命中,旧教育所造就的庸才的真面目暴露无遗,欲使天下大治关键在人才。弥尔顿看到,只有改旧教育为新教育,造就能干实用的军事、政治人才,才能保证革命的大好形势,这样,国家也才有希望。以这种思想为指导,弥尔顿回答了教育的目的。学习的目的是什么呢?他说:

> 学习的目的乃在于为了挽救我们的始祖的堕落而重新获得上帝的正确认识,并由于这种正确的认识而爱他,效法他,像他,因为我们只要使灵魂具有与对天恩的信心结合起来就可臻于最高的完善的纯真美德,我们就能最接近上帝。②

弥尔顿表述的这个教育目的论似乎浸润着浓厚的宗教精神,然而这是不难理解的。事实上,这是弥尔顿的旧瓶装新酒的手法。在宗教信仰仍然在意识形态中占统治地位的 17 世纪的欧洲,弥尔顿不得不扛着天国的旗帜来推动尘世的改革。把握他的一贯思想之后,就不难了解他的"始祖的堕落"是指国家革命形势的低潮和对革命前途的悲观思想;而"上帝的正确认识"表达了弥尔顿对革命前途的坚定决心和信心。也许,他真的认为在人的心中应该有上帝,这样,他们的心灵才是纯美至善的。然而,弥尔顿对自己这一含混表述仍不满意,接着便大刀阔斧,直白如斯:

> 因为我们的理解力不能对身体本身发挥作用而是对可感知的事物发

① [英]弥尔顿:《论教育》,任钟印译,见任钟印主编:《世界教育名著通览》,357 页,武汉,湖北教育出版社,1994。
② [英]弥尔顿:《论教育》,任钟印译,见任钟印主编:《世界教育名著通览》,357 页,武汉,湖北教育出版社,1994。

挥作用，对上帝对不可见的事物的认识也达不到像有次序地研究可感知的事物那样清楚，所以在一切审慎的教学中都必须遵循这种方法。①

弥尔顿在这里指明，研究现实，认识现实，从具体事物出发，运用感官，才是达到认识上帝的本来方法。前者是实，后者为虚；前者是真目的，后者是幌子。或者，按照弥尔顿的思路，认识和研究可感知事物，从中发现真理，这就是世俗的目的。可见，弥尔顿认为教育的真正目的是培养与时俱进的现实生活所需要的有用人才。这种人才能尽社会义务，而绝不是漂亮的摆设和装饰。这里，他关于教育的卓越的定义可以说阐明了教育与社会关系的本质，天国的灵光黯然失色。"凡是能使人适于正确地、熟练地、高雅地履行和平时期或战争时期一切公私职务的教育，我就称之为全面的、充分的教育。"②这就是弥尔顿的教育理想。

旧的教育绝不可能达到这样的目标。因为旧教育内容陈旧，方法落后，培养出来的是无德、无知、无能的庸人，于国家、社会无所裨益。弥尔顿在公学做的一次讲演上描述传统教育这一状况时说：

> 在这些经院哲学家的先生面前，所有的学生都困惑不安，如临歧路，不知所从，无法辨认方向，举棋不定……其结果，读者必然犹如色列斯手持火炬，历尽艰辛，到处寻觅真理而一无所得。最后落得如癫如痴，竟自认为是盲人看不见事物，其实这儿什么东西也没有。
>
> 此外，凡以其全部心力热衷于所谓论辩的人，一旦处于新环境，超出他们那愚蠢的职业之外，就可悲地表现出他们无知与愚蠢的幼稚。最

① ［英］弥尔顿：《论教育》，任钟印译，见任钟印主编：《世界教育名著通览》，357 页，武汉，湖北教育出版社，1994。
② ［英］马克·帕蒂森：《弥尔顿传略》，金发燊、颜俊华译，55 页，北京：生活·读书·新知三联书店，1992。

后，这一切辛勤劳作的最终结局只能使你蠢上加蠢，只能赋予你更多的无知，更善于在概念上玩弄小技，更为冥玩不化。用不着怀疑，因为你苦心焦虑所要解答的问题在现实世界就根本不存在，不过象没有实体的鬼影迷住了你的心窍一样，使得你的大脑一片混乱，没有任何智慧而言。①

这里，弥尔顿指出了传统教育由于其内容远远落后于现实，教育的结果几乎是培养出了"古人"。在现实世界里，他们表现出茫然无知、愚蠢之极。而在方法上，旧学校教育花时多而收效甚微，对稚弱的头脑迅速灌输未经消化的知识阻碍学生才能的发挥。弥尔顿批判地指出：

许多使得学习普遍地变得令人不感兴趣、不见成效的错误；首先，我们错误地花费七、八年时间仅仅用于积攒很多蹩脚的拉丁语和希腊语，而如果用其它方法学习，本来是只要一年就可以轻易地、愉快地学会的。使我们对语言的掌握如此缓慢的原因，部分是由于中学和大学中无所事事的假期太多，部分是由于违反常规的强求，强迫头脑空虚的儿童写文章、写诗和写演说词，而这些只能是有了成熟判断力以及通过长期的阅读和观察使头脑中充满了优美的格言和语汇丰富的创造的最后作用之后才能进行的。这些东西都不是如同从鼻子中挤出血那样能从小伙子贫乏的头脑挤压出来的。②

可见，旧教育不注意儿童的心理，不能按照儿童的心理特点和知识基础

① 吴元训编：《中世纪教育文选》，597 页，北京，人民教育出版社，1989。
② ［英］弥尔顿：《论教育》，任钟印译，见任钟印主编：《世界教育名著通览》，357 页，武汉，湖北教育出版社，1994。

确定好教学内容的先后顺序，学习学得枯燥乏味，效率极低。当时的大学教育也莫不如此。弥尔顿批评指出：它们还没有改变不文明时代的经院主义的迟钝。它们的教学不从最容易、最直白的感知的学科开始，而是让尚未入门的初学者首先学习高度抽象和需要智力的逻辑学和形而上学，于是导致了学生们对学问的怨恨、轻视、嘲弄甚至逃避，而他们本来是指望能学到有价值的、令人愉快的知识的。结果呢？由于他们在学校没有学到于人生有用的知识，他们带着贫困的头脑在幼稚的年岁各奔前程，甚至在周围朋友影响下而误入歧途。弥尔顿不无痛惜地指出这种后果：

> 有些人被法学的行业所吸引，他们的目的不是基于他们从未学过的对正义和公平的深谋远虑的和神圣的思考，而是基于对诉讼费、收入优厚的争辩和滚滚财源的企望和热衷；另一些人投身于国家活动，在美德和纯真的慷慨大度的教养上他们的灵魂毫无原则性，以致他们穷智竭虑地谄媚、玩弄宫廷中的阴谋诡计或遵循暴虐的格言。最后，另一些更加娇生惯养、想入非非的人，不再想增加知识，退而转入享受安逸、奢侈的生活，在宴会和作乐中消磨时光；如果他们不能以更正直的态度从事上述几种活动，这最后一种确实是最明智最安全的行动方针。这就是我们的中学和大学将我们最初的青春年华滥用于仅仅学习词句或主要学习那些不如不学的东西所造成的结果。①

由于旧教育"内容枯燥；风格死板而又纠缠蔓延；不能动人以情；无实用价值"②，误人、误国，与社会新要求不相适应，故他认为要为资产阶级革命

---

① ［英］弥尔顿：《论教育》，任钟印译，见任钟印主编：《世界教育名著通览》，358 页，武汉，湖北教育出版社，1994。

② 杨周翰：《十七世纪英国文学》，190 页，北京，北京大学出版社，1985。

培养所需要的人才，教育非改革不可，教育改革是最伟大、最崇高的计划之一，没有它国家就会灭亡。

四、关于新型学校——学园的构想

为了使教育面向现实，培养有知、有德、有用、有为的能为资产阶级革命服务的新型人才，教育必须改革。改革后的教育是什么样子呢？弥尔顿回答说："在范围和包含的内容上更宽广得多，而时间更短得多，成绩更确定得多。"[1]根据读书生涯体会和教书经验，弥尔顿感叹道："选择那些最有用的学科和学科之间最有用的部分"，"能省出多少年时间用于有用的学习啊！"以为"如果我们聪明地把文学艺术中那些不相干的、多余的和无用的东西划掉，我们将自信地说，在我们到亚历山大的年龄之前，我们就会成为比世界的统治者更伟大、更光荣的主人了。"[2]为此，弥尔顿建议创办一所学园(Academy)。这所学园能容纳 150 人，其中 20 人左右是服务员。规定所有的人都归 1 个人管理，此人应是公认道德完美的人，有能力履行一切义务或能明智地进行指导以监督工作的完成。弥尔顿认为学园应设院长 1 名，条件是他必须具有教育的新思想和新方法，具有革新能力，同时他兼做教授和导师；另有 20 名左右的教职工。这所学园兼具中等学校和大学的双重性质，学生除了到专门的法学院或医学院去实习外，不必再去任何其他学术机构学习。在学园学完全部课程后，毕业时可授予文科硕士学位。弥尔顿建议在全国每个城市都仿照这种模式创办学园，这将大大有助于促进学术和礼仪的发展，并使教育的新方法得到普及和推广。

在英国，关于创办新型的学园作为新教育的模式的倡议，并不是始自弥

---

① 参见[英]弥尔顿：《论教育》，任钟印译，见任钟印主编：《世界教育名著通览》，357 页，武汉，湖北教育出版社，1994。

② [英]弥尔顿：《论维护学习》，载《内蒙古教育》，2000(3)。

尔顿的。1640 年，阿伦得尔和苏瑞地方的马歇尔伯爵（Earl Marshal）就建议国
会"考虑创办 1 所学园，以培养和训练年轻的贵族和绅士"①。稍后，哈特利
布也曾建议国会创办"1 所小型学园，以培养本国的绅士，提高他们的虔诚、
学问、道德及其他"②。弥尔顿所建议的学园与他们的学园的不同之处有以下
方面。

（1）从建校目的来看，弥尔顿更注重培养实用人才。虽然他为学员拟定了
广泛的学科范围，但更着重军事训练。弥尔顿把进入学园的学生编成 1 个步
兵连或两个骑兵队，规定学园活动内容为三大部分：学习、操练和饮食。弥
尔顿对军事人才的重视是和他的政治理想分不开的。

（2）从学园的性质来看，哈特利布建议开办的学园只是中等学校性质，而
弥尔顿建议的学园包括中等学校和大学。

（3）从学园数目看，弥尔顿设想的学园不是 1 所，而是在全国所有城市普
遍建立。他认为各个城市有很多大的建筑物可转而为开办学园之用。这样，
使中等教育和大学带有较普及性质，便于为国家培养更多新型有用人才。

五、新学园中的课程设置及教育阶段

（一）课程设置

弥尔顿学园的课程计划包括人文学科、社会科学、自然科学和神学 4 个
组成部分。

---

① John William Adamson. *Pioneers of Modern Education* (*1600-1700*), Cambridge, Cambridge University Press, 1905, p.182.

② John William Adamson. *Pioneers of Modern Education* (*1600-1700*), Cambridge, Cambridge University Press, 1905, p.182.

1. 人文学科

(1)语言。学生要学习本国语以外的 6 种语言，包括希腊语、拉丁语、希伯来语、加勒底语(古巴比伦语言)、叙利亚语(阿拉伯语)和现代意大利语。弥尔顿认为只有学好外国语言，才能了解世界，学习知识，发现和掌握真理。这是由于每个民族都不能为一切种类的学问提供足够的经验和传统，所以，我们主要是从那些在某个时期曾最勤奋地追求智慧的民族的语言中受到教导的。① 因此，弥尔顿要求学生在学习时不仅仅只去掌握文字和词语而忽视语言所表达的事物及其所传递的真理。他认为，语言不过是将需要知道的有用事物传达给我们的工具；如果他在学了文字和词语时不同时学习文字和词语所表达的具体事物，他就丝毫不能被看作是有学问的人，他的聪明能干还不如一个仅仅懂得本民族语言的农民或商人那样值得敬重。②弥尔顿认为，只有学生具备上述语言功底，才能阅读古希腊、古罗马的著作，而对这些古代名著的阅读又能获得所需要的知识。弥尔顿还明确指出，学习希伯来语就是为了阅读《圣经》原著。③

(2)文法。这是全部课程的起始学科。在文法学习中首先要培养学生正确的发音。为了使学生熟悉文法的要点，要让学生阅读古代希腊文和拉丁文的著作。这些著作应该有助于发展他们的美德和对劳动的热爱。弥尔顿认为，古希腊人的比斯(Cebes)和普鲁塔克(Plutarchus)的著作、苏格拉底对话集以及昆体良的著作的前两三卷均属于此类著作。

(3)喜剧作品。选用希腊文、拉丁文和意大利文的作品。

(4)悲剧作品。选用索福克勒斯(Sophocles)和欧里庇得斯(Euripides)等人

① [英]弥尔顿：《论教育》，任钟印译，见任钟印主编：《世界教育名著通览》，357 页，武汉，湖北教育出版社，1994。
② [英]弥尔顿：《论教育》，任钟印译，见任钟印主编：《世界教育名著通览》，360 页，武汉，湖北教育出版社，1994。
③ [英]弥尔顿：《论教育》，任钟印译，见任钟印主编：《世界教育名著通览》，360 页，武汉，湖北教育出版社，1994。

的作品。弥尔顿特别赞赏描写雄伟、高雅主题的雅典悲剧作品。

（5）诗歌。阅读奥尔甫斯（Orpheus）、赫西俄德（Hēsîodos）、忒奥克里托斯（Theokritos）、阿拉托斯（Aratos）、尼坎德尔（Nicander）、奥庇安（Oppian）等古希腊诗人的作品；阅读古罗马诗人中的卢克莱修（Titus Lucretius Carus）和马尼利乌斯（Marcus Manilius）的作品以及维吉尔（Publius Vergilius Maro）作品中的田园诗。此外，还要学习英雄史诗；学习亚里士多德的《诗学》和贺拉斯（Q. Horatius）的作品以及卡斯特尔维特罗（Lodovico Castelvetro）、塔索（Torquato Tasso）等人的意大利文注释；学习纯正的叙事诗的规则；了解什么是戏剧体诗的规则，什么是抒情的规则，怎样才能贴切，哪些是值得模仿的杰作。

（6）修辞学。学习柏拉图、亚里士多德、法勒流（Phalenes）、西塞罗、赫乌吉尼（Hermogenes）和朗吉努斯（D. C. Longinus）等人论述的规则，学习著名的政治问题的演说词。

除上述学科外，弥尔顿还主张学习逻辑学，认为这是一门极有用的学问。

2. 社会科学

（1）政治学。学习政治学的目的在于使青年绅士"了解政治社会的始末和原因，他们在国家突然处于危急中时不致成为可怜的、随风摇摆的墙上芦苇，不致像我们很多著名的顾问那样最近所表现的道德心的动摇，而是更成为国家的中流砥柱"①。

（2）法律。学习法律和司法，首要的和最可靠的是学习摩西律法。还要学习古希腊立法者莱库古（Lykurgos）、梭伦（Solon）、扎留库斯（Zaleucus）、查伦达斯（Charonedas）的遗篇；学习全部古罗马的法令、十二铜表法、茹斯底年法典、撒克逊法及英国不成文法和成文法典。

---

① ［英］弥尔顿：《论教育》，任钟印译，见任钟印主编：《世界教育名著通览》，360 页，武汉，湖北教育出版社，1994。

（3）经济学。指家庭理财。学习的目的在于使学生获得个人责任的完美知识。

（4）伦理学。能使学生辨别和思考道德上的善恶，并且好善憎恶。学习柏拉图、色诺芬（Xenophon）、西塞罗、普鲁塔克、利尔修斯（Diogene Laertius）和罗克里安（Locrian）著作的残篇；晚上就寝之前还要学习大卫或所罗门或福音书或使徒书的权威性的名句。至于学生的道德意识和道德行为的培养，在文法学习中就已"利用一切机会使他们精通能引导他们到自愿服从、充满研究学问的热情、羡慕美德、被活着就要成为勇士和值得尊敬的爱国者的崇高希望所激励、亲近上帝、留芳百世这样一些教训和阐释"。要求他们喜爱高尚的、文雅的功课；"给他们年轻的胸中灌注决不要忘记把他们之中的很多人塑造成名人和无与伦比的人这种明智的崇高的热情"。①

3. 自然科学和应用科学

弥尔顿拟定的自然科学和应用科学的课程范围极其广泛，几乎囊括了弥尔顿时代所分化出来的自然学科。它们包括：算术、几何、三角、天文、地理、物理、建筑学、工程、航海、农业、生理学、医学、解剖学、自然哲学中的气象史、矿物学史、植物学史、动物学史以及自然哲学的方法论。

学习农业的目的在于使青年有能力在以后去改进他们国内的耕作，改善贫瘠的土壤，使其成为良田。农业方面的教材有加图（Cato）、瓦罗（M. T. Varro）和柯路麦路（Columella）的著作。

其他教材有亚里士多德和提奥弗拉斯图的历史哲学著作、维特鲁维尤斯（M. P. Vitruvius）的著作、辛尼加（L. A. Seneca）的物理学著作、麦拉（Mela）的地理学著作、色尔苏斯（Celsus）的医学著作、普林尼（Pliny）的自然哲学著作等。

---

① ［英］弥尔顿：《论教育》，任钟印译，见任钟印主编：《世界教育名著通览》，359页，武汉，湖北教育出版社，1994。

关于自然科学的学习，有两点是值得我们思考的。一是弥尔顿非常重视医学在救死扶伤中的作用，认为医生是战时军队中最不可缺少的。他说："他们学习医学原理……不仅是自己和朋友的了不起的医生，而且有时只要使用这种节约而少花钱的办法可以挽救一支军队……缺乏这种训练……对于统帅来说，这无异于一种耻辱。"①另外，弥尔顿认为应将有实践经验的能手引进他拟设的新学园。他主张在教学中把猎人、捕禽手、渔夫、牧人、园丁、药剂师、建造师、工程师、水手、解剖师请进学园，在学生接受了一定的理论知识之后，让这些实际工作能手当面演示、实际操作，从而使教学变得生动形象，学生在学习中，理论得以与实际相结合。这也是弥尔顿重视实学、重视工匠、重视知识的实用价值思想的反映。

4. 神学

弥尔顿计划让学生星期天和每天晚上的时间学习神学，内容包括古代和近代教会史、希伯来文的原版《圣经》、简易的宗教原理和圣经故事。

弥尔顿提出的这个课程计划有以下显著的特点。（1）他对当时盛行于中等学校和大学的浓厚的古典主义不是舍弃，而是改造。他的课程计划没有触犯古典主义的统治地位，但改变了它的性质和方向，使之为社会的现实需要服务，为培养忠诚的爱国者、坚定的政治家和卓越的指挥官服务。（2）弥尔顿所建议的学科教材几乎都是古希腊、古罗马的著作，指望学生从其中学习现实需要的知识，而根本没有提及同样具有时代意义的、科学性更强的近代科学著作，比如哥白尼、开普勒以及他亲自访问过的伽利略的著作。这显然是一个缺点。尽管如此，从其课程体系可以看出，弥尔顿对教材的选择标准是它们的科学、实用价值，这是17世纪英国社会发展迫切需要的。所以，总的来说，弥尔顿的课程计划是对西塞罗主义的否定，是新的历史时期的古为今用。

---

① ［英］弥尔顿：《论教育》，任钟印译，见任钟印主编：《世界教育名著通览》，359页，武汉，湖北教育出版社，1994。

它对古老保守的英国教育的改革，具有很大的推动、促进作用。

(二)教育阶段

在弥尔顿学园中，12 岁至 21 岁的青少年在这里度过了他们的中学和大学的学习时光。然而，如此庞大的课程计划怎样在 10 年左右的时间里付诸实施呢？弥尔顿把学园的教育划分为 4 个时期。

1. 约为 12 岁至 13 岁

学生在这两年里先学习"文法中主要的，必需的规则"。要求儿童说话时发音清楚、明白。为了培养他们的美德，要给他们读一些易懂的、使人愉悦的书籍。这一时期还应教学生算术规则，以及让他们在游戏中学习几何学的初步知识。通过每天晚上的学习，使他们对宗教的简易原理和《圣经》故事耳濡目染。

2. 约为 14 岁到 17 岁

该阶段的学习内容是：在语言上学习拉丁语和希腊语，先学拉丁语；在自然科学方面，要学习农学，掌握地球仪和地图的使用；接着学习自然哲学、物理学、算术、几何学、天文学、地理学原理；后再转入学习数学、三角学、筑城学、建筑学、工程学、航海学；在此之后，还要学习气象学、矿物学、植物学、生物学、解剖学，还有医学。该段的自然科学学习注意基本理论与实践操作相结合。这既增强了学生的实用感，又使学生在学习中手脑并用。为此须请实际工作中的行家里手入学园讲学示范。在社会科学方面，学习拉丁文散文和一切历史哲学。由上可见，这一阶段(约 4 年)是学园学习最繁忙、最紧张的时期，这段时间的学习为使"学园"学生成为新型人才打下了扎实的功底。

3. 约为 18 岁至 19 岁

随着年龄的增长和知识能力的积累，这一阶段的学生有了"是非之心"，能判断道德的善恶。因此，这时须加强对学生的思想和信念的培养，既注意道德知识灌输，又注意道德情感引导。与道德教育相关，这个阶段的学生还必须学习经济学、政治学、神学和古代、现代的教会史。在语言方面，学生要学习意大利语、加勒底语和叙利亚语。为了阅读《圣经》原著，还得学习希伯来语。由于民主政治需要，还要求学生学习历史学、背诵演说词、练习政治性演说。

4. 约为 20 岁至 21 岁

这是弥尔顿学园的大学阶段。逻辑学是这个阶段的主要学科。要求学生了如指掌。另外，修辞学、诗学等"高级的艺术"是必修课程。再者，要求学生掌握谈话和写作的实用技巧。这样，即将走出校园的学生能对"各种美好问题"进行讨论和发表见解，他们在国会还是会议上发表演说，就会一鸣惊人。按照弥尔顿的构想，这些学生这时已具备了广泛的知识和超人的才能，成为各行各业的实用人才，也是一名政治活动家了。

值得提出的是，弥尔顿还要求他的学园毕业生不妨再学习两三年，即当他们二十三四岁时(相当于硕士毕业年龄，弥尔顿就是在这一年龄获得硕士学位的)，再上一门必修课，即考察和旅行，包括观察、研究自然，考察国内外的政治、经济和风情。这样，这些青年有可能成为阅历丰富的饱学之士，从而在国家的内政、外交事务，或在科学、文化、教育等各条战线上，成为独当一面的中流砥柱。

六、论学园的军事体操和见习活动

(一)军事体操

按照弥尔顿的构想，学园培养的新型人才在战时同样能大显身手。他们应能征善战，胜任军事指挥之责，所以，学园把军事体操摆在重要的位置。弥尔顿这样描述当时军队的腐败状况："酗酒中度日"，"谎报兵员"以"骗来军饷"，甚至"从事各种抢劫和暴力行为"。而学园将不会容忍学生在未来战斗

中出现这些事情。他总结历史上的教育活动得失时说:

> 我在这里要超越他们,弥补柏拉图所描述的斯巴达社会的一个重大缺陷,因为那个城邦训练青年主要是为了打仗,而在柏拉图和亚里斯多德的学园中的训练全都是为了从事文职工作。我所描述的这所学府的培养对平时和战时都同样有用。①

可见,弥尔顿试图把学园办成文武兼治的半军事化学校。除文化学习外,学园对军事体操重视有加也就不足为怪了。

学园军事体操的时间和活动内容安排是这样的:学生在每天午餐前用1.5小时习武,还可以在早上提早起床以增加习武时间。习武的内容首先是学会正确使用武器,用利刃或尖矛做攻防练习,以使身体健康、灵活、壮实、呼吸正常,并培养无所畏惧的勇气。学生还必须练习各种扭打、擒拿和摔跤等英国传统武学项目,以备战时拖拉、搏斗和扭打。做完上述练习后,方可进餐。在餐前略作休息时,可令学员听和谐悦耳的音乐或奏乐。

晚餐前约2小时,紧急集合进行军事运动。根据季节不同,或在露天,或在室内进行。首先是跑步,随着年龄渐长,还要学习各种骑术,每天须检查进展。此外还要练习战时技术和学习一般军事学原理,包括作战、行军、扎营、筑城、攻击、炮击等各个方面;同时还得研究古代和现代的战略战术和战争格言,使他们在为国服务时能处变不惊,俨如久经战阵的完美的指挥官。

(二)见习活动

弥尔顿认为,室内学习宜和室外考察相结合,社会阅历与书本知识同样

---

① [英]弥尔顿:《论教育》,任钟印译,见任钟印主编:《世界教育名著通览》,361页,武汉,湖北教育出版社,1994。

重要。学园的学生须读万卷书，也要行万里路，深谙实务的人才仅在围墙内是难以养成的；学生还必须走出校园，到大自然和社会中去磨炼，从中获取学园内无法得到的养分。他写道：

> 在春光明媚的季节，当惠风和畅、景色宜人的时候，如果不能出去领略大自然的瑰丽，与天地共享大自然的乐趣，这似乎是对大自然的伤害和冷漠。因此，在他们学习了两三年，已打下牢固的基础以后，我并不劝他们在那时学习很多，而要劝他们在审慎的、稳重的人员的带领下，结伴骑马出游，去到国内的各个地方，到一切有驻军的地方去学习、观察，去考察城镇的建筑和耕地的土壤有何优异之处，观察港湾和贸易港口。有时还要出海，远至我们的海军驻地，在那里他们还可以在航海和海战的实际知识方面学习他们所能学习的东西。[①]

除了社会政治、风俗的考察和见习外，对自然的观察研究也必不可少。弥尔顿写道：

> 去探索一切有生之物的本质。在这之后将你的注意力转向观察草、石之潜能，让你的思想翱翔太空，不要退缩，凝视形态多变的白云、雄伟的雪堆、朝露的源头……即使对太阳，也应密切注意其运行轨迹之始终，探求计时之法，查询如何计算时间的永恒进程。[②]

他认为，这些实践活动，还给发现人才以机会，也给人创造的机会。"这

---

① ［英］弥尔顿：《论教育》，任钟印译，见任钟印主编：《世界教育名著通览》，362 页，武汉，湖北教育出版社，1994。

② 吴元训编：《中世纪教育文选》，598 页，北京，人民教育出版社，1989。

些方法将检验他们各人所特有的天赋,如果在他们身上还有什么韫匮而藏的过人之处,就会显露出来,给它以良好的机会加以提高。"这样做"会大大增进国家的利益,使那些在过去素被颂赞的美德和优点重新成为风尚,而对基督教知识的净化则更有益得多"。①

弥尔顿还认为,为了培养世界性的人才,如果财力等情况许可,学生还应到国外去考察学习:

> 如果他们在二十三、四岁时想看看其他国家,不是学习他国的原理,而是为了扩大经验,进行明智的观察,到那时,他们就会在所到之处得到一切人和社会的尊重和敬意和各地最优秀的、最著名的人物的友谊。到那时,也许别的国家会因为他们的教养而乐意访问我国,或在他们本国仿效我们的榜样。②

七、对弥尔顿思想、著作及其在英国教育史上地位的评价

上述关于学园的规模、结构、特性以及学园的教育内容、教材、教育阶段和教学方式就是弥尔顿所认为的、他与哈特利布多次谈到的"最好的最高尚的教育方法"③。作为一个政治家和诗人,对于那些从摇篮开始就值得深入探讨的教育问题,弥尔顿已显得精力不济了,但他要求教师们应该以高昂的自信、充沛的精力及应有的智慧去努力尝试探讨这些问题。仅从弥尔顿所论述的"最好的和最高尚的教育方法"看,在英国教育史上,17世纪上半期之前就

---

① [英]弥尔顿:《论教育》,任钟印译,见任钟印主编:《世界教育名著通览》,362页,武汉,湖北教育出版社,1994。

② [英]弥尔顿:《论教育》,任钟印译,见任钟印主编:《世界教育名著通览》,362页,武汉,湖北教育出版社,1994。

③ [英]弥尔顿:《论教育》,任钟印译,见任钟印主编:《世界教育名著通览》,362页,武汉,湖北教育出版社,1994。

没有任何人达到这一高度。弥尔顿的教育改革方案代表了古典主义到实科教育发展过程中的过渡阶段和中间环节。他背靠古典著作，面对现实社会，使古代书本和时代实际需要、古典主义与现实主义连接起来，企图使当时已经失去生气的、落后于时代的教育重新恢复活力，担负起服务社会、推动国家前进的崇高使命。正是因为弥尔顿站在时代潮流面前，《论教育》问世之后，结出了应有的硕果。此后20年，弥尔顿的有关学园的理想在英国逐渐变为现实，如1675年在伦敦就创办了纽因顿·格林学园等。①这种新型学校兼具文科和实科的特点。洛克的《教育漫话》的出版，成了英国学园的大宪章，使弥尔顿的古典主义课程和实科教育结合的思想获得了一次大飞跃。直到18世纪末以前，这种新型学校久盛不衰，并与英国公学一起对英国教育作出了重要贡献。18世纪中叶，本杰明·富兰克林(Benjamin Franklin)按照英国的样板，在美国创办学园，"教给学生最有实用性的和最有装饰性的知识"②。这种学校在19世纪成为美国中等学校的主要形式。

《论教育》论述的是绅士教育，学园只招收上流社会青年，较之同时代夸美纽斯乃至1个世纪以前的马丁·路德的普及教育的设想和主张，显出了它的阶级局限性。但在17世纪，绅士教育主张仍有其进步意义。这一时期，把教育目标从培养神父、牧师到成为爱国者、政治家、军官和商人，标志着尘世对天国的胜利、现实主义对宗教神学的胜利、世俗政权对教会权威的胜利，这是历史前进的结果。弥尔顿学园虽然还保留了神学，但它已不再安排在正规的日课表上，而且学园学习神学重在历史知识和世俗道德，而忏悔、祈祷、禁欲、赎罪等这些禁锢人们思想的宗教仪式绝对与学园无涉。

值得质疑的是，弥尔顿提出的如此深奥宽泛的课程和汗牛充栋的教材，10年的时间(12~21岁)怎能学完？学园学习四阶段也只是笼统和含糊的概

① 滕大春主编：《外国教育通史》第三卷，11页，济南，山东教育出版社，1990。
② 贺国庆：《近代欧洲对美国教育的影响》，37页，保定，河北大学出版社，1994。

述。关于教学方法,弥尔顿也仅仅只有几句平淡无味的老生常谈:"至于学习方法,我建议他们的学习按部就班地缓慢前进,必要时,为了记住所学的东西,要回到中间的中心部分,有时要回到前面所学过的内容,直到他们已牢固掌握并将他们所精通的知识联结成一个互相贯通的整体,就像战前的罗马军团一样。"①概言之,无非"循序渐进""温故知新""学思结合""由博返约",这也许是弥尔顿教育方法的微言大义了。弥尔顿提到"感知事物"的学习意义,可惜并没有充分发挥;虽然他也论述到青年学生在学习知识过程中对自然、社会的考证和研究的重要。或许我们可以这样认为,弥尔顿提出了一种教育方案,却将方案的贯彻、落实作为任务留给了后人。

弥尔顿无疑受到了夸美纽斯的影响。他们对旧教育的批判、对传统课程内容的改造、对感性事物的重视以及对参观、访问在获得知识中的作用的认识等方面的倾向是相近的。但他对夸美纽斯的教育思想并不曾加以研究。他在《论教育》中坦率地说:"至于除了我要读的书以外,再去探究很多现代的《入门书》(Januas)和《教学法》(Didactics)②具体说了些什么,我没有这种打算。"③可见,弥尔顿熟悉古代胜于现代,关注现代胜于古代,这也正是他无法表明用哪种可行的方法来实施学园计划的原委。这是因为,弥尔顿首先是诗人、政治家,他是以文学家的素养和政治家的功利来设计学校教育方案的,故学园的拟设更多的是一种愿望、激情和改变现实的向往,事实上,弥尔顿并没有脚踏实地地从事这一事业。

总之,弥尔顿生活在一个过渡时期。当时大学虽然在变,但旧的因素——课程和教学方法仍有很大势力。培根在遗嘱中希望在牛津、剑桥各设1

---

① [英]弥尔顿:《论教育》,任钟印译,见任钟印主编:《世界教育名著通览》,361页,武汉,湖北教育出版社,1994。

② 指夸美纽斯的著作《语言入门》和《大教学论》。

③ [英]弥尔顿:《论教育》,任钟印译,见任钟印主编:《世界教育名著通览》,357页,武汉,湖北教育出版社,1994。

个自然哲学讲座，未能实现。弥尔顿的教育改革观虽不及夸美纽斯的彻底，但却是倾向新派的。他善于利用当时的大学课程，使它为新学（或实学）服务。"在英国教育理论发展史上，弥尔顿、洛克、斯宾塞（Herbert Spencer）代表了三个不同的时代，如果用一条线把三个人物串连起来，这条线就是英国近代教育理论发展的主轴线，也就是从古典主义发展到实用功利主义的轨迹。能够在这条轨迹上占据一个点，就足以使弥尔顿不朽。"①

第三节　霍布斯的教育思想

托马斯·霍布斯（Thomas Hobbes，1588—1679），是英国政治哲学家，创立了机械唯物主义的完整体系，认为宇宙是所有机械运动着的广延物体的总和。他继承了培根的唯物主义经验论的观点，认为几何学和力学是科学思维的理想楷模。他力图以机械运动原理解释人的情感、欲望，从中寻求社会动乱和安宁的根源。他在1651年出版的《利维坦》一书中，提出"自然状态"和国家起源说，认为国家是人们为了遵守"自然法"而订立契约所形成的，是一部人造的机器人，反对君权神授，主张君主专制。他著有《论物体》《利维坦》《论人》《论社会》《对笛卡儿形而上学的沉思的第三组诘难》等书，为之后所有西方政治哲学的发展奠定了根基。同时，霍布斯涉猎广泛，在历史学、几何学、伦理学等领域均有造诣。霍布斯的思想对其后的孟德斯鸠和让-雅克·卢梭有深刻影响，但同时，他的社会契约论与绝对君主制又有其独特性。

---

① 任钟印、赵卫平：《弥尔顿》，见赵祥麟主编：《外国教育家评传》第一卷，529页，上海，上海教育出版社，1992。

一、时代、生平及著作

(一)求学生涯

1588年4月5日,霍布斯出生于英国威尔特郡马姆斯伯里一个乡村牧师家庭。此时,正值英国与西班牙海战期间。其母听闻西班牙无敌舰队将入侵英国,因受惊吓而早产。日后霍布斯常说:我母亲生了双胞胎,我的孪生兄弟是恐惧。而他的一生也确实是在社会局势动荡不安的恐惧氛围中度过的。霍布斯的父亲因与其他教区牧师打斗,被迫逃到伦敦。从小失怙的霍布斯是在伯父法兰西斯的照顾下成长的。

霍布斯自幼才智过人。4岁时被送到当地的教会小学读书,后又转入私立学校上学,启蒙老师是牛津大学毕业生。1603年,15岁的霍布斯进入牛津大学莫德林学院就读。当时莫德林学院的院长是清教徒约翰·威尔金森(John Wilkinson),年轻的霍布斯也深受其影响。当时的牛津大学给学生灌输的是经院哲学,主要的学习方式是死记硬背。年轻的霍布斯十分厌倦这种教育方式,因此他常常逃离课堂,在学校周围的书店找寻自己感兴趣的书籍。1608年,霍布斯取得文学学士学位,留校讲授了1年逻辑学。

在这段时期,他经由詹姆斯·赫西(James Hussey)爵士的推荐,担任哈德威克男爵卡文迪什之子威廉·卡文迪许(William Cavendish)的家庭教师。霍布斯一生都与该家族保持紧密的联系。不久,威廉·卡文迪许被封为德文郡伯爵。在伯爵的支持和赞助下,霍布斯得以与许多社会名流和学者接触,学问日益精进。

(二)三次欧洲游历

1610年,霍布斯奉命陪同威廉·卡文迪许出游欧洲大陆,先后访问了法国、德国和意大利。这次欧洲大陆旅行,使霍布斯的眼界大开,有机会将他在牛津所接受的经院哲学教育与欧洲大陆具批判性的科学研究方式相比较。他第一次知道,在欧洲大陆还存在一门以实验为基础的科学;开普勒的"日心说"证明了行星运行的轨道不是正圆，而是椭圆；他也读到伽利略 1610 年出版的《星际信使》，记述了利用望远镜观测到月球表面、金星的盈亏、木星的卫星、星座及银河等细节的制图。由于开普勒和伽利略的新发现，亚里士多德哲学在欧洲大陆已名誉扫地了。在旅居欧洲大陆期间，霍布斯学会了法语和意大利语。欧洲大陆文化使他深受激励。他立志要成为一名精深的古典学者。

回国后，威廉·卡文迪许当选为议员，霍布斯担任其秘书，并结识了当时英国著名诗人和剧作家本·琼森（Ben Jonson，1572—1637）及在詹姆士一世继位后仕途正红的弗朗西斯·培根。1621 年，培根因欠债及受贿，不能再从事公职。退隐从事著述期间，霍布斯当了他的秘书（1621—1625）。这时霍布斯的兴趣是文学，喜欢研究古希腊和拉丁文著作。他们两人经常在花园里散步聊天。作为忠诚的听众，霍布斯总是拿着纸和笔，随时记录下聊天时培根不时迸发出来的新的思想火花。培根常说，他特别喜欢霍布斯记录他的思想，因为比起其他人来，霍布斯更善于领会他的思想，他也更能明白霍布斯所记录的东西。霍布斯还帮助培根把他的某些作品翻译成拉丁文。通过两人的交往，霍布斯也受到了培根哲学思想的熏陶。

霍布斯经过十余年的努力，在 1628 年将古希腊历史学家修昔底德（Thucydides，约前 460—前 400）的名著《伯罗奔尼撒战争史》译成英文。这也是霍布斯研究文学和历史的第一个重要成果。霍布斯认为，历史最重要的职责就是为统治阶级在政治策略方面提供有益的教训。修昔底德的杰作正是这方面的不可超越的典范。霍布斯意识到希腊式的民主政府是有缺陷的，不仅无法赢得战争，也无法维持社会的稳定，因此民主制度并不可取。霍布斯时年 39 岁。此时君权神授说是主流思想，他的《利维坦》中的绝对君主权力的概念还未成形，尚未具有自己圆融的哲学思想，只是隐约不习惯下议院具有"草根性"的新教议员的"民主运作方式"。

德文郡伯爵威廉·卡文迪许在 1628 年去世,伯爵夫人不再雇请霍布斯。不过他很快又担任乔维斯·克利夫顿爵士(Gervase Clifton)之子的家庭教师。同年霍布斯陪同他的新学生游访欧洲大陆。他们游遍了法国,还去了威尼斯。第二次欧洲大陆旅行成了霍布斯走向哲学家生涯的转折点。从此,他把自己的兴趣从文学转向了科学和哲学。

霍布斯通过阅读修昔底德和马基雅维利(N. Machiavelli,1469—1527)等人的著作,观察当时政治生活的发展,自信已看透了人的本性。他设想,要是把自己关于人的本性的见解当作几何学上的公理那样作为推论的出发点,那么关于国家状态和社会生活的一系列原理就都可以按照几何学的方法准确无误地、令人信服地推演出来。几何学的发展,使霍布斯大为振奋。这时,他已经有了建立哲学方法论的设想了。

1631 年,卡文迪许家族又再次雇请霍布斯。这次教导的对象是威廉·卡文迪许之子。接下来的 7 年里霍布斯在教学的同时也不断拓展自己的哲学知识,思考一些主要的哲学问题。霍布斯得知伽利略出版了一本《关于运动的对话》,极力想搜寻一本,但由于该书发行量太少而未能如愿。在霍布斯看来,运动不仅在解释自然界时是最基本的概念,而且也是解释人和人类最基本的概念。抱着这一想法,霍布斯写出了第一本哲学著作《论第一原理》。这本书的出现标志着他从此走上了哲学家的道路。霍布斯在这本小册子里,根据运动原理,概略地叙述了他对感觉所作的新解释。他的论证方法完全是几何学式的,但在解释知觉和行为过程时,带有经院哲学的痕迹。

1634—1637 年,霍布斯又陪同他的学生周游了欧洲大陆。第三次欧洲大陆旅行,给了他刚刚开始的哲学生涯以深刻的影响。在巴黎,霍布斯和法国学者马林·梅森(Marin Mersenne,1588—1648)成为知己。梅森是当时知识渊博的数学家,并且是一个学术团体的首领。笛卡儿和伽桑狄(Pierre Gassendi,1592—1655)等人都是该学术团体的重要成员。霍布斯和欧洲大陆新思潮的领袖人物有了交往，这就使他能进一步了解到欧洲大陆哲学和科学的最新发展。他和以梅森为首的学术团体的成员们讨论了使他着迷的运动原理问题。霍布斯于 1636 年专程前往意大利拜访了伽利略，两人讨论了有关运动的各种问题。霍布斯认为，伽利略打开了"宇宙哲学的大门"。

霍布斯已默默构筑了自己的哲学体系：

(1)论物体，根据机械运动法则解释各种自然物体和现象；

(2)论人，从自然物体的运动原则出发，推演出对人的精神现象的解释以及人性的基本原则；

(3)论国家，阐述人类如何形成和参与社会，并主张社会应该避免人们退回"野蛮而不幸"的原始状态。因此他主张肉体、人和国家三者的现象应该要被一起研究。

霍布斯在 1637 年回到了祖国英国，这一年，苏格兰爆发了声势浩大的人民起义，并且得到了英格兰人民的同情和支持。资产阶级和新贵族结成了反对国王的同盟。国王下令解散了短期国会，使国内气氛达到了白热化，王党和国会派之间的内战已经不可避免。1640 年，霍布斯发表《法的要素》(*The Elements of Law*)。力图证明，国家权力不可分割地属于统治者。国王应该有绝对的权力。霍布斯的观点表达了大资产阶级和上层新贵族力图使君主政体成为自己手中的工具的一种愿望。1640 年 11 月，英国长期国会取代了短期国会，国会与国王之间的冲突迅速恶化。霍布斯觉得他的著作可能会招致政治迫害，因此连夜逃往巴黎，在接下来 11 年内都没有再返回英国。在巴黎他重新加入了马林·梅森的辩论团体，同时期他也写下了一篇对笛卡儿《形而上学的沉思》一书的批评。他将大部分时间都花在研究上，在哲学界建立起了良好的名声。

1642 年，英国内战爆发，许多国王的支持者开始流亡欧洲。当中许多逃至巴黎的人都与霍布斯相识，这使得霍布斯开始对政治产生兴趣。霍布斯把

《法的要素》一书的后一部分《论公民》作了扩充，并增加了"论宗教"的章节，更详尽地论述了教会和国家之间的关系。该书用拉丁文写成，匿名在荷兰发表。出版后大受欢迎，就连笛卡儿也赞赏不已，这导致霍布斯声誉鹊起。霍布斯在该书中为其政治学说勾画出了清晰的轮廓，他以后发表的政治论著都是对该书内容的详细展开。

为了进一步解释《论公民》一书中的见解，霍布斯决定用英文写一本通俗政治学著作，题为《利维坦，或教会国家和市民国家的实质、形式和权力》（*Leviathan or The Matter*, *Forme and Power of a Common-Wealth Ecclesiastical and Civil*）。"利维坦"（Leviathan）意为巨人或怪物，霍布斯以此比喻君主专制政体的国家。该书主要论述作者的国家起源学说和社会政治思想。全书架构植根于作者1640年所写的一篇未发表的论文，1651年首次出版。全书共分为4部分，47章。第1部分"论人类"，以人与生俱来的能力为出发点，论述"自然状态"和自然法的问题。第二部分"论国家"，主要论述了由契约所产生的国家的各种形态、主权以及人权。第三部分"论基督教体系的国家"，主要论述了教会的政治地位与个人的信仰自由。第四部分"论黑暗的王国"，主要对宗教、哲学以及政治思想展开意识形态的批判。该著作详细阐明了社会契约论。在霍布斯看来，国家就像一个巨人或怪物（利维坦）一般，它的身体由所有的人民所组成，它的生命则起源于人们对于一个公民政府的需求，否则社会便会陷入因人性求生本能而不断动乱的原始状态。此书刚出版便造成了轰动。霍布斯很快便接到了大量的赞美和批评，远超当时所有其他的思想家。不过，书中的现实主义内容不但让信仰圣公会的保王派震怒，也让信仰天主教的法国人震怒，导致他与其他逃亡的保王派关系迅速决裂，保王派甚至试图杀掉他，迫使他不得不向革命派的英国政府求取保护。霍布斯逃回了英国，于1651年冬抵达伦敦。在他向革命派政府表示归顺后，他被允许在伦敦的福特巷隐居。

1654 年，霍布斯完成《论物体》，次年在伦敦出版。在《论物体》中，霍布斯系统地阐明了自己的机械唯物主义的自然观：物体是唯一的存在，广延性是物体的根本特性，机械运动是物体的唯一运动形式。《论物体》发表后，《论人》一书亦于 1658 年正式出版。至此，霍布斯完成了他构想了三十多年的整个哲学体系。此后，霍布斯的精力主要用于捍卫自己的学说，再没有更重要的作品问世，1672 年，霍布斯用拉丁文悲歌体写了一部笔调活泼、幽默的自传。1679 年，他不幸染上了膀胱疾病，并且死于接踵而来的中风，享年 91 岁，安葬在德比郡一座教堂墓地。

二、霍布斯的思想体系

(一)哲学理论

持续地使用某种自然哲学的观点来诠释有关问题，是霍布斯哲学的重要线索，贯穿其所有的著作。

霍布斯指出，哲学研究的唯一对象就是物体，物体是不依赖于思想而客观存在的东西；它占有空间，能够为人们的感官所感知，或被人们的理性所理解。物质是永恒的，既不能被创造，也不能被消灭，不能增加，也不能减少。世界统一于物质，除了物质实体以外，世界上根本不存在任何非物质的实体。所谓世界，就是无数的物质实体的总和。

从霍布斯的哲学观来看，哲学就是运用理性思考原因与后果的关系。因此，哲学所处理的世界就是由因果关系所构成的，在其中不存在没有原因的物，也没有无限、永恒、终极原因，以及只能透过信仰才能知道的东西。这就是霍布斯的理性主义，它排除了目的论的讨论，认为世界只是由物体的运动所构成的。因此，他没有说自然世界是一部机械，他只是说理性世界类似一部机械。

霍布斯并没有认真处理科学与哲学的分别，然而这个问题对于 19 世纪是重要的。霍布斯仍是哲学家。例如，他的哲学体系始于知觉(sensation)，并不是因为科学家认为知觉是可靠的，而是因为知觉的存在就是不可怀疑的。

简言之，霍布斯的体系在于其对哲学知识的看法，不是任何一种关于世界的学说。霍布斯的思想传承并不是沿袭柏拉图-基督教的传统，而是怀疑论的、晚期经院哲学的看法。

霍布斯的政治哲学以哲学的观点来处理政治社会问题。他将政治社会视为人为的，而不是自然的观念，他的方法就是探讨其起源。

(二)认识论

霍布斯用机械论的观点观察一切，认为人也是自然物体，同其他的自然物体没有本质的区别。人不过是一架自动机，心脏、神经、关节都是人这个机器上的不同部件，它们不停地做机械运动。这就是说，人也像自然物体一样服从统一的机械运动规律。

霍布斯在《利维坦》的第一部分"论人类"中，研究和阐述了他的认识论和伦理学观点，后来又在《论人》中作了进一步的阐明和发挥。

(1)认识的来源。在认识论上，霍布斯继承了培根的唯物论原则，反对天赋观念论，主张知识和观念起源于感觉。他说："所有这些现象的根源都是我们所谓的感觉；(因为人类心里的概念没有一种不是首先全部或部分地对感觉器官发生作用时产生的。)其余部分则都是从这根源中派生出来的。"①

霍布斯强调，只有客观事物才是引起感觉的直接对象，人的一切认识都开始于事物对感官的作用所引起的感觉，离开了外物对感官的作用，就不可能有任何认识发生。"由于我们所能想象的一切都莫不是首先曾经全部一次或部分地经过感官感知，所以我们便不可能具有代表未曾经过感官感知的事物的思想。"②

---

① [英]霍布斯:《利维坦》，黎思复、黎廷弼译，4页，北京，商务印书馆，1985。
② [英]霍布斯:《利维坦》，黎思复、黎廷弼译，17页，北京，商务印书馆，1985。

（2）反对"天赋观念"，提倡理性。霍布斯批判笛卡儿的"天赋观念"论。笛卡儿认为，在人的心灵中本来就存在着一些清楚明白的观念，比如，上帝、灵魂、道德原则以及几何学的公理等，都是与生俱来的。霍布斯反对这种观点，他认为，客观存在才是引起人们思维想象的原始动力。"以往崇拜林神、牧神、女妖等等的异端邪教，绝大部分就是由于不知道怎样把梦境以及其他强烈的幻觉跟视觉和感觉区别开来而产生的。"①基督教会正是抓住了人们这一无知，才能蛊惑人心，而要消除这些虚幻的假象，唯有通过理性："但阴险邪恶的人托辞上帝无所不能十分胆大妄为，明知纯属子虚，但只要能达到自己的目的便什么事都编造得出来。聪明人的职责就在于对他们所说的一切只相信到正确的理性能判明其为可信的程度。"②

（3）知识的形成与教育的作用。对于知识从何而来这一问题，霍布斯的理解是经验主义的、机械论的。他十分重视理性推理在认识中的作用，尤其重视演绎推理在认识中的作用。他认为，只有依靠推理，才能把感觉上升为理性，才能把握事物的本质，形成科学的知识。"理性不像感觉和记忆那样是与生俱来的，也不像慎虑那样单纯是从经验中得来的，而是通过辛勤努力得来的……这就是人们所谓的学识。"③换言之，推理是获得智慧的途径。"至于获得的智慧，我所指的是通过专门的方法和教导获得的智慧，这方面只有推理一项。推理所根据的是语言的正确运用，所产生的是学识。"④不同的人之所以学识有差异，原因在于激情不同，而激情不同的原因有两个方面：一是先天因素所决定的，二是后天因素所决定的。"智慧的这种差异的原因在于激情，而激情的差异则一部分是由于体质，另一部分是由于教养有别而来的。"

① ［英］霍布斯：《利维坦》，黎思复、黎廷弼译，11页，北京，商务印书馆，1985。
② ［英］霍布斯：《利维坦》，黎思复、黎廷弼译，11页，北京，商务印书馆，1985。
③ ［英］霍布斯：《利维坦》，黎思复、黎廷弼译，32~33页，北京，商务印书馆，1985。
④ ［英］霍布斯：《利维坦》，黎思复、黎廷弼译，53页，北京，商务印书馆，1985。

在这里，霍布斯坚持了唯物论的观点，但又肯定了人的先天因素和后天环境的共同作用。而对后天环境的解释，实际上指的就是教育的差别。

（三）伦理学与人性论

霍布斯的伦理思想包括"自然权利"（natural rights）和"自然法"（natural laws）两个部分。前者讲人的本性是利己主义，后者讲人的理性规定的道德律令。

1. 人类困境之一——自然状态的矛盾

对于自然人而言，并没有任何困境；人类的困境是来自他人的存在阻碍了个人对快乐的追求。一旦有了其他竞争者，快乐就不容易达成。追求快乐的竞争是平等者所参与的，冲突是开放的，是所有人对于所有人的战争。因此，人性与人类的自然状态激烈对立：一方面，人类追求快乐；另一方面，其他人的存在则使快乐不可能达成。在人的本性中，发生争执有 3 个主要原因：一为竞争，二为猜疑，三为荣誉。竞争使人求利，猜疑使人求安，荣誉使人求名。

2. 对于死亡的恐惧

从困境中救赎的唯一可能就是认识困境本身。有一种具有净化作用的情绪可以达成这种目的，即对死亡的恐惧。人知道自己的有限性、脆弱与无助，才会运用理性，才会产生谨慎。因此，运用理性才会找到避免人类困境的方法。

3. 社会契约

对于个人快乐的理性思考会得到以下的结论：己所不欲，勿施于人。除非每个人都采取行动，以便他不会对自己做的事情也决不会施加于他人，否则不可能获得幸福。

为了达到这一目的，需要做到以下几点。(1)共同让渡权利。因为实行自然权利导致战争，达成和平就要有赖于所有人放弃自然权利。(2)所有人对于所有人的承诺。(3)参与契约。造成不快乐的原因在于不受限的自然权利,因此,要避免这种状态就要采取一种不行使意志的意志,放弃自然权利。

统治者的权利与义务来自社会契约。既然统治者是来自臣民自愿放弃的自然权利,因此,统治者的权利是自然的。相对地,臣民的权利则是由统治者规定的,因此,他们的权利是"人为的"。统治者的权利与义务之一是立法,此即统治者的意志表现。没有所谓不义的法,但是统治者的义务在于制定公平而必要的法律。统治者的另一权利是决定共同的宗教形式。一旦组成了政治社会,自然宗教也要变成人造的宗教,因为运用理性思考的权利也被转移到统治者身上。

臣民的自由与义务:自由即是法律规定以外的范畴,在法律中,个人只有服从的义务,没有自由。君王不可能以法律来命令臣民的所有行动,因此,没有命令的部分就是自由。

三、《利维坦》与公民教育

霍布斯的代表作《利维坦》虽然是一部政治著作,但与教育,特别是公民教育有相当的关系。该书前两部分"论人类"和"论国家"是根据《法律要旨》的两部分内容再行加工的;后两部分"论基督教体系的国家"和"论黑暗的王国"是根据《论公民》的后一部分扩充而写成的。霍布斯在《利维坦》的后两部分中着手对《圣经》进行了讨论,并且激烈地攻击教会向王权挑战的企图。霍布斯总结道:人民无论如何都不能违背与国家签下的社会契约。然而,霍布斯也讨论了当利维坦无法再保护其人民时,这个社会契约便会等于无效。由于当时英国的局势纵容人们对于宗教教条的批判,霍布斯的理论也因此更无所忌讳。利维坦初版的封面卷头插画(图9-1)非常知名,描绘出一个戴着王冠的利维坦巨人,一手持剑、一手持杖,巨人的身体则由无数民众所构成。

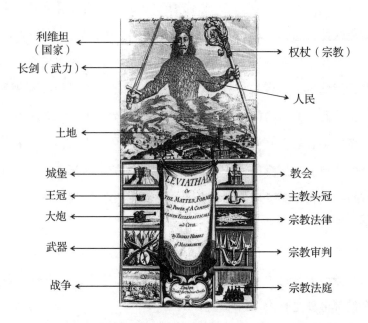

图 9-1 《利维坦》初版封面：国家治理图(箭头和文字为笔者另加)

从某种意义上说，《利维坦》可以视为一部以"主权者治理方法"为主题的书籍，其关注的是建立公民哲学的原则、君主的义务和权利。霍布斯不主张自由主义，不关心维持自由主义所必需的美德。因此，他提出了一种激进的权力集中和集权权威的社会解决方案，以恐吓令人服从。除了设计制度来约束那些可信度有限的人之外，让每一个人都不同程度地参与其中，通过培育他们的激情，以增加公民信任的价值。"利维坦"用科学取代了错误的教导，它旨在推翻曲解自然规律和主体职责的"假教师"。对于霍布斯的教育思想需要置于整体的历史语境中考察。霍布斯从对英国内战的诊断开始，认为英国内战是英国错误教育的产物，教育从一开始就是霍布斯政治理论的核心和关注点。对霍布斯来说，人们只有通过在大学、讲坛和家庭中由君主监督的严格和普遍的公民教育，才能在和平所需的公民事务上达成共识。

(一)对激情的教育

霍布斯在他的几部作品中都对激情给予了相当大的关注。"人的自然天赋可以归结为 4 类：体力、经验、理性和激情。"①霍布斯称情感为"心灵的扰动"，之所以这么说是因为它们经常阻碍正确的推理。尤其是激情会抑制我们的推理，使我们转而关注"现在"，不能预见必然与之相联系的更大的罪恶。但激情并不一定是障碍，更重要的是，有些激情甚至可以为理性服务。那些被扩展成性情并被习惯固化的激情行为就成为礼仪。

人在自然状态下根本不值得信任，根源既存在于人的本性中，又存在于特殊的环境状态中。霍布斯在《利维坦》中声称，欲望既是与生俱来的，也是人为的。自然的欲望很少，它们包括一些基本的东西，如对食物的食欲、排泄的欲望。然而，除此之外，还有"对特定事物"的欲望是通过经验获得的。当我们在这个世界上行动时，我们会发现，有些事给我们带来快乐，有些事给我们带来不快。从这些观察开始培养次要的激情，就像我们把快乐和不快乐的经历附加在一起作为特定的目标，并反思实现这些目标的可能性。

这就是在自然状态中所产生的激情的力量。将契约建立在相互信任的基础上是不可能的。然而，契约仍然是摆脱自然状态的唯一途径。要想成功，语言的契约必须与激情相结合。霍布斯发现了两种激情——恐惧和荣耀。霍布斯推荐恐惧。在他看来，荣耀的激情是不可靠的，特别是在追求财富、命令或快乐时。而恐惧恰恰相反，显然它无处不在，足以成为"值得信赖的激情"。

(二)主权者的教育职责

如果对无形权力的恐惧是形成契约的基础，那么，对已建立的主权的恐惧可以指导我们的社会行为。一旦进入社会，就可以确立正义，界定犯罪。然后，确立正义及治国成为君主的责任，君主对上帝负责，增进人民福祉。

---

① [英]霍布斯：《论公民》，应星、冯克利译，3 页，贵阳，贵州人民出版社，2004。

君主通过两种方式来完成职责：第一，君主制定立法和执行旨在促进臣民安全的法律，明智地使用剑的力量来保持恐惧的动机；第二，治国之道在于"教育"，君主拥有教育臣民的权利和责任。

霍布斯在《论公民》的第九章"论父母对孩子的权利兼论世袭制王国"中，以父母与子女的关系来暗喻国家与臣民的关系。他认为社会不是由自然决定的，而是由教育决定的。正如《论公民》第十三章"论运用主权的人的义务"中写道：

> 要保持内部的和平，要求许多东西。
>
> 我们把产生这种倾向最有影响的因素称为邪恶的教诲。因此，将这些教诲从公民的思想中根除并慢慢灌输别的东西，这是那些运用主权的人的义务。但因为观点植入人的思想中不是通过命令而是通过教导，不是通过惩罚的威胁而是通过论辩的明晰来达到的，所以，抵抗这种邪恶的法律不应该针对犯错的人民，而应该针对错误本身。①

霍布斯对教育最广泛的讨论出现在《利维坦》的第 30 章"论主权代表者的职责"中。霍布斯在这里提出了国家没有教育就无法生存。没有君主权力的指示，人们不会正确地理解他们的职责，甚至没有义务去服从。人若不受自然法的教训，就不能明白那是自然的法律禁止违反契约。如果不认识到履行契约的义务，就不会遵守契约。"要在具有原理和实例的公开教导中包含一种总的安排，以及制定和实行个人可以适用于其本身情形的良法。"②

第 30 章提出的教训是对如何控制激情的一套指示。霍布斯建议君主教他的臣民热爱他们的政府形式，具体做法如下。

---

① [英]霍布斯：《论公民》，应星、冯克利译，136~137 页，贵阳，贵州人民出版社，2004。
② [英]霍布斯：《利维坦》，黎思复、黎廷弼译，261 页，北京，商务印书馆，1985。

(1)应当教导人民不要爱自己在邻邦中所见到的任何政府形式更甚于自己的政府形式。同时也不要因为看到统治形式和自己不同的国家目前繁荣昌盛，而见异思迁。

(2)要教导人民，任何其他臣民以及主权会议以外的任何会议，不论其地位怎样高，也无论其在国内怎样显赫，当他们在个人的职位上代表主权者时，都不要因为慕其德而以尊主权者之礼尊敬他们，或以服从主权者的方式服从于他们。

(3)由于上一条，还应当教导他们，使之认识到主权代表者不论是一个人还是一个会议，如果加以非议、议论或抗拒其权力，将是怎样大的一种过错。

(4)如果不从日常劳动中拨出一定的时间以便听取指定的人员的讲解，就不可能教导臣民认识这个道理，即使教导了也记不住。[1] 同时，每一个主权者都应当让臣民学习到正义之德。也就是说，不以暴力或欺诈手段夺权根据主权当局的规定应属旁人的任何东西。

(5)最后，还要教导人民认识到，不但不义的行为，甚至连不义的打算和企图(纵使由于偶然原因受阻而没有实现)也是不义。[2]

为何拥有至高无上君权的主权者一定要通过教育的方式来使臣民归顺，而不是使用武力呢？霍布斯也给出了答案：

　　这些权利的根据很需要经常确实地教示给人民，因为它们不能靠任何世俗法或刑罚之威来加以维持……至于惩罚，他们就会完全把它当成一种敌对行为；当他们认为自己具有足够的力量时，就会力图以敌对行为来规避这种敌对行为。[3]

① ［英］霍布斯：《利维坦》，黎思复、黎廷弼译，263~265 页，北京，商务印书馆，1985。
② ［英］霍布斯：《利维坦》，黎思复、黎廷弼译，266 页，北京，商务印书馆，1985。
③ ［英］霍布斯：《利维坦》，黎思复、黎廷弼译，261~262 页，北京，商务印书馆，1985。

无论国家还是个人，不论诉诸理性，而企图使用武力来达到目的，在霍布斯看来都是非正义的。主权者的教育职责并非仅仅为臣民着想，更重要的目的是保卫国家和自身安全。霍布斯写道：

> 这类理论的障碍与其说是来自内容的艰深，不如说来自学习者缺乏兴趣。有权势的人对于任何建立权力以约束其情感的事物不能消化；有学问的人则不能接受任何揭露其错误、因而降低其威信的事。至于一般人的脑子，则除非是由于依靠有势力的人因而受到影响或是由于那些博学之士用自己的看法玷污了他们的心灵……因此我的结论便是：当主权者的权力完整时，除开他们自己或他委托治理国家的人有过失外，教导人民认识这些根本权利(即自然的基本性法律)并没有什么困难。因此，他便有义务让他们受到这样的教导，这不仅是他的义务，而且也是他的利益所在；同时这也是一种安全保障，可以防止叛乱对他的自然人身所带来的危险。①

(三)大学的教育功能

霍布斯的大学改革不仅涉及高等教育，还涉及整个英国的公民教育，因此这是一个具有最高政治性的问题。之所以人民会有不服从、不道德的想法，正是因为在大学受到了不正确的教育，青年时期的学习往往会像"枷锁"一样永远留在他们的脑海中：

> 我们上章所说的与国家的安定不相合的错误之所以溜进未受教育者的头脑中，部分起于受欢迎的牧师的布道，部分起于这些未受教育者与一些人的日常谈话，那些人身处的安逸的环境使他们有闲暇作这些探讨，

---

① ［英］霍布斯：《利维坦》，黎思复、黎廷弼译，263 页，北京，商务印书馆，1985。

进而使他们年轻时期上大学［Academiae］时使所接受的那些错误深深根植在了他们的头脑中。因此，反之亦然，任何人想要引入某种看似有理的教诲，就不得不从大学开始。若要引入正确的并真正得以阐明的公民原理，这种学说的基础不得不在大学打下……因此我认为，主权者的义务是，他必须让公民学说的正确原理被记录成文，并且下令在国内所有的大学里传授它。①

结合自己早年接受教育的经历，霍布斯十分反对再在大学中教授以经院哲学为主的内容：

> 大学（全都是根据教皇的权力设立和管辖的）中所教导的亚里士多德的形而上学、伦理学和政治学，以及毫无准则的区分之说，粗陋的术语和经院学者的含糊用语等等，都帮助他们使这些错误不被察觉，并使人错误地把虚妄哲学的鬼火当成了福音之光。②

霍布斯之所以有这样的论断，是因为在英国第一次内战（1642—1647 年）期间，各级教育显著扩张，从负责教授基本识字的初级学校，到文法学校，再到大学都迎来了发展的高峰期。在 17 世纪 30 年代，牛津和剑桥的入学人数达到了历史新高。③ 到 1642 年，议会中的领袖们都是受过良好教育的，霍布斯并没有忽视这一事实，这无疑促成了他对大学的评价，认为大学是"叛乱的核心"。毕竟，对于那些在大学里学到了不少东西之后，还自以为很有才气的人来说，要使他们相信自己想要的是一个国家的公民必备的任何能力，是

---

① ［英］霍布斯：《论公民》，应星、冯克利译，137 页，贵阳，贵州人民出版社，2004。
② ［英］霍布斯：《利维坦》，黎思复、黎廷弼译，564 页，北京，商务印书馆，1985。
③ Lawrence Stone, "The educational revolution in England", *Past and Present*, 1964(28), pp. 68-69, 78.

一件很困难的事情。

霍布斯与共和党人弥尔顿虽然在政治观点上有很大差异,但他们都认为,当时的英国大学基本上是一潭死水。霍布斯批评了以经院学者为代表的"学院派",指责他们贩卖以荒谬和"无关痛痒的言论"为特征的"空虚哲学",而不是灌输良好的道德说教以使公民服从。这种死记硬背的学习不能形成有用的知识,就像鹦鹉不能被认为知道真理一样,尽管它能完美地背诵正确的句子。① 霍布斯坚持认为,这样的教育只会使学生头脑麻木、头脑迟钝。因此,哲学不再像科学那样追求真理,而是像某些权威作家的鹦鹉学舌也就不足为奇了。当然,其中最重要的是亚里士多德,在霍布斯看来,正是亚里士多德哲学加剧了英国的教育困境:盲目崇拜权威,大学过于敌视自由探索和自由辩论。"正像亚里士多德一样……人们由于读了这些希腊和拉丁著作家的书,所以从小就在自由的虚伪外表下养成了一种习惯,赞成暴乱,赞成肆无忌惮地控制主权者的行为。"②

因此,英国近代的不幸源于经院哲学和古希腊、古罗马遗产对大学的双重影响。而负面影响并不局限于那些受过教育的人。受大学教育的神职人员宣扬的"微妙的教义"使普通民众眼花缭乱。霍布斯认为,一些具体的煽动性学说可以直接追溯到古代,包括:

(1)对保障和平与国家的防卫所必需的权力的剥夺;

(2)蛊惑人心的谬论所造成的国家疾病;

(3)违反良知意识所做的任何事情都是罪恶;

(4)主权者要服从民约法;

(5)私人对自己的财产享有绝对权利;

---

① Thomas Hobbes, *The elements of law Natural and Politic: Human Nature and De corpore Politico with Three Lives*, New York, Oxford University Press, 1994, p.41.

② [英]霍布斯:《利维坦》,黎思复、黎廷弼译,168页,北京,商务印书馆,1985。

(6)主权可以分割或有限。①

为了印证这些说法，霍布斯举出了很多古希腊的神话和历史故事。他认为正是这些古代遗毒破坏了英国的秩序，造成国家濒临解体；至于专门反对君主政体的叛乱，有一个最常见的原因是读古希腊与罗马人的书。

1641 年，议会提出"大谏章"（Grand Remonstrance）。长期国会宣布要进行必要的改革，其中包括大学。尽管有这些良好的意愿，但由于战争，教育状况受到影响，许多学校关闭，大学入学人数急剧下降。然而，尽管形势恶化，议会被迫将注意力转向别处，英国的教育改革运动却蓬勃发展。弥尔顿主张完全废除大学，这一点也体现在 1653 年英国议会提出的一项重要措施上。霍布斯的观点则较为温和，他认为君主不应该允许这样的书被公开阅读，他提出的改革也并非异常极端，建议通过调整课程，大学可以很容易地弥补它们所造成的伤害，转而维护和平与秩序。

另外，大学虽然是经院哲学的卫道士，但是它在煽动叛乱方面的成功也为和平思想的传播带来了希望。霍布斯认为，正如大学助长和利用了人民的无知一样，他们也可以为相反的目的服务：

> 大学是世俗学理与道德学说的泉源，传道士与士君子都从这里汲取自己所能找到的泉水，并把它在讲坛上和谈话中洒在百姓身上；既然如此，我们就应当特别小心使之洁净，不让它为异教政治家的毒素和装神弄鬼的符咒所污染。②

因此，对人民进行真正的公民教育是主权国家的一项基本职责。对霍布斯来说，大众教育具有至高无上的政治重要性。这一结论源于他的信念，即

---

① ［英］霍布斯：《利维坦》，黎思复、黎廷弼译，250~254 页，北京，商务印书馆，1985。
② ［英］霍布斯：《利维坦》，黎思复、黎廷弼译，580 页，北京，商务印书馆，1985。

君主的权威完全建立在公众对他权力的看法之上。他揭示了一个通过各种渠道实施的全民教育。这种对整个国家的全面指导将要求公民学说被传授给社会各阶层和生活各个阶段的人们。不仅大学，而且讲坛和家庭都必须为国家这一教育目标服务。此外，这些措施还必须辅以主权国家在镇压异见方面的不懈努力。霍布斯希望君主能因此教育出真正的"公民"。

如果臣民有义务调节自己的激情，以便让自己有能力处在法律的约束下，那么必须具备将激情转化的能力。霍布斯给出了获得这种能力的方法——大学教育。他写道：

> 关于人民接受这种教导的方法与途径的问题……深思则不但对于学习自然正义的真理必不可缺的，而且对于学习所有其他各门学问的真理说来都是必不可缺的……因此，我们便可以显然看出，对人民的教育完全取决于正确地教育大学中的青年。①

在《利维坦》中，霍布斯非常关心如何培养知识分子，认为对责任的理解比对责任的热爱更重要。教授关于国家的科学将有两个值得注意的有益影响。首先，一个受过良好教育的人不太可能被骗去为"少数人的野心"服务。其次，关于义务的知识会使他们捍卫和平。霍布斯认为，在塑造下一代人的心理素质方面，正式和非正式的所有教学权威都发挥着至关重要的作用。更重要的是，好的教育工作者会意识到他们不只通过言传，还应通过身教来树立行为的榜样。

不过，《利维坦》提出的公民教育思想虽然适合大学教学，但它很难适合大众教学。霍布斯认为，大多数人缺乏时间、兴趣，甚至有时缺乏理解整体的能力。

---

① ［英］霍布斯：《利维坦》，黎思复、黎廷弼译，267~268页，北京，商务印书馆，1985。

四、论幼儿教育

霍布斯没有抚养过自己的孩子，但是他非但没有忽视早期教育，反而非常支持早期教育。他很清楚父母对孩子的"第一次教导"对他们以后的发展，以及因此对整个英国的重要性。

霍布斯认为，人是生而平等的。他在《利维坦》中提到，所有的人生而平等，"自然使人在身心两方面的能力都十分相等"①，也就是说，他们的能力生而平等。他是这样论证的："因为就体力而论，最弱的人运用密谋或者与其他处在同一种危险下的人联合起来，就能具有足够的力量来杀死最强的人"；而智力上，人与人之间则更加平等，没有人"会相信有很多人能像自己这样聪明"。人与人这种身心两方面的平等，使他们拥有同等的可以相互毁灭的能力。"由这种能力上的平等出发，就产生达到目的的希望的平等"②。

一个人的意见和信仰，在很大程度上，不是有意识的反思或明显的教导的结果，而是这种早期教育的结果。这一点在宗教信仰中表现得很明显："相信圣经是上帝的话的一般原因和相信所有其他信条的原因相同，也就是听了法律允许和指定教导我们的人的话。在家庭中是父母，在教会中是教士。"③幼儿早期的习惯养成非常重要，甚至是治国安邦的重要基础：

> 因此，那些从小就习惯于喝酒的人，绝不能轻易改掉这个习惯；而那些从小就对什么意见都不加考虑的人，即使到了老年也还保留着这种看法，尤其是那些对事物的真伪并不特别在意的人，除非他们所关心的是他们所熟悉的东西。所以在万民中，就是从幼年以来所受教的一切宗教教训，都要将它们永远牢记，以致恨恶毁谤那不信教的。……这些人

① ［英］霍布斯：《利维坦》，黎思复、黎廷弼译，97 页，北京，商务印书馆，1985。
② ［英］霍布斯：《利维坦》，黎思复、黎廷弼译，92 页，北京，商务印书馆，1985。
③ ［英］霍布斯：《利维坦》，黎思复、黎廷弼译，479 页，北京，商务印书馆，1985。

无法适合和平与社会。①

教育不仅能够给予人社会生存的必要能力，而且可以帮助人更好地在社会上立足。在《论公民》中，霍布斯声称：

> 所有人(既然所有人生下来时都是婴儿)生下来时都是不适合社会的，而许多人(也许是大多数)因其精神上的病变或缺乏教育，终其一生也还是不适合社会。不过，他们无论是作为婴儿还是作为成人的确具有人的某种特性。因此，人是可以变得适合社会的，但不是通过自然，而是通过教育。而且，即使人是在一种渴望社会的条件下出生的，这也并不意味着，他生下来就足以适合进入社会。需要是一回事，能力又是一回事。因为甚至某些人傲慢地抛弃了社会之所以成为社会的条件，他们也仍然需要它。②

霍布斯多次重申，父母有责任管教孩子，使他们首先习惯于服从。君主如同家长一样，应对孩子的教育负责。"由于子女最初的教导要依靠父母的照管，所以当他在父母的教养下时便应当服从父母。"③霍布斯呼吁孩子们将他们的父亲类比为"主权者"："为了这一目的就应教导人民，原先每一个人的父亲也是他的主权者"④，从而使家庭成为国家的第一所学校。在这所学校里，父亲和孩子之间的统治关系演化为臣民服从君主关系的模型。当他使他的儿

① Thomas Hobbes, *Man and Citizen: De Homine and De Cive*, Indianapolis, Hackett Publishing Company, 1991, p.65.
② [英]霍布斯：《论公民》，应星、冯克利译，11页，贵阳，贵州人民出版社，2004。
③ [英]霍布斯：《利维坦》，黎思复、黎廷弼译，265页，北京，商务印书馆，1985。
④ [英]霍布斯：《利维坦》，黎思复、黎廷弼译，266页，北京，商务印书馆，1985。

女习惯于顺服的时候，他的父就为主权者作了预备，直到他们成年，他们的顺服就转移到主权者身上。家庭就是"小型的利维坦"。霍布斯甚至认为，父母对孩子的权力，作为获得主权的一个例子，不是自然地由代际更迭产生的，"而是由于子女以明确的方式或其他表达出来的充分证据表示了同意"①。这样，家庭就成为孩子们的"共和国"，从而使他们从婴儿期就接受理性的服从。在霍布斯的政体中，君主是把孩子托付给父母，直到君主收回他的权利。这是家庭教育的第一项工作，是为孩子们准备"公民身份"。无论是平民还是智者，都要作好准备，通过家庭和公共讲坛等的基本教育，为这种身份作好准备。

五、对霍布斯教育思想的评价

霍布斯并不是唯一一个把当时的问题归咎于英国教育体系的人，与其同时代的很多人都在呼吁教育改革。例如，1644年约翰·弥尔顿呼吁的教育改革主张实行精英教育。以塞缪尔·哈特利布为代表的一批教育家，包括夸美纽斯，都认为公共教育的目的是提高人们的美德。还有一些人同意霍布斯的观点，认为问题不在于受过教育的民众本身，而在于他们所受的不良教育使民众缺乏美德。霍布斯还区分了适合不同人群的不同教学形式。这些差异有时甚至延伸到要学习的课程内容，因为绝大多数公民都没有上过大学。但和他同时代的许多人一样，霍布斯认为，国家的安全和福祉需要全民教育。

虽然霍布斯关于公民教育的论点在当时并不独特，但公众还是被他的教育计划所震撼。霍布斯提出的教育方式是一体化的，从小至老，从摇篮至大学，在家庭、社会讲坛和大学中进行，目标始终一致。所有有关国家和政权的美德都是一样的，即实现和平。这样的教育目的不是着重培养学生的个人能力、判断能力或其他能力，而是全民性质的，由至高无上的权力从外部设计，并系统地强加于人们头脑之中。因此，学生们认识到自己是平等的，每

---

① [英]霍布斯：《利维坦》，黎思复、黎廷弼译，154页，北京，商务印书馆，1985。

一个人都是独立的,通过他们与君主的相互关系而如此统一。霍布斯希望,这种教育的最终结果是一种安全的共识,最终是和平。

霍布斯的教育思想认识到了人的无知和激情的危险,因此提倡以国家权威来规训臣民,但是,他又过度强调主权者的权威,从而最终可能牺牲臣民的自由。在当时英国的政治背景下,霍布斯为英国资本主义的发展指明了一条道路,反映了贵族希望从上而下进行一场改革。他的措施多集中在大学教育,并且教育对象更多的是关注青年。虽然有很多不完善、不系统的地方,但霍布斯的思想不但在当时对统治者产生了一定的影响,而且在后世也影响深远,当然也处于后人不断的批判和修正中。

第四节　配第的教育思想

威廉·配第(William Petty,1623—1687)是英国古典政治经济学之父、统计学创始人、早期宏观经济学者、英国皇家学会的创始人之一。此外,他还致力于英国激进的教育革新运动,在这方面有诸多建树。他一生著作颇丰,主要有《关于促进学问的某些特殊部分的建议》、《赋税论》(全名"关于税收与捐献的论文")、《献给英明人士》、《政治算术》、《爱尔兰政治剖析》、《货币略论》等。

一、生平活动

威廉·配第出生于英国汉普郡的一个手工业者家庭。少年时代即出外谋生,从事过许多职业,包括商船上的服务员、水手、医生、音乐教师和手工工人。配第是一个早熟的男孩,是天生的数学家和机械师。在小有积蓄后,15 岁时他便到法国学习法语,1643 年又前往荷兰学习医学、解剖学、数学和音乐。17 世纪 40 年代，他还参加了伦敦哲学会组织的培根实验哲学研究，这引起了他对于科学实验的强烈兴趣，从而使科学实验成为他一生从事的事业。1646 年，配第到牛津大学学习医学。这期间，他发明了一种复写机，获得了上议院的专利执照。同期，他与许多科学界人士，如托马斯·霍布斯、塞缪尔·哈特利布等都保持密切的联系并与他们成为朋友。在此期间，他热衷于教育改革。1648 年，25 岁的配第怀着满腔热情给当时英国教育思想领域的活跃人士哈特利布写了一封关于教育问题的信——《关于促进学问的某些特殊部分的建议》，论述了他的教育观点。1649 年，配第获得牛津大学医学博士学位，并留校任解剖学教授。他多才多艺，热爱科学，与当时很多科学家、热衷科学的名流均有交往，参加各种科学问题讨论的集会，这种集会后来发展为英国第一个科学组织——英国皇家学会，配第自然成为这个学会的创始人之一。

虽然配第对英国科学特别是经济学的发展功不可没，但在政治和为人上并不值得称道。他虽出身寒门，但代表着资产阶级贵族的利益，带有贵族和资本家的双重性格。1652 年，他派驻爱尔兰期间，积极参与镇压爱尔兰人民反对英国殖民主义的起义。起义被扑灭后，英国夺取了爱尔兰人的大量土地。配第也分得了 5 万英亩土地，从而成为当时的暴发户之一，晚年更成为巨富。1654 年，他出任英国驻爱尔兰殖民军的军区总监，并任英国驻爱尔兰总督小克伦威尔的侍医。在此期间，他进行了一项大规模的土地调查，涉及土地债务问题，为克伦威尔的大量财富的获得奠定了基础。因此，配第深得克伦威尔的器重，成为爱尔兰议员，并写下了著名的《赋税论》。1658 年，他被选为爱尔兰议员。克伦威尔死后，斯图亚特王朝复辟。配第转而又向查理二世摇尾乞怜，曾跪求男爵称号，故在政治态度上配第堪称是一个卑琐的侏儒。马克思对配第的人品是憎恶的，称之为"轻浮的、掠夺成性的、毫无气节的冒险家"[1]。

---

① 《马克思恩格斯全集》第 13 卷，44 页，北京，人民出版社，1962。

配第晚年将更多的精力致力于经济学的研究，在这方面取得突出成果。而他的教育观分别散见于他的《赋税论》等经济学著作及前面提到的《关于促进学问的某些特殊部分的建议》等著述中。

二、教育观的方法论基础

配第以培根和霍布斯的感觉主义、现实主义方法论为自己教育观的基础，并力图从国家政治、经济发展的角度出发来论述教育问题。

配第推崇培根和霍布斯所倡导的自然科学研究的方法。在巴黎学习时，他就结识了霍布斯。在牛津大学学习期间，他又参加了研究培根实验哲学的活动。培根确信认识的源泉是感觉和经验，认为应该通过实验认识事物的公理、规律和定理，主张运用归纳法处理经验材料，进而找出规律。配第将他的自然科学研究方法运用到社会科学(包括教育)问题的研究。他说：

> 和只使用比较级和最高级的词汇以及单纯作思维的论证相反，我却采用了这样的方法……即用数字、重量和尺度来表达我自己想说的问题，只进行能诉诸人们的感官的论证和考察在性质上有可见的根据的原因，至于那些以某些人的容易变动的思想、意见、胃口和情绪为依据的原因，则留待别人去研究。①

在配第看来，社会问题及经济问题都是能够诉诸感官论证的，可以用数字、重量、尺度来进行衡量，因而是有可见根据的。他重视实证的分析方法，并将这种方法称为"政治算术"。配第曾用数学、推演方法比较了英国、荷兰、法国3个国家的国力。他的这种研究方法产生了深远的影响。马克思与恩格

---

① [英]威廉·配第:《配第经济著作选集》，陈冬野、马清槐、周锦如译，8页，北京，商务印书馆，1981。

斯因此称配第为"现代政治经济学的创始人"，是"最有天才的和最有创见的经济学家"①。

配第对教育问题的分析也是以这种方法论为基础的。他强调要对全国的人口数目、产业和财富状况进行统计，进行必要的教育调查，从而确定教育机构的类型、数量、生源及专业设置，使教育更合理而有效地实施。

配第还注重从国家政治和经济发展的角度出发来论述教育问题。在17世纪70年代，随着国外贸易的扩大，英国的工业，特别是毛织业、呢绒制造业等部门有了显著的发展，但是英国的国力仍落在荷兰、法国之后，特别是国外市场和殖民地。英国统治者对全国人口数目、产业和财富状况毫无所知，导致弊害百出、顾此失彼、民穷财匮。配第站在资产阶级的立场，从经济学角度为当时的英国筹划如何增进国家的"安宁和富庶"，也就是怎样加强对殖民地人民的剥削和压迫。例如，节约开支、增加财源、改进技术、降低成本、增加生产、提高劳动生产率、改革关税制、充分利用闲散劳动力、提高劳动者素质等主张。其中，配第特别强调人口的价值和科技的应用。他认为财富的最后源泉，终归是土地与劳动。土地是财富之母，而劳动是财富之父。作为财富之母的土地的生产物是由劳动生产出来的，科技和劳动者的素质才是最终的决定条件。因此，配第主张教育与科技、教育与生产劳动相结合，要对教育状况进行统计和调查。这是配第教育观的重要出发点。

三、教育思想

配第以上述思想为基础，强调教育与科技、生产劳动相结合，主张将教育经费列为公共开支，开展教育调查和统计，分析教育的需求与供给，并提出了诸多新的教育原则与方法。

---

① 《马克思恩格斯文集》第9卷，246页，北京，人民出版社，2009。

(一)教育应与科技及手工业生产相结合

文艺复兴以来，人们的思想逐渐从宗教的禁锢中解放出来。科技对生产及社会的影响已初见端倪。配第目睹了自然科学及新技术对社会进步和生产发展的巨大作用，主张研究自然科学，用唯实主义精神改造旧的教育体制。他认为，传统的宗教教育和古典教育重言不重物，脱离生活，不能产生实际效用，培养的人才不能满足科技与手工业生产的需要。在对旧教育进行批评后，他进而主张加强科学技术教育，将教育与科技及手工业生产结合起来。在给哈特利布的信中，配第提出了自己的教育改革方案。他的理想学校分为两个部分，即相当于初等技术教育的劳动学校和旨在改进工艺、促进科技与生产发展的机械中学(或称手艺人学堂)。

1. 教育的外部条件

为了促进学问的某些特殊部分，配第认为必须具备两个外部条件，即建立科学组织和编写百科全书。

(1)针对当时人们从事科学研究各自为政、互不往来的弊病，配第主张建立一个科学组织，以利于科技的传播与发展。他指出：

> 我们看到许多智慧和精巧发明分散在世界各地，有些人现在正在辛辛苦苦地做别人已经完成的事情，有些人则致力于重新发明别人已经发明的东西，我们看到另一些人由于没有任何人指点而深陷于困境之中，(然而如果有人遇到他)，而别人是既有能力也愿意轻而易举地给他以指点的；此外，一个人缺乏实现某种设计所需要的一点钱，也许另一个人有双倍的钱准备捐献出来以实行上述设计。①

---

① [英]威廉·配第：《关于促进学问的某些特殊部分的建议》，任钟印译，见任钟印主编：《世界教育名著通览》，365页，武汉，湖北教育出版社，1994。

配第认为，如果我们建立了一个科学组织，将这些智慧聚放在一起，"它们就会产生令人鼓舞的光和热①"。他建议为此寻找一个公共场所，包括建立一所公共演讲厅，以使一切人的愿望为一切人所知道，使人们在那里知道在有关学问的事情上哪些是已经做了的，现在正在进行的是什么，打算要进行的是什么，从而促使他们努力去学习已被人们认识的东西，发现尚未发现的技艺，并通过更便捷、简单的方式，把它们应用到更多的人和事中去。配第的这个建议与培根的创办所罗门宫的思想交相辉映，可以视为后来他与其他科学家们共同创立的英国第一个科学组织——英国皇家学会的先导。

（2）为了更好地了解手工艺知识的发展状况，配第提出要对所有知识进行重新审查，去粗取精，去伪存真，从中"筛选出一切有关实际的或实验的学问②"，并将它们编成一部大型著作。这种著作可以由许多卷构成。这种大型著作实际上就是后来人们所编的百科全书。配第要求挑选最有才能的人并给予充分的支持，让他们潜心进行此类著作的编写。这种著作不仅要便于查阅、理解和记忆，而且其内容还可付诸实践。每年还要对有关人员进行考核，并给予尽职者相应的奖励作为鼓励。这些建议和措施就时间上看，可视为后来的百科全书的先导。

2. 理想的教育模式

配第的理想学校分为劳动学校与机械中学两个部分。

（1）他建议创办劳动学校，普及初等技术教育。从增产节约、充分利用资源的角度，配第指出英国有许多闲散人口，与其让他们以乞讨为生（配第称这是一种不划算的赡养方法），还不如将他们收容进来，参加工场的工作，使儿

---

① ［英］威廉·配第：《关于促进学问的某些特殊部分的建议》，任钟印译，见任钟印主编：《世界教育名著通览》，365页，武汉，湖北教育出版社，1994。

② ［英］威廉·配第：《关于促进学问的某些特殊部分的建议》，任钟印译，见任钟印主编：《世界教育名著通览》，365页，武汉，湖北教育出版社，1994。

童在学校中既可受到干活、做事以维持生计的教育，又可受到读和写的教育。将学校办成工场，这是配第的教育目标。他还强调要"向所有年满 7 岁的儿童提供这种教育，任何人都不得借口贫穷或父母缺乏能力而被排除在外"①。

劳动学校的课程由两部分构成，即基础知识和能力的训练以及制造业的训练。前者大致包括：阅读、写作、算术、几何、音乐、外语、绘画、制图等。后者包括：车工、教学仪器制作、钟表制作、乐器制作、雕刻、磨制玻璃工艺、植物栽培和园艺、船舰模型、航海罗盘、地球仪、解剖学等实用技术。这些技术反映了 17 世纪资本主义生产的需要。配第分别强调各类课程具有的作用：在劳动学校，所有儿童都应学习算术、几何学的基本知识，不仅因为它们在一切人类事务中具有重大的、经常的用途，而且它们对理智也是可靠的指导和帮助。他指出："如果实际的、通用的文字得到实际应用，对外语(主要指拉丁语)的需要就少得多。""凡对音乐具有任何天赋才能或适合于从事音乐的儿童，要对他们加以鼓励，给予指导。"②对于绘画和制图的技艺，他强调不管儿童日后从事何种职业都必须学习这些技艺，因为绘画与制图诉诸感官，易被儿童理解和接受，"似乎不亚于用文字写出来，而且在许多情况下，能够表达文字所不能表达的东西"③。

劳动学校课程的最重要的特色是强调"制造工艺"的学习。针对当时教育脱离实际的弊病，他强调"所有儿童，即使是出身名门的，在少年时代都要学习一些高尚的制造业"④。配第列举了当时实用的制造工艺，涉及很多学科，

① [英]威廉·配第：《关于促进学问的某些特殊部分的建议》，任钟印译，见任钟印主编：《世界教育名著通览》，365 页，武汉，湖北教育出版社，1994。

② [英]威廉·配第：《关于促进学问的某些特殊部分的建议》，任钟印译，见任钟印主编：《世界教育名著通览》，366 页，武汉，湖北教育出版社，1994。

③ [英]威廉·配第：《关于促进学问的某些特殊部分的建议》，任钟印译，见任钟印主编：《世界教育名著通览》，366 页，武汉，湖北教育出版社，1994。

④ [英]威廉·配第：《关于促进学问的某些特殊部分的建议》，任钟印译，见任钟印主编：《世界教育名著通览》，366 页，武汉，湖北教育出版社，1994。

反映了当时社会发展的需求。他还分析了这些制作工艺的优点：使儿童变得勤劳；符合绅士的要求；经济实惠；促进高尚工艺的进步，并成为工艺技师的保护人；使儿童免受不良诱因之害；等等。配第提出的教学内容都是从现实需要出发的。这些课程的教授应遵循一条准则："在那些学校(houses of Education)里，不得教授卑琐的、不需要的、不高尚的学问，如果有人愚蠢地沉湎于那种学问，他自己应受谴责。"①

(2)配第理想学校的第二部分是机械中学或手艺人学堂。这种中学不是现代意义的中学，也不同于传统的文法中学，而是一种目的在于改进手工艺的高等学府或研究机构，是一种与大学相似的专科院校。机械中学从每一门技艺的手艺人中挑出最优秀的人才，从事专门的科技研究活动，并为他们提供优厚的研究和生活条件，如"漂亮的住房"，所有的车间和操作将给他们提供丰富的实验和资料，以及能工巧匠之间亲密合作等。在这所学堂里，还配有科研的必要器材和设备，如生物示范园、水族馆、陈列馆、机器模型、各种花园建筑物、图书馆、天文馆、农业试验田、地图和地球仪等，使这里成为整个世界的缩影和概览。在那里，一切手工行业会奇迹般地兴旺发达，新的发明将比最时髦的服装和家庭日用品更经常地出现。配第明确提出，教育要服务于个人未来的职业和机械技术、制造业的进步，建议把学徒制原来要花7年才能完成的职业教育缩短为3年。

出于人们对健康美好生活的期望以及目前医学条件的限制，他建议设立一所医学院，来从事有关研究。这所医学院可以由老式医院演变而成，由政府代为管控。在这所医学院中，应有3~4位管理者，他们学识渊博，有荣誉感。除此之外，还应有1名财务师，1名内科医生、1名外科医生和1名药剂

---

① ［英］威廉·配第:《关于促进学问的某些特殊部分的建议》，任钟印译，见任钟印主编:《世界教育名著通览》，366页，武汉，湖北教育出版社，1994。

师。由在其专业领域中的出类拔萃者担任。另外，还需要 1 名副医生、1 名学生、1 名外科医生的配偶和药剂师配偶、2 名学徒和 1 名护士的协助。他们勤劳、虔诚、礼貌、谦逊，各自之间和谐相处。配第依据国家财富、税收规则等规定了医学院各成员的工资待遇。最后他详细论述了对医学院每一位成员的要求以及他们的任务。配第指出，每个人应该清晰地认识自己的职权，"全因为有着共同的友谊、帮助病人和提升自己的愿望，这将足以使他们以最有利的方式来达到这些目的"①。

(二)关于国家办教育的思想

配第一反过去从宗教的角度来论教育的方式，而强调教育应为国家政治和经济发展服务。他认为，教育是国家的、公共的事物，教育费用应列入国家的公共经费开支。这是英国最早的国家办教育的主张。配第指出"学校或学院这些机构，目前大多数是某些特殊人物所捐献的，或者是某些特殊人物为追求他们私人目的而花费金钱和时间的场所"②。这样，办什么样的教育就由那些私人或教会的意志决定，具有很大的随意性，不利于手工业技术的发展。配第认为，这种状况应当改变，教育应该由国家统一办理。这一建议的提出，反映了配第的远见，也代表了近代资本主义生产发展的客观要求。同时，配第并未全盘否定私人办教育。他认为："如果它们的目的是在于给最优秀而有天资的人提供一切意想得到的帮助，使其从事于探求自然界的一切运行规律，那无疑是一种善举。"③总之，不管是私人承办，还是国家办理，目的都应是为发展科技、改善学问服务。

---

① William Petty. *The Advice of W. P. to Mr. Samuel Hartlib for The Advancement of some particular Parts of Learning*. London, [publisher not identified], 1648, p.17.

② [英]威谦·配第：《配第经济著作选集》，陈冬野、马清槐、周锦如译，18 页，北京，商务印书馆，1981。

③ [英]威谦·配第：《配第经济著作选集》，陈冬野、马清槐、周锦如译，18~19 页，北京，商务印书馆，1981。

（三）进行全面的教育调查

配第借鉴了培根在《学术的进展》中的观点。培根从许多方面把人体和国家作了恰当的对比，也把保持这两者强健的方法作了对比。认为解剖学是前者最好的基础，也是后者最好的基础。因此要搞政治就必须先了解国家各个部分的组成和比例关系，否则就陷入了经验主义。受到培根的启示后，配第强调，要使教育有利于知识的改进，有利于国家的经济发展，必须先对教育进行全面调查。包括对全国的人口、产业和财富进行调查和统计，对教育的需求与供给、教育的内外部条件进行全面了解，然后再确定学校的类型、规模等。他从节约开支的角度出发，认为耗费在英国神职人员身上的庞大费用是极大的浪费，建议将教区减少一半，牧师人数也相应减半，扩大教区并精简法律人员。还主张通过人口统计和死亡率的调查，算出全国对医生的需要。经过计算，他强调要削减神学、法律和医药的学生人数。他认为，如果学校的学生都立志以学问为职业和谋生之道，那么"1800 名学生即已够用了"①。尽管配第的统计是粗糙而简单化的，结论也未必正确，但他运用数学统计这种新颖的方法，从当时英国社会对学校的需求出发，对学校尤其是高等学校的需求做了预算，预示了教育研究和发展的新方向。

（四）教育方法和原则

配第反对传统的缺乏活力、以压制为能事的教学原则与方法，吸收了当时教育改革家的思想，提出了一些新的教学原则和方法。

1. 直观教学

受培根的感觉主义及经验主义的影响，配第主张教师应采用直观教学原则，建议教师应教儿童去观察和记忆一切感性实物和行动。学习时先学习感

---

① ［英］威谦·配第：《配第经济著作选集》，陈冬野、马清槐、周锦如译，26 页，北京，商务印书馆，1981。

性知识, 然后再进行文字教学。

2. 符合儿童发展规律, 循序渐进, 有差别地进行教育

配第反对施教时超过儿童的能力, 认为这样儿童非但不能学会, 反而会造成不良后果。他认为儿童的判断力是稚弱的, 那些需要有判断力才能学会的东西, 应更推迟一些时候学习, 而其他儿童更需要的、更易被掌握的则应先学。他主张儿童先学制图、绘画, 然后再学习文字、外语; 儿童在能写作之前所学的语种要尽量少一些。要对他们进行挑选, 并认为凡是有音乐天赋者都应该给予鼓励和指导。

除上述意见外, 配第还强调学习与工作相结合, 重视儿童在工场中的实际操作。他还提出简化教学方法、挑选教师、提高教师的品德和技术素质的建议, 强调教师应由最优秀、最有才能之士来担任。

四、影响及评价

配第是第一个运用培根的方法论, 从经济学的角度来论述教育问题的人。他强调教育与科技、手工业生产相结合, 设计了新的学校模式, 主张人人都应学会一门制造工艺, 从而开创了英国职业教育的先河, 适应了17世纪英国资本主义生产和科技发展的需要。配第还主张对教育的内外条件进行调查和统计, 甚至提出教育应作为国家公共事业的主张, 强调教育费用作为公共经费来开支, 这些观点无不闪烁着睿智与远见的光芒, 并在后世被逐渐付诸实施。

配第的《关于促进学问的某些特殊部分的建议》, 作为他唯一一部教育学著作, 受到了学术界的广泛关注和高度评价。伦敦大学教育学教授亚当逊

(John William Adamson)赞许配第为"现代教育学的先行者"之一①，称配第设计的"劳作学校"为"涵盖了整个教育理论体系的革命性概念"②。有学者评论道：配第的信是"完全值得详细研究的原始材料"③，并称"鲜有人拥有配第如此高的天资，能在 24 岁的年纪就写出这样的教育学著作"④。

然而，配第有关教育的论述不够系统，有些甚至前后矛盾。他写《关于促进学问的某些特殊部分的建议》的动机也不是出于帮助贫苦儿童发展及为其谋福利的民主主义愿望，而是在为统治阶级出谋划策，是为了解决英国当时所面临的迫切的现实问题及增加社会财富。但他的主张在客观上还是推进了宗教教育向世俗教育的转化，推动了教育发展与资本主义经济发展的内在适应性。

第五节　贝勒斯的教育思想

约翰·贝勒斯(John Bellers，1654—1725)是 17 世纪下半期至 18 世纪上半期英国激进的思想家及早期社会改革者之一，为解决贫困、失业、和平与战争等问题制定了建设性计划。他提出的劳动教育思想以及创办劳动学院的建议，曾对 19 世纪英国空想社会主义者欧文产生了重要的影响。

---

① John William Adamson. *Pioneers of Modern Education*(*1600-1700*)，Cambridge：Cambridge University Press，1921，pp.118-137.

② John William Adamson. *Pioneers of Modern Education*(*1600-1700*)，Cambridge：Cambridge University Press，1921，pp.118-137.

③ H.M.Knox，"William Petty's advice to Samuel Hartlib"，*British Journal of Educational Studies*，1953，1 (2)，pp. 131-132

④ H.M.Knox，"William Petty's advice to Samuel Hartlib"，*British Journal of Educational Studies*，1953，1 (2)，pp. 131-132

一、生平活动及教育观的形成

贝勒斯在 1654 年出生于英格兰沃里克郡阿尔塞斯特镇一个贵格会①教徒的家庭。他的祖父是当地绅士。大伯父曾在牛津大学接受高等教育，担任过教区长。其父早年即积极参加贵格会的活动。

17 世纪中叶后，英国经历过两次内战，社会的各个方面都发生了巨大的变化。在内战期间，贝勒斯一家迁居伦敦。在他 6 岁时，斯图亚特王朝复辟，对共和势力及不信奉国教的教派(包括贵格会)进行了残酷的迫害。贵格会教义具有诸多平等思想，民主气氛甚浓，提倡和平主义。但因和国教会不和，故当时贵格会教徒和其他不信奉国教者一样，都被拒之于大学和其他专业教育机构的门外，故贝勒斯无缘上大学。他当过学徒，做过棉布商，懂得生活的艰辛。此外，从幼年时代起，贝勒斯就受到贵格会思想的影响，后又结识了很多贵格会教徒，其中有很多人属于激进的平等派，还有克伦威尔铁甲军的成员，从而使他的思想变得更为激进。

贝勒斯自幼勤奋读书，广泛地阅读古今名作，包括柏拉图、亚里士多德、西塞罗以及同时代的许多思想家的作品，甚至还有孔子的作品。对于《圣经》，贝勒斯更是潜心研读，其中反映的平等思想给他以诸多启示。25 岁时，贝勒斯成为贵格会的中坚成员，经常出席贵格会救济贫民的活动，曾引起当局的不满，并因此而受过迫害。但他不为所动，仍坚持对不信奉国教者和贫民鼎力相助。

在贝勒斯生活的时代，英国经过两次内战后，建立了君主立宪制。新宪制代表了资产阶级化的贵族和正在成长的资产阶级的利益。此后，英国资本主义生产迅速发展，英国还加紧发展对外贸易和进行殖民扩张，资本的原始积累加速。在 17 世纪的最后 10 年，英国进入了工业化的早期阶段。英国很

---

① 贵格会(Quakers)亦称"公谊会"或"教友派"，属新教分支之一，17 世纪中叶由福克斯(George Fox)创立。

快赶上并超过荷兰、法国，确立了欧洲霸主的地位。伦敦成为当时世界贸易的中心。然而，这一切都是以牺牲贫苦民众的利益为代价的。贫民的生活并没有因工业的发展而得到改善。相反，贫困、失业成为更加严重的社会问题，随之而来的酗酒、乞讨、道德败坏、犯罪等问题愈演愈烈。

当时，资产阶级、有权势的人以及政府关心的是财富的增加、利润的上升和贸易的扩张，不屑顾及穷人的死活。他们将社会道德败坏、世风日下及穷人的贫困、失业归结为穷人自身人性的"劣根性"。认为穷人是不可救药的，其贫穷系咎由自取，并应对社会问题负主要责任。这样，穷人的利益从根本上被忽视，遑论穷人的教育问题。虽然在 17 世纪早期由于封建主和资产阶级矛盾尖锐，政府为了缓和矛盾而推出了济贫法，但济贫法随着内战的深入和社会的变迁而成为一纸空文。内战以后的一些济贫法也一再因反对意见而受到限制。

贝勒斯作为激进的贵格会教徒，对穷人深表同情，不遗余力地为之奔走呼号，企图以他的热忱感动世人，使国家和富人都来关心贫民利益，包括贫民教育问题。贝勒斯的著作颇丰，涉及面甚广，主要都是围绕着这一问题来论述的。

贝勒斯反对当时流行的错误观点。与政府及有权势者的观点相反，他认为处境不好乃是社会因素造成的。经过深入分析后，他认为贫穷、失业、犯罪等问题都是缺乏教育的缘故。贝勒斯充满忧虑地向世人呼吁："想一下有多少人由于缺乏良好的教导而过着悲惨的生活，漂泊流浪，多少人世代从父到子继续不断过着这种生活？"[1]而这一切是国家及富人对穷人漠不关心，以及国家的经济制度与社会之间的不协调所致。他认为全民的福利应在国家和社会生活中占据首要地位，而全民并非指某个特定的公民群体。他主张国家应

---

[1] ［英］贝勒斯：《关于创办一所一切有用的手工业和农业的劳动学院的建议》，王承绪译，见任钟印主编：《世界教育名著通览》，410 页，武汉，湖北教育出版社，1994。

为全体人民谋利益，认为生产的发展、财富的增加和人民的富裕才是国家的目的，而国家的经济制度却以金钱为评价一切必需品的价值标准，富人只重金钱和利润，这才造成了穷人的贫穷和失业。贝勒斯认为国家应以劳动作为创造价值的唯一源泉。他说："土地和工人才是国家、民族真正的财富，而不是金钱。""金钱只是交换的手段，而不是生产的目的。"①他将金钱与国家的关系比作"拐杖之于跛子"，认为"如果身体健康，拐杖只是麻烦"。"当特殊利益成为公共利益时……金钱很少用处。"②在这里，贝勒斯已将贫困原因的探讨深入到资本主义社会的经济制度层面，虽然尚显粗浅、片面，但与其他空想社会主义者的观点不无相通之处。

为了解决当时英国严重的贫民救济问题，消除贫穷和解决失业等，贝勒斯于 1695 年写了《关于创办一所一切有用的手工业和农业的劳动学院的建议》（以下简称《建议》），提交给贵格会讨论，后由贵格会出版。在 1696 年稍作修改后，该文被呈交给议会备案。贝勒斯在文中建议在英国建立"劳动学院"，收容逃亡到英国的莱茵河西部地区的居民。这份《建议》既是贫民自救的方案，也是展示其教育思想的重要文献之一。同时，贝勒斯的"给朋友们关于儿童教育的书信"是他对普及教育的恳求，他敦促穷人接受免费教育，并为儿童建立了贸易学校。

贝勒斯是站在穷人的立场上，为了穷人的利益而提出其教育主张的。他重视劳动，企图通过劳动教育来解决当时尖锐的社会问题。这一立场构成其教育观立论的出发点。

---

① ［英］贝勒斯：《关于创办一所一切有用的手工业和农业的劳动学院的建议》，王承绪译，见任钟印主编：《世界教育名著通览》，410 页，武汉，湖北教育出版社，1994。
② ［英］贝勒斯：《关于创办一所一切有用的手工业和农业的劳动学院的建议》，王承绪译，见任钟印主编：《世界教育名著通览》，410 页，武汉，湖北教育出版社，1994。

二、关于创办劳动学院的构想

贝勒斯建议成立一所劳动学院，并提出了具体设想。按照他的设想，在这所学院里，将提供尽可能多的有用的手工业和农业劳动的设施，目的在于把穷人组织起来，从事生产劳动，而不依靠其他救济，从而使"富者获利，贫者过富裕生活，青少年受到良好教育"①。

贝勒斯建议有"爱心"的富人来创办劳动学院。他认为办这样的学院可以创造利润，对富人也有利。于是把这个目的放在首位，企图吸引富人的关心，并强调这个目的其实是为了以下两个目的：穷人过富裕生活和儿童受到良好教育，形成良好性格。贝勒斯分析了这项事业中穷人与富人的利害连带关系。认为"穷人的劳动乃是富人的矿藏"，"没有穷人，他们富不起来"②，工人愈多，富人也愈多；富人要想不劳而获，就必须考虑工人最起码的利益，使工人的生活得到保障，摆脱贫困，从而更好地为自己创造财富。建立劳动学院，让穷人就业、生产，自己养活自己，"胜过单纯的赡养"③。这样，穷人人数的增加，就不但不会成为社会的负担，反而可以创造更多的财富。他说："使穷人通过诚实的劳动过着生活，比使他们保持饱食终日无所事事是更好的施舍，就像使一个人的断腿长好，使他能自己行走，而不总是扶着他，也许是更好的施舍一样。"④因此，对富人来讲，"为穷人提供良好的教育和职业，是一件多么有价值的事"⑤。

---

① ［英］贝勒斯：《关于创办一所一切有用的手工业和农业的劳动学院的建议》，王承绪译，见任钟印主编：《世界教育名著通览》，409 页，武汉，湖北教育出版社，1994。

② ［英］贝勒斯：《关于创办一所一切有用的手工业和农业的劳动学院的建议》，王承绪译，见任钟印主编：《世界教育名著通览》，410 页，武汉，湖北教育出版社，1994。

③ ［英］贝勒斯：《关于创办一所一切有用的手工业和农业的劳动学院的建议》，王承绪译，见任钟印主编：《世界教育名著通览》，410 页，武汉，湖北教育出版社，1994。

④ ［英］贝勒斯：《关于创办一所一切有用的手工业和农业的劳动学院的建议》，王承绪译，见任钟印主编：《世界教育名著通览》，410 页，武汉，湖北教育出版社，1994。

⑤ ［英］贝勒斯：《关于创办一所一切有用的手工业和农业的劳动学院的建议》，王承绪译，见任钟印主编：《世界教育名著通览》，410 页，武汉，湖北教育出版社，1994。

贝勒斯建议劳动学院由 300 人组成，其中 200 人的劳动维持学院工人的生活，100 人的劳动创造利润。其原则是按劳取酬，给多劳者发工资，以鼓励勤劳，反之亦然。接着，他列举了一系列"有用的手工业和农业"及各自所需的人数。他要求订立学院规则，富人、穷人都必须遵守。他还为儿童和妇女安排了相应的劳动，对膳食和住宿条件也做了说明。按照他的构想，学院还将聘请熟练、优秀的工人教育青少年。男子在 24 岁前、女子在 21 岁前是学员，到年龄以后，他们即可婚配，届时既可离开学院另谋生计，也可留在学院享受成人的待遇。

三、关于教育的具体观点

如上所述，贝勒斯主张建立劳动学院，通过教育与生产劳动相结合，使贫民及其子女达到脱贫自立，并养成良好的习惯和德行，以解决当时严重的社会问题。同时，还倡导社会教育，认为这种教育优于家庭教育。此外，他还提出了一些儿童教育的新的原则和方法。

（一）论教育与生产劳动相结合

贝勒斯高度评价了劳动的价值，并在此基础上，强调要进行劳动教育，主张教育与生产劳动相结合。

（1）贝勒斯充分论证了劳动的价值。他首先从经济学的角度提出：劳动创造财富，也是评价一切必需品的标准。在《建议》的开头，他用箴言的形式写道："劳动带来富裕，懒汉衣衫褴褛，不劳动者不得食。"①贝勒斯认为，必须通过劳动，经过劳动教育，进行一切有用的手工业和农业技术的训练，才能创造更多的财富。他还从宗教的角度说，"体力劳动是上帝的原始制度"，"应

---

① ［英］贝勒斯：《关于创办一所一切有用的手工业和农业的劳动学院的建议》，王承绪译，见任钟印主编：《世界教育名著通览》，409 页，武汉，湖北教育出版社，1994。

该靠自己的辛勤劳动来挣得面包"。①只有诚实劳动才能得救。接着，贝勒斯指出，劳动有利于个人的身心健康和生活幸福。他说："劳动于身体的健康就像饮食对一个人的生活一样恰当。"②不参加劳动容易招致疾病，"一个人由于安逸而避免了痛苦，他将在疾病中遇到痛苦"③。"一个从事劳动的人比一个在书斋从事思考的人时间更持久；劳动使人强壮，思考则否……劳动为生命之灯加油，而思考则把灯点亮。"④他又指出："谁比劳动者有更强壮的身体，谁比大学生有更虚弱的身体?"⑤鉴于此，贝勒斯强调富人也应该参加劳动。他还指出，劳动也有利于培养儿童的理智和良好的习惯，有利于社会风气的好转。他说："让孩子做些事情，尽管是少量的，通过合理的示范，能改善他们的理智……工作中使用理智使人变得聪明，克制意志使人善良。"⑥他又说："劳动供养人，维持人……尽管学习(书本知识)有用，但是德育和劳动教育无论现在还是今后往往使人更加幸福。"⑦同时，贝勒斯认为，在学院里，通过劳动，养成了良好的习惯，可以大量地消除咒骂、酗酒、懒散和赤贫。由于金钱用处很少，欺诈和抢劫等犯罪行为就不会发生。他相信，通过这种方式，用 7 年或 14 年的时间就可能培养出一批生活比较自然的年轻人，从而大大有

---

① ［英］贝勒斯：《关于创办一所一切有用的手工业和农业的劳动学院的建议》，王承绪译，见任钟印主编：《世界教育名著通览》，414 页，武汉，湖北教育出版社，1994。

② ［英］贝勒斯：《关于创办一所一切有用的手工业和农业的劳动学院的建议》，王承绪译，见任钟印主编：《世界教育名著通览》，414~415 页，武汉，湖北教育出版社，1994。

③ ［英］贝勒斯：《关于创办一所一切有用的手工业和农业的劳动学院的建议》，王承绪译，见任钟印主编：《世界教育名著通览》，415 页，武汉，湖北教育出版社，1994。

④ ［英］贝勒斯：《关于创办一所一切有用的手工业和农业的劳动学院的建议》，王承绪译，见任钟印主编：《世界教育名著通览》，415 页，武汉，湖北教育出版社，1994。

⑤ ［英］贝勒斯：《关于创办一所一切有用的手工业和农业的劳动学院的建议》，王承绪译，见任钟印主编：《世界教育名著通览》，415 页，武汉，湖北教育出版社，1994。

⑥ ［英］贝勒斯：《关于创办一所一切有用的手工业和农业的劳动学院的建议》，王承绪译，见任钟印主编：《世界教育名著通览》，416 页，武汉，湖北教育出版社，1994。

⑦ ［英］贝勒斯：《关于创办一所一切有用的手工业和农业的劳动学院的建议》，王承绪译，见任钟印主编：《世界教育名著通览》，415~416 页，武汉，湖北教育出版社，1994。

利于社会问题的解决。

(2)贝勒斯批评了传统教育的弊病。他说,"普通教育中的一大障碍,就是让儿童工作而不予以指导"①,或是不讲劳动教育而一味地让儿童学习,长时间地将儿童拴在书本上。他认为这样不仅对孩子的身体和眼前利益有害,而且对他们的长远利益也有很大的损害。因为这样做,"有损于儿童的心灵,使他们不喜欢书籍"②。况且,这样培养出来的学生,对社会来说"也不像有些人设想的那样对公众有用"③。因此,贝勒斯反对整天把儿童束缚在书本上,主张教育与生产劳动相结合,使儿童在劳动中受教育,并使身心受到合理调剂。

贝勒斯建议:"4 岁或 5 岁的男孩和女孩,除了读书以外,可以教给他们编结、纺织等等,年龄较大的男孩,可以教他们车工工艺。"④此外,他还主张从小学习绘画等。他认为这样做无论对于其自身还是社会都是大有裨益的。

贝勒斯的劳动教育思想在当时具有很大的积极意义,他被称为"劳动教育的创始人之一"。与洛克将绅士的劳动作为学习的一种调剂,单纯主张贫民劳动相比,贝勒斯强调劳动对儿童发展的作用及社会生产的意义,表明了两种不同的立场。马克思称赞贝勒斯在 17 世纪就明白旧的分工有废除的必要。他的建议虽未被当权者采纳,但却预示着教育发展的方向。一个世纪后,瑞士平民教育家裴斯泰洛齐的做法与贝勒斯有异曲同工之妙。

(二)论社会教育

贝勒斯的另一个重要贡献在于他论述了社会教育的重要意义。他认为,

---

① [英]贝勒斯:《关于创办一所一切有用的手工业和农业的劳动学院的建议》,王承绪译,见任钟印主编:《世界教育名著通览》,416 页,武汉,湖北教育出版社,1994。

② [英]贝勒斯:《关于创办一所一切有用的手工业和农业的劳动学院的建议》,王承绪译,见任钟印主编:《世界教育名著通览》,415 页,武汉,湖北教育出版社,1994。

③ [英]贝勒斯:《关于创办一所一切有用的手工业和农业的劳动学院的建议》,王承绪译,见任钟印主编:《世界教育名著通览》,415 页,武汉,湖北教育出版社,1994。

④ [英]贝勒斯:《关于创办一所一切有用的手工业和农业的劳动学院的建议》,王承绪译,见任钟印主编:《世界教育名著通览》,416 页,武汉,湖北教育出版社,1994。

社会教育具有家庭教育无法比拟的许多优点。

（1）由于学院包容了一切有用的手工业和农业，是整个世界的缩影，可以使各种不同年龄、不同能力的儿童都学得一技之长，这是家庭教育无法具备的长处。

（2）在学院里，成人与儿童及儿童之间可以自由交往，互相影响，学习各种语言和学问。这是因为学院里的贫民伙伴来自五湖四海，通过共同劳动，他们"像教自己的子女母语一样，把他们的母语教给学院的青年人"①。贝勒斯认为："儿童之间互相阅读和谈话比他们自己阅读能得到较深的印象。"②

（3）学院订立了劳动规则和纪律，"由于成人和儿童目睹别人遵守规则的法律，比他们单独时更容易遵守这些规则和法律；学校里的儿童和军队里的士兵比分散的儿童和散兵游勇更加正规和服从"③。学员之间相互影响、相互监督，"比私人家庭可以更多地在师傅和其他人的视线下，防止做更多的蠢事"④。儿童更容易养成良好的劳动习惯和道德素养。

（4）由于学院是统一管理，有良好的伙伴，避免了儿童受外界不良环境的影响。他指出："这个世界是那么腐败，对青年是一个大陷阱，但是学院有很多伙伴，足以防止受到海外的引诱，由于管理得好，可以大大地防止海外学到的不良行为。"⑤

此外，学院还安排了图书馆、药物园和实验室等设备，可以使儿童更好

① ［英］贝勒斯：《关于创办一所一切有用的手工业和农业的劳动学院的建议》，王承绪译，见任钟印主编：《世界教育名著通览》，416 页，武汉，湖北教育出版社，1994。

② ［英］贝勒斯：《关于创办一所一切有用的手工业和农业的劳动学院的建议》，王承绪译，见任钟印主编：《世界教育名著通览》，416 页，武汉，湖北教育出版社，1994。

③ ［英］贝勒斯：《关于创办一所一切有用的手工业和农业的劳动学院的建议》，王承绪译，见任钟印主编：《世界教育名著通览》，416 页，武汉，湖北教育出版社，1994。

④ ［英］贝勒斯：《关于创办一所一切有用的手工业和农业的劳动学院的建议》，王承绪译，见任钟印主编：《世界教育名著通览》，416 页，武汉，湖北教育出版社，1994。

⑤ ［英］贝勒斯：《关于创办一所一切有用的手工业和农业的劳动学院的建议》，王承绪译，见任钟印主编：《世界教育名著通览》，416 页，武汉，湖北教育出版社，1994。

地学到有用的知识,这些都是私家教育所不能比拟的。

贝勒斯提出的上述观点虽然较为简单和肤浅,没有看到社会教育的出现是当时生产和社会发展的必然,但在当时具有积极的意义。当时,上层社会子女的教育主要是家庭教育(尤其在初等教育阶段)。洛克也强调绅士教育最好通过家庭来进行,认为学校里的各种儿童混杂在一起导致道德败坏、纪律涣散。贝勒斯反其道而行之,虽然他主要指的是贫民教育,但仍然功不可没。

(三)教育原则与方法

受当时新的教育思想的影响,贝勒斯在其有关教育著作中花了很大的篇幅论证了儿童教育的新原则和方法。

(1)教育要适应儿童的身心特点。贝勒斯认为,儿童"记忆力的发展先于理解力",他们"意志薄、喜爱变化"①,"更多地受感觉而不是理智指导"②。因此,教育的实施必须考虑这些特点,循序渐进地进行。他重视儿童语言的学习,主张"必须先学习词,然后学习规则,把词联合起来"③;而且,"首先学习母语的词,然后学习句子"④,"词汇和字典必须在词法和语法之前学习"⑤。他认为学习规则和句子需要成熟的判断力,而此时儿童是受感觉指导的,"要他们在判断力成熟以前学习规则,会削弱他们的理解力"⑥。

(2)注意劳逸结合。贝勒斯认为儿童天生意志薄弱,喜爱变化,因而他反

---

① [英]贝勒斯:《关于创办一所一切有用的手工业和农业的劳动学院的建议》,王承绪译,见任钟印主编:《世界教育名著通览》,415页,武汉,湖北教育出版社,1994。

② [英]贝勒斯:《关于创办一所一切有用的手工业和农业的劳动学院的建议》,王承绪译,见任钟印主编:《世界教育名著通览》,416页,武汉,湖北教育出版社,1994。

③ [英]贝勒斯:《关于创办一所一切有用的手工业和农业的劳动学院的建议》,王承绪译,见任钟印主编:《世界教育名著通览》,415页,武汉,湖北教育出版社,1994。

④ [英]贝勒斯:《关于创办一所一切有用的手工业和农业的劳动学院的建议》,王承绪译,见任钟印主编:《世界教育名著通览》,415页,武汉,湖北教育出版社,1994。

⑤ [英]贝勒斯:《关于创办一所一切有用的手工业和农业的劳动学院的建议》,王承绪译,见任钟印主编:《世界教育名著通览》,415页,武汉,湖北教育出版社,1994。

⑥ [英]贝勒斯:《关于创办一所一切有用的手工业和农业的劳动学院的建议》,王承绪译,见任钟印主编:《世界教育名著通览》,415页,武汉,湖北教育出版社,1994。

对长时间将儿童拴在书本上，而主张动静结合，让儿童做一些事或观摩成人劳动，并努力予以模仿。他认为，对儿童来讲，劳动和玩耍一样，是一种消遣。动静结合既可使儿童习惯于劳动，也可以取得更好的学习效果。

（3）教育应以儿童的理解为基础，反对说教及强迫儿童学习。贝勒斯说："理解是必须提炼的，儿童能够接受，而不是迫使他们理解，悲伤有损记忆，并使多数人思维混乱。"①并且，与成人更多地受理智指导相反，儿童更多地受感觉的指导。因此，必须"更多地采取明智的管理方法，而不是用说教使他们远离罪恶"②。

（4）反对体罚，主张以奖赏和竞赛的方法鼓励儿童。他告诫人们以打骂的手段迫使儿童学习，会损伤其天性。他认为"用这种方法只能培养出平庸的学生来"③。因此，他主张学习应建立在快乐的基础上，不应伴随着痛苦来进行，并提出用奖赏和竞赛的方法提高儿童对学习的热爱，以使学习取得更佳效果。

四、影响及评析

作为激烈的改革家和虔诚的贵格会教徒，贝勒斯一生将维护贫民的利益作为自己的使命，用自己的热血和行动向社会呼吁，要关心贫民的健康和教育，并建议由富人捐款创办劳动学院，通过劳动教育，使富人获利，贫民自立，给青少年以良好的教育。他还提出了许多新的教育方法，以改善穷人的状况。

贝勒斯的《建议》一度引起了贵格会教徒乃至社会的注意，一些激进的贵格会教徒还曾经努力实现他的理想和建议。其中布列斯托尔的贵格会教徒首

---

① ［英］贝勒斯：《关于创办一所一切有用的手工业和农业的劳动学院的建议》，王承绪译，见任钟印主编：《世界教育名著通览》，415 页，武汉，湖北教育出版社，1994。
② ［英］贝勒斯：《关于创办一所一切有用的手工业和农业的劳动学院的建议》，王承绪译，见任钟印主编：《世界教育名著通览》，416 页，武汉，湖北教育出版社，1994。
③ ［英］贝勒斯：《关于创办一所一切有用的手工业和农业的劳动学院的建议》，王承绪译，见任钟印主编：《世界教育名著通览》，415 页，武汉，湖北教育出版社，1994。

先创办贫民习艺所(Work House)，包括一间工厂、一个孤儿院、一个贫民所和一所学校。1702年，伦敦的贵格会教徒也相继在克拉肯韦尔建立了一所贫民习艺所。这些贫民习艺所的创办对贫民境遇的改善起到了一定的作用。但是贝勒斯在《建议》中明确表示要用"学院"(College)这一名称，而不用公所(习艺所)或济贫院，反复强调劳动的教育意义和生产自救的意义，反对济贫院中有过多的劳役。他强调学院是一个教育机构，而不是宗教机构。但是，这些贫民习艺所不论是名称上还是实际上都并没有实现贝勒斯的理想，充其量只是贝勒斯的学院概念的暗淡的影子。其中，伦敦的克拉肯韦尔贫民习艺所延续到18世纪末，越来越强调教育工作，最终事实上成为一所贵格会的学校，而不是劳动学院。

英国政府于1723年通过立法批准两个或两个以上的教区可联合起来建立济贫院的议案。这项济贫法不是单纯的救济，而是重在使穷人懂得劳动，充分利用劳动力，以减轻社会负担。这一议案的出台或许也从另一个侧面反映了贝勒斯的影响。

在当时的状况下，贝勒斯的计划未能充分付诸实践，他的名字亦逐渐被世人遗忘。直到一个世纪以后，英国的社会改革家普雷斯(F. Press)重新发现了贝勒斯和他的《建议》，并寄给了空想社会主义者欧文(R. Owen，1771—1858)。欧文阅毕予以高度评价，并重印和散发了这篇文章，这才使贝勒斯重新为世人所知。

欧文谦逊地认为自己的原则并非首创，功劳应该属于120年前的贝勒斯，并称赞贝勒斯在没有任何实践经验的帮助下，"出色地表明这些原则如何按照当时已知的事实应用于社会的改进，从而表明他的才智有能力在他同时代人120年以前考虑这个问题"[1]。贝勒斯和欧文都主张通过有组织的劳动，通过

---

① George Clarke, *John Bellers: His Life, Time and Writings*, London, Routledge and Kegan Paul, 1987, p.27.

教育来改善穷人的境遇，进而改造社会。他们将这一目的的实现寄希望于富人的善心，没有看到资产阶级和无产阶级的矛盾，因而不能意识到单纯通过正确的组织劳动和教育不可能解决资本主义社会各阶级的利益冲突问题，这也注定了他的《建议》（包括欧文的实验）在当时的英国不可能实现或成功。随着欧文的社会改革和教育实验活动的失败，贝勒斯一度又淡出人们的视野。

　　然而后来马克思通过研究欧文，对贝勒斯教育与生产劳动相结合的主张仍予以高度评价。在《资本论》中，马克思称贝勒斯为"政治经济学史上一个真正非凡的人物……早在 17 世纪末就非常清楚地懂得，必须废除现行的教育和分工，因为这种教育和分工按照相反的方向在社会的两极上造成一端肥胖，一端枯瘦"①。

---

① 《马克思恩格斯文集》第 5 卷，562 页，北京，人民出版社，2009。

第十章

洛克的教育思想

约翰·洛克(John Locke，1632—1704)是 17 世纪英国著名的哲学家和教育思想家。在哲学上，他被视为"不但是认识论中经验主义的奠基者，同样也是哲学上的自由主义的始祖"①。

洛克的教育思想是近代西方教育理论的先导。在由中世纪的宗教教育转变到近代世俗教育的历史时期，他继承并发展了前人的有关思想，系统地阐述了绅士教育理论。洛克的教育理论不仅集中反映了这一时期英国教育发展的主要趋势，推动了 17 世纪英国学校教育的发展，也对 18 世纪法国启蒙思想家的教育思想产生了深刻的影响。《教育漫话》(*Some Thoughts Concerning Education*)"给予洛克在启蒙思想家们关于儿童教养的传统中一个永恒的位置"②，这包括在他之前的蒙田和在他之后的卢梭。

---

① [英]罗素：《西方哲学史》下卷，马元德译，134 页，北京，商务印书馆，1976。
② [英]爱德华·乔森纳·洛：《洛克》，管月飞译，10 页，北京，华夏出版社，2013。

第一节 时代、生平及理论建树

在 16 世纪后半期至 17 世纪前半期的英国，教育问题如同宗教和政治问题一样，在社会上被热烈而持久地讨论和争论。在教育改革的争论中，新观念和新思想通过传单和小册子等工具，迅速在英国传播。所有改革家都把社会有用性和贴切性作为教育改革的目标，希望教育能更好地为实际生活需要服务，更少一点学究气和形式主义。从 17 世纪中期开始，贵族和绅士的教育与训练受到广泛的注意，家庭教师和学园的教育成为适应绅士的特定教育需求的教育形式。洛克的教育主张正是在上述背景下提出来的。

一、生平活动和著作

洛克是 1688 年英国"光荣革命"精神的忠实表达者，他的理论著作的大部分是这个革命以后的几年内问世的。总的来说，它们表述了洛克所处时代的最合宜的观念，亦即那些即将成为主导的观念。罗素认为：

> 洛克是哲学家里面最幸运的人。他本国的政权落入了和他抱同样政见的人的掌握，恰在这时候他完成了自己的理论哲学著作。在实践和理论两方面，他主张的意见这以后许多年间是最有魄力威望的政治家和哲学家们所奉从的。①

洛克在 1632 年 8 月 29 日出生于英国西南部萨默塞特郡一个叫威灵顿的小镇。其父是一位清教徒、小地主和乡村律师。1646 年，洛克进伦敦威斯敏斯特学校学习。1652 年，他到牛津大学基督教会学院，主要学习哲学和政治学。

---

① ［英］罗素：《西方哲学史》下卷，马元德译，134 页，北京，商务印书馆，1976。

在此期间，洛克受到笛卡儿思想的深刻影响。毕业后，他留校任教，对哲学和实验科学都有浓厚兴趣。1666 年，洛克结识了辉格党领袖库柏勋爵(Anthony Ashley Cooper，1672 年起称莎夫茨伯里伯爵)，并在以后多年担任伯爵的私人医生、家庭教师和秘书。1668 年，洛克被选为英国皇家学会会员，与波耳和牛顿交往甚密，并长期坚持医学实验，终于在 1674 年获得医学学士学位。1682 年，莎夫茨伯里伯爵因反对约克公爵(詹姆士二世，James Ⅱ)继承王位的活动败露而逃亡荷兰，洛克也因此被迫去荷兰避难，直至 1689 年 2 月才回到英国。在革命成功的鼓舞下，他在此后相继发表了许多重要著作:《政府论》《人类理解论》《论宗教宽容》和《教育漫话》。在洛克逝世两年之后，他的《理解能力指导散论》出版。此外，反映洛克教育思想的作品还有《漫谈绅士的阅读与学习》和《自然哲学要素》等。1700 年退休后，洛克隐居于阿兹。1704 年10 月 28 日去世，享年 72 岁。

洛克理论的基本特征是经验主义和自由主义。他是西方近代初期的自由主义或早期古典自由主义的重要代表人物。初期的自由主义产生于英国和荷兰。自由主义学说在英国革命期间首次被明确地提出来并得到贯彻。它具有一些主要特征:维护宗教宽容、尊重人身安全和财产权、限制世袭主义。在教育方面，则认为人生而平等，人们以后的不平等是环境的产物，因此十分强调后天教育的重要性。洛克通过自己的理论著述最早详尽地表达了上述自由主义主张，在当时有助于增加资产阶级的利益，具有积极的进步意义。"它想使政治上及神学上的斗争有一个了结，以便为像东印度公司和英格兰银行、万有引力说与血液循环的发现等这类激奋人心的企业和科学事业解放出精力。"①

---

① ［英］罗素:《西方哲学史》下卷，马元德译，126 页，北京，商务印书馆，1976。

二、理论工作的成就

(一)以唯物主义经验论为主体的认识论

以认识论为主题是洛克哲学的重要特征。他明确地提出,他的哲学的目的在于研究人类知识的起源、可靠性和范围。在《人类理解论》中,洛克批判了唯心主义的天赋观念论,系统考察了人的认识能力,详尽论证了培根和霍布斯提出的知识和观念起源于感性世界的基本原则,建立了欧洲哲学史上前所未有的庞大的唯物主义经验论体系。

1. 对"天赋观念论"的批判

在洛克所处的时代,"天赋观念论"十分流行。这是一种阻碍科学发展和维护封建制度及其意识形态的理论,严重地束缚了人们的头脑。洛克称自己是为科学的发展清除障碍的"小工",力图继培根之后,进一步扫除横在知识之路上的垃圾。哲学史上一般都对他发起的这场论战给予肯定的评价。

当时的天赋观念论虽有不同的学派和各种理论形式(如古代柏拉图和中世纪经院哲学的传统的天赋理论、笛卡儿及其唯心主义信徒的天赋观念论、英国传统的宗教思想和道德思想、剑桥柏拉图学派的天赋理论)[1],但它们都有一个共同的特点,即都把某些观念和原则的普遍必然性和对它们的大致同意作为天赋性的证明。洛克就以所谓"普遍同意"论作为突破口,举出大量事例来证明"一切人类并没有公共承认的原则"。他又驳斥了所谓"理性发现"论,认为人们并非一开始运用理性就能知道和同意所谓天赋原则。初生的婴儿的心灵犹如一块白板。人们的观念最初都起源于特殊的感觉。儿童必须经过长期教育才能逐渐懂得一些抽象命题的意义。洛克还进一步指出"天赋观念"论在认识实践上的危害,认为它会使学者盲从权威,放弃自己的理性和判断,从而堵塞了认识发展的道路。

---

[1] 吕大吉:《关于洛克与天赋观念论的论战》,见《外国哲学史研究集刊(五):经验论与唯理论研究》,146页,上海,上海人民出版社,1982。

2. 对唯物主义经验论原则的详尽论证

洛克继霍布斯和伽桑狄之后对天赋观念论进行了更为深刻的批判，并在此基础上详尽论证了培根和霍布斯提出的关于知识和观念起源于感性世界的原则，论证了普遍原则和抽象观念起源于经验的原则，使经验主义的认识理论发展成一个体系、一门科学，在认识论史上作出了卓越的贡献。

首先，洛克提出关于心灵开始是"白板"的假定，并认为心灵后来掌握的知识和观念都来自经验。经验的形成有两个来源：感觉和反省。前者来自对外界事物的直接感觉本身，后者则是人的心灵对自己内心作用的感觉，它的对象是我们自身内部的心理活动。

其次，洛克又提出了关于简单观念和复杂观念的学说。前者是指人们通过感官所获得的诸如红与黄、软与硬、甜与苦等感觉经验，它们是认识的基础和材料；后者则是对前者进行概括，使之上升为"抽象观念"。

再次，洛克提出了两种性质的学说，研究了对外界可感知对象所具有的特性。依据那个时代许多著名的科学家和哲学家所主张的"物质微粒学说"，他认为外界可被感知的物体具有两类性质："第一性质"与"第二性质"。前者指广延、形式、运动、静止和数目等，后者则指当物体的"微细部分作用于人的感官"，人所产生颜色、声音和滋味等方面的观念时，物体所具有的各种有关"能力"。由前者就产生了"第一性质的观念"，由后者则产生了"第二性质的观念"。

最后，洛克论证了知识的等级、确定性和范围。根据知识的不同来源和不同的确定性程度，可把知识划分为几个等级：直觉的、解证的和感觉的知识。

综上所述，洛克详尽地论证了基于感觉经验之上的人类认识的发展过程。他的经验主义从总体上说是唯物主义，但是他的认识学说具有明显的二元论倾向，主要表现在"二重经验"说。洛克把感觉和反省，即把外界的物质的东西和自己的心理活动看作人的知识和观念的两个来源，并认为反省经验与外物完全无关。

（二）自由主义政治学说

洛克的政治思想是为 1688 年英国"光荣革命"确立的君主立宪制国家辩护的。在这个意义上可以说洛克的政治思想是 1688 年英国封建贵族同资产阶级和新贵族妥协的产物。他的主要政治著作是《政府论》。事实上，洛克"担负了对十七世纪英国革命期间代表各阶级、各阶层的各派政治思想进行清理和总结而使它们'归于一'的任务"①。

和霍布斯一样，洛克也是以自然法和社会契约论为基础来解释国家权力的起源、性质和作用的。但他没有像霍布斯那样把自然状态描绘成一个弱肉强食的不安定状态，而是认为自然状态是一种"完备无缺的自由状态"。在这种状态中，自然法即人类理性教导着全人类，任何人都不得侵犯他人的生命、自由和财产这些基本权利。通过契约所建立的政府正是财产权的保护者。洛克要求施以法治，而极力反对君主专制制度。为了有效地保护人们的生命、自由和财产，实现法治的原则，洛克提出了立法权、执行权和对外权三权分立的学说；为防止出现政府专制的问题，洛克又提出了政府解体和革命的思想，认为人民有权运用革命的手段建立新政府。

洛克的政治学说在西方政治思想史上具有重要的意义，"他将文艺复兴以来，特别是英国革命中，资产阶级政治思想家、政治家所提出的理论和思想原则加以总结和运用，根据革命时期资产阶级的需要，做出了明确系统的论述和发挥"②。他第一次使社会契约论成为完整的、资产阶级的理论；他所论证的"天赋人权"原则成为其后一切资产阶级反封建斗争的有力武器；他所确立的公民享有不可剥夺、不可转让的生命、自由和财产的权利等思想，经过

---

① ［英］洛克：《政府论》下篇，叶启芳、瞿菊农译，i 页，北京，商务印书馆，1964。
② 徐大同：《西方政治思想史》，233 页，天津，天津人民出版社，1985。

美国的《独立宣言》和法国的《人权宣言》等以法律形式确立下来，成了资产阶级法律的原则；他的分权理论的提出，第一次为资产阶级用民主形式组织国家提供了理论论证，并成为西方资本主义国家制度的一项主要原则。

(三)宗教宽容学说

洛克生活在一个由传统的天启宗教观念向理性主义的自然宗教观念转变的时代。17 世纪的英国，新兴资产阶级不仅反对作为中世纪欧洲封建制度的国际中心组织的罗马天主教和罗马教廷，也反对作为英国封建王朝之神圣基础的英国国教。但英国资产阶级并不反对宗教本身，而是打着清教的旗号来进行这场革命。在革命成功之后，他们更需要一种新的宗教来维护自己的利益，因此要求改良宗教，而非废除宗教，以期结束宗教改革以来遍及欧洲的残酷而持久的宗教战争，达到社会的安定，促进资本主义的发展。总之，主张宗教宽容是 17 世纪欧洲历史发展中的一种进步现象。在洛克生活的时代，这个问题被人们广泛讨论，这对他产生深刻影响，而"洛克为信仰问题上的宽容所作的辩护，已经成了经典"①。

"洛克对道德和宗教的关注与 17 世纪的政治哲学的问题密切相关，这一关注支配了他整个理智生涯和职业生涯的思维。"②洛克对当时盛行的宗教纷争和宗教迫害的内在本质予以深刻揭露。在他看来，这"只不过是人们互相争夺统治他人的权力和最高权威的标记罢了"③。而纯正教会的基本特征的标志应当是宽容。洛克明确主张政教分离，认为政府为行使自己的权力可使用强制手段，而宗教涉及人们内在的心灵时的确信，是不能使用法律和刑罚的威力的。他主张宗教信仰自由。他指出："既然任何宗教的宗旨都无非是为了取悦于上帝，而宗教自由则是达到此种目的所必须的。"④

① [英]索利：《英国哲学史》，段德智译，129 页，济南，山东人民出版社，1992。
② [英]爱德华·乔纳森·洛：《洛克》，管月飞译，9 页，北京，华夏出版社，2013。
③ [英]洛克：《论宗教宽容》，吴云贵译，1 页，北京，商务印书馆，1982。
④ [英]洛克：《论宗教宽容》，吴云贵译，24 页，北京，商务印书馆，1982。

西方多数思想史家都认为洛克是最重要的自然神论者，但也有学者认为洛克的哲学思想为自然神论的发展提供了某些理论原则，而他本人并非标准的自然神论者。"他的宗教哲学不能简单地归结为自然神论。大体上，可以认之为一种在肯定认识相对性的哲学认识论基础上产生出来的宗教自由主义，它包含了发展为各种宗教学说的可能性。"①

第二节　论教育的作用与绅士培养目标

一、论教育的作用

洛克从唯物主义经验论的立场出发，充分而明确地肯定了教育的作用。在《人类理解论》中，他考察了儿童初入世时的状态后指出："儿童的观念是渐渐学得的，各种常见的明显性质，虽然在他能记忆时间和秩序以前，早已把各种观念印在他的心中，可是不寻常的各种性质，往往是很迟才出现的。"②在《教育漫话》中，洛克高度评价了教育的作用。他承认有所谓"天才"，这些人用不着别人多少帮助，凭着天赋的才力，自幼就能向着最好的境界去发展，作出伟大的事业，但在他看来，这样的人是很少的。"我敢说我们日常所见的人中，他们之所以或好或坏，或有用或无用，十分之九都是他们的教育所决定的。人类之所以千差万别，便是由于教育之故。"③"人们的态度能力之所以千差万别，教育的力量比别的事情的影响都大。"④

洛克受"白板说"的局限，尚不能完全合理地解释教育在人的发展中的作用。"白板说"是一种消极被动的反映论，其本身包含着许多无法解决的矛盾。

---

① 吕大吉：《西方宗教学说史》，267 页，北京，中国社会科学出版社，1994。
② [英]洛克：《人类理解论》上册，关文运译，70 页，北京，商务印书馆，1959。
③ [英]洛克：《教育漫话》，傅任敢译，24 页，北京，人民教育出版社，1985。
④ [英]洛克：《教育漫话》，傅任敢译，42 页，北京，人民教育出版社，1985。

洛克关于"反省"的说法,实际上已肯定了心灵有自己活动的能力,既有这种能力,心灵就不再像他原先强调的那样,是消极被动的感受器,也就不能说是完全一无所有的白板了。洛克认为:"我们天生就有几乎能做任何事情的诸多官能和诸多能力。"①这种说法与"白板说"有什么矛盾?他似乎没有想到。

洛克之所以在唯物主义一元论与二元论之间徘徊,将一些自相矛盾的观点兼收并蓄,其中一个重要原因,是对霍布斯机械唯物主义物质观的反思。因为如果依照霍布斯的物质观,所谓物质只是一种具有"长、宽、高"不同质量的"机械",它在自身中是连运动也不能产生的,它又如何能作用于感官和心灵,使人产生感觉和思想的呢?为了解决这个矛盾,洛克采取了他所特有的"健全理智"的认识方法。他在经验主义基础上改造和吸收了理性主义的因素,在重视经验的同时,亦提倡理性思维。他在《理解能力指导散论》中对理解力的性质及其培养问题的研究,正是这种倾向的反映。有学者指出:

> 这种健全理智的特点是:重视经验,但不完全相信经验;提倡理性思维,但不把它作为教条。洛克方法论中到处都流露出这一特点。每当他强调经验归纳时,他就要留下一个不可知论的尾巴;而每当他进行理性推演时,他都注意使逻辑服从经验直观,甚至牺牲逻辑一贯性也在所不惜。②

洛克的思想所具有的个人主义和自由主义特征使其主要从教育对于个人发展的角度论证教育的作用,但他并非不重视教育对国家前途的意义。在他看来,使儿童受到良好的教育不只是父母的责任和他们应当关心的事,因为

---

① [英]洛克:《理解能力指导散论》,吴棠译,11页,北京,人民教育出版社,1993。
② 陈修斋:《欧洲哲学史上的经验主义和理性主义》,286页,北京,人民出版社,1986。

"国家的幸福与繁荣也靠儿童具有良好的教育"①。洛克指出，英国在世界上是一个有地位的国家，原因是英国人有德行、本领和学问。但是，如果对于下代人不去注意与保存他们的纯洁、严肃和勤奋的美德，而又希望他们充分具有这种德行、本领和学问，那简直是笑话。他认为：

> 世界上不论哪个国家，无论如何骁勇有名，一旦腐败的习气充塞了全国，消融了纪律的羁勒，一旦到了邪恶猖狂、肆无忌惮的境地，它是决不能够凭借武力以保持名誉或耀威邻邦的。②

总而言之，洛克强调了教育对于英国保持世界领先地位的重要性。他指出，要想使得下代人信心不减退，德行不堕落，知识不退步，就必须"从青年们的教育与原则性上去打好基础"，否则"其余一切的努力都会是白费"。③

二、论绅士培养目标

洛克认为，不同地位和职业的人所受的教育应有所区别。必须按照年轻人的不同境况来训练青年，以便为他们各自的职业准备有德行、有用、能干的人才。一个王子、一个贵族和一个普通绅士的孩子的教养方法，是应当有所区别的。但在他看来，最应注意的还是绅士。因为一旦绅士受到教育，走上了正轨，其他的人自然很快就都能走上正轨了。因此，他在《教育漫话》中就以青年绅士的培养作为教育的主要目标。

洛克所要培养的绅士不是教士，不是学究，也不是朝臣，而是事业家。《教育漫话》通篇围绕这个基本点展开讨论。在他看来，绅士需要的是事业家

---

① ［英］洛克：《教育漫话》，傅任敢译，23 页，北京，人民教育出版社，1985。
② ［英］洛克：《教育漫话》，傅任敢译，72 页，北京，人民教育出版社，1985。
③ ［英］洛克：《教育漫话》，傅任敢译，71 页，北京，人民教育出版社，1985。

的知识，合乎他的地位的举止，同时要能按照自己的身份，使自己成为国内著名的和有益于国家的一个人物。① 为达此目的，年轻的绅士必须有强健的身体，还必须具备德行、智慧、礼仪和学问。他要能用理性克制自己不合理的欲望，使自己更明智，更能深谋远虑；他持重，有良好的教养；他懂得人情世故，能使自己聪敏地与别人相处。他具备一个事业家所需要的各种知识，能干又精明，能处理好自己的事务。

受文艺复兴后期以来以满足普通生活权利要求为目的的新的教育运动的深刻影响，继蒙田等人之后，洛克进一步呼吁将教育的重心逐渐从学术的成就转到绅士风度的培养上来。他明确指出，绅士不是博学的人，因而没有必要熟悉一切科学的对象，而"正确地判断人，使自己与别人聪敏地相处的用处，较之说说希腊文与拉丁文，或者和人辩论得体是巨大得多的；也较之把子弟的脑袋充满物理学与玄学的深奥理论，要有用得多"②。在洛克看来，一个绅士与其做一个良好的逍遥学派或者笛卡儿学派的学者，远不如通过熟悉古希腊、古罗马作家的作品，来了解人类社会的生活，成为一个有德行，懂得人情世故，有礼仪的人。这样，他才能取得成就，成为一个有价值的人。因此，他指责"现在欧洲一般学校时兴的学问和教育上的照例文章，对一个绅士来说，大部分都是不必要的，不要它，对于他自己固然没有任何重大的贬损，对于他的事业也没有妨碍"③。总之，洛克把性格训练而不是把知识作为绅士教育的首要目的。

出于培养事业家的考虑，洛克对当时的学校教育持不信任态度，而主张家庭教育。他承认家庭教育和学校教育都有缺点，但两相比较，他觉得家庭教育更有利于绅士所需德行的培养，更能保持绅士的纯洁和谦顺。在他看来，

---

① 参见[英]洛克：《教育漫话》，傅任敢译，97页，北京，人民教育出版社，1985。
② [英]洛克：《教育漫话》，傅任敢译，96页，北京，人民教育出版社，1985。
③ [英]洛克：《教育漫话》，傅任敢译，96页，北京，人民教育出版社，1985。

怯懦无能和不懂人情世故是人们归给家庭教育的过错，而实际上，这并不是在家庭里面进行教育的必然结果，并且也不是无法医治的毛病。洛克强调，德行比人情世故更难获得，年轻人失掉了德行是很少能再恢复的。此外，家庭教育比学校教育更有助于个别教导，因为儿童的心理和礼貌的形成需要不断关注，并需要针对儿童个性特点而采取相应措施，而这在大群学生中间是无法办到的。

第三节　论体育

洛克继承了后期人文主义教育家重视体育的传统，把健康的身体看作绅士事业成功、生活幸福的首要条件。在《教育漫话》的第一部分（健康教育）中，他首先较为详尽地探讨了儿童的健康维护和改进问题，而在该书的最后一部分（知识和技能教育）中，也论述了骑马、击剑等活动对增进健康的意义。

一、论身体健康的重要性

在中世纪基督教会的学校教育中，体育长期处于被否定的地位。但在世俗封建主的骑士教育中，注重军事体育，以培养征战能力。到文艺复兴时期，人文主义教育家出于培养新人的需要，恢复了古希腊的教育传统，同时，也继承了骑士教育的体格-军事教育传统，把体育放在重要的位置。体育被视为身心和谐发展教育的重要组成部分，视为培养完美的人的一种必不可少的手段。后期的人文主义教育家如卡斯底格朗和蒙田等人，从培养精明能干的绅士的角度考虑问题，将体育看作实际生活的必需。

在洛克之前，英国已形成重视体育的风气。埃利奥特（T. Elyot）的《行政官之书》、克莱兰德（J. Cleland）的《年轻贵族的学校》及培根的《培根论说文集》都推崇体育在绅士培养中的意义。洛克继承并进一步发展了这种重视体育的传统。他把身体的健康与人世幸福联系在一起，把身与心的健康统一起来。洛克指出："健康之精神寓于健康之身体，这是对于人世幸福的一种简短而充分的描绘。凡是身体精神都健康的人就不必再有什么别的奢望了；身体精神有一方面不健康的人，即使得到了别的种种，也是徒然。"①在他看来，"自我"既不是单纯的灵魂，也不是无灵魂的肉体形骸，而是肉体和灵魂、物质和精神的统一。肉体的、物质的我，是自我存在的基础，没有物质的肉体就不可能有自我存在。而人们要自觉意识到"我"，产生"我"的观念，就必须有精神、意志。精神、意识或灵魂是人区别于他物的本质，因此是自我的主导方面。从这种身心统一的观点出发，洛克指出，精神固然是人生的主要部分，我们关切的主要方面虽然是内心世界，但也不可忽视心外的躯壳。身体孱弱的人，就是有了做事的正当途径，也绝不能获得进展。总之，"我们要能工作，要有幸福，必然先有健康；我们要能忍耐劳苦，要能出人头地，也必须先有强健的身体；这种种道理都很明显，用不着任何证明"②。

二、论体育的内容和方法

洛克继承并进一步发展了蒙田关于"锻炼"的主张以及培根注重身体保健的思想，同时，也接受了沿自骑士军事体育传统的做法，把游泳、骑马、击剑等也看作有益于身体健康的运动。此外，洛克更以一位职业医生的眼光，结合当时的医学保健知识，对年轻绅士的健康教育问题，提出了许多切实可行的建议。

洛克所讨论的健康教育对象，据他所说是身体健康，至少是没有疾病的

---

①　[英]洛克：《教育漫话》，傅任敢译，24页，北京，人民教育出版社，1985。
②　[英]洛克：《教育漫话》，傅任敢译，25页，北京，人民教育出版社，1985。

儿童的体格，即探讨"在不借助于医药的范围以内，应该怎样保护它，改进它"①，而不是讨论医生对于有病的、身体脆弱的儿童应该怎么办。在他看来，这个问题其实只要短短的一条规则就可以说清楚，即绅士们对待儿女应该像诚笃的小康的农民对待子女一样。首先，不能娇生惯养，应通过循序渐进的锻炼，使儿童逐步养成忍受酷暑严寒的习惯。例如，不戴帽子、用冷水洗脚、多过露天生活等。其次，应建立起合理的生活制度。洛克反对用紧身衣服束缚儿童，儿童的饮食应极简单、极清淡；他认为儿童应充分享受的是睡眠，因为只有睡眠最能增进儿童的生长与健康；药物应少用或最好是不用。再次，洛克将健康教育与德育联系起来，强调培养节制的精神和良好的习惯，认为"节制的精神无论在健康方面，在事业方面，都是十分必要的"②。而养成什么习惯的问题亦是教育上应该当心的一件大事。最后，洛克总结了关于身体健康的几条"极易遵守的规则"，这就是：

> 多吸新鲜空气，多运动，多睡眠；食物要清淡，酒类或烈性的饮料不可喝，药物要用得极少，最好是不用；衣服不可过暖过紧，尤其是头部和足部要凉爽，脚应习惯冷水，应与水湿接触。③

游泳、骑马和击剑等原属于中世纪"骑士七艺"的内容，后逐渐成为贵族和绅士教育传统中的重要内容之一。洛克意识到，"击剑与骑马被看成教养的必要部门，不去提到它们，会要被认为一件重大的遗漏"④。在安逸与奢侈的都市里，他把骑马看成一件最有益于健康的运动。此外，骑马又能使人在马上习得镇静与优雅，这对于一个绅士在平时与战时都是有用的。洛克也承认击

---

① ［英］洛克：《教育漫话》，傅任敢译，25 页，北京，人民教育出版社，1985。
② ［英］洛克：《教育漫话》，傅任敢译，33 页，北京，人民教育出版社，1985。
③ ［英］洛克：《教育漫话》，傅任敢译，42 页，北京，人民教育出版社，1985。
④ ［英］洛克：《教育漫话》，傅任敢译，197 页，北京，人民教育出版社，1985。

剑对于健康来说是一种很好的运动，但对于生命却潜藏着危险，因为它易使青年热血沸腾，欲以决斗的方式一展自己的技能与勇敢。相较而言，洛克认为，扑击的运动方式既具有实用性，又没有太大的危险。

第四节　论德育

在伦理思想方面，洛克是由培根和霍布斯开启的近代经验主义伦理学传统的继承者。

第一，在研究伦理学的方法上，洛克并不像理性主义伦理学学者那样热衷于建构某种纯粹的道德形而上学体系，而是通过经验、观念、归纳和推演等实证的方法来建立自己的道德理论。继培根之后，洛克使经验主义伦理学传统与近代实验科学之间进一步建立起一种理论联盟。

第二，在伦理学的性质方面，洛克继承并发扬了培根和霍布斯的功利主义传统，进一步使道德学从宗教中分离出来，主张从感觉经验中寻找人类的道德起源、内容和标准，带有鲜明的个人主义、现实主义和功利主义色彩。

第三，继培根和霍布斯之后，洛克亦确信正确的思维是道德、高尚行为的前提，认识能力是人的道德本性的组成部分，它们是人自身提高到自由的条件。没有理性的自律，道德根本就不可能存在；谁要想主宰自己，保持好的操守，他最终就必定求助于自己的理性。

一、经验主义伦理学原理

在《人类理解论》及《论宗教宽容》中，洛克运用经验主义方法研究了伦理问题，重视道德的经验事实和具体行为的评价。从这一基本立场出发，他批判了天赋道德观念论，论证了基于自然主义感觉论的善恶观，在此基础上进一步考察了判断善恶的标准问题，以及自我同一性与意志自由问题。这些伦理学原理就构成《教育漫话》中德育思想的理论基础，是我们深入理解和恰当评价其德育思想的重要依据。

对天赋道德观念论的批判是洛克对整个天赋观念论进行批判的一个重要组成部分。他认为，与数学的公理和思维的原理一样，道德的原则也不是天赋的，善恶等道德观念都是人们在后天经验的基础上通过理性发现的。在洛克看来，世上并没有普遍接受的共同的道德原则。由于国籍、所受的教育以及性情等方面的不同，每个人思想上所想的和所接受的道德规则也是不同的。甚至"良心"也不是天赋的，它作为"内在法庭"，就是人们对自己行为的德与不德所持的意见或判断，而这些都不是天赋的。洛克对天赋理论的实践的观念或天赋道德观念的批判，其矛头直指封建社会和中世纪思维的教条结构。这种批判具有巨大的科学意义，而且从哲学上赞同精神解放。

洛克重视人的感觉经验对道德生活的实际影响和直接意义，偏重从个人道德生活的实际经验出发来探讨人类道德的本质。他指出，道德源于人的利益的满足和快乐；道德评价的标准在于人们的行动或事物能否给人带来快乐和幸福。"事物所以有善、恶之分，只是由于我们有苦、乐之感。所谓善就是能引起（或增加）快乐或减少痛苦的东西"；"所谓恶就是能产生（或增加）痛苦或能减少快乐的东西。"①在洛克看来，人们之所以普遍地赞同德性，不是因为它是天赋的，乃是因为它是有利的。如果道德原则违反了人们的利益，就会被抛弃。他从功利主义立场强调人性和道德的本质就是在于利益，从而没有为神学留下地盘。

为探讨判断善恶的标准问题，洛克将伦理问题与法律问题密切结合起来。他把神法、民法和舆论法都看作判断道德善恶的规则，认为道德行为受到属于外在力量的官长和属于内在力量的良心两个"法庭"的管辖，但他更重视后

---

① ［英］洛克：《人类理解论》上册，关文运译，199 页，北京，商务印书馆，1959。

者。洛克相信每个人都有足够的经验和智慧来内化道德规范，因而对教育寄予很大希望。这种内化就要求教育者制定、说明规范，然后借助各种措施和自由主义在内的各种方法，把这些规范灌输给个人，使个人的头脑日益充满规范。这样，洛克也就调解了普遍意志和利己主义主体之间的矛盾，在社会幸福与孤立个人的功利主义之间达成了妥协，而力图把个人行为纳入最有利于个人本身又有利于社会的轨道。

洛克的伦理思想以经验主义和功利主义为特征，反映了当时新兴资产阶级的利益和愿望，有利于资本主义的发展。他批判了封建旧道德传统，教导人们要从宗教狂热中解脱出来，重视道德原则和现实生活的密切联系，并明确肯定了环境和教育在形成人们的道德观念和道德原则过程中的重要作用。但是，洛克的伦理学思想也存在一些局限性。其一，他的"神法"观念，把道德的真正根据归于神，把神法看成"试验道德邪正的唯一真正的试金石"①，表现出对神学批判的不彻底性。其二，洛克不了解道德观念和道德原则产生和发展的经济基础，有时承认有一种脱离现实生活的道德原则的存在，这是与其总的道德体系相矛盾的。

二、年轻绅士应具备的品德

经验主义、功利主义和自由主义是洛克在《教育漫话》中讨论年轻的绅士所应具备的品德的主要理论依据。洛克提到的绅士所应具备的品德大致上可以归纳为 3 个方面，即有远虑、富有同情之心或仁爱之心，以及有良好的教养或礼仪。洛克德育的目标就是要造就能按这些道德规范行事的有绅士风度的人。

洛克指出了人的利己本性以及目光易短浅的弱点。在他看来，人都只关心自己，并只注重当前的现实利益，因而往往由于一时的快乐而导致将来的

① ［英］洛克：《人类理解论》上册，关文运译，329 页，北京，商务印书馆，1959。

更大的痛苦。因此，必须通过教育使人成为有理性的生物，只有理性能为人达到最大的快乐提供正确的方法和手段，只有理性能帮助人们权衡利弊得失。为此，洛克提出了"人有远虑就是有德"的命题，认为人应当以长远利益为人生指针，只顾当前利益而不考虑长远利益就是失德。从这种观点出发，洛克指出："一切德行与价值的重要原则及基础在于：一个要能克制自己的欲望，要能不顾自己的倾向而纯粹顺从理性所认为最好的指导，虽则欲望是在指向另外一个方向。"①在洛克看来，我们人类在各个年龄阶段有各种不同的欲望，这并不是我们的错处。我们的错处在于我们不能使自己的欲望接受理智的规范和约束。问题不在于有没有欲望，而在于有没有管束欲望的能力和克制自己某种欲望的功夫。因此，"一切德行与美善的原则当然在于克制理智所不容许的欲望的能力"②。"大凡不能克制自己的嗜欲，不知听从理智的指导而摒绝目前快乐或痛苦的纠缠的人，他就缺乏一种德行与努力的真正原则，就有流于一无所能的危险。"③罗素指出：

　　　强调远虑，是自由主义的特色。它和资本主义的兴盛有连带关系，因为有远虑的人发财致富，而没远虑的人贫困下去，或贫困如故。这又和新教中的某些种虔诚关系：为进天堂而讲善德和为投资而储蓄，在心理上是极其类似的。④

近代伦理思想的一个重要特征，是从一开始就注重个人利益与社会公共利益关系的研究，洛克的伦理学说亦不例外。他要求人们在追求私利时，不要去损害他人和公共的利益，因为从长远来说，这对个人是有好处的。应在

---

① ［英］洛克：《教育漫话》，傅任敢译，43 页，北京，人民教育出版社，1985。
② ［英］洛克：《教育漫话》，傅任敢译，47 页，北京，人民教育出版社，1985。
③ ［英］洛克：《教育漫话》，傅任敢译，51 页，北京，人民教育出版社，1985。
④ ［英］罗素：《西方哲学史》下卷，马元德译，145 页，北京，商务印书馆，1976。

长远利益的基础上，把公私利益结合起来。为此，洛克很强调培养儿童的同情心或仁爱之心。在他看来，凡是以虐待和摧残弱小动物为乐的人，他们对于同类也是不会十分同情或仁爱的。洛克要求人们教育儿童时，从最初起就要使他们把杀戮或虐待任何动物看成一件可怕的事。要教导儿童不去摧残或毁灭任何生物，除非是为了保存其他更高贵的事物，或者是为了它们自身的利益。洛克强调指出："保存整个的人类本是人人应尽的责任，也是调节我们的宗教、政治与道德的真正原则，假如人人都把这件工作当作自己的信仰，这个世界一定要恬静得多，和好得多。"①他要求年轻的绅士养成仁爱的心情，礼遇下人，对于地位较低、财产较少的同胞，更要同情，更要温和。"仁爱"本属于传统的基督教伦理学的一个重要概念，洛克在这个旧概念里装进了资产阶级博爱思想的新内容。"从理论上说，无论是强调仁爱、共同利益，还是强调自爱和个人利益，对上升时期的资产阶级都是必要的。"②

洛克十分重视绅士的良好教养或礼仪(civility，或译"礼貌")，将其称为"绅士的第二种美德"。"礼仪"或"礼貌"在洛克生活的时代并不是什么新概念。中世纪曾为人们留下了大量关于被称作社交行为的记载。先是有学问的教士有时用拉丁文记载行为的准则；从13世纪起，在宫廷骑士的圈子里，人们开始用各种通俗的语言记下与之相似的材料；至14世纪以后，随着市民阶层的崛起，在大的封建宫廷中形成的属于世俗上层社会中的行为方式，逐渐成为包括市民阶层在内的其他阶层中广为流行的行为准则和戒律。有学者指出，在洛克的时代，

一个更加稳固的社会等级建立了起来。各种社会出身的人又重新形成了一个新的上流社会、一个新的贵族阶层。这样一来，究竟什么是统

---

① [英]洛克：《教育漫话》，傅任敢译，123页，北京，人民教育出版社，1985。
② 罗国杰、宋希仁：《西方伦理思想史》下卷，80页，北京，中国人民大学出版社，1988。

一的、好的行为便愈来愈成问题。同时新的上层社会改变了结构，使其每一个成员都被置于别人的和社会的监督之下，这种压力是他们从来没有体验过的。①

随着社会的改革，随着人际关系中新的结构的形成，逐步出现了一种变化，洛克关于绅士礼仪问题的讨论反映的正是这种时代的需要。和伊拉斯谟一样，洛克强调绅士的有教养的风度的培养有赖于教育。但他反对过分拘泥于礼仪，认为礼仪太烦琐是一种过失。洛克用一种功利主义眼光看待礼仪，认为"礼仪是在他的一切别种美德之上加上一层藻饰，使它们对他具有效用，去为他获得一切和他接近的人的尊重与好感"②。而没有礼仪，则无论什么美德都会变样，反而对他不利。在他看来，美德是精神上的一种宝藏，而使它们生出光彩的则是良好的礼仪。这样，他将礼仪教育的问题深化为一种德行理论。洛克指出，良好礼仪规则的核心问题是对自己和他人都要有一个正确的认识。不要自视甚低，以避免忸怩羞怯；也不要目中无人，以避免行为不检点和轻慢。

三、论品德培养方法

洛克继承并发展了人文主义者关于教育遵循自然的思想，强调研究儿童一般心理特征和个性特征对教育方法的重要意义，这是他对教育理论的一个重要贡献。在他看来，"上帝在人类的精神上面印上了各种特性，那些特性正同他们的体态一样，稍微改变一点点是可以的，但是很难把它们完全改成一

---

① ［德］诺贝特·埃利亚斯：《文明的进程——文明的社会起源和心理起源的研究》第一卷，王佩莉译，155-156 页，北京，生活·读书·新知三联书店，1998。

② ［德］诺贝特·埃利亚斯：《文明的进程——文明的社会起源和心理起源的研究》第一卷，王佩莉译，91 页，北京，生活·读书·新知三联书店，1998。

个相反的样子"①。每个人的心理正与他的面孔一样，各有自己的特色，能使他与别人区别开来。因此，两个儿童很少有能用完全相同的方法去教导的。由于"不可改移的本性"，有些人是强悍的，有些人是懦弱的；有些人有自信力，有些人很谦虚；有些人温驯，有些人顽强；有些人好奇，有些人粗心；有些人敏捷，有些人迟钝。因为这些方面不同，我们对待他们的方法也应有所不同。洛克指出，这种种天生的癖性，这种种本性的倾向，不是规则或直接的斗争可以改正的，尤其是那些产生于恐怖与颓丧的比较压抑的倾向。教育儿童的人首先应该在儿童年龄较小、还不会装模作样掩饰自己的时候，在他没有注意到你在观察他的时候，去仔细研究他的天性和才能，然后经常试试，看看他最容易走哪一条路子，看看他的天性怎样才能改良，看看他所缺乏的东西是否能通过努力去获得，或由练习去巩固。"因为在许多情形之下，我们所能做的或者所该做的，乃在尽量利用自然的给予，在于阻止这种禀赋所最易产生的邪恶与过失，并且对于它所能产生的好处、大力给以帮助。"②

　　洛克花了许多气力研究自由与意志、自由与放纵和自由与管理的问题。在他看来，"自我""人格者"只能属于有理智的主体，是能受法律支配并能感受苦乐的主体。这表达了他关于人格独立、自主和尊严的思想，否定了神学人格论和君主绝对人格论，体现了他一贯坚持的个性原则。与此相联系，洛克用人的自由问题代替意志自由问题。他认为，意志是人心的一种选择能力，自由则是人的能力。意志只是"官能的属性"，它在主体内部受到意欲和思想的指导，而在主体外部，要受到外部世界的支配。总之，意志是不自由的，它由当下的苦乐感觉来决定。而所谓自由"就在于有能力照自己的意志做或不做某件事情、停止不停止某件事情"③，亦即不受别人的支配，达到自己所选

---

① ［英］洛克：《教育漫话》，傅任敢译，61 页，北京，人民教育出版社，1985。
② ［英］洛克：《教育漫话》，傅任敢译，62 页，北京，人民教育出版社，1985。
③ ［英］洛克：《人类理解论》上册，关文运译，103 页，北京，商务印书馆，1959。

择的快乐和幸福。在洛克看来，自由与放纵对于儿童是没有什么好处的。他们遇事没有判断的能力，所以非得有人管束不可。相反，成人行事，一切有自己的理智可以凭靠，专制与严厉对他们来说是一种不好的方法。因此，"无论需要何种严格的管理，总是儿童愈小愈须多用；一旦施用适度，获得效果之后，便应放松，改用比较温和的管教方法"①。父母应当首先凭借畏惧，取得支配他们的精神的力量，而待孩子年岁稍长以后，就要用友爱去维系。

奖励与惩罚的方法，洛克认为应该采取，因为这是支配儿童的重要手段。但他认为，人们通常选择身体上的痛苦或快乐作为奖惩的方法，这是不得当的，其结果是不会好的，它们只能助长那些本应被我们扑灭的嗜欲，加强它们的力量，而实质上也就是助长了他的心田里面的一切罪恶的源泉。一有机会，它便会变本加厉，来势更加凶猛。为此，洛克反对那种"奴隶式的管教"，认为这会使儿童养成一种奴隶式的脾气。他指责那种贪便宜取巧的鞭笞儿童的惩罚方法是教育上最不合适的一种方法。② 这种方法也可以治好目前任性的毛病，但接踵而至的却是更恶劣、更危险的心情颓丧的毛病，实则这种儿童终生终世对于自己和别人都是没有用处的。故他主张只有万不得已和到了极端的情形之下，才能偶尔采用鞭笞。反之，用儿童心爱的事物去奖励儿童、去讨取儿童的欢心，也是同样应小心使用甚至加以避免的。洛克主张另一类的奖、惩，即尊重与羞辱。洛克指出：

儿童一旦懂得了尊重与羞辱的意义之后，尊重与羞辱对于他的心理便是最有力量的一种刺激。如果你能使儿童爱好名誉，惧怕羞辱，你就使他们具备了一个真正的原则，这个原则就会永远发生作用，使他们走上

① ［英］洛克：《教育漫话》，傅任敢译，50~51 页，北京，人民教育出版社，1985。
② 参见［英］洛克：《教育漫话》，傅任敢译，52 页，北京，人民教育出版社，1985。

正轨。①

洛克的贡献在于他不仅为这一原则奠定了经验主义的哲学基础，还更为详细地讨论了实施这一原则的具体方法。比如，"隐恶扬善"的方法，即斥责应在私下进行，不应当众宣布儿童的过失，使其无地自容。相反，对儿童的赞扬应公开进行，以使其奖励的意义更大。

洛克十分重视通过练习及早培养儿童的各种良好习惯。在他看来，"习惯有很大的魔力，凡我们所惯做的事情，都觉得顺利并且高兴，因此，它就有很强的吸引力"②。洛克认为，儿童不是用规则可以教得好的，规则总是会被他们忘掉。获得和增进克制不合理欲望的能力，靠的是习惯，而使这种能力容易地、熟练地发挥则要靠及早练习。习惯的力量比理智更加有恒、更加简便。这种习惯一旦培养成功之后，便用不着借助记忆，很容易、很自然地就能发生作用了。在习惯的培养方法上，洛克认为应注意两件事：第一，最好和颜悦色地去劝导他们，提醒他们，不可疾言厉色地责备他们，好像他们是有意违反似的；第二，同时培养的习惯不可太多，否则会把儿童弄得头昏眼花，反而一种习惯都培养不成。他认为，这种由导师监督，教儿童反复练习某项行为，以期养成习惯，而不是要他们去死记规则的办法，无论从哪方面观察，都是很有好处的。

说理也是洛克提倡的重要方法。他认为，儿童希望被人看作具有理性的动物是比人们想象得到的年龄还要早的。他们这种自负的态度是应当得到鼓励的，我们应在可能的范围内尽量利用这种态度，把它当作支配儿童的最好的工具。洛克所倡导的说理，是以适合儿童的能力与理解力为限的。比如，对于一个3岁或7岁的孩子，不能把他们当作成人一样去和他们辩论。长篇

① ［英］洛克：《教育漫话》，傅任敢译，55页，北京，人民教育出版社，1985。
② ［英］洛克：《人类理解论》上册，关文运译，250页，北京，商务印书馆，1959。

大论的说教和富有哲学意味的辩难，充其量不过使得儿童感到惊奇与迷惑而已，并不能给他们以教导。如果要用道理打动他们，那种道理须明白晓畅，适合他们的思想水平，而且应该能被接触到和被感觉到才行。

洛克重视榜样的教育力量。他指出，人类是一种模仿性很强的动物，是染于青则青，染于黄则黄的。伴侣的影响比一切教训、规则和教导都要大。所以，学习的方法与其依从规则，不如依从榜样。父亲与导师都应以身作则，绝不可以食言，还应把儿童应该做的或是应该避免的事情的榜样放在他们的眼前。

第五节　论智育

洛克认为，教育必须使人适合于生活、适合于世界，而不只是适合于学校，因而反对把一两种文字当作教育的全部任务。在他看来，教育在本质上是一种性格的训练，知识教育并没有穷尽。"学问是应该有的，但是它应该居第二位，只能作为辅助更重要的品质之用。"①一个有德行或有智慧的人比一个大学者更为可贵。对心地良好的人来说，学问有助于德行与智慧；而对那些心地不是那么良好的人来说，文字、科学以及教育上的其他一切成就都没有用处，或只会徒然地使其变得更坏、更愚蠢和更危险。因此，作为导师，其主要任务在于小心地形成年轻绅士的态度，保持其真纯，培养其优点，温和地改正与消除其不良倾向，使其养成良好的习惯。有了这一点，学问则极容易用适当的方法去获得。

读书、写字和学问虽不被洛克视为青年绅士的主要工作，但他觉得它们是必需的。洛克认为，一个绅士需要具备和他的职业有关的各种观念，"因为

---

① ［英］洛克：《教育漫话》，傅任敢译，151 页，北京，人民教育出版社，1985。

绅士在这个世界中所从事的活动和对这个世界的效用，大都是藉他向别人说的或写的东西的影响来实现的"①。洛克在《教育漫话》和《漫谈绅士的阅读与学习》中，详细讨论了与绅士培养有关的相当专门化的教育内容以及相应的教学方法。

一、知识观

洛克的知识观是以其经验论原则为基础的。他指出："真实的知识是由知觉我们的观念所具有的相互关系所组成。"②没有这种知觉，我们只可以想象、猜度或信仰，却不能得到知识。洛克论证了知识的等级、确定性和范围。他把知识分为直觉的、论证的和感觉的 3 个等级。所谓"直觉的知识"是单凭直觉的方式，不必插入任何其他观念，而直接觉察到两个观念之间存在的一致或不一致的关系所获得的一种知识。论证的(或解证的)知识，是以直觉的知识为基础的，但需借助于别的观念作为媒介。感觉的知识是一种对外界具体事物的知识。在考察知识的等级的基础上，洛克说明了知识的范围。他认为，直觉的和论证的知识，是具有普遍性和必然性的，但其范围是有限的，因为这类把主宾联系起来的中介观念有时很难找到或不可能找到。至于感觉的知识则比前两方面的知识更为狭窄。数学以外的包括物理学和其他各门自然科学方面的知识，都属于感觉的知识。洛克认为，这种知识是不能超过我们感官当下所感到的事物的存在的，它们不具有普遍性和必然性，是一种最不可靠、最不确定的知识。他的上述观点虽有实体不可知论的倾向，并对当时尚不甚发达的自然科学持怀疑态度，但他反独断的批判精神和对于观察、实验等方法的强调，对科学研究的发展是有积极的推动作用的。

与对自然科学的怀疑态度相比，洛克对数学、工艺之学和人事之学的重

---

① ［英］洛克：《理解能力指导散论》，吴棠译，94 页，北京，人民教育出版社，1993。

② ［英］洛克：《理解能力指导散论》，吴棠译，35 页，北京，人民教育出版社，1993。

视显得十分突出。他认为："没有比数学更能培养推理能力的了，所以，我认为凡是有时间和机会的人都应该学习数学。"①重视工艺之学在洛克生活的时代已成为英国的一个传统。从绅士的事业需要出发，洛克强调工艺之学的意义。他指出："首先发明印刷术、发现罗盘、发现金鸡纳霜的功用的人们，比设立学院、工场和医院的人们，还更能促进人的知识，还更能供给人以有用的物品，还救了更多数的性命。"②洛克亦十分重视"人的知识"。他认为："要使绅士和他的品行相称，不管是当一个平民，还是对他的国家的统治感兴趣，没有比人的知识更必需的了。"③在他看来，绅士的正当职业是为他的国家服务的，因而关心道德和政治的知识才是最正当的。总而言之，从功利主义立场出发，洛克认为道德学、政治学和各种工艺之学对人类最有功用。

洛克强调培养理解力、思考力和判断力对于扩大我们的知识的重要意义。继蒙田之后，他亦强调教育的目的在于教会人们生活，而不只是教学问，不只是停留在大学里，而不能跑到人世间去。洛克指出："阅读只提供心智以知识的材料；只有思考才能把我们所阅读的材料成为我们自己的知识。"④一个人如果只会照他读过的书来思考和谈话，这样是不会获得任何知识的。读书多的人可能博学，然而也可能无知。只有经过正确的推理的途径，才能在阅读和学习中得到真实的知识。

> 如果一个人通过运用，获得了探察和判断他所读材料中的推理和一致性的能力，以及这材料是如何证明它声称要教给世人的东西的；那时，也只有到那时，他才是在正确地通过阅读来改进他的理解并扩大他的

---

① [英]洛克：《理解能力指导散论》，吴棠译，17 页，北京，人民教育出版社，1993。
② [英]洛克：《人类理解论》下册，关文运译，644 页，北京，商务印书馆，1959。
③ [英]洛克：《理解能力指导散论》，吴棠译，100 页，北京，人民教育出版社，1993。
④ [英]洛克：《理解能力指导散论》，吴棠译，39 页，北京，人民教育出版社，1993。

知识。①

对于经院主义方法，洛克进行了深刻的批判，否定它是知识的源泉。他认为，经院中的规则或公理并不是其他知识的原则和基础。它们并不能帮助人们来推进科学或发现未知的真理。因此，以这些公理为科学的原则，进而演绎出一套有用的知识系统是荒谬的。在启发人的理解力方面，它们的功用更是极其渺小。总之，它们在促进知识方面没有多大功用。洛克反对把三段论法当作理性的唯一固有的工具和知识的方法，认为它只可以在争辩中求得胜利，并不能在明白的探求中发现真理或证实真理。

在洛克看来，"获得知识的确实而唯一的办法是在我们的心智之中形成事物的清晰、稳定的意念，这些确定的观念都有其名称"②。他认为，我们不应当根据人们的意见来判断事物，而应当根据事物来判断意见；不要把文字当作事物，也不要假定书上的名字就代表自然界里真实的实体。除了就事物本身作适当而正确的考虑之外，似乎没有其他规则可循。洛克批评某些人引用他人的文章很多，而且依靠权威建立自己的议论。而事实上，他们只有二手知识或者说不清楚的知识。真正说来，这根本不是知识。

二、学习计划

洛克在《教育漫话》和《漫谈绅士的阅读与学习》中，提出了内容广泛的学习计划，集中体现了新观念与旧传统同时并存的特点，反映了当时英国新贵族和新兴资产阶级对教育的实际需要。

（一）选择学科的标准及课程表

"功用"是其选择学习科目的主要标准。他主张学科的设置要把现代实用

---

① ［英］洛克：《理解能力指导散论》，吴棠译，95 页，北京，人民教育出版社，1993。
② ［英］洛克：《理解能力指导散论》，吴棠译，35 页，北京，人民教育出版社，1993。

科目与古典科目结合起来，兼顾装饰与实用。洛克为年轻绅士开设的学习科目包括：阅读、写字、图画、速记、法文、拉丁文（作文和作诗）、地理、算术、天文、年代学、历史、伦理学、民法、修辞学、逻辑、自然哲学、希腊文、跳舞、音乐、击剑、游泳、骑马、扑击、旅行、园艺、细木工、商业算学等。有学者指出：

　　这是一个既广又窄的课程表。说它广，是因为它囊括了当时盛行的宫廷教育中所有的能够使青年绅士适应宫廷生活和公共事务所需要的科目；说它窄，是因为摒弃了从文化的标准来要求的文学以及其他广泛的美学兴趣。这是由于他的功利主义局限性使某些科目突出，然而，它却填补了先前教育家们所忽略了的科目。①

作为事业家的绅士，洛克并不要求其成为博学的人。他指出："想要博学的人，必须熟悉一切科学的对象。但这对于一个绅士来说是不必要的。"因此，"直接属于他的职业的学习，是那些关于美德与恶行、市民社会以及统治艺术的学习，还可以包括法律和历史"②。洛克认为，道德的学习使一个人成为绅士；不仅是为了成为一个人，而且是为了他的绅士事业。在这方面，读《新约》就够了。至于政治，他认为政治包括两个很不相同的部分：一部分包括社会的原始模式和政治力量的兴起的扩张；另一部分包括统治社会人员的艺术。前者可通过阅读有关书籍来学习，后者则最好通过经验和历史，尤其是通过一个人自己国家的经验和历史来学习。

（二）关于自然哲学

洛克把自然哲学视为一种"思辨的科学"，认为我们永远不能够把它变成

---

　　①　［英］博伊德、金：《西方教育史》，任宝祥、吴元训主译，189页，北京，人民教育出版社，1985。
　　②　［英］洛克：《理解能力指导散论》，吴棠译，94页，北京，人民教育出版社，1993。

一种科学。"自然的工作是由一种智慧设计的,这个智慧和它发生作用的方法,远不是我们的能力所能发现或想象,使其成为一种科学的。"①他认为,自然哲学是一种关于事物本身的原则、本质和作用的知识。它包括两个部分:关于精神及其本性与品质的,以及关于物质的。前者通常是指玄学,应在研究物质与物体之前去研究,它主要是上天以默示的方法给予我们的。最好写出一本良好的"圣经史"给青年人读。在洛克看来,单用物质与运动是不能够解释自然界中的任何伟大现象的,如地心引力问题等。至于关于物质的知识,洛克认为:"我并不因为我们所有的或所能有的关于自然的知识都不能成为一种科学,便反对别人去研究自然。自然界中有许多事情是一个绅士容易知道与必需知道的。"②一方面,在那个注重学问的时代,一个绅士对于自然的知识必须懂得一些;另一方面,那些与农艺、种植和园艺相关的知识,对于绅士的事业也是有帮助的。但他认为不能从那些专务思辨的学派去得到这些知识,而应该从那些自己做过合理的试验与观察的作家中去获得。

(三)关于语言学习

对于语言学习,洛克是重视的。他认为,正确地写作、正确地说话,可以使人显得优雅,可以使自己要说的话被人注意。但洛克不主张学希腊文。虽然他承认一个不懂希腊文的人就不能算是一个学者,但他在这里所想到的不是一个专门学者的教育,而是一个绅士的教育。洛克主张绅士学法文和拉丁文。法文作为一种活文字,有实用价值。拉丁文主要起装饰作用,对于绅士来说是"绝对必需的",但没有必要花太多时间或强迫儿童去学习。在语言学习方面,洛克填补了先前的教育家们所忽略的英文。他强调彻底掌握英语的呼吁,给人留下了深刻的印象。洛克指出:"一个英国绅士常用的既然是英

---

① [英]洛克:《教育漫话》,傅任敢译,189页,北京,人民教育出版社,1985。
② [英]洛克:《教育漫话》,傅任敢译,192页,北京,人民教育出版社,1985。

文，所以，他最应该培植的，最应该注意去修饰和改进他的文体的也应当是英文。"①在他看来，一个人的拉丁文比英文更好，也许可以得到别人的无谓的称誉，这并不重要，还不如应用本国文字以好好地表达自己的思想来得有用，而这一点正是举世都忽略了的。洛克呼吁年轻绅士应该天天练习英语，以期在本国语言的表达上达到熟练、明白和优雅的境地。

(四)关于手工技艺

洛克的课程表中另一个引人注目的内容是对手工技艺的热情倡导。他希望一个绅士也要学习一种手工的技艺，最好学习两三种并擅长其中的一种。洛克敏锐地把握了时代发展的脉搏，亦大力提倡工艺教育。他论证了学习手工技艺的种种好处。

(1)从练习得来的技巧本身就是值得获得的。他所说的"技巧"不仅指文字以及学者所学的科学中的技能，还包括图画、车工、园艺、淬火与铁工等有用的技能。

(2)练习技能、技巧对于绅士的健康也是必需的、有益的，尤其是那些需要我们在户外去做的事情更是如此。年轻的绅士在读书读到需要宽舒时，就应该运动身体，以使精神舒畅，并增加身体的力量。

(3)技巧工作对于年轻绅士来说，是一种合适而又健康的娱乐。洛克认为，娱乐并不是懒惰，而只是换一种工作，把疲倦了的部分舒畅一下。与其使年轻的绅士去从事一般邪恶的、无用的和危险的时髦消遣，如赌博、酗酒和打牌等，养成闲荡的习气，不如去学习一种既有用又有利于健康的技艺。

(4)学习技艺还将有助于绅士管理和教导他的工匠、园丁等。洛克提倡的技艺活动有园艺、木工、车工、熏香、油饰、雕刻、铁工、铜工、银工、刻板、琢磨、安配玉石或琢磨光学玻璃等。此外，他认为商业算术也是绅士应该学习的一门有用的技艺，它有助于绅士保持其原有的财富。

---

① [英]洛克:《教育漫话》，傅任敢译，187 页，北京，人民教育出版社，1985。

（五）关于游学

洛克继承了当时上流社会的一种习俗，即主张通过游学来结束绅士的教育。有学者指出：

> 十六世纪五十年代至十七世纪三十年代，这种做法成为贵族教育中时髦的风尚，并在 1660 年以后再度形成高潮。贵族家庭之所以这样做，其动机是多种多样的：外国的经历及其外语对于在政府中任职是重要的资本；大多数优秀的骑术教师在外国；学习军事科学的最新发展，最好能去比英格兰有更新的战争经验的国家；对于爱好艺术的绅士来说，意大利和法国提供了油画、建筑和装饰艺术的最新样式。①

洛克对游学教育提出了自己的看法，认为旅行的主要好处，一是学习语言，二是能与各种人打交道，以便在智慧与持重上面获得长进。当时绅士子弟出国旅行的年龄一般在 16~21 岁。洛克认为那正是人生中最难获得上述两种进步的时候。他主张，旅行学习的年龄要么早一点，定在 7~14 岁或 7~16 岁，以便更好地学习外国文字，但须有导师陪同前往；要么年岁较长一些，那时绅士子弟不需要导师就能够管束自己了。

三、教学方法

洛克对传统的教学方法提出了批评意见。他指责文法学校所教的内容和方法不适合儿童的年龄特点，使得儿童非有鞭笞不肯学习，而且即使在鞭策之下学得也极为勉强。在大学里，则盛行以争辩的方法来求学，以口角的艺术来教人，无助于探求真理和知识。在洛克看来，"这种求学的方法委实能使青年人底心理不再真实地探求真理、爱慕真理，不但如此，而且会使他们根

---

① 徐辉、郑继伟：《英国教育史》，92~93 页，长春，吉林人民出版社，1993。

本怀疑是否有真理其物，至少亦会使他们怀疑真理是否值得固执"①。他从经验论的立场和儿童心理学的观点探讨了教学方法问题，提出了许多积极合理的主张。

（一）教学法的哲学和心理学依据

1. 联想主义心理学及其在教育上的运用

洛克把一切为人所意识到的心理现象称为观念。他采用带有机械主义倾向的方法来处理心理现象，即先把心理现象分析为简单成分，然后再把这些成分合成复杂的观念，这就是后来的所谓"联想主义"。洛克认为，由对象的某一个单纯现象所引起的不能再分的简单观念是消极被动的，可作为知识的原材料；而由简单观念经过结合、联系和分离所组成的观念，则要求理智的能动作用。

洛克用"联想"的原则来说明观念的结合。他在欧洲心理学史上最先提出了"联想"一词。洛克指出了观念相互之间的两种联合，即"自然的联合"和"习得的联合"。前者是"理性的职务和特长"，后者则"完全是由机会和习惯来的。有些观念原来虽然毫无关系，可是人心竟能把它们联合起来，使人不易把它们再行分开"②。洛克认为，"习得的联合"或是由人心自动所造成的，或是由偶然所造成的。由于各人的心向、教育和利益等不同，他们的观念联合也就不同。他要求负有教育儿童之责的人们，应当知道如何勤勉地观察青年心中不适当的观念联合，并细心加以阻止。洛克指出，许多儿童把学校中所受到的痛苦归咎于他们受责时所研读的书本，因此他们就把这两个观念联合起来并憎恶书本，而且余生不能再安心来研读书籍，读书就成了他们的一种痛苦。这都是教学方法不当所致。如果他们没有这种经验，读书或许会是他们的很大快乐。

---

① ［英］洛克：《人类理解论》下册，关文运译，596 页，北京，商务印书馆，1959。
② ［英］洛克：《人类理解论》上册，关文运译，376 页，北京，商务印书馆，1959。

从"联想"的思想出发，洛克重视在学习过程中新旧知识的联系。他说：

> 对于学习的人来说，在这种或者所有其他事例中，最确实可靠的不是迈开大步，跳跃前进；凡是他决心下一步学习的东西，就下一步学习起来，就是说，尽量和他已经知道的东西连接起来。要和他已知的东西有所区分，但紧密连接。①

> 应该从心理所已具有的知识入手，进而探求那些与它相邻相关的知识。②

2. 儿童的心理特点

在《教育漫话》中，洛克认真研究了儿童的心理特点，作为其教学法思想的重要根据。在他看来，儿童毕竟是儿童。①他们活泼好动，憎恶懒惰，喜爱忙忙碌碌。对儿童的这种爱好，应该加以引导。②儿童爱好快乐，喜欢自由，因而他们就喜欢游戏。这种好玩的脾气原是"自然"聪敏地使之与年龄、性情相适应的，应加以鼓励。③他们有好奇心，因而有求知欲望。"这是自然给他们预备的一个好工具，他们可用以除去生来的无知的；他们如果不是好问，无知就会使他们变成一种愚蠢无用的动物。"③④儿童心理仄狭与脆弱，通常只能容纳一种思想。无论一个儿童的头脑里有什么事情，那事情就占住了他的头脑，尤其是同时有了相伴而来的任何情感时更是如此。⑤儿童喜欢变换和见异思迁。他们的快乐差不多全是建立在更换与变化之上的。要使他们去固定他们的变幻不定的思想，是与他们的天性不相容的。此外，做事疏忽，漫不经心，思想混乱，缺乏判断力，也都是儿童时期的自然的过失。只

---

① ［英］洛克：《理解能力指导散论》，吴棠译，73 页，北京，人民教育出版社，1993。
② ［英］洛克：《教育漫话》，傅任敢译，196 页，北京，人民教育出版社，1985。
③ ［英］洛克：《教育漫话》，傅任敢译，125~126 页，北京，人民教育出版社，1985。

要他们不是存心如此，都应温和地加以提醒，并使他们逐渐地予以克服。

3. 理性发展的四个阶段

洛克把数学的解证方法运用于人的理性发展的一般过程的研究，提出"理性发展四阶段说"。他认为，理性是人的一种能力，这正是人和动物差异之所在；而且在这方面，人显然是大大超过动物的。洛克指出，理性能扩大我们的知识并调节我们的意志。理性实际上含有两种官能——机敏和推理，它借前一种发现中介观念，借后一种加以整理。因此，它就可以发现一系列观念中各环节间的联系，把两端连接起来，使所追求的真理一目了然。在洛克看来，我们对于外物所有的知识虽然只能于感官和内面的知觉中获得，但"感官和直觉并不能达到多远。我们的绝大部分知识都是依靠于演绎和中介观念的"①。

洛克提出，理性寻求真理或知识的过程分为4个阶段：

第一个最高的阶段就是发现出证明来；第二就是有规则地配置起各种证明来，以明白的秩序，使它们的联系和力量为人迅速明白看见；第三就是察知和它们的联系；第四就是形成一个正确的结论。②

这样，他借用自然科学方法的语言表述了对一般人类认识规律的总看法。他认为，在各种推理当中，每个论证都应当作为数学解证来处理，而上述各个阶段在任何数学的解证中，都是可以观察出来的。并且，"学了数学的人遇到机会，就能把这种推理方法迁移到知识的其他部分中去"③。

(二)论儿童教育方法

洛克要求尊重儿童的人格、尊重儿童的权利，坚持认为教学方法必须考

---

① [英]洛克:《人类理解论》下册，关文运译，666~667 页，北京，商务印书馆，1959。
② [英]洛克:《人类理解论》下册，关文运译，676 页，北京，商务印书馆，1959。
③ [英]洛克:《理解能力指导散论》，吴棠译，19 页，北京，人民教育出版社，1993。

虑他们的特殊需要、兴趣和能力。他根据自己对儿童年龄特征和心理特点的观察和研究的成果，精辟地论述了教育儿童的具体方法，对文艺复兴以来人文主义教育家的"教育遵循自然"的方法给予了丰富和发展。

(1)"我们教导儿童的主要技巧是儿童应做的事也都变成一种游戏似的。"①洛克指出，我们不应该把书本和别种我们要他们去学的事物当作一种任务去强加给他们，而应设法引导儿童去做，把你愿意他们去做的事情当作他们的一种娱乐，而不可当作一种工作。应设法使儿童在自以为只是游戏的时候学习阅读。

(2)"教师的重大作用和技巧就在尽力使得一切事情变容易。"②洛克认为，教导儿童必须遵守的一条重要原则是，在大多数情形下，如果他们遇到了困难，不可把困难交给他们自己去解决，这会使他们愈发感到迷惘。相反，在儿童正用心学习的时候，应使他们高高兴兴，感到一切事情都容易而且令人快乐。因此，当儿童遇到困难而又想前进的时候，教师应立刻帮助他们去克服困难，而不可加以斥责。洛克注意到，对于年长一些的孩子，在需要运用理智的科学上面，可以故意提出一些困难，去激发他们的努力，使他们的心理习惯于竭尽全力去推理。但对于那些年龄极小的儿童是不行的。他们在乍一接触任何知识部门的时候，一切事情本身都是困难的。在这种情形下，教师的重大作用正在于尽力使学习活动变得容易。

(3)鼓励儿童的好奇心。洛克把儿童的好奇心视为一种追求知识的欲望，主张加以鼓励，并研究了有关具体方法。首先，不应讥笑儿童提出的任何问题，而要给予认真的答复。在解释儿童想要了解的事物时，应按照他的年龄与知识的能量，以使他尽量懂得，而不应超过他的悟性所能理解的程度。其次，还要采用一些特殊的称誉的方法，如使他去教他的弟弟、妹妹，这是最

---

① [英]洛克：《教育漫话》，傅任敢译，59页，北京，人民教育出版社，1985。
② [英]洛克：《教育漫话》，傅任敢译，164页，北京，人民教育出版社，1985。

好的鞭策。再次，不要使儿童的问题得到虚妄的答复。因为他们如果受到轻视，或者受了欺骗，他们是会看出来的，并很快加以效仿，学会疏忽、伪善和虚伪等伎俩。最后，有时候不妨故意使儿童看到新奇的事物，使他们发现问题，自己去求得了解。如果儿童所问的问题是他们不应当知道的，也最好坦白相告，而不应用假话或冷淡的答复去搪塞。

（4）"教员的巨大技巧在于集中学生的注意，并且保持他的注意；一旦办到了这一点，他就可以在学生力所能及的范围以内，尽速前进了。"①洛克指出，观察儿童的人会发现，即使儿童在全心全意努力做一件事的时候，他们的心智也难免彷徨。纠正的办法不应是怒斥或者鞭挞。"粗暴的方法阻碍他们的专心"②，只能立刻使他们的头脑里充满了恐惧、厌恶或者混乱所能够带给他们的一切观念。如何才能使儿童精力集中并保持注意力呢？洛克的方法如下。其一，应使儿童尽量明白他所教授的东西的用处。其二，在他的一切教导上面加上和蔼的成分。应经常对儿童表示一种慈爱和善意，去调剂儿童从教师那里感到的畏惧。情爱可以鞭策儿童去尽他们的责任。相对斥责和鞭挞来说，这更有助于儿童的心理接受新的知识。其三，长久持续的注意是能够加给儿童的一件最苦的差事，应时常有一些更换和变化，以使儿童能勤勉用心。

（5）应使儿童的身心轮番做有益的练习。洛克认为："把身体上与精神上的训练相互变成一种娱乐，说不定就是教育上的最大秘诀之一。"③在他看来，一个人读书读倦了，或是跳舞跳累了，他并不需要立刻就去睡；他所需要的是另外做点别的可以消遣、可以得到快乐的事情。这样，儿童的生活与进步将在一连串的消遣中变得快快乐乐，疲倦了的部分永远可以得到休息。

---

① ［英］洛克：《教育漫话》，傅任敢译，166 页，北京，人民教育出版社，1985。
② ［英］洛克：《理解能力指导散论》，吴棠译，59 页，北京，人民教育出版社，1993。
③ ［英］洛克：《教育漫话》，傅任敢译，197 页，北京，人民教育出版社，1985。

(三)论理解能力的培养

洛克在《理解能力指导散论》中研究了如何锻炼心智,使人更容易寻求真理的问题。他指出了培养推理能力的重要意义:"一个人最后用来引导他自己的手段是他的理解能力。"①"理解没有正确的指导,心智就不能对于事情做出正确的推理。"②而正确理解的目的就在于发现真理并坚持真理。洛克强调指出,就个人而言,由于天生的资质造成人们在理解力上有差别,但是,人的理解能力和能力上的显而易见的差异大多是源于后天获得的习惯,而不是天生的官能。

洛克关于培养理解能力的方法可以概括为以下几个方面。

1. 只有运用和练习才能使人学会推理

在洛克看来,我们天生就有几乎能做任何事情的诸多官能和诸多能力,但这些能力只有经过锻炼才能给予我们做任何事情的能力以及技巧,并把我们引向完美。他认为,人们的理解能力和其他官能的缺陷和弱点,都是由于他们自己的心智缺乏正确的使用。他们或很少推理,只是按照他人的例子行动和思考;或用热情代替理智;或知识面狭窄,目光短浅,见解片面,这样自然得不出正确的结论。总之,"大自然只给了我们推理的种子……但是使得我们能够推理的却是使用和练习,而且我们之所以能够推理,只是勤劳和应用促成的"③。洛克注意到,虽然心智的所有官能由于练习而得到改进,但这些官能不能超过它们的力量而过分使用,他主张"量力而行"。练习还应循序渐进。与其跌断了脚而成为跛子,不如在崎岖的道路上缓慢步行为好。

2. 从具体事物得出来的一般观察是知识的珍宝

洛克认为,在整个理解能力的指导中,没有比知道什么时候、什么地方

---

① [英]洛克:《理解能力指导散论》,吴棠译,1页,北京,人民教育出版社,1993。
② [英]洛克:《理解能力指导散论》,吴棠译,24页,北京,人民教育出版社,1993。
③ [英]洛克:《理解能力指导散论》,吴棠译,17页,北京,人民教育出版社,1993。

以及到什么程度给予同意更重要、更难的了。这应当根据事物带有的证据而调整。"在这种情况下，一个新手，一个探索者，一个陌生的人该怎么办呢？我的回答是，用他的眼睛观察。"①不要把言词就当作事物。除了就事物本身作适当而正确的考虑之外，似乎没有其他规则可循。"正确指导理解能力的人，不应当在所创立的术语之敏锐性里，也不应当在作家的权威里寻找这个标准，他只会在对于事物本身的考虑中才能找到这个标准。"②

3. 学习数学有助于推理能力的培养

洛克认为，"没有比数学更能培养推理能力的了。所以，我认为凡是有时间和机会的人都应该学习数学，并不是要把他们培养成为数学家，而是要他们成为能够运用理性的人"③。在这方面，洛克明显地受到笛卡儿的影响。在笛卡儿那里，几何学的方法被当作认识方法的理想范本。他认为，数学推理方法严密、明白而确切，不仅在机械技术方面有实际的用处，而且应该在它上面建立起更高大的知识大厦。在笛卡儿之后的学问道路就是照此方向前进的。但笛卡儿的理性演绎的进行是以理性直觉、天赋观念为基础的，完全排斥了经验归纳法的运用，使演绎中所运用的概念和所得的结论失去了客观根据，演绎变成了从概念到概念的抽象、空洞的逻辑推理。由于唯心主义的性质，笛卡儿完全不懂得数学同现实世界的密切联系。洛克从唯物主义经验论的立场对之加以改造，强调演绎的每一步都必须通过由感性直观所找出的共同联系来进行。推理越是间接，知识越不可靠。

4. 强调心智自由的重要性

洛克指出："心智应当总是自由的，而且在人的自由安排下决定如何引导他的注意以及他所注意的事情，这才能发挥心智的最大能力。"④他认为，如

①　[英]洛克：《理解能力指导散论》，吴棠译，65 页，北京，人民教育出版社，1993。
②　[英]洛克：《理解能力指导散论》，吴棠译，62~63 页，北京，人民教育出版社，1993。
③　[英]洛克：《理解能力指导散论》，吴棠译，17 页，北京，人民教育出版社，1993。
④　[英]洛克：《理解能力指导散论》，吴棠译，90 页，北京，人民教育出版社，1993。

果一个人的思想能够随意主宰他的心智，不受偶然的、不在计划之中的研究所扰，继续向前，作更为重大的沉思，最后他就可能具有充分的能力控制他的心智，完全成为他自己思想的主人，因而能从一个课题迁移到另一个课题，这和他能把手上的事放在一旁而做他心有余力所从事的其他事情一样自如。"凡是具有这种自由的人，在他把理解能力用在所选择的、有益的一切事情上就能得心应手，确有极大的方便。"①洛克强调指出：教育的事情"并不是要使青年人精通任何一门科学，而是当他们要专门从事这门科学的时候，要打开他们的心智，装备他们的心智，使他们有能力学会这门科学"②。在他看来，教育上所应重视的问题是给学习的人的心智以那种自由、那种素质和那些习惯，使其获得在将来的生活道路中要加以运用或者必须用到的知识的任何部分。

第六节　对洛克的评价

洛克是17世纪英国卓有建树的思想家。他以其唯物主义经验论哲学、自由主义政治学说、信仰自由和宗教宽容学说、功利主义学说和绅士教育学说，在西方思想史上建立起自己崇高的学术地位。"约翰·洛克是一切形式的新兴资产阶级的代表"③，其学说在当时为资产阶级革命运动和反封建的革命思潮提供了直接的思想武器，并作为一种系统的世界观，长期地影响了整个西方的精神和制度。洛克的主要贡献应当说是他的哲学著作《人类理解论》。他发展了培根的思想，系统表述了西方经验主义的思维方式。洛克的哲学为其教

---

① [英]洛克：《理解能力指导散论》，吴棠译，93页，北京，人民教育出版社，1993。
② [英]洛克：《理解能力指导散论》，吴棠译，39页，北京，人民教育出版社，1993。
③ 《马克思恩格斯全集》第31卷，472页，北京，人民出版社，1998。

育学说奠定了理论基础。正如爱德华·乔纳森·洛所说："洛克对许多重要的哲学问题的解答依然是我们所拥有的最好的解答之一。"①

洛克对西方教育思想的贡献在于以下几方面。

（1）重视教育的作用。从"白板说"出发，他认定在人的形成方面，教育的力量比别的事情影响都要大；认为人天生有几乎能做任何事情的诸多官能和诸多能力，并据此提出必须培养人的理解力、判断力和思考力。

（2）系统阐述了绅士教育理论。西方学者一般认为，洛克的教育思想属于贵族教育传统。他受到卡斯底格朗和蒙田等人贵族教育思想的影响，认为教育本质上是性格陶冶、性格训练的活动，而不只是知识的传授。但他的教育理论超越了贵族教育传统。在培根、波义耳和牛顿等人的影响下，他十分重视科学和各种工艺技术方面的教育。

（3）发展了人文主义教育家关于教育适应自然的思想，将教育方法建立在心理学基础之上。洛克强调在不同儿童身上存在极大的个性差异，有必要在细心观察、深入研究各个儿童的个性特征的基础上因势利导，使其向善。

在整个 18 世纪，洛克被视为教育方面的权威，其思想不断地被援引。《教育漫话》一书被誉为"标志着西方哲学、社会和教育思想的主要转折点"②和 17 世纪学校教育的"大宪章"。"通过这本书，大部分教育哲学的精髓就能够带到即将来临的新时期。"③洛克的教育思想对 18 世纪英国的家庭教师教育和学园教育产生重要影响。洛克以"功用"作为选择学习科目的主要标准，主张文实结合，这些新思想成为当时新教育的理论支柱。在洛克的影响下，18世纪的法国唯物主义者如拉夏洛泰（L. La Chalotais）、孔狄亚克（E. B. Condil-

---

① [英]爱德华·乔纳森·洛：《洛克》，管月飞译，1 页，北京，华夏出版社，2013。

② James Bowen: *A History of Western Education*, Vol. 1, London, Methuen & Co. Ltd., 1975, p.176.

③ [英]博伊德、金：《西方教育史》，任宝祥、吴元训主译，271 页，北京，人民教育出版社，1985。

lac)和爱尔维修(C. A. Helvétius)等人提出了自己的教育主张,为西方国民教育理论奠定了重要基础。卢梭的教育思想也受到洛克的深刻影响。他对许多教育问题的讨论大都基于洛克提出的问题,或是提出异议,或是修正和发展,成为西方现代教育的重要思想渊源之一。

参考文献

一、中文文献

《马克思恩格斯全集》第十三卷，北京，人民出版社，1962。

《马克思恩格斯全集》第二十一卷，北京，人民出版社，1965。

《马克思恩格斯全集》第二十二卷，北京，人民出版社，1965。

《马克思恩格斯全集》第三十一卷，北京，人民出版社，1998。

《马克思恩格斯全集》第四十二卷，北京，人民出版社，1979。

《马克思恩格斯文集》第一卷，北京，人民出版社，2009。

《马克思恩格斯文集》第二卷，北京，人民出版社，2009。

《马克思恩格斯文集》第五卷，北京，人民出版社，2009。

《马克思恩格斯文集》第九卷，北京，人民出版社，2009。

北京大学哲学系外国哲学史教研室编译：《十六—十八世纪西欧各国哲学》，北京，商务印书馆，1958。

曹孚、滕大春、吴式颖等编：《外国古代教育史》，北京，人民教育出版社，1981。

陈德荣：《洛克意义理论研究》，长沙，湖南教育出版社，1992。

陈修斋：《欧洲哲学史上的经验主义和理性主义》，北京，人民出版社，1986。

戴本博主编：《外国教育史》上，北京，人民教育出版社，1989。

邓晓芒、赵林：《西方哲学史》，北京，高等教育出版社，2005。

丁建弘：《德国通史》，上海，上海社会科学院出版社，2012。

段世磊：《耶稣会在东方的教育活动研究（1549—1650）：以印度、日本和中国澳门为中心》，上海，上海远东出版社，2019。

贺国庆:《近代欧洲对美国教育的影响》,保定,河北大学出版社,1994。

胡玲:《耶稣会创始人——罗耀拉》,载《世界宗教文化》,2004(2)。

胡玲、何日取:《耶稣会教育与天主教的复兴》,载《世界宗教研究》,2008(01)。

华东师范大学教育系、杭州大学教育系编:《西方古代教育论著选》,北京,人民教育出版社,1985。

教育大辞典编纂委员会编:《教育大辞典》第十一卷,上海,上海教育出版社,1991。

孔祥民:《德国宗教改革与农民战争》,北京,北京师范大学出版社,1992。

李建军:《从贵妇到修女——西欧中世纪贵族妇女修道原因初探》,博士学位论文,首都师范大学,2007。

梁丽娟:《剑桥大学》,长沙,湖南教育出版社,1990。

刘城:《英国中世纪教会研究》,北京,首都师范大学出版社,1996。

刘贵华:《近代早期英国的大学教育与社会流动》,硕士学位论文,武汉大学,2004。

刘亮:《剑桥大学史》,上海,上海交通大学出版社,2012。

刘新成主编:《西欧中世纪社会史研究》,北京,人民出版社,2006。

娄雨:《信仰传统与时代精神之间的教育实践者——依纳爵与早期耶稣会教育的理念》,载《教育史研究》,2017(1)。

娄雨:《信仰传统与时代精神之间的教育实践者——依纳爵与早期耶稣会教育的理念》,载《教育史研究》,2017(1)。

吕大吉:《关于洛克与天赋观念论的论战》,见《外国哲学史研究集刊(五):经验论与唯理论研究》,上海,上海人民出版社,1982。

吕大吉:《西方宗教学说史》,北京,中国社会科学出版社,1994。

罗国杰、宋希仁:《西方伦理思想史》下卷,北京,中国人民大学出版社,1988。

任钟印:《东西方教育的覃思》,北京,人民教育出版社,2017。

任钟印选编:《夸美纽斯教育论著选》,任宝祥等译,北京,人民教育出版社,2005。

任钟印主编:《世界教育名著通览》,武汉,湖北教育出版社,1994。

滕大春主编:《外国教育通史》第二卷,济南,山东教育出版社,1989。

滕大春主编:《外国教育通史》第三卷,济南,山东教育出版社,1990。

王承绪主编:《英国教育》,长春,吉林教育出版社,2000。

王亚平：《论西欧中世纪的三次文艺复兴》，载《东北师大学报（哲学社会科学版）》，2001（6）。

王子悦：《英国中世纪大学早期发展研究》，博士学位论文，天津师范大学，2013。

魏泽馨选编：《傅任敢教育译著选集》，长沙，湖南教育出版社，1983。

吴式颖、李明德主编：《外国教育史教程》，北京，人民教育出版社，2015。

吴式颖、任钟印主编：《外国教育思想通史》第三卷，长沙，湖南教育出版社，2002。

吴式颖、任钟印总主编：《外国教育思想通史》第五卷，北京，北京师范大学出版社，2017。

吴元训编：《中世纪教育文选》，北京，人民教育出版社，1989。

徐大同：《西方政治思想史》，天津，天津人民出版社，1985。

徐辉、郑继伟：《英国教育史》，长春，吉林人民出版社，1993。

徐辉、祝怀新：《独特的英国公学》，载《比较教育研究》，1993（2）。

徐瑞康：《欧洲近代经验论和唯理论哲学发展史》，武汉，武汉大学出版社，1992。

许洁明：《十七世纪的英国社会》，北京，中国社会科学出版社，2004。

杨汉麟：《外国幼儿教育史》，北京，人民教育出版社，2011。

杨周翰：《十七世纪英国文学》，北京，北京大学出版社，1985。

余丽嫦：《论培根经验主义的特点》，见《外国哲学史研究集刊》第5辑，上海，上海人民出版社，1982。

余丽嫦：《培根及其哲学》，北京，人民出版社，1987。

原青林：《"教育活化石"的考释——英国公学研究》，博士学位论文，南京师范大学，2005。

张斌贤、褚洪启等：《西方教育思想史》，成都，四川教育出版社，1994。

赵红：《英国的大学与社会（1560—1650）》，博士学位论文，东北师范大学，2011。

赵祥麟主编：《外国教育家评传》第一卷，上海，上海教育出版社，2003。

［德］彼得·克劳斯·哈特曼：《耶稣会简史》，谷裕译，北京，宗教文化出版社，2003。

［德］黑格尔：《哲学史讲演录》第四卷，贺麟、王太庆译，北京，商务印书馆，1978。

［德］马克斯·韦伯：《新教伦理与资本主义精神》，郑志勇译，南昌，江西人民出版

社，2010。

[德]诺贝特·埃利亚斯：《文明的进程——文明的社会起源和心理起源的研究》第一卷，王佩莉译，北京，生活·读书·新知三联书店，1998。

[德]沃尔夫冈·兰德格拉夫：《马丁·路德》，周正安译，北京，新华出版社，1988。

[法]爱弥尔·涂尔干：《教育思想的演进》，李康译，上海，上海人民出版社，2003。

[法]雅克·勒戈夫：《中世纪的知识分子》，张弘译，北京：商务印书馆，1996。

[古希腊]亚里士多德：《政治学》，吴寿彭译，北京，商务印书馆，1965。

[捷]夸美纽斯：《大教学论·教学法解析》，任钟印译，北京，人民教育出版社，2006。

[捷]夸美纽斯：《大教学论》，傅任敢译，北京，人民教育出版社，1984。

[美]汤普逊：《中世纪经济社会史(300—1300 年)》下册，耿淡如译，北京，商务印书馆，1961。

[美]爱德华·麦克诺尔·伯恩斯、菲利普·李·拉尔夫：《世界文明史》第二卷，罗经国等译，北京，商务印书馆，1987。

[美]查尔斯·霍默·哈斯金斯：《大学的兴起》，梅义征译，上海，上海三联书店，2007。

[美]佛罗斯特：《西方教育的历史和哲学基础》，吴元训等译，北京，华夏出版社，1987。

[美]冈萨雷斯：《基督教史：宗教改革至今》下卷，赵城艺译，上海，上海三联书店，2016。

[美]克伯雷选编：《外国教育史料》，华中师范大学教育系等译，武汉，华中师范大学出版社，1991。

[美]克伯雷选编：《外国教育史料》，华中师范大学教育系等译，武汉，华中师范大学出版社，1991。

[美]克伯雷选编：《西方教育经典文献》上卷，任钟印译，北京，人民教育出版社，2016。

[美]克伯雷选编：《西方教育经典文献》下卷，任钟印译，北京，人民教育出版社，2016。

[美]罗杰·奥尔森:《基督教神学思想史》,吴瑞诚、徐成德译,北京,北京大学出版社,2003。

[美]斯蒂文·洛克菲勒:《杜威:宗教信仰与民主人本主义》,赵秀福译,北京,北京大学出版社,2010。

[瑞士]瓦尔特·吕埃格:《欧洲大学史》第二卷,贺国庆等译,保定,河北大学出版社,2008。

[苏]克腊斯诺夫斯基:《夸美纽斯的生平和教育学说》,杨岂深等译,北京,人民教育出版社,1957。

[苏]米定斯基:《教育史中教育的自然适应性原则》,载《教育译报》,1957(4)。

[苏]米定斯基:《世界教育史》上册,叶文雄译,北京,生活·读书·新知三联书店,1950。

[苏]沙巴耶娃:《教育史》,邝爽秋等译,北京,人民教育出版社,1955。

[以色列]苏拉密斯·萨哈:《第四等级——中世纪欧洲妇女史》,林英译,广州,广东人民出版社,2003。

[英]阿萨·勃里格斯:《英国社会史》,陈叔平等译,北京,中国人民大学出版社,1991。

[英]J. D. 贝尔纳:《科学的社会功能》,陈体芳译,北京,商务印书馆,1982。

[英]R. B. 沃纳姆:《新编剑桥世界近代史》第三卷,中国社会科学院世界历史研究所组译,北京,中国社会科学出版社,1999。

[英]W. C. 丹皮尔:《科学史及其与哲学和宗教的关系》上册,李珩译,北京,商务印书馆,1975。

[英]阿利斯特·麦格拉思:《宗教改革运动思潮》,蔡锦图、陈佐人译,北京,中国社会科学出版社,2009。

[英]艾伦·B. 科班:《中世纪大学:发展与组织》,周常明、王晓宇译,济南,山东教育出版社,2013。

[英]爱德华·乔纳森·洛:《洛克》,管月飞译,北京,华夏出版社,2013。

[英]安东尼娅·弗雷泽编:《历代英王生平》,杨照明、张振山译,武汉,湖北人民出版社,1985。

[英]奥尔德里奇:《简明英国教育史》,诸惠芳等译,北京,人民教育出版社,1987。

[英]博伊德、金:《西方教育史》,任宝祥、吴元训主译,北京,人民教育出版社,1985。

[英]邓特:《英国教育》,杭州大学教育系外国教育研究室译,杭州,浙江教育出版社,1987。

[英]弗·培根:《培根论说文集》,水天同译,北京,商务印书馆,1983。

[英]霍布斯:《利维坦》,黎思复、黎廷弼译,北京,商务印书馆,1985。

[英]霍布斯:《论公民》,应星、冯克利译,贵阳,贵州人民出版社,2004。

[英]罗素:《西方哲学史》下卷,马元德译,北京,商务印书馆,1976。

[英]洛克:《教育漫话》,傅任敢译,北京,人民教育出版社,1985。

[英]洛克:《理解能力指导散论》,吴棠译,北京,人民教育出版社,1993。

[英]洛克:《论宗教宽容》,吴云贵译,北京,商务印书馆,1982。

[英]洛克:《人类理解论》上册,关文运译,北京,商务印书馆,1959。

[英]洛克:《人类理解论》下册,关文运译,北京,商务印书馆,1959。

[英]洛克:《政府论》下篇,叶启芳、瞿菊农译,北京,商务印书馆,1964。

[英]马克·帕蒂森:《弥尔顿传略》,金发燊、颜俊华译,北京:生活·读书·新知三联书店,1992。

[英]弥尔顿:《论维护学习》,载《内蒙古教育》,2000(3)。

[英]培根:《崇学论》,关琪桐译,长沙,商务印书馆,1938。

[英]培根:《新大西岛》,何新译,北京,商务印书馆,1959。

[英]培根:《新工具》,许宝骙译,北京,商务印书馆,1984。

[英]索利:《英国哲学史》,段德智译,济南,山东人民出版社,1992。

[英]托马斯·马丁·林赛:《宗教改革史》上册,孔祥民等译,北京,商务印书馆,1992。

[英]托马斯·莫尔:《乌托邦》,戴镏龄译,北京,商务印书馆,1982。

[英]威廉·配第:《配第经济著作选集》,陈冬野、马清槐、周锦如译,北京,商务印书馆,1981。

[英]沃尔夫:《十六、十七世纪科学、技术和哲学史》,周昌忠等译,北京,商务印书

馆，1985。

[英]伊丽莎白·里德姆-格林：《剑桥大学简史》，李自修译，济南，山东画报出版社，2007。

二、外文文献

Alan B. Cobban, *The Medieval English Universities: Oxford and Cambridge to c. 1500*, Aldershot, Scholar Press, 1988.

Alan Kreider, *English Chantries: The Road to Dissolution*, Cambridge, Harvard University Press, 1979.

A. F. Leach, *English Schools at the Reformation (1546 – 1548)*, Westminster, Archibald Constable & Co. , 1896.

A. L. Rouse, *The England of Elizabeth*, *Basingstoke*, Hampshire, Palgrave MacMillan, 1950.

A. W. Parry, *Education in England in the Middle Ages*, London, W. B. Clive, 1920.

Barton T. Geger, "Cura Personalis: Some Ignatian Inspirations", *Jesuit Higher Education*, 2014, 3(2).

Brian Garden, *The Public Schools: Historical Survey*, London, Hamish Hamilton, 1973.

Chris Cook & John Stevenson, *The Longman Handbook of Modern British History (1714—1980)*, London, Routledge, 2002.

Chris Given-Wilson, *The English Nobility in the Late Middle Ages: The Fourteenth-century Political Community*, London & New York, Routledge & Kegan Paul, 1987.

David Cressy, Education in Tudor and Stuart England, London, Edward Arnold Ltd. , 1975.

Emilie Amt, *Women Lives in Medieval Europe : A Sourcebook*, New York, Routledge, 2010.

Enrique Dussel, *The History of the Church in Latin America*, New York, NYU Press, 1981.

E. M. Leonard, *The Early History of English Poor Relief*, London, Frank Cass & Co. Ltd. , 1965.

E. P. Cubberley, *The History of Education*, New York, Houghton Mifflin Company, 1920.

Foster Watson, *The English Grammar Schools to 1660: there curriculum and practice*, Cambridge, Cambridge University Press, 1908.

Foster Watson, *The Old Grammar Schools*, Cambridge, Cambridge University Press, 1916.

Frederich Eby & C. F. Arrowood, *The History and Philosophy of Education, Ancient and Medieval*, New York, Prentice-Hall, 1940.

George Clarke, John Bellers, *His Life, Time and Writings*, London, Routledge and Kegan Paul, 1987.

George Ferzoco & Carolyn Muessig, *Medieval Monastic Education*, London & New York, Leicester University Press, 2000.

George Ward, *Oxford University Statutes*, Vol. 1, London, William Pickering, 1845.

Gordon Home & Cecil Headlam, *The Inns of Court*, London, Adam and Charles Black, 1909.

Grassby Richard, *The Business Community of Seventeenth Century England*, Cambridge , Cambridge University Press, 1995.

G. F. Lytle, "Patronage Patterns and Oxford Colleges(1300—1530)", in Lawrence Stone, G. F. Lytle, *Oxford Students and English Society: c. 1300-c. 1510*, Oxford, Oxford University Press, 1962.

Helga Robinson-Hammerstein, *European Universities in the Ages of Reformation and Counter Reformation*, Dublin, Four Courts Press, 1998.

H. M. Knox, "William Petty's advice to Samuel Hartlib", *British Journal of Educational Studies*, 1953, 1(2).

Ignatius Loyola, *The Constitutions of the Society of Jesus*, St. Louis, The Institute of Jesuit Sources, 1970.

James Bowen, *A History of Western Education*, Vol. 1, London, Methuen &

Co. Ltd. , 1975.

James Bowen, *A History of Western Education*, *Vol. 3*, London, Methuen & Co. Ltd. , 1981.

James McConica, *The History of The University of Oxford* : *Vol. III* , *The Collegiate University*, Oxford, Clarendon Press, 1986.

John Calvin, *Theological Treatises*, Philadelphia, Westminster John Knox Press, 1954.

John Calvin, *Commentaries*, Philadelphia, The Westminster John Knox Press, 1954.

John Calvin, *Institutes of the Christian Religion*, Philadelphia, Westminster John Knox Press, 1960.

John Calvin, *Theological Treatises*, Philadelphia, Westminster John Knox Press, 1954.

John C. Olin, *Erasmus, Utopia, and the Jesuits, Essays on the Outreach of Humanism*, New York, Fordhan University Press, 1994.

John Lawson & Harold Silver, *A Social History of Education in England*, London, Butler & Tanner Ltd. , 1973.

John William Adamson, *Pioneers of Modern Education* (*1600 – 1700*) , Cambridge, Cambridge University Press, 1905.

Jonathan Israel, *The Dutch Republic*: *Its Rise, Greatness, and Fall* (*1477 – 1806*) , Oxford, Clarendon Press, 1995.

J. A. Sharpe, *Early Modern England*: *a Social History* (*1550 – 1760*) , London, Edward Arnold, 1987.

J. G. Hardy, *The Public School Phenomenon*, Harmondsworth, Middlesex, Penguin Books Ltd. , 1977.

J. Lawson & H. Silver, *A Social History of Education in England*, London, Methuen & Co. Ltd. , 1973.

Lawrence Stone, *Social Change and Revolution in England* (*1560 – 1640*) , London, Longman, 1965.

Lawrence Stone, *The Crisis of the Aristocracy*(*1558–1641*), London, Oxford University Press, 1966.

Louis D. W. Raght, *Life and Letters in Tudor and Stuart England*, New York, Cornell University Press, 1962.

Manfred Barthel, *The Jesuits: History and Legend of the Society of Jesus*, New York, William Morrow, 1984.

Medbh McGuckian, "How the Good Wife Taught Her Daughter", *Poetry*, 2007(4).

M. L. Clarke, *Classical Education in Britain* (1500–1900), Cambridge, Cambridge University Press, 1959.

M. W. Keatinge, *The Great Didactic of John Amos Comenius*, London, Adam and Chales Black, 1894.

Nicholas Orme, *English Schools in the Middle Ages*, London, Methuen & Co. Ltd., 1973.

Nicholas Orme, *From Childhood to Chivalry: The Education of the English Kings and Aristocracy* (1066–1530), London & New York, Routledge Kegan & Paul, 1984.

Nicholas Orme, *Medieval School: from Roman Britain to Renaissance England*, New Haven & London, Yale University, 2006.

Nicholas Tyacke, *The History of the University of Oxford: Vol. IV, Seventeenth-Century Oxford*, Oxford, Clarendon Press, 1997.

Parry Albert William, *Education in England in the Middle Ages*, Charleston, Nabu Press, 2012.

Paul Monroe, *A Cyclopedia of Education, Volum 3*, New York, The Macmillan Co., 1918.

Paul Monroe, *A Text-Book in the History of Education*, New York, The McMillan Company, 1906.

Pound John, *Poverty and Vagrancy in Tudor England*, Essex, Longman, 1982.

P. J. Wallis, "Histories of Old Schools: A Preliminary List for England and Wales", *British Journal of Educational Studies*, 1965(14).

Robert Birdey, *The Refreshing of Catholicism*(*1450–1700*): *A Reassessment of the*

Counter Reformation, New York, Palgrave Macmillan, 1999.

Robert Ulich, *History of Education Though*, New York, American Book Company, 1945.

Rosemary O'Day, *Education and Society (1500–1800)*: *The Social Foundations and Education in Early Modern England*, London, Longman Group Ltd. , 1982.

R. Boyd, *Independent Schools' Law, Custom and Practice*, Bristol, Jordan Publishing Limited. , 1998.

S. F. Bonner, *Education in Ancient Rome, From the Elder Cato to the Younger Pliny*, Berkeley, University of California Press, 1977.

S. H. Righy, *English Society in the Later Middle Ages*, London, MacMillan Press Ltd. , 1995.

S. I. Loyola, J. C. Olin, J. F. O'Callaghan, *The Autobiography of St. Ignatius Loyola*: *With Related Documents*, New York, Fordham University Press, 1981.

The University in Society, Vol. 1, Princeton, Princeton University Press, 1974.

Thomas Hobbes, *Man and Citizen*: *De Homine and De Cive*, Indianapolis, Hackett Publishing Company, 1991.

Thomas Hobbes, *The elements of law Natural and Politic*: *Human Nature and De corpore Politico with Three Lives*, New York, Oxford University Press, 1994.

Thomas Hughes, *Loyola and the Educational System of the Jesuits*, London, William Heinemann, 1892.

Thomas Tusser, *Five Hundred Points of Good Husbandry*, London, Lackington, Allen & Co. , 1812.

Tudith M. Bennett & Elizabeth C1ark, *Sisters and Workers in the Middle Ages*, Chicago, The University of Chicago Press, 1989.

T. H. L. Parker, *John Calvin*: *A Biography*, Philadelphia, Westminster John Knox Press.

Victor Morgan, *A History of the University of Cambridge*, Vol. II , Cambridge, Cambridge University Press, 2009.

V. Bryson, *Feminist Political Theory*, London, The Macmillan Press, 1992.

V. H. H. Green, *Luther and the Reformation*, London, Batsford, 1964.

Walter Rüegg, H. De Ridder Symoens (ed.) , *A History of the University in Europe*, *Vol. II: University in Early Modern Europe(1500-1800)* , Cambridge, Cambridge University Press.

Ward Jennifer C, *English Noblewomen in the Later Middle Ages*, New York, Routledge, 2014.

Ward Jennifer, *Women of the English Nobility and Gentry(1066-1500)* , Machester, Machester University Press, 1995.

Wilfrid Prest, *Lawyer in Early Modern Europe and America*, London, Croom Helm, 1981.

Wilfrid R. Prest, *The Rise of the Barristers*, Oxford, Clarendon Press, 2001.

William J. Bouwsma, *John Calvin: A Sixteenth Century Portrait*, New York, Oxford University Press, 1988.

Willis Rudy, *The Universities of Europe(1100-1914)* , London, Associated University Press, 1984.

W. A. L. Vincent, *The Grammar Schools: Their Continuing Tradition*, 1660 - 1714, London, Cox and Wyman Ltd.

W. E. Tate, "Educational Records: II Sources for the History of English Grammar Schools", *British Journal of Educational Studies*, 1953(1).

W. J. McGucken, *The Jesuits and Education*, New York, Bruce, 1932.

W. K. Jordan, *The Charities of Rural England(1480-1660)* , London, Allen & Unwin, 1961.

W. K. Jordon, *Philanthropy in England(1480-1660) : A Study of the Changing Pattern of English Social Aspirations*, New York, Russell Sage Foundation, 1964.